온 국민의 필독서

정석
부동산 중개
이론과 실무

온 국민의 필독서

정석
부동산 중개
이론과 실무

• **정규범** 지음

한국학술정보

▌머리말

동서양을 막론하고 개인의 재산행위의 결실은 주식·예금 등의 금융자산과 부동산으로 응축되어 현실적 경제적 삶의 근간이 되고 있습니다. 금융이 경제의 혈맥이 되고 수치화된 지표로 평가되고 척도가 됨에도 유사 이래 전통적으로 부동산은 사용·수익이라는 現物的 특성에서 가장 보편화된 부의 표상이 되고 금융자산보다는 대중적으로 선호되는 자산이 되고 있는 점은 부인할 수 없습니다.

대다수의 직장인과 사업가가 종국에는 부동산을 통하여 자산을 관리하고 그가 양산하는 수익에 기대어 여유로운 삶의 이상을 구현하기를 소망합니다.

이러한 부동산 경제활동은 부동산 행위로 나타나는데 그 행위의 메커니즘이 되는 것이 부동산 중개실무영역이라 하겠습니다.

부동산 행위의 꽃이 부동산 중개인데 이는 개업공인중개사 업무영역의 꽃이라 할 수 있습니다. 개업공인중개사의 최종적 귀착점이자 부동산 행위의 첨병으로 수행해야 할 부동산 중개실무는 거래 당사자에게는 경제적으로 가장 중차대한 문제를 다루는 일이라고 해도 과언이 아닙니다.

공정하고 정의로운 부동산거래질서를 확립하고 안정적인 부동산 경제활동을 뒷받침하는 것은 다른 어떤 영역보다도 더 사회의 안정망 구축을 위해서 시급한 일이 되는 중요한 일입니다.

본 著는 그러한 소명의식에서 출발하였고 기존의 여타 책에 비하여 실무적으로 요긴하게 모든 중요분야를 충실히 다루었다고 할 수 있습니다. 이는 부동산 중개업무에 종사하는 개업공인중개사뿐만 아니라 전 국민이 필독서로 소장해야 된다고 감히 언급하고 싶습니다. 가족의 누구나 반드시 부동산 행위를 할 수밖에 없고 부동산거래에서 주의할 점과 부동산 행위의 의미와 디테일한 책임내용 및 부동산 행위의 법적효력은 꼭 알아야 하는 생활의 중요한 일부가 되고 있기 때문입니다.

전국적으로 수만의 개업공인중개사가 현업에 종사하고 있고 점포수로는 단연 업종 최고라 할 수 있는 것이 부동산 중개업입니다. 성공한 전문직업인으로 지속가능한 승리자가 되기 위해선 중개업무의 경쟁력 확보가 최고의 관건이 되는 이유입니다. 이 책이 그러한 최적의 아우토반이 될 수 있다면 집필목적의 절반은 성공했다고 자평할 수 있겠습니다.

부동산거래 당사자 개개인이 자신의 가장 중차대한 부동산 행위를 전문중개인에 대한 신뢰만을 바탕으로 하기보다는 부동산 행위라는 거대한 산에서 숲과 나무를 준별해 낼 수 있는 현명한 행위자가 될 수 있다면 부동산 경제 질서는 참으로 정의롭고 효율적으로 발전할 것입니다.

이러한 견지에서 수십 년간 중개행위를 성공적으로 영위해온 필자의 경험이 농축된 이 책이 부동산 중개업자와 일반인 모두에게 부동산 행위의 준거와 길라잡이가 될 수 있기를 소망해 봅니다.

2018년 7월
盛夏의 열기가 넘쳐나는
도곡동 사무실에서
저자 識

목차

머리말 … 4

제1장   부동산 중개업무란 무엇인가?

1. **부동산 중개** / 26

2. **중개업 관여자** / 27

3. **공인중개사 자격제도** / 27

4. **중개업(仲介業)의 정의와 요건** / 29

   (1) 정의 / 29

   (2) 요건 / 30

5. **중개사무소의 개설·등록** / 30

   (1) 중개업 등록기준 / 30

   ① 공인중개사 / 30

   ② 법인 / 31

   (2) 등록신청 절차 / 31

   ① 등록신청 절차도 및 내용 / 31

   (3) 등록절차 설명 / 32

   ① 등록신청(등록관청: 관할 시·군·구청장) / 32

   ② 등록통지(등록관청) / 32

   (4) 등록증 교부(등록관청) / 32

   (5) 업무개시 / 32

   (6) 사업자등록증 교부(관할 세무서) / 32

제2장 부동산 중개행위의 중요성

1. 고객의 부동산 행위가 재산행위에서 차지하는 비중 / 34

2. 개업공인중개사의 사업행위로서의 중요성 / 34

  (1) 업무능력의 능률성과 공정성을 갖출 것 / 34

  (2) 부동산 평가 및 권리분석능력을 갖출 것 / 34

  (3) 부동산거래질서를 확립시킬 소명을 가질 것 / 34

  (4) 지역밀착형 영업의 특성이 장점이 되게 할 것 / 35

3. 중개업자의 개인정보보호 / 35

  (1) 개인정보보호법과 제정목적 / 35

    ① 법률제정의 의의 / 35

    ② 중개업계에서의 실현의지 / 35

  (2) 중개업자의 개인정보처리 / 36

    1) 개인정보 수집 이용 / 36

    2) 개인정보 수집 제한 / 37

    3) 개인정보 제3자 제공 / 37

    4) 정보 수집·제공 동의서 양식 / 38

4. 거래 당사자 신분 등 진위 확인방법 / 41

  (1) 주민등록증 진위 확인법 / 41

  (2) 운전면허증 진위 확인방법 / 41

  (3) 신분증사본 교부 시 주의 사항 / 41

    ① 신분증사본 교부 지양 / 41

    ② 제시·교부 시 조치 / 41

  (4) 주민등록 등·초본, 인감증명서 발급사실 및 인터넷 발급문서 진위 확인 서비스 / 42

  (5) 납세증명서 등 국세청 발급 원본 확인 / 42

  (6) 공부에서 확인할 수 없는 사항 확인 / 42

  (7) 등기사항 증명서 발급사실 확인: 대법원 인터넷 등기소(iros.go.kr) / 42

  (8) 개업공인중개사의 기타 확인사항 / 42

제3장 부동산 중개업자의 의무와 책임

1. 부동산 중개업자의 기본윤리 / 44
  (1) 신의·성실 의무 / 44
    ① 전문직업인으로서의 품위유지 의무 / 44
    ② 공정한 중개행위를 행할 의무-거래 양당사자 사이에 일방의 이익에
      치우치지 않도록 공정 / 44
  (2) 비밀 준수 의무 / 44
    ① 원칙 / 44
    ② 예외 / 44
  (3) 선량한 관리자로서의 주의 의무(선관주의 의무) - 학설·판례로 인정 / 45

2. 손해배상 책임과 업무보증 / 45
  (1) 손해배상 책임 / 45
    ① 고의·과실에 의한 책임 / 45
    ② 중개 장소 제공에 대한 책임 / 45
  (2) 업무보증(손해배상 책임의 보장) / 45
    ① 법인인 개업공인중개사 / 46
    ② 법인이 아닌 개업공인중개사 / 46
    ③ 지역농업협동조합 / 46

3. 계약금 등의 반환 채무이행 보장 / 46
  (1) 부동산거래계약의 이행과정상 안전장치의 필요성 / 46
  (2) 외국의 사례(Escrow) / 47
  (3) 한국의 실정법적 근거(공인중개사법 제31조) / 47
    ① 개업공인중개사의 계약금 등의 예치 권고권 / 47
    ② 계약금 등의 인출 및 거래안전에 필요한 사항에 관한 약정의무 / 47
    ③ 개업공인중개사의 예치금의 분리관리 및 임의 인출 금지의무 / 47
    ④ 개업공인중개사의 보증보험, 공제가입 또는 공탁의무 및 증서
      제공의무 / 47

4. 부동산 중개업자 등의 금지행위 / 48
  (1) 중개대상물의 매매를 업으로 하는 행위(공인중개사법 제33조 제1호) / 48
  (2) 개설·등록하지 않고 중개업을 영위하는 자인 것을 알면서 그를 통해
    중개의뢰를 받거나 그에게 자기의 명의를 이용케 하는 행위 / 48

(3) 사례·증여 그 밖의 어떠한 명목으로도 제32조 제3항의 규정에 의한
수수료 또는 실비를 초과하여 금품을 받는 행위 / 48

(4) 중개대상물의 거래상의 중요 사항에 관하여 거짓된 언행, 그 밖의 방법
으로 중개의뢰인의 판단을 그르치게 하는 행위 / 48

(5) 법령에서 양도·알선 등이 금지된 부동산의 분양·임대 등과 관련이
있는 증서 등의 매매·교환 등을 중개하거나 그 매매를 업으로
하는 행위 / 49

　① 부동산의 분양·임대 등과 관련이 있는 증서 / 49

　② 부동산 실수요자가 아닌 부동산 투기꾼들에 의한 부동산 시장의
　　왜곡과 문란을 방지하기 위해 금지함 / 49

　③ 판례 / 49

(6) 중개의뢰인과 직접 거래를 하거나 거래 당사자 쌍방을 대리하는 행위 / 49

　① 직접거래 금지 / 49

　② 쌍방대리 금지 / 49

(7) 미등기 전매행위 및 법령에 의한 전매, 권리변동이 제한된 매매 등
부동산투기를 조장하는 행위 / 50

5. 부동산 중개업자, 소속공인중개사, 중개보조원의 교육 / 50

(1) 개업공인중개사 / 50

(2) 소속공인중개사 / 50

(3) 중개보조원 / 51

(4) 연수교육 / 51

제4장 부동산 중개 실무이론 일반론

1. 부동산 중개의 실무론 개설 / 54

2. 중개실무 사전 단계 / 54

(1) 물건 확보 / 54

(2) 고객 확보 / 55

3. 매도의뢰 처리업무 / 55

4. 매수의뢰 처리업무 / 55

5. 임대차의뢰 처리업무 / 56

6. 중개의뢰서 작성 / 56

7. 부동산 중개활동 및 실무일반 / 57

  (1) 중개업무 계획의 단계 / 57

  (2) 중개대상물의 현황 및 권리관계 조사의 단계 / 57

  (3) 중개계약 성사를 위한 영업의 단계 / 57

  (4) 계약조건의 확정과 계약 체결의 단계 / 57

  (5) 중개대상 부동산의 인도·인수 및 거래대금 완불(계약 완결) 단계 / 58

제5장 부동산 중개 실무이론 본론 1 (중개대상물 작성 일반)

1. 중개대상물 확인·조사 / 60

2. 중개대상물 확인·설명서 작성 / 60

  (1) 중개대상물 확인·설명서 / 60

    ① 중개대상물 확인·설명서의 의의 / 60

    ② 중개대상물 확인·설명서 작성 및 교부 / 60

    ③ 중개대상물 확인·설명서 작성 시 조사해야 할 공적 장부 / 61

  (2) 공적 장부 조사 실무 / 64

    ① 등기사항전부증명서의 확인사항 / 64

    ② 토지이용계획 확인서의 확인사항 / 66

    ③ 건축물 관리대장의 확인사항 / 73

    ④ 토지대장의 확인사항 / 76

    ⑤ 지적도 등본에서의 확인사항 / 77

    ⑥ 임야도 등본에서의 확인사항 / 77

  (3) 임장활동 실무론(현장조사) / 80

    ① 임장활동의 필요성 / 80

    ② 점검리스트 작성 / 80

    ③ 분쟁 시 해결방법 / 80

  (4) 중개대상물 확인·설명서 작성방법 일반 / 80

    ① 양식 / 80

    ② 작성 일반 / 84

    ③ 확인·설명 자료란 작성법 / 84

(5) 개업공인중개사의 기본 확인사항인 중개대상물 확인·설명서
　　작성법 실무 / 85
　　① 대상물건 표시란 작성법 / 85
　　② 권리관계에 관한 사항란 작성법 / 86
　　③ 토지이용계획, 공법상 이용제한 및 거래규제에 관한 사항란 작성법 / 87
　　④ 입지조건란 작성법 / 88
　　⑤ 관리에 관한 사항란 작성법 / 88
　　⑥ 비선호시설(1㎞이내)란 작성법 / 88
　　⑦ 거래예정금액 등란 작성법 / 89
　　⑧ 취득 시 부담할 조세의 종류 및 세율란 작성법 / 89
(6) 개업공인중개사의 세부적 확인 사항인 중개대상물 확인·설명서
　　작성법 / 89
　　① 실제 권리관계 또는 공시되지 않은 물건의 권리사항란 작성법 / 89
　　② 내·외부 시설물의 상태란 작성법 / 90
　　③ 벽면 및 도배상태란 작성법 / 91
　　④ 환경조건란 작성법 / 91
(7) 중개보수 등에 관한 사항란 작성법 / 91
(8) 서명·날인란 작성법 / 92

3. 그 밖의 중개대상물 확인·설명서 / 93
(1) 비주거용 건축물 중개대상물 확인·설명서 / 93
(2) 토지의 중개대상물 확인·설명서 / 96
(3) 입목·광업재단·공장재단 중개대상물 확인·설명서 / 99

제6장　부동산 중개 실무이론 본론 2 (중개계약서 작성)

1. 계약서 작성의 의의와 주안점 / 102
2. 계약 체결 시 확인사항 / 102
(1) 계약내용 확인 / 102
　　① 매매계약 / 102
　　② 임대차계약 / 102

(2) 계약당사자 확인 / 103

    ① 매도인에 관한 사항 / 103

    ② 매수인에 관한 사항 / 104

3. **중개계약서 작성** / 104

(1) 계약서 작성에 관한 일반사항 / 104

(2) 매매 계약서 기재사항 / 105

(3) 임대차 계약서 기재사항 / 107

제7장 부동산 종류별 계약서 작성법

1. **공동주택** / 110

(1) 아파트 / 110

    1) 월세 계약서 / 110

    2) 아파트 전세 계약서 / 113

    3) 아파트 매매계약 / 116

(2) 다세대·연립주택 / 119

    1) 다세대·연립주택 월세 계약서 작성 / 119

    2) 다세대·연립주택 전세 계약서 작성 / 122

    3) 다세대·연립주택 매매 매개 계약서 작성 / 125

2. **단독주택(단독주택, 다중주택, 다가구주택)** / 128

(1) 단독주택의 의미 / 128

    ① 협의의 단독주택 / 128

    ② 다중주택(풀 옵션 불가) / 128

    ③ 다가구주택(풀 옵션 가능) / 128

    ④ 다중주택·다가구주택의 구별의 실익(주차장 의무규정) / 128

(2) 단독주택 월세 계약서 작성 / 129

    ① 단독주택 월세 계약서 양식 / 129

    ② 작성요령 / 131

    ③ 주의점 / 131

(3) 단독주택 전세 계약서 작성 / 132

    ① 단독주택 전세 계약서 양식 / 132

② 작성요령 / 134

③ 주의점 / 134

(4) 단독주택 매매계약 / 134

① 단독주택 매매 계약서 양식 / 134

② 작성요령 / 137

③ 주의점 / 137

3. **상가** / 138

(1) 상가 중개계약 전 확인해야 할 사항 / 138

① 기존 상가 / 138

② 행정적 적합성 검토 / 139

③ 입지의 적합성 검토 / 140

④ 건물소유자 및 기존 임차인의 임차계약 내용확인 / 141

(2) 권리금 계약서 작성 / 141

① 상가임대차계약과 권리금계약의 관계 / 141

② 상가임대차 권리금 계약서 양식 / 141

③ 작성요령 / 143

④ 주의점 / 143

(3) 상가임대차 계약서 작성 / 143

① 상가임대차 계약서 양식 / 143

② 작성요령 / 146

③ 주의점 / 146

(4) 중개대상물 확인·설명서 / 147

① 중개대상물 확인·설명서 양식 / 147

② 중개대상물 확인·설명서[Ⅱ] 작성 / 151

(5) 상가 매매 계약서 작성 / 159

① 상가 매매 계약서 양식 / 159

② 작성요령 / 161

③ 주의점 / 161

4. **오피스텔** / 162

(1) 오피스텔 매매 / 162

① 오피스텔 매매 계약서 양식 / 162

② 작성요령 / 164

③ 주의점 / 165

(2) 오피스텔 임대차 / 165

　① 오피스텔 임대차 계약서 양식 / 165

　② 작성요령 / 167

　③ 주의점 / 168

5. **공장·창고** / 168

(1) 공장·창고 매매계약 / 168

　① 공장·창고 매매 계약서 양식 / 168

　② 작성요령 / 170

　③ 주의점 / 171

(2) 중개대상물 확인·설명서[IV](입목·광업재단·공장재단) / 171

　① 공장·창고 중개대상물 확인·설명서[IV] 양식 / 171

　② 작성요령 / 173

　③ 중개대상물 확인·설명서 작성을 위한 자료요구와 그 사실에
　　대한 기재 / 175

(3) 공장·창고 임대차계약 / 175

　① 공장·창고 임대차 계약서 양식 / 175

　② 작성요령 / 177

　③ 주의점 / 178

6. **토 지** / 178

(1) 토지 매매 계약서 / 178

　① 토지매매 계약서 양식 / 178

　② 작성요령 / 181

　③ 주의점 / 181

(2) 중개대상물 확인·설명서[III](토지용) / 182

　① 중개대상물 확인·설명서 양식 / 182

　② 중개대상물 확인·설명서 작성방법 / 184

　③ 중개대상물 확인·설명서 작성을 위한 자료요구와 그 사실에
　　대한 기재 / 185

(3) 토지임대차 계약서 / 185

　① 토지임대차 계약서 양식 / 185

　② 작성요령 및 주의점 / 188

제8장 부동산 세무 실무

1. **부동산 양도소득세** / 190

   (1) 의의 / 190

   (2) 개인과 법인의 차이 / 190

   (3) 과세대상 소득과 납세의무자 / 190

   　　① 과세대상 소득 / 190

   　　② 양도세 납부의무자 / 190

   (4) 과세 표준 / 191

   　　① 양도차익 / 191

   　　② 양도소득 금액 / 191

   　　③ 과세표준 / 192

   (5) 적용 세율 / 192

   　　① 일반 세율(초과 누진 세율) / 192

   　　② 비례 세율(투기방지 등 부동산 정책을 위한 부가세율) / 192

   　　③ 중과세(비사업용 토지) = 일반세율 + 10% / 193

   (6) 양도소득세 비과세(단, 미등기 양도에 해당할 경우는 과세) / 194

   　　① 파산선고 처분에 따른 부동산양도의 경우 / 194

   　　② 농지의 교환 또는 분합에 의한 양도소득 / 194

   　　③ 1세대 1주택의 양도소득(비과세) / 194

   　　④ 1세대 1주택의 특례 / 197

   　　⑤ 보유기간 특례: 보유기간을 2년 이상 채우지 않아도 1세대 1주택 비과세 특례를 적용 / 199

   (7) 양도소득세 감면 / 199

   　　① 농지의 대토에 의한 양도소득 / 199

   　　② 8년 이상 경작한 토지의 양도 / 200

   　　③ 공공사업용 토지 / 200

   　　④ 준공공임대주택에 대한 양도소득 / 200

2. **취득세** / 200

   (1) 의의 / 200

   (2) 취득세 세율표: 취득원인과 취득면적에 따라 다음과 같이 도표화 할 수 있다 / 201

(3) 취득세 계산 사례 / 201

(4) 납부시기 / 201

3. **재산세** / 202

(1) 의의 / 202

(2) 과세표준 / 202

(3) 재산세 세율표 / 202

(4) 재산세 계산 / 203

4. **증여세** / 203

(1) 부동산 증여세 / 203

(2) 과세대상 / 203

(3) 과세 표준 및 세율 / 203

(4) 증여세 면세, 비과세 / 203

① 증여재산을 반환하거나 재증여한 경우 / 203

② 농지 등에 대한 증여세 감면 / 204

③ 공익법인 등이 출연 받은 재산 / 204

④ 장애인이 증여받은 재산의 과세가액 불산입 및 비과세 / 204

5. **종합부동산세** / 204

(1) 의의와 목적 / 204

(2) 종합부동산세 대상 / 205

① 주택(주택의 부속토지포함) / 205

② 토지 / 205

(3) 공정시장가액 비율 / 205

(4) 과세표준 및 세율 / 205

(5) 종합부동산세액 계산 / 206

(6) 종합부동산세 공제 / 206

① 고령자 공제 / 206

② 장기보유 특별공제 / 206

③ 종합부동산세 합산배제 / 206

제9장 중개업무능력 강화방안

1. **중개업무능력의 강화 방안** / 208
   (1) 부동산 전자계약 시스템 도입에 따른 업계 영향 및 대응 방안 / 208
   (2) 법률시장 개방에 따른 개업공인중개사 경쟁력 제고 방안 / 208
   (3) 부동산 시장의 전망에 따른 투자의 나침판을 그리는 능력을
       키우는 방안 / 209
   (4) 고객과 상호 윈-윈 관계 유지와 지속적 상승관계를 추구하는
       방법으로서의 경·공매론 / 209
   (5) 토털 서비스 제공 능력 함양 / 209
2. **중개업무능력 강화방안으로서의 부동산경매론 일반** / 209
   (1) 부동산 경·공매의 장점 / 209
       ① 매수단계서 수익 / 209
       ② 소자본 접근 용이 / 210
       ③ 환금성 극복 / 210
       ④ 계약 주도권 / 210
       ⑤ 부동산거래 규제 회피 / 210
   (2) 경매의 단점과 그 극복 방안 / 210
       ① 권리 분석 / 210
       ② 명도 / 210
       ③ 초보자의 접근법 / 210

제10장 부동산 경매론 1

1. **권리 분석론** / 212
   (1) 권리분석과 컨설팅의 필요성 / 212
   (2) 말소기준권리 / 213
       ① 의의 / 213
       ② 말소되는 권리 / 213
       ③ 예외 / 213

2. 주택임대차보호법 / 214

  (1) 주택임대차보호법 적용범위 (주택임대차보호법 §2) / 214

    ① 주거에 사용되는 건물의 전부 또는 일부에 적용된다(주택§2) / 214

    ② 주택의 일부가 주거 외의 목적으로 사용되는 겸용 주택의 경우 / 214

    ③ 개인이나 국민주택기금을 재원으로 임대주택을 지원하는 법인뿐만 아니라 직원용 주택을 임차하는 중소기업 법인까지 주택임대차보호법 적용범위를 확대하였다(2014. 1. 1. 시행). / 215

    ④ 주택임대차보호법 적용여부는 임대차 계약체결 당시를 기준으로 한다. / 215

    ⑤ 일시사용을 위한 임대차임이 명백한 경우에는 본 법의 적용이 배제된다(주택임대차보호법§11). / 215

  (2) 대항력 (주택임대차보호법 §3) / 216

    ① 임대차보호법상의 대항력이란 / 216

    ② 대항력 발생시점 / 216

    ③ 대항력의 유지 / 217

  (3) 임차인의 우선변제권 / 218

    ① 임차인의 우선변제권의 의의 / 218

    ② 우선변제권의 행사요건 / 218

    ③ 배당 요구 / 219

    ④ 우선변제권의 발생 시기 / 219

    ⑤ 임대차기간 중 보증금을 증액한 경우 / 220

    ⑥ 우선변제를 받는 대상 / 221

    ⑦ 우선변제 되는 보증금 / 221

    ⑧ 선순위 임차인의 배당요구 여부와 경매참가자의 선택 / 221

  (4) 소액임차인의 최우선변제권 / 222

    ① 의의 / 222

    ② 최우선변제권의 범위 / 222

    ③ 최우선변제를 받기 위한 요건 / 222

    ④ 적용 기준 / 224

    ⑤ 내용 / 225

    ⑥ 배당 / 226

3. **상가건물임대차보호법** / 227

   (1) 연혁 / 227

   (2) 적용 범위 / 227

      ① 상가건물임대차보호법 적용대상 / 227

      ② 법인의 임대차에도 적용 / 227

   (3) 대항 요건 / 228

   (4) 우선변제권 (요건 갖춘 날 당일로 효력발생) / 229

   (5) 최우선변제권 / 229

      ① 의의 / 229

      ② 최우선변제 받는 자의 범위 / 229

   (6) 임대기간 / 230

   (7) 임대차기간 갱신 요구권 / 231

   (8) 차임의 증액청구 / 232

   (9) 보증금의 월세 전환율 / 232

4. **명도방법론** / 233

5. **실전경매 사례고찰** / 234

   (1) 강남구 도곡동 대지 경매 / 234

      ① 물건개요 (중앙 5계 2012-5446(1) / 234

      ② 입찰결과 / 235

      ③ 사건개요 및 임장활동 / 235

      ④ 입찰 및 소유권이전 및 명도 / 235

      ⑤ 이익실현 / 236

   (2) 중구 운남동 토지 경매 / 236

      ① 물건개요(인천 5계 2010-60679) / 236

      ② 입찰 결과 / 237

      ③ 사건개요 및 임장활동 / 237

      ④ 입찰 및 소유권이전 / 237

      ⑤ 이익 실현 / 238

   (3) 제주시 애월읍 팬션 및 과수원경매 / 238

      ① 물건개요(제주 3계 2006-10660) / 238

      ② 입찰 결과 / 239

      ③ 사건개요 및 임장활동 / 239

④ 소유권이전과 유치권 등의 해결 / 240

⑤ 이익실현 및 평가 / 240

(4) 평택 포승읍 공장 및 물류창고 경매 / 241

① 물건개요(평택 3계 2015-2483) / 241

② 입찰 결과 / 242

③ 사건개요 및 임장활동 / 242

④ 입찰 및 소유권이전과 유치권 등의 해결 / 243

⑤ 평가 이익 및 미래가치 / 243

(5) 강남구 청담동 효성빌라 경매 / 244

① 물건개요 (중앙11계 2017-9177) / 244

② 입찰 결과 / 244

③ 사건개요 및 임장활동 / 245

④ 소유권이전 및 명도 / 245

⑤ 평가 및 전망 / 245

6. 부동산 경매가 중개업무능력 강화에 미치는 영향 / 245

(1) 진성고객의 점증 / 245

(2) 상호 윈-윈의 관계 / 245

(3) 중개물건의 확보에 유리 / 245

(4) 부동산 불경기 극복 / 245

제11장 부동산 경매론 2 (틈새상품 개발과 특수물건 분석)

1. 법정지상권 / 248

(1) 의의 / 248

(2) 경매참가여부 판단 / 248

① 건물만 경매로 나온 경우에는 / 248

② 토지만 경매로 나온 경우에는 / 249

(3) 각종 법정지상권 유형과 그 성립요건 / 249

① 건물전세권설정자의 법정지상권 / 249

② 가등기담보법상의 법정지상권 / 249

③ 입목법상의 법정 지상권 / 249

④ 관습법상 법정지상권 / 250

⑤ 저당권 실행으로 인한 법정지상권(민법 §366) / 250

2. **유치권** / 253

(1) 의의 / 253

(2) 유치권의 성립요건 / 253

① 채권이 목적물에 관하여 생길 것(견련성) / 253

② 목적물(부동산 또는 유가증권)이 타인 소유일 것 / 254

③ 채권의 변제기가 도래할 것(준공검사) / 254

④ 타인의 부동산을 점유할 것: / 254

⑤ 유치권배제의 특약이 없어야 한다. / 254

(3) 유치권이 성립하는 경우 / 254

① 필요비, 유익비 - 유치권 성립 / 254

② 건축공사대금 / 255

(4) 배당관계 / 255

(5) 유치권이 성립하지 않는 경우 / 256

① 유치권자가 점유 상실하면 유치권은 소멸한다. / 256

② 당사자 간에 유치권의 발생을 배제하는 특약이 있는 경우, / 256

③ 소유자와 무관하게 생긴 공사대금채권 / 256

④ 경매개시결정등기 후의 공사대금채권 / 256

⑤ 권리금반환 약정은 건물에 관하여 생긴 채권이 아니다
(견련성 부정). / 256

⑥ 사회통념상 건물이 되지 못한 정착물을 토지에 설치한 경우
(대판 2007마98) / 256

(6) 유치권자의 경매청구권(민사집행법 §274) / 256

① 유치권에 의한 경매실시 / 256

② 배당 / 256

③ 배당과 유치권소멸 / 256

(7) 매수인의 권리구제책 / 257

① 매수인의 구상권 행사 / 257

② 명도 소송 / 257

③ 공무집행방해죄 / 257

(8) 채권자나 소유자의 유치권자에 대한 권리행사 / 257

(9) 상사유치권 (상법 §58) / 257

3. **공유 지분 경매 / 260**

(1) 의의 / 260

(2) 다른 공유자에 대한 경매개시 통지 / 261

(3) 다른 공유자의 우선매수청구권 / 261

(4) 공유자 우선매수청구권 제한 / 261

4. **분묘기지권(묘지권) / 262**

(1) 의의 / 262

(2) 성립 요건 / 263

① 외적 요건 / 263

② 실질적 요건 / 263

③ 분묘기지권이 성립하는 경우 / 263

5. **가장 임차인이 있는 물건 / 263**

(1) 가장 임차인이 배제되는 유형 / 263

(2) 가장 임차인 깨트리기 / 264

① 심증 / 264

② 물증(은행) / 264

6. **그 밖의 도로 경매 등 / 264**

제12장 부동산 중개사고 유형과 대책

1. **중개대상물 확인·설명서의 기재와 설명의무 / 266**

(1) 거래계약의 빠른 완성을 위한 구두에 의한 설명의무 간과 / 266

(2) 사례 / 266

(3) 판례 / 266

(4) 개업공인중개사의 의무 / 266

2. **계약서의 재작성 / 267**

(1) 계약서를 재작성하는 경우 실무사례 / 267

(2) 판례 / 267

     (3) 개업공인중개사의 의무 / 267

 3. **계약서의 대서 및 대필과 손해배상** / 268

     (1) 계약서 대서·대필 사례 / 268

     (2) 판례 / 268

     (3) 개업공인중개사의 전문가로서의 의식과 품위 / 268

 4. **가계약금의 반환** / 268

     (1) 가계약금의 실무상 관행 / 268

     (2) 계약금의 성질 / 269

     (3) 개업공인중개사의 실무지침 / 269

 5. **대출금상환과 공인중개사의 확인 의무** / 269

     (1) 문제된 실무사례 / 269

     (2) 판례 / 270

     (3) 개업공인중개사의 실무지침 / 270

 6. **근저당권의 실제 채무액의 확인의무?** / 271

     (1) 원칙 / 271

     (2) 선관주의 의무위반에 대한 책임 / 271

     (3) 개업공인중개사의 실무지침 / 271

 7. **다가구주택의 선순위 임차인 확인 의무** / 271

 8. **특약에 의한 강제 명도?** / 272

     (1) 강제 명도 특약의 실무관행 / 272

     (2) 판례 / 272

     (3) 개업공인중개사의 실무지침 / 272

 9. **업·다운 계약서 작성** / 272

     (1) 실무상 업·다운 계약의 사례 / 272

     (2) 계약의 유효성 / 273

     (3) 행정벌 / 273

10. **임대인의 수선의무** / 273

11. **중개보수청구권에 관한 판례** / 274

     (1) 중개실무 사례 / 274

     (2) 판례 / 274

12. 동일거래에서 발생하는 여러 계약 건(件)에 대한 중개보수 / 274

   (1) 거래 당사자 일방과 동일부동산에 대하여 제3자와 중개행위가
      동시에 이루어지는 경우 / 274

   (2) 거래계약과 동시에 동일 부동산에 대하여 동일당사자간에 또다른
      계약을 체결하는 경우 / 275

13. 수 개의 구분점포 임대에 대한 우선변제권 범위 / 275

   (1) 사례 / 275

   (2) 계약의 성질: 일괄 단일의 임대차 계약으로 볼 것 / 275

제13장 중개실무 관련 법령 모음

1. 주택임대차보호법 / 278

2. 주택임대차보호법 시행령 / 298

3. 상가건물임대차보호법 / 316

4. 상가건물임대차보호법 시행령 / 328

5. 공인중개사법 / 336

6. 공인중개사법 시행령 / 381

7. 공인중개사의 매수신청대리인 등록 등에 관한 규칙 / 420

    참고문헌 ⋯ 432

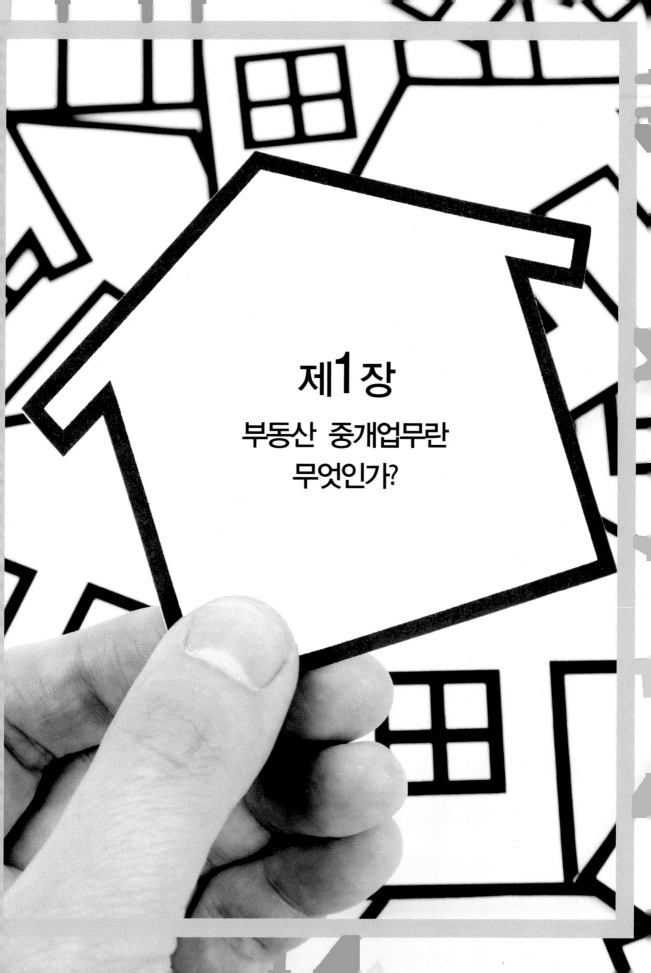

제1장
부동산 중개업무란 무엇인가?

1. 부동산 중개

(1) 의 의

중개대상물인 부동산에 대하여 거래 당사자 간의 매매·교환·임대차 그 밖의 권리의 득실·변경에 관한 법률행위를 알선하는 것을 말한다(공인중개사법 제2조 제1호).

부동산거래를 성립시킴으로써 중개가 완성되는 참여중개(參與仲介)를 말하며, 일반 사인 간의 일반적인 거래행위를 중개하는 민사중개(民事仲介)이며, 자국에 소재한 부동산의 중개에 한정되는 국내중개를 말한다(공인중개사법은 국내법으로 외국 소재 부동산 중개에는 적용되지 않음). 이렇듯 지시중개(指示仲介)나 상사중개(商事仲介), 국제중개(國際仲介)는 제외되는 개념이다.

본 중개실무의 중개개념은 공인중개사법에 의하여 공인된 자격증을 가지고 중개사무소를 개설·등록한 개업공인중개사가 하는 중개를 말하며, 개업공인중개사 단독의 중개인 단독중개와 개업공인중개사 여럿이 공동으로 중개행위를 완성하는 공동중개를 포함한다.

(2) 다른 유사개념과 비교

도표에서와 같이 중개개념과 유사한 개념들과는 구별해야 할 것이다.

중개개념과 비교대상	유사개념의 의미	부동산 중개에서의 중개개념
위임	신뢰관계에 기초함, 무상계약이 원칙 법률행위를 위임받아 행하는 것	반드시 신뢰에 기초하지 않음 유상계약 보조적 사실행위에 불과
대리	대리인은 거래의 당사자임	개업공인중개사는 거래 당사자가 아님
고용	노무의 공급자체가 목적임	일의 완성(계약체결)이 목적임
현상광고	청약의 방법이 광고 불특정 다수인에 대한 의사표시	청약의 방법이 반드시 광고에 의한 것이 아님
도급	일의 완성에 대해 채권발생 하자 발생 시 보수 감액 가능	동(同) 원칙상 보수 감액이 불가능

2. 중개업 관여자

(1) 공인중개사(개업공인중개사, 소속공인중개사)

공인중개사법에 의한 공인중개사 자격시험에 합격하여 공인중개사 자격을 취득한 자를 말한다(공인중개사법 제2조 제2호).

공인중개사의 자격을 가진 자가 중개사무소를 개설·등록한 공인중개사는 개업공인중개사가 되며, 개업공인중개사무소에 소속하여 개업공인중개사를 보조하는 공인중개사는 소속공인중개사가 된다. 개업공인중개사나 소속공인중개사는 중개업무를 수행할 수 있으나 일반 공인중개사는 중개업무를 수행할 수 없다.

(2) 중개보조원

공인중개사가 아닌 자로서 개업공인중개사에 소속되어 중개대상물에 대한 현장안내 및 일반 서무 등 개업공인중개사의 중개업무에 관련된 단순한 업무를 보조하는 자를 말한다(공인중개사법 제2조 제6호).

단순한 업무보조에 불과하므로 현장안내의 과정에서 중개대상물에 대한 권리관계나 거래조건의 교섭 등 중개업무의 핵심적인 사항을 설명하는 것은 보조원의 업무영역에 포함되지 않으며 개업공인중개사가 출장 중이라도 중개보조원은 직접 업무를 대행할 수 없다.

3. 공인중개사 자격제도

(1) 공인중개사 자격제도의 의의와 필요성

공인중개사의 업무 등에 관한 사항을 정하여 전문성을 제고하고 부동산 중개업을 건전하게 육성하기 위하여 공인중개사 자격제를 시행해오고 있다.

(2) 필요성

부동산의 사회경제적·인문적 특성으로 중개업무의 전문성·능률성과 공정성을 갖춘 전문중개인을 양성할 필요성이 있다.

뿐만 아니라 부동산 투기의 효율적 방지와 공정한 거래질서 확립, 부동산 가격조작 등 부동산시장의 안정화를 위해서 전문직업자격인의 엄중관리가 필요하다.

(3) 자격 시험 운영

① 시험주무관청 (특별시장·광역시장·도지사 또는 국토교통부장관)

시도지사가 출제하는 게 일반적이나 공인중개사 시험수준의 균형을 유지하기 위하여 필요하다고 인정할 때에는 대통령이 정하는 바에 따라 국토교통부 장관이 직접 시험을 출제하거나 시험을 시행할 수 있다.

국토교통부장관이 자격시험을 출제하는 경우, 공인 정책심의위원회 의결 거쳐야 한다.

② 시험 방법

1, 2차 시험으로 시행을 하고 있으며 1차는 선택형을, 2차는 논문형으로 출제하는 것을 원칙으로 하나 주관식 단답형 또는 기입형을 가미할 수 있다.

1차 2과목, 2차 3과목 시험과목으로 한다.

(4) 시험의 시행과 공고

매년 1회 이상 실시하나 부득이한 경우 심의위원회의 의결을 거쳐 당해 연도에는 시험시행을 아니할 수도 있다.

(5) 합격자결정

① 매 과목 100만점으로 하여 매 과목 40점 이상, 전 과목 평균 60점 이상 득점자를 합격자로 한다.

② 다만 시험시행기관장이 수급상 필요하다고 인정하여 심의위원회 의결을 거쳐 선발 예정 인원을 미리 공고한 경우에는 매 과목 40점 이상인 자 중에서 전 과목 총득점의 고득점자 순으로 합격자를 결정한다. 동점자가 선발예정인원을 초과하는 경우에는 전원 합격처리한다.

③ 부정행위자 관리: 시험에서 부정행위를 한 응시자는 시험무효처리하며, 그 처분이 있은 날로부터 5년간 응시자격을 정지한다.

(6) 자격증교부

합격자결정 공고일로부터 1개월 이내

(7) 결격사유 및 자격 관리

① 결격사유(부정한 방법에 의한 자격취득·성명 및 자격대여·자격정지기간 중 중개업무·법 위반으로 징역 선고)로 자격취소 후 3년 미경과 된 자는 공인중개사가 될 수 없다.

② 성명사용 업무케 하거나 자격양도 및 대여 시 공인중개사는 자격취소와 1년 이하의 징역 또는 1천만 원 이하의 벌금형에 처한다. 그 상대방은 징역 또는 1천만 원 이하의 벌금에 처한다.

③ 공인중개사 유사명칭 사용자는 1년 이하의 징역형이나 벌금형에 처한다.

4. 중개업(仲介業)의 정의와 요건

(1) 정의

중개업이란 타인의 의뢰에 의하여 일정한 보수를 받고 중개를 업으로 행하는 것을 말한다(공인중개사법 제2조 제3호).

(2) 요건

① 타인의 의뢰를 받을 것

중개의뢰인은 거래의 양당사자가 모두 의뢰자가 되며, 의뢰행위는 불요식의 계약이다.

의뢰계약은 일반적으로 구두에 의한 중개계약이나, 전속중개계약은 통상 서면에 의한 전속중개계약이다.

② 보수를 받을 것

중개서비스에 대한 대가로 시·도의 조례에서 정한 범위 내에서 거래 당사자로부터 각각 수수한다. 보수를 받지 않는 중개는 중개업이 될 수 없다.

③ 중개를 업(業)으로 할 것

불특정 다수인을 대상으로 알선행위를 사회통념상 사업의 수행으로 볼 수 있을 정도로 계속적 반복적으로 행하는 것을 업으로 본다.

5. 중개사무소의 개설·등록

중개업을 영위하고자 하는 자(공인중개사, 부동산 중개법인)는 중개사무소 소재지 관할 시장·군수·구청장에게 중개사무소를 개설·등록해야 한다(공인중개사법 제9조).

(1) 중개업 등록기준

① 공인중개사

ⅰ 공인중개사법 제34조의 규정에 따른 실무교육을 받아야 하며(실무교육이수확인증),

ⅱ 사무실의 확보를 증명하는 서류(임대차계약서, 건축물 대장 등)와

iii 여권용 사진을 첨부하고,

iv 등록신청서를 작성하여 관할 시장·군수·구청장에게 제출하면 된다.

② 법인

ⅰ 상법상 회사로서 자본금이 5천만 원 이상일 것.

또는 협동조합 기본법 제2조 제1호에 따른 협동조합일 것.

ⅱ 공인중개사법 제14조에 규정된 업무만을 영위할 목적으로 설립된 법인일 것.

ⅲ 대표자는 공인중개사이어야 하고, 임원의 1/3 이상이 공인중개사일 것.

ⅳ 임원은 실무교육을 이수하였을 것(실무교육이수확인증).

ⅴ 건축물 대장에 기재된 건물에 중개사무소를 확보할 것(임대차계약서, 건축물 대장 등).

ⅵ 대표자의 여권 사진을 첨부하고,

ⅶ 등록신청서를 작성하여 관할 시장·군수·구청장에게 제출하면 된다.

(2) 등록신청 절차

① 등록신청 절차도 및 내용

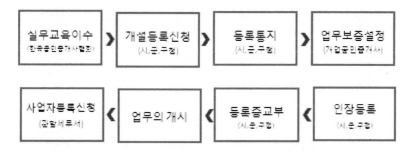

http://www.kar.or.kr/pinfo/officeopen.asp 참조수정

동록통지

등록관청은 7일 이내에 법인과 개업공인중개사로 구분하여 등록을 하고, 등록

신청인에게 개설·등록을 개별통지(서면)

개업공인중개사는 업무를 개시하기 전에 협회공제 등에 가입한 후 업무보증 설정서 사본을 등록관청에 제출(단, 협회공제에 가입 시 협회에서 업무보증 설정신고를 대행함)

인장등록

중개업무 개시 전, 등록관청에 등록

(3) 등록절차 설명

① 등록신청(등록관청: 관할 시·군·구청장)

② 등록통지(등록관청)

- 업무보증 설정
- 보증보험(공제 가입)
  ※ 보증 설정 금액
     개업공인중개사: 1억, 중개법인: 2억 이상(분 사무소당 1억 이상),
     조합: 보장금액 1천만 원 이상의 보증 설정과 그 증명서 제출
- 인장등록

(4) 등록증 교부(등록관청)

(5) 업무개시

(6) 사업자등록증 교부(관할 세무서)

제2장
부동산 중개행위의
중요성

1. 고객의 부동산 행위가 재산행위에서 차지하는 비중

일반적으로 경제행위의 주체로서 개인이 부동산거래행위를 하는 경우는 일생을 거쳐 몇 번 되지 않는 행위이다. 하지만 그 행위 하나하나는 개인 재산의 막대한 비중을 차지하는 재산행위이다. 그 중차대한 행위를 함에도 그에 관한 해박한 지식이나 학습경험이 다른 분야에 비하여 매우 빈약하다. 자칫 잘못하면 개인과 그를 둘러싼 수많은 사람들이 경제적인 치명상을 입게 될 수도 있는 일이다.

2. 개업공인중개사의 사업행위로서의 중요성

고객의 경제적 생활근거를 좌지우지할 수도 있는 부동산 행위를 알선·완성시키는 첨병으로서의 전문직업인으로서 현업에 종사하는 공인중개사의 업무는 어떠한 사업행위보다도 막중하다. 개업공인중개사의 요구되는 전문성과 책임성은 다음과 같이 말해 볼 수 있다.

(1) 업무능력의 능률성과 공정성을 갖출 것

부동산은 고도의 사회성 공공성 경제성을 가지므로 전문직업인으로서 능률적인 업무능력과 공정성을 발휘해야 한다.

(2) 부동산 평가 및 권리분석능력을 갖출 것

부동산은 일물일가(一物一價)의 원칙이 적용되지 않으므로 정확한 현재가치의 평가와 인문적 특성을 감안한 미래가치를 평가할 수 있는 전문능력이 요구된다. 이러한 능력이 전제될 때 고객의 신뢰는 제고될 것이며 중개능력이 향상될 것이다.

(3) 부동산거래질서를 확립시킬 소명을 가질 것

부동산거래의 각종 분쟁과 사고 예방을 위해서 전문직업인으로서의 신의·성실 의무를 다해서 원활한 부동산거래질서 유지와 부동산 경제의 안전을 유지할 수 있도록 한다.

(4) 지역밀착형 영업의 특성이 장점이 되게 할 것

대부분의 부동산 중개업이 지역위주의 거래를 매개하는 관계로 지역에 대한 이해와 애정이 부동산거래에서도 요구된다. 지역민에 대한 봉사의식을 바탕으로 한 중개는 개업공인중개사와 지역주민의 상호 WIN-WIN 관계로 이어질 것이다.

3. 중개업자의 개인정보보호

(1) 개인정보보호법과 제정목적

① 법률제정의 의의

개인정보의 처리 및 보호에 관한 사항을 정하고 개인의 자유와 권리를 보호하며 존엄과 가치를 구현함을 목적(법 제1조)으로 한다.

정보화에 따른 개인정보의 오·남용으로부터 국민 각자의 사생활을 보호하고 국민의 권익을 증진시키며 개인의 존엄성과 가치를 구현하고자 하는 취지이다.

② 중개업계에서의 실현의지

2015년 중개업이 개인정보보호의 주요 관심업종에 포함되었다. 동년 7/8월에 행자부 주관으로 중개사무소 자율 점검반을 운용하였고 2016년 한국공인중개사협회를 개인정보 자율관리단체로 지정하여 협회 자체의 개인정보보호 역량강화를 촉구하고 있음.

(2) 중개업자의 개인정보처리

1) 개인정보 수집 이용

① 정보 주체의 동의를 받은 경우

◉ 정보주체의 정보 취득 범위

정보처리자는 정보주체로부터 직접 이름, 주소, 전화번호 등의 정보를 제공받는 것 뿐만 아니라 정보주체에 관한 모든 형태의 개인정보 취득 可.

◉ 동의 방법의 명확성

동의는 개인정보 처리자가 개인정보를 수집 이용하는 것에 대한 서명·날인, 구두, 홈페이지 동의 등 동의 여부에 대해 명확하게 확인할 수 있는 방법(예: 자필서명을 받거나, 웹사이트에 동의여부 선택권 부여).

② 법률규정이 있거나 법령상 의무준수를 위해 불가피한 경우

법령에서 해당 정보처리자가 그 의무이행을 위해서 개인정보를 불가피하게 수집·이용할 수밖에 없는 경우(예: 공인중개사의 업무 및 부동산거래 신고에 관한 법률)에는

거래계약서, 부동산거래 신고서 등은 별도 동의 없이 수집 可.
(계약서는 5년간 보존의무. 同法 제26조, 同法시행령 제22조)

③ 계약체결·이행을 위해 개인정보 수집이 불가피하게 필요한 경우

이 경우까지 동의를 받도록 하면 정보획득에 지출할 경제적 시간적 손실이 크므로 정보주체에 대한 고지 동의 없이도 개인정보를 수집할 수 있게 한 것.

예: 부동산거래에 있어서 계약체결 전에 해당부동산의 소유자, 권리관계 등을 미리 조사·확인하는 경우가 이에 해당(단, 계약 미체결 시에는 수집한 개인정보는 즉시 파기하여야).

④ 벌칙

◉ 수집이용기준을 위반한 정보 수집(동법 15조 1항 위반)

　→ 5천만 원 이하 과태료

◉ 정보주체에 대한 고지의무 위반(동법 15조 2항 위반)

　→ 3천만 원 이하 과태료

2) 개인정보 수집 제한

① 최소 수집 원칙 및 입증책임의 부담

정보 수집 목적의 필요범위 내에서 최소한의 정보만을 수집해야 한다(정보주체의 동의 없이 개인정보를 수집하는 경우에만 적용).

최소 수집정보라는 입증책임은 개인정보 처리자에게 있다.
최소 필요 이상의 정보 수집을 위해서는 정보주체의 동의를 받아야

② 개인정보 수집 제한 위반에 대한 벌칙

필수정보 이외의 정보 수집에 동의하지 않는다는 이유로 재화 또는 서비스의 제공 거부 시에는 3천만 원 이하 과태료의 처분을 받는다.

3) 개인정보 제3자 제공

① 의미

정보처리자 외의 제3자에게 개인정보가 이전되는 것을 의미
(예: 개인정보 수기문서 전달, 데이터베이스 파일전달, 데이터시스템 접속권한 허용)

② 개인정보 제3자 제공이 가능한 경우

◉ 정보주체의 동의를 받은 경우(법 제15조 제1항 1호)

◉ 법률규정이 있거나 법령상 의무 준수를 위해 불가피한 경우

(공인중개사가 부동산거래계약신고를 위한 경우, 거래 신고 이외의 목적으로 제3자에 제공하려면 별도 동의 필요)

- ◉ 급박한 생명·신체·재산상 이익을 위하여 필요한 경우

③ 벌칙

　정보주체의 동의를 받지 않고 제3자에게 정보를 제공한 자 및 그 사정을 알고 제공받은 자 (17조 제1항 1호 위반)는 5년 이하의 징역 또는 5천만 원 이하의 벌금에 처한다.

　정보주체에 대한 고지의무 위반(동법 17조 2항 위반)에 대해서는 3천만 원 이하 과태료 처분

4) 정보 수집·제공 동의서 양식

개인정보 수집 및 이용 / 활용 동의서

- **- 개인정보 수집 동의**
1. 수집하는 개인정보의 항목

　첫째, 코리아 부동산 중개(주), 알파넷 공인중개사 사무소는 고객관리, 계약서 작성 등 각종 서비스의 제공을 위해 아래와 같은 최소한의 개인정보를 수집하고 있습니다.
- 수집항목: 이름, 주소, 휴대폰번호, 전화번호, 이 메일

　둘째, 시스템 이용과정이나 사업처리 과정에서 아래와 같은 정보들이 자동으로 생성되어 수집될 수 있습니다.
- 개인정보 등록일시, 계약서 작성 등 서비스 이용 기록

2. 개인정보 수집방법

　코리아 부동산 중개(주), 알파넷 공인중개사 사무소는 다음과 같은 방법으로 개인정보를 수집합니다.

- 한국공인중개사협회 부동산거래정보망(K-REN) 시스템 사용이 허가 된 개업공인
  중개사의 직접 입력을 통한 시스템 등록

3. 개인정보의 수집 및 이용목적

개인정보의 수집은 아래와 같은 목적을 위하여 수집하며 이외의 목적으로는 사용되지 않습니다.

- 부동산거래를 위한 매물 관리
- 부동산거래를 위한 계약서 작성
- 지속가능한 서비스 제공을 위한 고객관리

4. 개인정보의 보유 및 이용기간

저장된 개인정보는 원칙적으로 개인정보의 수집 및 이용목적이 달성되면 지체 없이 파기합니다. 단, 다음의 정보에 대해서는 아래의 이유로 명시한 기간 동안 보존합니다.

- 관련법령에 의한 정보보유 사유

상법, 전자금융거래법 등 관계법령의 규정에 의하여 보존할 필요가 있는 경우 관계법령에서 정한 일정한 기간 동안 개인정보를 보관합니다. 이 경우 보관하는 정보를 그 보관의 목적으로만 이용하며 보존기간은 아래와 같습니다.

- 부동산 계약서 거래 기록 보존 이유: 공인중개사법 및 공인중개사법 시행령
  보존 기간: 5년

※ 동의를 거부할 수 있으며, 동의 거부 시 제공되는 중개서비스가 제한될 수 있으나 그에 대한 불이익은 없습니다.

개인정보 제공자: 성 명   (서 명)   (동의, 동의거부)

- 개인정보 제3자 제공 안내

<u>코리아 부동산 중개(주), 알파넷 공인중개사 사무소</u>는 서비스 향상을 위해서 아래와 같이 개인정보를 위탁하고 있으며, 관계법령에 따라 위탁계약 시 개인정보가 안전하게 관리될 수 있도록 필요한 사항을 규정하고 있습니다.

개인정보 위탁처리 기관 및 위탁업무 내용은 아래와 같습니다.

- 수탁업체: 정보망시스템 제공처(한국공인중개사협회)
- 위탁업무 내용: 부동산거래정보망 시스템 제공
- 개인정보의 보유 및 이용기간: 회원탈퇴 시 혹은 위탁계약 종료 시까지

※ 동의를 거부할 수 있으며, 동의 거부 시 제공되는 중개서비스가 제한될 수 있으나 그에 대한 불이익은 없습니다.

개인정보 제공자: 성 명   (서 명)   (동의, 동의거부)

수집일시: 년   월   일

개인정보 수집자: 코리아 부동산 중개(주)   성 명   (서 명)

최고부동산중개   성 명   (서 명)

개인정보 수집/보관의무를 수행하지 않아 발생된 모든 책임은 해당 공인중개사 사무소에 있습니다.

<양식 출처: 한국공인중개사협회>

4. 거래 당사자 신분 등 진위 확인방법

(1) 주민등록증 진위 확인법

① 민원 24시(minwon.go.kr) ➔확인서비스 ➔주민등록증 진위 확인

② 자동응답전화: 국번 없이 1382

"행정자치부에 등록된 발급일자와 일치합니다." 또는

"입력하신 주민등록증 발급일자가 행정자치부에 등록된 발급일자와 일치하지 않습니다."

(2) 운전면허증 진위 확인방법

경찰청(efine.go.kr) ➔운전면허증 정보조회 ➔운전면허증 진위 조회

"전산자료와 일치합니다. 식별번호가 일치합니다." 또는

"면허번호가 잘못 입력되었습니다. 식별번호가 일치하지 않습니다."

(3) 신분증사본 교부 시 주의 사항

① 신분증사본 교부 지양

거래계약 시 매수(임차)의뢰인에게 매도(임대)의뢰인 본인확인을 위한 신분증사본이 교부되면 신분증이 위조에 사용될 수 있다.

따라서 교부를 않고 진위 확인 결과를 제시하거나 교부하는 게 바람직하다.

② 제시·교부 시 조치

불가피하게 제시·교부 시는 주민증은 발급일자를, 운전면허증의 경우는 운전면허번호와 직인 위에 표시된 암호 일련번호(숫자 4자리 또는 3자리, 영문 2자리)를 가려야 한다.

(4) 주민등록 등·초본, 인감증명서 발급사실 및 인터넷 발급문서 진위 확인 서비스

민원 24(minwon.go.kr) ➔ 확인

(5) 납세증명서 등 국세청 발급 원본 확인

국세청 홈택스(hometax.go.kr)

개인 ➔ 증명발급 ➔ 민원증명 원본 확인

(6) 공부에서 확인할 수 없는 사항 확인

부동산정보 통합 포털사이트(onnara.go.kr)(국토부)

일사편리시스템(kras.seoul.go.kr/land-info)(서울시)

(7) 등기사항 증명서 발급사실 확인: 대법원 인터넷 등기소(iros.go.kr)

등기열람 / 발급 ➔ 발급 확인하기

(8) 개업공인중개사의 기타 확인사항

토지이용계획 확인서 ➔ 공법상의 이용제한 사항을 확인, 그 후에는
관계법령을 통하여 ➔ 중개대상물에 부여된 구체적 행위제한을 확인해야 한다.

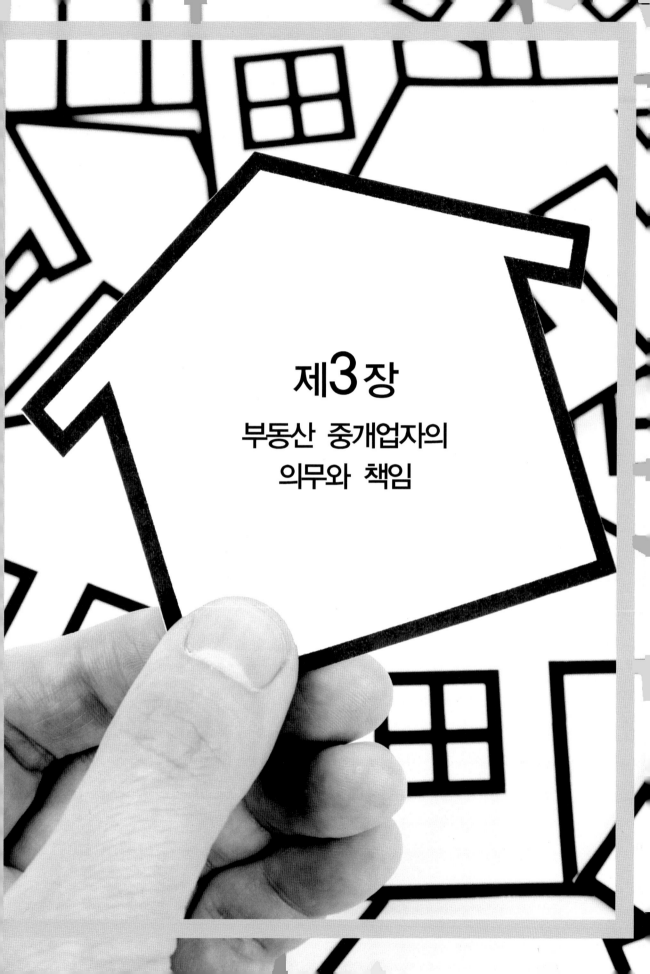

제3장
부동산 중개업자의
의무와 책임

1. 부동산 중개업자의 기본윤리

(1) 신의·성실 의무

중개업에 종사하는 공인중개사는 전문직업인으로서의 품위를 유지하고 신의와 성실로써 공정하게 중개관련 업무를 수행해야 한다(공인중개사법 제29조 제1항).

① 전문직업인으로서의 품위유지 의무
② 공정한 중개행위를 행할 의무-거래 양당사자 사이에 일방의 이익에 치우치지 않도록 공정

(2) 비밀 준수 의무

개업공인중개사 등은 공인중개사법 및 다른 법률에 특별한 규정이 있는 경우를 제외하고는 그 업무상 알게 된 비밀을 누설하여서는 아니 된다. 그 업무를 떠난 후에도 또한 같다(공인중개사법 제29조 제2항).

① 원칙
  i 개업공인중개사 등의 의무임-개업공인중개사, 소속공인중개사, 중개보조원, 법인의 임·직원
  ii 업무 종사 중, 업무 종료 후 모두 요구됨
  iii 벌칙 - 1년 이하의 징역 또는 1천만 원 이하의 벌칙(공인중개사법 제49조 제1항 제9호)
        (反意思 不罰罪)

② 예외
  i 본인이 승낙한 경우
  ii 개업공인중개사가 거래 상대방에게 고지해야 할 의무가 있는 비밀사항(중개대상물의 하자)
  iii 다른 법률에 의하여 특별히 고지해야 할 법률상 의무가 있는 경우(재판상 증언

의무)

(3) 선량한 관리자로서의 주의 의무(선관주의 의무) - 학설·판례로 인정

선관주의라 함은 보통의 통상적 주의력을 가진 행위자라면 당해 상황에서 통상적으로 가져야 하는 정도의 주의를 가리킨다.

개업공인중개사는 선량한 관리자의 주의 의무로서 의뢰받은 중개업무를 처리해야 할 의무가 있다(대법원 1999. 5. 14. 선고 98다 30667 판결). 이는 기본적으로 중개의뢰인과 개업공인중개사의 관계를 민법상의 위임관계로 보고 민법 제681조의 규정을 준용, 개업공인중개사에게 선관주의 의무를 인정하는 논리이다.

2. 손해배상 책임과 업무보증

(1) 손해배상 책임

① 고의·과실에 의한 책임

개업공인중개사는 중개행위를 함에 있어서 고의 또는 과실로 인하여 거래 당사자에게 재산상의 손해를 발생하게 한 때에는 그 손해를 배상할 책임이 있다(공인중개사법 제30조 제1항).

② 중개 장소 제공에 대한 책임

개업공인중개사는 자기의 중개사무소를 다른 사람의 중개행위의 장소로 제공함으로써 거래 당사자에게 손해를 발생하게 한 때에는 그 손해를 배상할 책임이 있다(법 제30조 제2항).

(2) 업무보증(손해배상 책임의 보장)

개업공인중개사나 지역농업협동조합은 중개업무를 개시하기 전에 중개행위로 인한 손해배상 책임을 보장하기 위하여 보증보험 또는 공제에 가입하거나 공탁을 하여야 한다(공인중개사법 제30조 제3항).

① 법인인 개업공인중개사

  ⅰ 보증금 2억 원 이상의 보증보험 가입
  ⅱ 공제금액 2억 원 이상의 공제 가입
  ⅲ 관할 공탁기관에 현금 또는 국공채 2억 원 이상 공탁

② 법인이 아닌 개업공인중개사

  ⅰ 보증금 1억 원 이상의 보증보험 가입
  ⅱ 공제금액 1억 원 이상의 공제 가입
  ⅲ 관할 공탁기관에 현금 또는 국공채 1억 원 이상 공탁

③ 지역농업협동조합

보장금액 1천만 원 이상의 보증을 보증기관에 설정하고 그 증명서류를 갖추어 등록관청에 신고하여야 한다(공인중개사법 시행령 제24조 제3항).

3. 계약금 등의 반환 채무이행 보장

(1) 부동산거래계약의 이행과정상 안전장치의 필요성

부동산거래는 계약체결, 중도금지급, 잔금지급 및 인도와 등기라는 절차를 거친다.

따라서 계약체결에서 인도와 등기에 이르기까지 상당한 시일이 걸리며 그동안의 2중 매매 등으로 계약내용을 이행할 수 없는 상황이 생길 수 있다. 이로 인하여 기존에 지급된 계약금·중도금의 반환에 관한 분쟁의 소지가 많다.

(2) 외국의 사례(Escrow)

부동산거래 에스크로우 제도는 부동산거래 계약 체결 시에 계약금과 매매 관련 서류들을 계약 당사자의 쌍방을 대리할 수 있는 공정한 제3자인 전문가, 즉 제3의 독립적인 에스크로우 회사에게 맡기어 이행을 대행하게 하여 안심하고 거래를 진행하는 제도로서 미국 등 여러 나라에서 시행하고 있다.

(3) 한국의 실정법적 근거(공인중개사법 제31조)

① 개업공인중개사의 계약금 등의 예치 권고권

개업공인중개사는 거래의 안전을 보장하기 위하여 필요하다고 인정할 때에는 거래 계약의 이행이 완료될 때까지 계약금·중도금·잔금을 개업공인중개사나 대통령령이 정하는 자의 명의로 일정한 금융기관, 공제사업자, 신탁회사 등에 예치하도록 거래 당사자에게 권고할 수 있다(공인중개사법 제31조 제1항).

② 계약금 등의 인출 및 거래안전에 필요한 사항에 관한 약정의무

개업공인중개사는 거래 당사자가 공인중개사법 제31조 제1항에 의하여 개업공인중개사의 명의로 금융기관 등에 계약금 등을 예치할 것을 의뢰하는 경우에는 계약이행의 완료 또는 계약해제 등의 사유로 인한 계약금 등의 인출에 관한 거래 당사자의 동의 방법, 반환채무이행 보장에 소요되는 실비, 그 밖의 거래안전을 위하여 필요한 사항을 약정하여야 한다(공인중개사법 시행령 제27조 제2항).

③ 개업공인중개사의 예치금의 분리관리 및 임의 인출 금지의무

개업공인중개사는 자기소유의 예치금과 분리하여 관리될 수 있도록 하여야 하며, 예치된 계약금은 거래 당사자의 동의 없이는 인출하여서는 아니 된다(공인중개사법 시행령 제27조 제3항).

④ 개업공인중개사의 보증보험, 공제가입 또는 공탁의무 및 증서 제공의무

개업공인중개사는 예치된 계약금 등을 거래 당사자에게 지급할 것을 보장하기 위하여 예치금에 해당하는 금액을 보장하는 보증보험 또는 공제에 가입하거나 공탁을 하여야 하며 거래 당사자에게 관련 증서 사본이나 증서에 관한 전자문서를 제공하여야 한다(공인중개사법 시행령 제27조 제4항).

4. 부동산 중개업자 등의 금지행위

개업공인중개사 등은 부동산거래를 문란케 하거나 중개의뢰인에게 불이익을 초래하는 중개활동을 하여서는 아니 된다.

(1) 중개대상물의 매매를 업으로 하는 행위(공인중개사법 제33조 제1호)

거래질서 문란과 정당한 가격형성 왜곡을 통한 부당이득 방지차원에서 금함

(2) 개설·등록하지 않고 중개업을 영위하는 자인 것을 알면서 그를 통해 중개의뢰를 받거나 그에게 자기의 명의를 이용케 하는 행위(공인중개사법 제33조 제2호)

무등록자의 출현방지와 무등록자와 합세한 불법행위를 방지하자는 취지

(3) 사례·증여 그 밖의 어떠한 명목으로도 제32조 제3항의 규정에 의한 수수료 또는 실비를 초과하여 금품을 받는 행위(공인중개사법 제33조 제3호)

중개의뢰인이 제시한 가격을 초과한 금액을 전액 보수로 하는 순가중개의뢰계약은 금지된다(실무상 인정작업이 금지됨).

(4) 중개대상물의 거래상의 중요 사항에 관하여 거짓된 언행, 그 밖의 방법으로 중개의뢰인의 판단을 그르치게 하는 행위(공인중개사법 제33조 제4호)

개업공인중개사는 전문직업인으로서 거래의 중요 사항에 대하여 신의성실의 원칙에 입각하여 의뢰인에게 정확한 정보제공과 판단의 기준을 제시하여 의뢰인의 올바른 판단에 도움을 주어야 한다. 거짓 정보나 그릇된 설명으로 인한 손해배상 책임이 따른다.

(5) 법령에서 양도·알선 등이 금지된 부동산의 분양·임대 등과 관련이 있는 증서 등의 매매·교환 등을 중개하거나 그 매매를 업으로 하는 행위(공인중개사법 제33조 제5호)

① 부동산의 분양·임대 등과 관련이 있는 증서

주택청약통장, 주택상환사채, 철거민 입주예정서, 건물철거 예정서 등을 말하며 무주택자의 우선적 분양권을 보장해주기 위한 증서들로 그 취지를 지키기 위해 관련 법령에서 매매 또는 질권의 대상으로 삼지 못하게 하고 있음

② 부동산 실수요자가 아닌 부동산 투기꾼들에 의한 부동산 시장의 왜곡과 문란을 방지하기 위해 금지함

③ 판례

 i 아파트 당첨권이나 분양계약이 체결된 분양권
 ii 관리처분계획이 인가된 재건축, 재개발 입주권
 iii 상가를 분양받은 분양권, 분양임대 등과 관련된 증서로 보지 않는다.

(6) 중개의뢰인과 직접 거래를 하거나 거래 당사자 쌍방을 대리하는 행위 (공인중개사법 제33조 제6호)

① 직접거래 금지

 i 개업공인중개사가 일방의 거래 당사자가 되어 중개의뢰인과 거래 계약을 직접 체결하는 계약을 직접거래, 자기계약이라 하는데 금지된다.
 ii 의뢰인의 승낙이 있어도 금지됨
  민법상 자기거래 금지는 의뢰인 본인의 허락이 있으면 허용되나, 의뢰인 보호에 금지의 취지가 있는 민법의 취지와 부동산거래질서의 유지확립의 취지도 있는 공인중개사법의 취지상 의뢰인의 허락에도 불구하고 금지된다.

② 쌍방대리 금지

개업공인중개사 등이 중개의뢰인 쌍방으로부터 거래계약체결의 대리권을 수여받

아 양당사자를 대리하여 계약을 완성하는 경우가 쌍방대리이다.

거래 당사자의 일방의 이익을 침해할 우려가 있어 금지된다.

(7) 미등기 전매행위 및 법령에 의한 전매, 권리변동이 제한된 매매 등 부동산투기를 조장하는 행위(공인중개사법 제33조 제7항)

① 부동산 등기법상 부동산에 관한 물권득실변경은 등기를 해야 물권변동의 효력이 생긴다(성립요건주의). 중간생략등기와 같은 미등기 전매는 투기·탈세 등 부동산거래질서를 왜곡하여 금지시키는 것이다.

② 전매 등 권리변동이 제한된 부동산의 매매는 주택법 등에서 공공의 목적 보호를 위한 법규에서 당해부동산에 대한 권리의 변동이 제한되는 경우이다.

5. 부동산 중개업자, 소속공인중개사, 중개보조원의 교육

(1) 개업공인중개사

① 중개사무소를 개설·등록하려는 자는 등록신청일 전 1년 이내에 시·도지사가 실시하는 실무교육을 받아야 한다(공인중개사법 제34조 제1항).

② 실무교육면제

폐업 신고 후 1년 이내에 중개사무소의 개설·등록을 다시 신청하려는 자

③ 실무교육의 목적

부동산 중개의 전문직업인으로서의 직업윤리의식 및 부동산 관련 전문지식을 기르기 위함이다.

④ 실무교육시간은 28시간 이상 32시간 이하로 한다(공인중개사법 시행령 제28조 제1항).

(2) 소속공인중개사

① 소속공인중개사는 고용신고일 전 1년 이내에 시·도지사가 실시하는 실무교육을 받아야 한다.

② 실무교육면제

고용관계 종료 신고 후 1년 이내에 고용신고를 다시 하려는 자 및 개업공인중개사로서 폐업신고를 한 후 1년 이내에 소속공인중개사로 고용신고를 하려는 자

③ 실무교육의 목적

부동산 중개의 전문직업인으로서의 직업윤리의식 및 부동산 관련 전문지식을 기르기 위함이다.

④ 실무교육시간은 28시간 이상 32시간 이하로 한다(공인중개사법 시행령 제28조 제1항).

(3) 중개보조원

① 중개보조원은 고용신고일 전 1년 이내에 시·도지사 또는 등록관청이 실시하는 직무교육을 받아야 한다.

② 직무교육면제

고용관계 종료 신고 후 1년 이내에 고용신고를 다시 하려는 자

③ 직무교육의 목적

중개보조원으로서 직무수행에 필요한 직업윤리를 고취시키기 위함이다.

④ 교육시간은 3시간 이상 4시간 이하로 한다(공인중개사법 시행령 제28조 제2항).

(4) 연수교육

개업공인중개사 및 소속공인중개사들을 대상으로 하는 교육으로 부동산 중개 관련 법제도의 변경사항, 중개 및 경영 실무에 관한 내용과 직업윤리교육으로 12시간 이상 16시간 이하로 한다(공인중개사법 시행령 제28조 제4항).

제4장
부동산 중개
실무이론 일반론

1. 부동산 중개의 실무론 개설

중개실무는 중개의뢰자의 중개의뢰로부터 시작하여 중개계약의 성립과 중개행위에 의한 중개완료에 이르기까지의 개업공인중개사의 제반업무 일체를 말한다.

중개업무는 중개의뢰계약서의 작성, 중개물건 관리대장 작성, 중개업무처리 장부 작성, 권리분석, 부동산평가, 중개물건 브리핑, 중개보조원의 관리, 중개계약서의 작성 및 서명·날인 교부, 중개대상물 확인·설명서의 작성교부 등의 제반 업무를 포괄한다.

이러한 부동산 중개에서 필수적인 3요소로 행위주체인 공인중개사와 거래 당사자인 중개의뢰인, 중개행위의 목적물인 중개대상물이 전제로 요구된다.

2. 중개실무 사전 단계

개업공인중개사가 중개업무를 시작하기 위해서는 부동산 중개의 3요소에 포함되는 중개대상물확보와 중개의뢰인인 고객확보가 절대적으로 중요하다.

(1) 물건 확보

i 방문 접수

중개의뢰인이 직접 중개사무소를 방문하여 중개대상물건에 대하여 중개의뢰를 하는 경우

(사전에 지역친목 모임, 명함작업, DM발송, 아파트 경비원, 우유배달원, 슈퍼마켓, 은행·우체국, 지역문화센터 등을 통한 사전 친분관계의 결과로 이루어짐)

ii 전화접수

기억하기 쉬운 전화의 중요성(SNS, 간판, 명함, 인터넷 광고, 특히 네이버 광고)

iii 광고 접수

신문 전단지, 지역광고지, 은행, 미용실, 우체국, 지하철역 통로 등 대중의 이동이 빈번한 지역광고대, 지역방송 등

ⅳ 다른 사무소의 개업공인중개사

　개업공인중개사는 경쟁자가 아닌 중개물건 및 중개의뢰고객 제공자이다.

(2) 고객 확보

　광고활동, 사무소 소재 지역 대상의 봉사 활동, 지역 행사 및 종교단체 봉사활동, 지역 친목회 체육회 등에서 신뢰 쌓기

3. 매도의뢰 처리업무

　(거래의뢰목적 확인, 권리관계 확인, 매도희망가격 파악, 의뢰계약의 유형 확인)

　매도의뢰를 받은 개업공인중개사는 매도의뢰인의 매도목적을 확인하고(거래의뢰목적 확인), 중개대상물의 정당한 권리를 확인하고 이전하려는 권리의 종류 및 그에 부착되어 있는 제한물권·임차권 등을 확인해야 한다(권리관계 확인). 매도 희망가격을 총액과 ㎡당 가격을 확인하여 공부상의 면적과 현황상의 면적 등의 이동(異同)을 파악해야 한다(매도희망가격 파악).

　의뢰계약유형인 일반·전속·공동중개 의뢰 계약인지 여부를 구별하고 그 계약기간을 확인해야 한다(의뢰계약의 유형 확인).

4. 매수의뢰 처리업무

　(매수의뢰의 목적 파악, 매수지역 확인, 매수수량 및 용도·구조 등 파악, 매수자금 규모 파악)

　매수의뢰를 받은 개업공인중개사는 매수의뢰의 목적을 정확하게 파악해야 그에 맞는 물건을 확보하여 계약 완성에 이르기 쉽다(매수의뢰의 목적 파악).

　매수인이 원하는 물건지역을 확인하여 그에 알맞은 경제적 사회적인 위치의 물건

확보에 주력할 수 있다(매수지역 확인).

또한 매수인이 원하는 부동산의 용도와 구조 수량을 파악해야 한다(매수수량 및 용도·구조 등 파악). 토지의 경우는 지목·도로유무·면적 등의 확인이 같은 범주의 업무유형이다.

매수의뢰인의 자금예산을 파악하여 가능한 범위의 부동산을 브리핑해 주어야 한다(매수자금 규모 파악).

5. 임대차의뢰 처리업무

① 임대의뢰의 경우 임대인이 진정한 소유자인지, 의뢰부동산의 소재지, 면적, 구조, 지목 등의 확인과 더불어 의뢰조건인 보증금, 권리금, 차임, 임대 기간 등을 확인해야 한다.
② 임차의뢰의 경우 임차의뢰인이 바라는 부동산, 면적, 지역 등과 임차조건인 보증금, 차임 임차 기간 등을 확인해야 한다.

6. 중개의뢰서 작성

(1) 의뢰인의 인적사항, 즉 성명 주소 전화번호를 기록하고 대리로 의뢰하는 경우에는 대리권을 증명하는 서류(소유자의 위임장·인감증명서 등)를 요구하는 게 좋다.
(2) 의뢰가격, 희망지역, 이용목적 등을 기록하되 의뢰가격이 적정하지 않을 경우는 조정을 권유, 그를 기록해둔다.
(3) 의뢰인이 개업공인중개사에게 계약 체결 등의 대리권을 부여할 경우 그 사실을 기록한다.
(4) 중개의뢰계약이 일반, 전속, 공동중개의뢰계약인지 여부를 기록하고 전속중개의뢰계약인 경우 전속 기간을 기록하며 표준계약서를 작성해야 한다.

7. 부동산 중개활동 및 실무일반

중개의뢰를 받으면 본격적인 중개활동이 시작된다. 중개행위가 완료되는 단계는 다음과 같다.

(1) 중개업무 계획의 단계

중개업무의 성공적 수행을 위해서는 체계적이고 합리적인 중개계획을 수립하고 효율적으로 중개업무를 완수하는 게 중요하다.

(2) 중개대상물의 현황 및 권리관계 조사의 단계

업무 계획이 수립되었으면 중개대상물에 대한 현장답사를 통해 중개대상물의 물적 상태와 권리관계 파악이 필요한데 이는 임장활동 및 각종 공적 장부를 통하여 확인해야 한다.

(3) 중개계약 성사를 위한 영업의 단계

중개대상물인 부동산의 특징이나 장점·투자가치·가격·미래가치 및 활용도 등을 매수자에게 만족감을 줄 수 있는 셀링 포인트(Selling Point: 판매소구점)로 부각시켜 계약체결에 이르도록 하는 단계이다. 가망고객의 접촉과 설명이 요구된다.

(4) 계약조건의 확정과 계약 체결의 단계

거래 당사자가 나타났을 때는 거래조건 거래가격 등에 관하여 양당사자의 조건을 조정, 합의하도록 중재·조정을 하여 계약서를 작성하는 단계이다.

이때 계약 내용을 명확히 확인 설명하고 관련 공적 장부를 열람·제시하여 확인케 하며, 당사자의 신분관계 증명을 확인해주어야 하고 계약서와 확인·설명서에 중개사와 거래 당사자가 자서·날인케 한다.

자필서명과 날인을 거친 계약서, 확인·설명서에는 계약 당사자와 중개사의 간인을 통해 문서의 진정성을 확인해주고 거래 당사자에게 각각 1부씩 교부하며,

등기사항전부증명서 및 각종 대장 및 공부 등의 서류는 매수(임차)의뢰인에게 교부해주며, 거래 당사자 각각에게 중개행위를 한 공인중개사 사무소의 공제증서도 교부한다.

(5) 중개대상 부동산의 인도·인수 및 거래대금 완불(계약 완결) 단계

이 단계는 계약이행·완결단계로 개업공인중개사는 영수증 발행과 공과금 정산결제 등의 부수행위도 깔끔히 처리해줌으로써 고객의 신뢰증진에 만전을 기해야 한다.

제5장

부동산 중개
실무이론 본론 1
(중개대상물 작성 일반)

1. 중개대상물 확인 · 조사

중개의뢰를 받은 경우 개업공인중개사는 계약의 성립이전에 중개대상물의 권리관계 및 거래 · 이용에 관한 제한사항, 부동산에 대한 물적 하자와 상태 등에 대해 확인 · 조사하여 서면(중개대상물 확인 · 설명서)으로 기재하여야 한다.

중개대상물 확인 · 설명서는 권리분석의 자료가 될 뿐만 아니라 개업공인중개사 책임부문의 판단자료가 되는 중요한 서면이므로 자세하고 정확히 작성할 필요가 있다.

2. 중개대상물 확인 · 설명서 작성

(1) 중개대상물 확인 · 설명서

① 중개대상물 확인 · 설명서의 의의

개업공인중개사가 중개대상물의 조사 · 확인결과를 서면으로 작성하여 기명 · 날인하고 거래 당사자에게 그 내용을 확인 · 설명하고 거래 당사자가 기명 · 날인을 한 서면이다.

이는 중개대상물의 물적 · 권리적인 사항의 설명내용이 됨과 동시에 중개행위를 한 개업공인중개사의 책임범위를 명백히 하는 데 의의가 있는 서류가 된다.

② 중개대상물 확인 · 설명서 작성 및 교부

ⅰ 작성 · 교부 및 보관의무

개업공인중개사는 중개대상물의 거래계약이 체결되기 전에 권리취득자에게 정확하게 중개대상물에 대하여 설명하고 그 근거자료를 제시해야 한다.

당해 거래계약체결로 거래계약서를 작성하는 경우, 확인 · 설명서를 작성하여 거래 당사자 모두에게 교부하고 개업공인중개사는 그 사본을 3년간 보관해야 할 의무를 진다.

ii 작성기준

복합 건축물 - 주거용, 비주거용 면적을 기준으로 작성용도(주거용·비주거용 확인·설명서)에 따라 작성하되 면적이 동일하거나 그 판단이 불분명한 경우는 주거용 건축물로 작성

신축 중인 건물 - 건축허가의 목적에 따른 건축물 용도에 맞는 서식을 선택하여 작성

불법용도로 변경된 건축물, 오피스텔 - 건축물 대장 등의 공부를 기준으로 작성

iii 미교부, 잘못된 기재 등에 대한 책임
- 등록관청은 6개월 이내의 업무정지 또는 등록취소를 할 수 있음
- 1년 이하의 징역 또는 1천만 원 이하의 벌금형에 처해질 수 있음
- 중개행위로 인한 손해배상 책임의 근거가 됨

③ 중개대상물 확인·설명서 작성 시 조사해야 할 공적 장부

i 조사해야 할 공적 장부 일반

중개대상물에 관한 권리관계 및 사실관계를 확인하기 위해서는 각종 공부에 대해 조사를 하여야 한다.

토지의 면적·지목 등 사실관계를 확인하기 위해서는 토지대장을, 건축물에 대한 사실관계 확인은 건축물 대장을, 당해 부동산의 권리관계 확인은 등기사항증명서를 통하여야 하며 이를 기초로 확인·설명서를 작성한다.

부동산의 성격에 따라 그 밖의 공부의 조사·열람이 필요하다.

ii 각종 공부의 조사확인 사항

공부의 종류 (발급관청)	주요 기재 내용	확인 사항	소유자 확인 가부
토지·건물 등기 사항증명서(관할 등기소)	부동산의 표시사항, 소유권·제한물권에 관한 사항과 그에 대한 제한 사항	·권리의 순위파악 ·대장과 일치여부 확인	가능
부동산 종합증명서 (각 시·군·구청)	지적 7종류, 건축물 4종류, 토지 1종, 가격 3종류 공부	별표 정리	△

토지대장·임야대장 (각 시·군·구청)	소유자, 소재지(위치, 지번), 지목, 면적 등	·등기사항증명서와 일치여부 ·면적확인, 토지등급 확인	가능
건축물 대장 -건축물현황도 포함 (각 시·군·구청)	소재지, 면적(전용면적, 연면적, 건축면적), 구조, 용도, 건축년도, 층별, 높이, 주구조, 지붕구조, 부속건축물, 건폐율, 용적률 등	·지적도·임야도와 실제 현황의 일치 여부 ·토지의 위치, 경계, 지형	가능
지적도·임야도 (각 시·군·구청)	토지의 위치, 지목, 경계, 지적형태, 도로여부, 하천 등 주요 지물도와의 거리, 방향	·도면과 현황의 일치여부 ·토지경계·위치·지형 확인	불가
토지 이용계획 확인서 (각 시·군·구청)	공법상의 이용제한, 거래규제의 기본적 사항	·용도지역·용도지구·용도구역 확인 ·개발제한구역 ·개발계획 ·도시·군 계획시설지역 ·토지거래 허가구역 여부	불가
환지예정지 증명원 (사업시행청)	환지예정지 거래 시 확인	환지예정지에 대한 지목·면적 확인	가능
공시지가 확인원(동사무소)	거래예정가액 산정 시 참조	토지의 공시지가 확인	불가
제세공과 등 납입확인원 (세무서, 동사무소, 징수처)	매도인의 체납조세 확인	·국세·지방세 체납 여부 ·관리비·전기·수도료 체납여부	△
가족관계증명서 기본 증명서 (동사무소)	거래계약 체결능력 확인	법정대리인, 상속인 등	불가
(피성년·피한정)후견 등 기사항부존재 증명서(해당 거래 상대방에게 요청)	거래계약 체결능력 확인	행위무능력자	불가
주민등록전입세대 열람 (읍·면·동사무소)	임차인의 전입일자(동거인 포함)	주택임차인의 대항력여부 파악	불가
등록사항 등의 현황서 (세무서)	상가임차인의 사업등록신청일 및 입주일자 확인	상가임차인의 대항력여부 파악	불가
무허가 건물 증명원 (읍·면·동사무소)	무허가 건물에 대한 물적 권리 사항	소유자 및 면적 파악	가능

iii 부동산 종합 증명서와 근거법과 관할 관청 및 담당부서

종류	부동산 증명서	근거 법령	관할 관청	담당 부서
지적 (7종)	토지대장	공간정보의 구축 및 관리 등에 관한 법률	국토교통부	시도·시군구
	임야대장			
	공유지 연명부			
	대지권 등록부			
	지적도			
	임야도			
	경계점좌표 등록부			

건축물 (4종)	일반건축물 대장	건축법		
	집합건축물 대장(표제부)			
	집합건축물 대장(전유부)			
	건축물 대장 총괄 표제부			
토지	토지이용계획 확인서	토지이용규제 기본법		
가격 (3종)	개별공시지가 확인서	부동산가격 공시에 관한 법률		
	개별주택가격 확인서			
	공동주택가격 확인서			
등기 (3종)	토지 등기기록	부동산 등기법	대법원	등기소
	건물 등기기록			
	구분건물 등기기록			

iv 각종 공적장부의 발급·열람·조회 홈페이지

온라인 홈페이지	발급·열람·조회가능 공적장부	관할 관청	가능 유형	본인인증 요부
대법원 홈페이지 www.iros.go.kr 정부 24 www.gov.kr	등기사항증명서(토지·건물)	대법원	열람·발급	불요
	토지·임야대장	국토교통부	열람·발급	불요
	건축물 대장	국토교통부	열람·발급	불요
	지적도·임야도	국토교통부	발급	불요
	토지이용계획 확인서	국토교통부	발급	불요
	개별공시지가 확인원	국토교통부	열람·발급	불요
	주민등록 등·초본	행정안정부	발급	요구
	지방세 납세증명서	행정안정부	발급	요구
	납세증명서(국세완납증명서)	국세청	열람	요구
	농지원부	농림축산식품부	열람·발급	요구
온나라부동산 정보 www.onnara.go.kr	토지이용계획 확인서	국토교통부	열람	불요
	개별공시지가			
	개별주택 공시가격		조회	
	공동주택 공시가격			
	부동산 중개·개발정보 토지거래허가 신청			
국세청 홈택스 www.hometax.go.kr	상업용 건물·오피스텔 기준시가	국세청	조회	불요
	납세증명서(국세완납 증명서)	국세청	발급	필요

　그 밖에 http://luris.molit.go.kr(토지이용규제서비스), http://www.minwon.go.kr(민원 24)

　등기사항전부 증명서: http://www.iros.go.kr 등이 활용할 만한 홈페이지이다.

(2) 공적 장부 조사 실무

① 등기사항전부증명서의 확인사항

◆ 등기사항전부증명서 실례

조회 발급 사이트: http://www.iros.go.kr

[토지] 인천광역시 옹진군 북도면 장봉리 산215-1   고유번호. 1241-1996-726251

【 을 구 】			(소유권 이외의 권리에 관한 사항)	
순위번호	등 기 목 적	접 수	등 기 원 인	권 리 자 및 기 타 사 항
~~1~~	~~근저당권설정~~	~~2005년1월31일~~ ~~제4032호~~	~~2005년1월31일~~ ~~설정계약~~	~~채권최고액 금80,000,000원~~ ~~채무자 최윤화~~ ~~서울 관악구 신림동 산28-9 신동아아파트 407~~ ~~근저당권자 이옥자 470913-*******~~ ~~경기도 안양시 만안구 석수동 415-1 석수엘지빌라라~~ ~~413-1005~~
~~2~~	~~근저당권설정~~	~~2005년11월25일~~ ~~제53370호~~	~~2005년11월25일~~ ~~설정계약~~	~~채권최고액 금30,000,000원~~ ~~채무자 최윤화~~ ~~서울 관악구 신림동 산28-9 신동아아파트 407~~ ~~근저당권자 이봉규 630109-*******~~ ~~서울 서초구 방배동 2626 방배래미안아파트 104-602~~
3	1번근저당권설정등기말소	2009년12월15일 제57481호	2009년12월14일 해지	
4	2번근저당권설정등기말소	2017년10월18일 제380775호	2017년10월17일 해지	

-- 이 하 여 백 --

등기사항전부증명서(말소사항 포함) - 건물

‖‖‖‖‖‖‖‖‖‖‖‖‖‖‖‖‖

[건물] 전라북도 무주군 부남면 가당리 63-2   고유번호 2142-2017-000086

【 표 제 부 】			(건물의 표시)	
표시번호	접 수	소재지번 및 건물번호	건 물 내 역	등기원인 및 기타사항
1	2017년2월1일	전라북도 무주군 부남면 가당리 63-2 [도로명주소] 전라북도 무주군 부남면 굴암신대길 98-7	목조 함석지붕 1층 주택 40.4㎡	

【 갑 구 】			(소유권에 관한 사항)	
순위번호	등 기 목 적	접 수	등 기 원 인	권 리 자 및 기 타 사 항
1	소유권보존	2017년2월1일 제873호		소유자 정규섭 231201-******* 전라북도 무주군 부남면 굴암신대길 98-7
2	소유권이전	2017년2월1일 제874호	2017년1월25일 증여	소유자 정규범 641115-******* 서울특별시 관악구 신림로11길 151, 407호(신림동,신동아아파트)

-- 이 하 여 백 --

열람일시 : 2017년02월02일 18시03분26초   1/2

계약체결하기 전에 가장 먼저 할 일은 진정한 소유자와 담보현황을 파악하여 중개 여부를 결정해야 하는 일이다. 그러기 위해서 등기사항전부증명서를 발급·확인해야 한다.

등기사항전부증명서에서 확인해야 하는 것은 다음과 같다.

i 소유권

현재의 진정한 소유자를 파악하고 계약당사자의 진위를 확인한다.

계약당사자와 대금수령자를 명확히 하며 대리인을 통한 계약의 경우 소유자의 위임장과 인감증명서 첨부를 요구한다. 따라서 대금도 소유자명의의 계좌로 송금케 하고 통화로서도 이를 확인하는 게 좋다. 공유인 경우에는 소유자 전원의 서명·날인을 받아야 하며 참여치 못하는 소유자는 위임서류를 첨부케 한다.

ii 소유권이전금지 가처분

소유권이전금지 가처분이 되어있는 부동산은 중개를 않는 게 좋다.

이해관계인의 확인을 통하여 가처분 해소를 중개계약 성립의 전제조건으로 하여 계약을 할 수는 있다.

iii 압류·가압류

가압류는 미리 압류판결을 얻기 전에 재산을 보전하기 위한 수단이고 결국은 경매 처분으로 채권회수를 위한 수단이다.

압류·가압류권자의 채권액을 확인하여 중개 여부를 결정하고 계약 완결 이전에 소유자의 압류·가압류 해소를 특약으로 하여 계약을 체결해야 할 것이다.

iv 가등기

가등기에 기하여 본등기를 하게 되면 그 본등기의 순위가 가등기의 순위에 따르므로 권리관계가 현재 상태에 거스르는 경우가 생긴다.

가등기는 자식명의로 매수하는 부모가 자식을 믿을 수 없는 경우 재산행위를 제한하기 위해 하는 경우이므로 이러한 부동산 중개 시에는 가등기권자를 통하여 그에 관한 해소방안과 조건을 확인하여 계약여부를 결정한다.

ⅴ 저당권

저당권은 당해부동산에 대한 대출금 등의 부채액 최고액을 나타내고 있다. 따라서 매매거래 중개의 경우는 대출금 등의 상환의 시기와 방법에 대한 합의가 계약 내용으로 중요하고, 임대차의 경우는 중개대상물의 담보력과 임차보증금 반환의 안정성을 고려하여 계약내용을 정해야 한다.

ⅵ 주택임차권등기

주택임차권등기는 주택 임대차 만료 시에 임차보증금을 반환 받지 못한 임차인이 관할 법원에 임차권등기명령을 신청하여야 하는 등기인데, 이런 등기가 있는 주택이라면 소유자의 재산적·도덕적 상태가 불량함을 짐작할 수 있다. 가급적 중개계약을 피하는 게 좋으나 할 경우에는 임차권자에게 직접이체 및 임차인의 손해배상청구액의 파악 등 계약이행을 위한 확실한 특약작성에 유의해야 한다.

ⅶ 전세권

전세권설정등기가 되어있는 부동산의 담보력은 그만큼 저하되어 있으므로 임대차중개계약의 경우는 전세권 말소를 조건으로 체결하는 게 좋고, 매매중개계약의 경우는 전세권 승계를 조건으로 계약을 체결해도 무방하다.

② 토지이용계획 확인서의 확인사항

토지이용계획 확인서에는 지역·지구 내에서의 행위제한 내용·토지거래 및 이용에 관한 규제·도시계획시설 결정여부·개발사업 계획 등이 기재되어 있다.

공법상의 이용제한 및 거래규제와 관련한 사항이 다른 공부와 토지이용계획 확인서가 일치하지 않는 경우에는 토지이용계획 확인서를 기준으로 판단하면 된다.

◆ 토지이용계획 확인서의 실례

발급번호 : 201841610001612006　　　발행매수 : 1/2　　　발급인 : 2018/ 07/ 01

토지이용계획확인서

				처리기간
				1 일

신청인	성명	정규범	주소	서울특별시 관악구 신림로11길 151, 407호
			전화번호	010-9804-4200

신청토지	소재지		지 번	지 목	면적(㎡)
	경기도 광주시 도척면 추곡리		산 8-1	임야	69,043.0

지역·지구등 지정여부	「국토의 계획 및 이용에 관한 법률」에 따른 지역·지구등	농림지역(농림지역) [이하공란]
	다른 법령 등에 따른 지역·지구등	산림보호구역<산림보호법>, 공익용산지<산지관리법>, 자연보전권역<수도권정비계획법>, 배출시설설치제한지역<수질 및 수생태계 보전에 관한 법률>, 하천구역(노곡천,하천구역)<하천법>, 특별대책지역(1권역)<환경정책기본법> [이하공란]

「토지이용규제 기본법 시행령」 제9조제4항 각 호에 해당되는 사항	<추가기재> 해당지번 중 4593㎡ 전원개발사업구역(전원개발촉진법) 「국가지리정보보안관리규정」 제10조 제11조에 의거 전력·통신·가스 등 공공의 이익 및 안전과 밀접한 관계가 있는 국가기간시설이 포함된 지도는 공개제한 대상으로 분류되어 있어 도면에 표기하지 않습니다. [이하공란]

확인도면

범례
[범례 목록 생략]

축척 1/4800
수입증지붙이는곳

「토지이용규제 기본법」 제10조제1항에 따라 귀하의 신청토지에 대한 현재의 토지이용계획을 위와 같이 확인합니다.

2018/ 07/ 01

경기도 광주시장

광주시장인

수 수 료
전자결제
민　원

◆본 증명서는 인터넷으로 발급되었으며, 정부24(gov.kr)의 인터넷발급문서진위확인 메뉴를 통해 위·변조 여부를 확인할 수 있습니다.(발급일로부터 90일까지) 또한 문서하단의 바코드로도 진위확인(정부24 앱 또는 스캐너용 문서확인프로그램)을 하실 수 있습니다.

제5장 부동산 중개 실무이론 본론 1　67

1. 토지이용계획 확인서의 이해

우리가 토지를 평가할 때 효용성(규제내용)과 얼마나 반반한지(지적도)를
보고 가치평가(활용가치)를 하게 된다.
즉, 토지이용계획 확인서의 이해정도에 따라 그 가치가 천차만별이다.
토지도 결국 활용가치(건축/영농/임업 경영 등)를 위해 존재하니까 그런 것이다.
특히 해당토지에 '건축할 수 있는 건축물이 무엇이냐'에 따라서 토지가치는 엄청나게 차이가 난다.
그것은 결국 '용도지역'에 따라 결정(21개 용도지역)되기 때문에 **토지이용계획 확인원상의** '용도지역
분석'이 무엇보다 중요하다.

2. 토지이용계획 확인서에 나와 있지 않는 '연접개발 제한에 관한 규정' 적용대상 토지(녹지 · 관리 · 농림 · 자연환경보전지역)

'하나의 개발행위':
검토대상 토지가 연접개발제한에 걸렸는지 확인하기 위한 면적

① 생산녹지지역, 자연녹지, 보전관리-10000㎡
② 생산관리, 농림지역-20000㎡
③ 계획 관리지역-30000㎡

※ 지구단위 계획을 수립해서 개발하면 면적규제를 받지 않고 개발 가능함
※ 1. 주택이나 근생시설은 적용배제 되고, 주거, 상업, 공업지역에도 적용배제
    2. 이미 전용된 대지, 공장 · 창고, 종교용지에는 적용배제
    3. 연접개발제한에 걸린 토지라도 지구단위 계획을 수립하면 개발 가능

3. 21개 용도지역

(1) 도시지역: 주거(6), 상업(4), 공업(3), 녹지(3)
(2) 비도시지역: 관리(3), 농림, 자연환경보전지역
※ 위 용도지역 중 우리가 생각하는 토지투자는 농지나 임야라고 하지만
   용도지역으로 따지자면 녹, 관, 농, 자(앞 자만)의 투자임

4. 녹지 · 관리 · 농림 · 자연환경보전지역에서의 건폐율과 용적률, 그리고 가능 건축물

(1) 건폐율: 20%(계획 관리지역: 40%)

(2) 용적률: 80~100%

(3) 건축가능 건축물(28개): 국토계획법 시행령/도시계획 조례

※ ① 소매점과 단독주택은 모든 용도지역 가능

② 계획관리 지역에서는 모든 건축 가능

③ 보전(녹지, 관리, 자연환경)지역: 창고, 공장, 일반음식점, 주유소, 숙박시설 불가능

④ 생산, 자연녹지지역: 숙박, 공장(첨단공장 제외), 일반음식점 제외하고 모두 가능

⑤ 농림지역, 농업 진흥구역: 농·수·축산가공, 처리시설, 유치원, 단독

5. 농지(농지법 적용): 전·답·과수원 / 농축산물 생산시설의 부지

(1) 농림지역, 농업 진흥구역: 해제되면 관리지역으로 편입됨

※ 녹지지역, 자연환경보전지역, 농업 진흥구역: 변화 없음

(2) 농취증(공장설립 등을 위한 농지전용/농업경영 목적)

(3) 농림지역/농업 진흥구역: 농림지역의 규제를 받지 않고 농지법 적용

※ ① 농업 진흥구역에서는 경로당, 보육시설, 유치원 등 노약자 시설 건축가능

② 농업 진흥구역 내의 농지라도 생산관리지역이라면 생산관리규정 적용

③ 전용된 토지(대, 장, 창, 종)를 제외하고는 연접지 개발 제한을 받음

(4) 영농여건 불리 농지: 농업경영 계획서 작성 필요 없이 농취증 / 임대 / 사용가능

 ※ 주말체험 영농농지도 농업경영 계획서 불필요

(5) 농축산물 생산시설의 부지도 '농지'

※ 축사의 설치는 농지전용의 대상이 아님: 농지전용부담금 없음
 (농지법개정 2007. 7. 4.)

6. 산 지

(1) 보전산지(공익용/임업용 산지): 산지 관리법 적용

※1. 산지전용 제한지역: 신재생 에너지의 이용, 보급을 위한 시설

2. 공익용 산지라도 자연공원법상 공원구역, 개발제한구역, 보전녹지지역,
백두대간보호지역은 산지관리법이 적용되지 않음

(2) 준보전산지: 용도지역별로 판단하면 됨

※ '보전'자 들어가는 용도지역에서는 일반 창고, 일반 음식점, 주유소, 숙박시설, 공장건물 불가

7. 용도지역 미분류 토지

(1) 농림지역, 농업 진흥구역에서 해제: 관리지역으로 편입
(2) 농림지역 보전산지에서 해제

※ 보전관리지역 안에 있는 공장: 공장 입지할 수 없는 용도지역
→ 계획관리지역으로 조정/공해도가 낮은 업종변경 허용

8. 복수의 용도지역(국토계획법 §84)

(1) 가장 넓은 용도구역 적용(330/ 띠 모양 상업지 660 스퀘어미터 이하만)

※ 미관지구, 고도지구에 걸쳐 있는 경우: 전부 미관, 고도지구 적용

(2) 하나의 대지가 녹지지역과 그 밖의 용도지역 – 각각의 용도지역

9. 도로(사도 ?)

※ 1. 도로 구역: 건축행위불가. 단 용도폐지 후 사용 가
2. 접도 구역: 고속도로(20m), 일반국도/지방도/군도(5m)
시도·구도는 적용되지 않음, 진입로로 사용 가
3. 완충녹지지역: 진입도로로 사용불가
4. 보행자 전용도로는 건축허가상 인·허가 대상 도로가 아님

10. 군사시설 보호구역(파주·연천·김포·강화·포천·강원도 일부…)

(1) 협의지역: 해당 지자체에 군부대 위치 문의, 약속·협의·검토

※ 軍 동의 조건부 매매(군 동의 우선 검토)

(2) 위임지역: 해당 지자체와 협의

11. 토지거래 허가구역(녹지 · 관리 · 농림 · 자연환경보전지역)

(1) 도시지역: 용도지역 기준으로 허가를 받아야 하는 면적이 규정되어 있음

(2) 도시 외 지역: 용도지역과 관계없이 지목을 기준으로(관 · 농 · 자)

(3) 요건: 전 세대원이 6개월 이상 거주

(4) 이용의무기간: 농업용(2년), 주거용(3년), 개발사업용(4년)

※ ① 주말농장, 체험영농 목적 농지취득 적용배제

　② 허가대상면적 이하인 경우에도 적용배제

　③ 법률상 취득

　④ 용도지역을 기준으로 도시지역의 주거, 상업, 공업지역은 지목 여부를 불문하고 토지거래 허가
　　대상이 아님.

　⑤ 토지거래 허가면적으로 분할 매매: 허가를 요함.
　　　　　　　　　　　　　　단 이후거래는 불필요

12. 개발제한구역

(1) 개발제한구역 내 토지

(2) 집단취락지구/개발제한구역(전, 답 등: 이축권 필요, 단 재지는 불요)

(3) 그린벨트에서 해제된 토지: 해제된 토지는 이미 그린벨트 토지가 아님.
　　　　　　　　　　　따라서 제1종 지구단위 계획 수립(더 이상 개발제한구역 표
　　　　　　　　　　　시 없음)

※ 그린벨트에서 건축할 수 있는 경우

- 그 린벨트 지정 당시부터 주택이 있거나 지목이 대지인 경우

- 이축권: 타인의 땅에 그린벨트 지정 전부터 주택 · 토지소유자가 단
　　　　한번이라도 주택을 소유한 적이 없으며 토지소유자의 부동의 합의서
　→집단취락지역 내에 이축할 권리가 있다.

- 공공 이축권: 그린벨트 내 도로가 확보된 토지라면 어디라도 이축 가능

- 대지로 형질 변경 가능 면적: 330㎡(건폐율 60% 이하 / 용적률 300% - 최대 90평까지 건축
　가능)

- 그 밖에 최근에 해위제한이 완화되어 체육시설(야구장, 승마장 등), 의료 복지시설 등도 할 수 있게 되었다(2012년).

13. 자연취락지구

녹지, 관리, 농업, 자연환경보전지역 안의 취락지구임

※ ① 건폐율 60% 미만/ 연접지 개발제한적용 배제
　② 자연녹지지역에서 자연취락지구로 지정 - 자연취락지구적용
　③ 취락지구에서는 연접지 개발제한적용 배제

14. 공장 총량제(산업집적활성화 및 공장설립에 관한 법률)

(1) 적용대상: 바닥면적 500만㎡ 이상, 부지 조성과는 무관
(2) 2014년까지 450만㎡

15. 주거개발진흥지구

(1) 개발계획이 수립되어 고시되지 않은 개발진흥지구
　　시가화 조정구역에서의 행위제한 적용-축사/창고
(2) 개발계획이 수립, 고시된 주거개발진흥지구: (공동)주택
(3) 개발진흥지구에서는 배출시설 설치제한 지역규제 배제

※ 취락지구, 개발진흥지구, 공장입지유도지구, 전용, 지구단위계획구역에서는 연접지 개발제한규정 적용배제

17. 국유 재산

국유재산 중 잡종재산은 대부분 각 지자체에 관리를 위임
처분할 필요한 토지는 자산관리공사(이해당사자의 포기 등의 사유로 우선 매수가)

17. 시장용지, 주차장용지, 유치원부지의 타 용도로 사용여부?

18. 수자원 보호구역

③ 건축물 관리대장의 확인사항

  ⅰ 의의와 종류

 건축물 관리대장은 건축물의 소유·이용 및 유지·관리 상태를 확인하거나 건축정책의 기초자료로 활용하기 위하여 작성·보관하는 대장이다. 집합건물의 소유 및 관리에 관한 법률의 적용을 받는 건축물인지 여부에 따라 집합건축물 관리대장과 일반건축물 관리대장으로 나뉜다.

  ⅱ 건축물 관리대장에서의 확인사항

 건물의 소재지 - 소재지와 건물번호, 동·호수

 건물의 구조

 건물의 면적 - 연면적, 건축면적을 알 수 있다, 등기부가 대장과 다를 경우 대장이
               기준이 됨

 건물의 용도 - 단독·공동주택, 근린시설, 판매시설, 의료시설

 건축용도 - 건축 허가자, 착공일, 사용 승인일(건축년도의 기준일이 됨)

 그 밖의 건축선 후퇴면적, 내진설계 및 미등기 여부도 표기됨

◆ 건축물 관리대장의 실례

■ 건축물대장의 기재 및 관리 등에 관한 규칙 [별지 제5호서식] <개정 2017. 1. 20.>
문서확인번호 1530-3766-8757-2966

집합건축물대장(전유부, 갑)

(2쪽 중 제1쪽)

고유번호	1162010200-4-00280009	민원24접수번호	20180701 - 13056113	명칭	신동아아파트	호명칭	4층407호
대지위치	서울특별시 관악구 신림동		지번	산 28-9 외 3필지	도로명주소	서울특별시 관악구 신림로11길 151	

전유부분

구분	층별	※구조	용도	면적(㎡)
주	4층	철근콘크리트조	주택	84.3
		– 이하여백 –		

소유자현황

성명(명칭) 주민(법인)등록번호 (부동산등기용등록번호)	주소	소유권 지분	변동일자 변동원인
64 1*******	서울 관악구 신림동 산28-9 신동아아파트 407호	/	2006.03.30 주소변경
	– 이하여백 –		

공용부분

구분	층별	구조	용도	면적(㎡)
주	지2층	철근콘크리트조	지하주차장	25.17
주	지1층	철근콘크리트조	중앙공급실	0.75
주	지1층	철근콘크리트조	노인정	0.27
주	지1층	철근콘크리트조	관리실	0.26

※ 이 건축물대장은 현소유자만 표시한 것입니다.

이 등(초)본은 건축물대장의 원본내용과 틀림없음을 증명합니다.

발급일자: 2018년 07월 01일

관악구청장

담 당 자 : 지적과
전   화 : 02 - 879 - 6625

※ 경계벽이 없는 구분점포의 경우에는 전유부분 구조란에 경계벽이 없음을 기재합니다.

297mmX210mm[백상지(80g/㎡)]

◆ 본 증명서는 인터넷으로 발급되었으며, 정부24(gov.kr)의 인터넷발급문서진위확인 메뉴를 통해 위·변조 여부를 확인할 수 있습니다.(발급일로부터 90일까지)
또한 문서하단의 바코드로도 진위확인(정부24 앱 또는 스캐너용 문서확인프로그램)을 하실 수 있습니다.

문서확인번호 1530-3766-8757-2966

(2쪽 중 제2쪽)

고유번호	1162010200-4-00280009	민원24접수번호	20180701 - 13056113	명칭	신동아아파트	호명칭	4층407호
대지위치	서울특별시 관악구 신림동		지번	산 28-9 외 3필지	도로명주소	서울특별시 관악구 신림로11길 151	

공용부분

구분	층별	구조	용도	면적(㎡)
주	1,4층	철근콘크리트조	계단실,홀,우외실	11.06
		– 이하여백 –		

공동주택(아파트) 가격 (단위 : 원)

기준일	공동주택(아파트)가격
2018.01.01	221,000,000
2017.01.01	212,000,000
2016.01.01	204,000,000
2015.01.01	196,000,000
2014.01.01	191,000,000
2013.01.01	191,000,000
2012.01.01	193,000,000
2011.01.01	189,000,000
2010.01.01	192,000,000
2009.01.01	172,000,000
2008.01.01	152,000,000

• 「부동산 가격공시 및 감정평가에 관한 법률」 제 17조에 따른 공동주택가격만 표시됩니다.

변동사항

변동일	변동내용 및 원인	변동일	변동내용 및 원인	그 밖의 기재사항
				2005년도 건축물대장 정비사업에 의거 소유자 현황 정비 – 이하여백 –

297mmX210mm[백상지(80g/㎡)]

◆ 본 증명서는 인터넷으로 발급되었으며, 정부24(gov.kr)의 인터넷발급문서진위확인 메뉴를 통해 위·변조 여부를 확인할 수 있습니다.(발급일로부터 90일까지)
또한 문서하단의 바코드로도 진위확인(정부24 앱 또는 스캐너용 문서확인프로그램)을 하실 수 있습니다.

일반건축물대장(갑)

장번호 : 1 - 1

고유번호	4573035026-1-00630002		민원24접수번호	20170202 - 63056091		명칭		특이사항	
대지위치	전라북도 무주군 부남면 가당리			지번	63-2	도로명주소	전라북도 무주군 부남면 굴암신덕길 98-7		
※대지면적	㎡	연면적	81.2㎡	※지역		※지구		※구역	
건축면적	81.2㎡	용적률산정용 연면적	81.2㎡	주구조	목조	주용도	주택, 축사	층수	1층
※건폐율	%	※용적률	%	높이		지붕	황석, 스레이트	부속건축물	2동 40.8㎡
조경면적	㎡	공개 공지 또는 공개 공간의 면적	㎡	건축선 후퇴면적	㎡	건축선 후퇴거리			m
지하수위	G.L m	기초형식		설계지내력(지내력기초인 경우)	t/㎡	구조설계 해석법			

건 축 물 현 황 / 소 유 자 현 황

구분	층별	구조	용도	면적(㎡)	성명(명칭) 주민(법인)등록번호 (부동산등기용등록번호)	주소	소유권 지분	변동일 변동원인
주1	1층	목조/함석	주택	40.4	종규섭	가당 63-2	/	1940
부1	1층	목조/스레트	축사	22.4	231201-1******			소유자등록
부2	1층	목조/스레트	축사	18.4				
		- 이하여백 -			- 이하여백 -			

이 등(초)본은 건축물대장의 원본내용과 틀림없음을 증명합니다.

발급일자 : 2017년 02월 02일
담당자 : 민원봉사과
전 화 : 063 - 320 - 2247

전라북도 무주군수

※ 표시 항목은 총괄표제부가 있는 경우에는 기재하지 않습니다.
※ 이 등본 전체 2페이지 중에 1페이지 입니다.

장번호 : 2 - 1

고유번호	4573035026-1-00630002			민원24접수번호		20170202 - 63056091		

구분	성명 또는 명칭	면허(등록)번호			※주차장				승강기		허가일	
			구분	옥내	옥외	인근	면제	승용 대	비상용 대	착공일	
건축주											
설계자			자주식	대 ㎡	대 ㎡	대 ㎡		※오수정화시설		사용승인일	1940
공사감리자								형식		관련 주소	
공사시공자 (현장관리인)			기계식	대 ㎡	대 ㎡	대 ㎡	대	용량	인용	지번	

건축물 에너지소비정보 및 그 밖의 인증정보

건축물 에너지효율등급 인증		에너지성능지표(EPI) 점수	녹색건축 인증		지능형건축물 인증		
등급		점	등급		등급		도로명
에너지절감률	%		인증점수 점		인증점수 점		
유효기간 : . . ~ . .			유효기간 : . . ~ . .			점	

변 동 사 항

변동일	변동내용 및 원인	변동일	변동내용 및 원인	그 밖의 기재사항
2011.04.14	건축물대장 기초자료 정비에 의거 (표제부(부속건축물 면적,부속건축물 수,가구수:'0' -> '40.8','0' -> '2','0' -> '1')) 직권변경		- 이하여백 -	
2011.12.26	건축물대장 기초자료 정비에 의거 (표제부(건축면적 :'0' -> '81.2',용적률산정용 연면적:'0' -> '81.2')) 직권변경			

※ 표시 항목은 총괄표제부가 있는 경우에는 기재하지 아니합니다.
※ 이 장은 전체 2페이지 중에 2페이지 입니다.

④ 토지대장의 확인사항

i 의의

토지의 사실상의 상황을 명확히 하고 그 관리 및 토지정책을 위한 자료로서 작성·보존하는 장부이다.

ii 토지대장에서의 확인사항

토지의 소재 지번과 지목 면적 소유자의 인적사항, 토지의 전체면적, 공유자의 지분관계 등을 확인할 수 있다. 등기부와 토지대장 간의 불일치 시 토지대장이 기준이 된다.

◆ 토지대장 실례

공유지 연명부

| 고유번호 | 4111313300 - 10819 - C004 | | | 잠번호 | 1 |
| 토지소재 | 경기도 수원시 권선구 탑동 | | 지번 819-4 | 비고 | |

| 순번 | 변동일자 변동원인 | 소유권 지분 | 소유자 | |
			주소	등록번호 성명 또는 명칭
000001	2014년 12월 12일 (03)소유권이전	1/3	서울특별시 동작구 노량진로10가길 23(노량진동)	780711-2****** 공선미
000004	2015년 09월 02일 (04)주소변경		서울특별시 서대문구 수색로 100, 115동 2404호(북가좌동,디엠씨래미안 이편한세상아파트)	820428-1****** 전영환
000005	2015년 09월 02일 (06)주소경정	1/3	서울특별시 종로구 서경로9길 91-15, 402(구기동)	850607-1****** 윤상원
			--- 이하 여백 ---	

⑤ 지적도 등본에서의 확인사항

토지의 경계 및 각 토지의 구체적인 모양과 위치를 나타내기 위하여 만든 평면지도이다.

지적도 등본은 임야를 제외한 전 토지를 표시하며 토지의 소재, 지번, 지목, 경계, 축척 등이 표시된다.

지적도상에서 도로에 접한 토지냐의 여부는 토지 이용개발의 가능성에 중요한 요소이며 지가에 결정적 요인으로 작용한다. 도로에 접하지 않은 토지를 맹지라 한다.

⑥ 임야도 등본에서의 확인사항

토지 중에서 임야의 경계 및 각 토지의 구체적인 모양과 위치를 나타내기 위하여 만든 평면지도이다. 임야도 등본에는 임야인 토지의 소재, 지번, 지목, 경계, 축척 등이 표시된다.

◆ 지적도 등본의 실례

문서확인번호: 1530-3759-6440-8947

지적도 등본

발급번호	G2015012340539106001	처리시각	01시 24분 48초	발 급 자	민원24
토지소재	서울특별시 서초구 내곡동	지 번	31-28번지	축 척	등록:1/1200 출력:1/1200

지적도등본에 의하여 작성한 등본입니다.
이 도면등본으로는 지적측량에 사용할 수 없습니다.
2018년 07월 01일
서울특별시 서초구청장

◆본 증명서는 인터넷으로 발급되었으며, 정부24(gov.kr)의 인터넷발급문서진위확인 메뉴를 통해 위·변조 여부를 확인할 수 있습니다.(발급일로부터 90일까지) 또한 문서하단의 바코드로도 진위확인(정부24 앱 또는 스캐너용 문서확인프로그램)을 하실 수 있습니다.

◆ 임야도 등본 실례

문서확인번호: 1530-3760-8557-6568

임야도 등본

발급번호	G20150123405391006001	처리시각	01시 28분 01초	반급자	민원24
토지소재	인천광역시 옹진군 북도면 장봉리	지 번	산 215-3번지	축 척	등록:1/6000 출력:1/6000

지적도등본에 의하여 작성한 등본입니다.
이 도면등본으로는 지적측량에 사용할 수 없습니다.

2018년 07월 01일

인 천 광 역 시 옹 진 군 수

(3) 임장활동 실무론(현장조사)

① 임장활동의 필요성

공부상 확인할 수 없는 법정지상권, 분묘기지권, 유치권 등과 같은 것은 현장조사를 통하여 확인할 수밖에 없다. 공부상 확인과 부동산 실제 확인이 일치되는지 점검이 필요하며 사후 분쟁방지를 위한 체크리스트를 만들어 세부항목에 체크하여 작성·관리가 필요하다.

② 점검리스트 작성

보일러, 커튼 뒤의 통유리 상태, 싱크대 안쪽의 부식 정도, 화장실 변기·세면대, 장롱 뒤의 곰팡이, 분양조건에 포함된 옵션, 비싼 거실조명, 자동 현관문 열쇠 등

③ 분쟁 시 해결방법

법적 다툼보단 협의, 반반의 양보 유도 및 중개보수서 보조

(4) 중개대상물 확인·설명서 작성방법 일반

① 양식

■ 공인중개사법 시행규칙[별지 제20호 서식] <개정 2017. 6. 8.>

(3쪽 중 제1쪽)

중개대상물 확인·설명서 [Ⅰ] (주거용 건축물)

([ ]단독주택 [ ]공동주택 [ ]매매·교환 [ ]임대)

※ [ ]에는 해당하는 곳에 √표를 합니다.

확인·설명 자료	확인·설명 근거자료 등	[ ]등기권리증 [ ]등기사항증명서 [ ]토지대장 [ ]건축물 대장 [ ]지적도 [ ]임야도 [ ]토지이용계획 확인서 [ ]그 밖의 자료(　　　　　　　)
	대상물건의 상태에 관한 자료 요구사항	

유의사항	
개업공인중개사의 확인·설명 의무	개업공인중개사는 중개대상물에 관한 권리를 취득하려는 중개의뢰인에게 성실·정확하게 설명하고, 토지대장 등본, 등기사항증명서 등 설명의 근거자료를 제시하여야 합니다.
실제거래가격 신고	「부동산거래신고 등에 관한 법률」 제3조 및 같은 법 시행령 제3조 제1항 제5호에 따른 실제 거래가격은 매수인이 매수한 부동산을 양도하는 경우 「소득세법」 제97조 제1항 및 제7항과 같은 법 시행령 제163조 제11항 제2호에 따라 취득 당시의 실제 거래가액으로 보아 양도차익이 계산될 수 있음을 유의하시기 바랍니다.

① 대상물건의 표시	토지	소재지					
		면적(㎡)		지 목	공부상 지목		
					실제이용 상태		
	건축물	전용면적(㎡)			대지 지분(㎡)		
		준공년도 (증개축년도)		용도	건축물 대장상 용도		
					실제 용도		
		구조		방향		(기준:)	
		내진설계 적용 여부		내진능력			
		건축물 대장상 위반건축물 여부	[ ]위반 [ ]적법	위반내용			

② 권리관계	등기부 기재사항	소유권에 관한 사항		소유권 외의 권리사항	
		토지		토지	
		건축물		건축물	

③ 토지이용계획, 공법상 이용제한 및 거래규제에 관한 사항(토지)	지역·지구	용도지역			건폐율 상한	용적률 상한
		용도지구			%	%
		용도구역				
	도시·군 계획시설		허가·신고 구역 여부	[ ]토지거래허가구역 [ ]주택거래신고지역		
			투기지역 여부	[ ]토지투기지역 [ ]주택투기지역 [ ]투기과열지구		
	지구단위계획구역, 그 밖의 도시·군 관리계획		그 밖의 이용제한 및 거래규제사항			

④ 입지조건	도로와의 관계	(m × m)도로에 접함 [ ]포장 [ ]비포장		접근성	[ ]용이함 [ ]불편함	
	대중교통	버스	( ) 정류장, 소요시간: ([ ]도보, [ ]차량) 약			분
		지하철	(―) 역, 소요시간: ([ ]도보, [ ]차량) 약			분
	주차장	[ ]없음 [ ]전용주차시설 [ ]공동주차시설 [ ]그 밖의 주차시설( )				
	교육시설	초등학교	( ) 학교, 소요시간: ([ ]도보, [ ]차량) 약			분
		중학교	( ) 학교, 소요시간: ([ ]도보, [ ]차량) 약			분
		고등학교	( ) 학교, 소요시간: ([ ]도보, [ ]차량) 약			분
	판매 및 의료시설	백화점 및 할인매장	( ), 소요시간: ([ ]도보, [ ]차량) 약			분
		종합의료시설	( ), 소요시간: ([ ]도보, [ ]차량) 약			분

⑤ 관리에 관한 사항	경비실	[ ]있음 [ ]없음	관리주체	[ ]위탁관리 [ ]자체관리 [ ]그 밖의 유형

210mm×297mm[백상지 80g/㎡(재활용품)]

⑥ 비선호 시설 (1km이내)	[ ]없음 [ ]있음(종류 및 위치:)		
⑦ 거래예정 금액 등	거래예정금액		
	개별공시지가(㎡당)		건물(주택)공시가격

⑧ 취득 시 부담할 조세 의 종류 및 세율	취득세	%	농어촌 특별세	%	지방교육세	%
	※ 재산세는 6월 1일 기준 대상물건 소유자가 납세의무를 부담					

II. 개업공인중개사 세부 확인사항

⑨ 실제권리관계 또는 공시되지 않은 물건의 권리 사항

⑩ 내부·외부 시설물의 상태 (건축물)	수도	파손 여부	[ ]없음 [ ]있음(위치:)	
		용수량	[ ]정상 [ ]부족함(위치:)	
	전기	공급상태	[ ]정상 [ ]교체 필요(교체할 부분:)	
	가스(취사용)	공급방식	[ ]도시가스 [ ]그 밖의 방식( )	
	소방	단독경보 형감지기	[ ]없음 [ ]있음 (수량: 개)	※「화재예방, 소방시설 설치·유지 및 안전관리에 관한 법률」제8조 및 같은 법 시행령 제13조에 따른 주택용 소방시설로서 아파트(주택으로 사용하는 층수가 5개 층 이상인 주택을 말한다)를 제외한 주택의 경우만 작성합니다.
	난방방식 및 연료 공급	공급방식	[ ]중앙공급 [ ]개별공급	시설 작동 [ ]정상 [ ]수선 필요( )
		종류	[ ]도시가스 [ ]기름 [ ]프로판가스 [ ]연탄 [ ]그 밖의 종류( )	
	승강기	[ ]있음 ([ ]양호 [ ]불량) [ ]없음		
	배수	[ ]정상 [ ]수선 필요( )		
	그 밖의 시설물			

⑪ 벽면 및 도배상태	벽면	균열	[ ]없음	[ ]있음(위치:)
		누수	[ ]없음	[ ]있음(위치:)
	도배	[ ]깨끗함 [ ]보통임 [ ]도배 필요		

⑫ 환경조건	일조량	[ ]풍부함 [ ]보통임 [ ]불충분(이유:)		
	소음	[ ]미미함 [ ]보통임 [ ]심한 편임	진동	[ ]미미함 [ ]보통임 [ ]심한 편임

Ⅲ. 중개보수 등에 관한 사항

⑬ 중개보수 및 실비의 금액과 산출내역	중개보수		<산출내역> 중개보수: 실비: ※ 중개보수는 시·도 조례로 정한 요율에 따르거나, 시·도 조례로 정한 요율한도에서 중개의뢰인과 개업공인중개사가 서로 협의하여 결정하도록 한 요율에 따르며 부가가치세는 별도로 부과될 수 있습니다.
	실비		
	계		

「공인중개사법」 제25조 제3항 및 제30조 제5항에 따라 거래 당사자는 개업공인중개사로부터 위 중개대상물에 관한 확인·설명 및 손해배상 책임의 보장에 관한 설명을 듣고, 같은 법 시행령 제21조 제3항에 따른 본 확인·설명서와 같은 법 시행령 제24조 제2항에 따른 손해배상 책임 보장 증명서류(사본 또는 전자문서)를 수령합니다.

년   월   일

매도인 (임대인)	주소		성명		(서명 또는 날인)
	생년월일		전화번호		
매수인 (임차인)	주소		성명		(서명 또는 날인)
	생년월일		전화번호		
개업 공인중개사	등록번호		성명 (대표자)		(서명 및 날인)
	사무소 명칭		소속공인 중개사		(서명 및 날인)
	사무소 소재지		전화번호		
개업 공인중개사	등록번호		성명 (대표자)		(서명 및 날인)
	사무소 명칭		소속공인 중개사		(서명 및 날인)
	사무소 소재지		전화번호		

② 작성 일반

ⅰ '[ ]' 있는 항목은 해당하는 '[ ]' 안에 √로 표시한다.

ⅱ 세부항목 작성 시 해당 내용을 작성란에 모두 작성할 수 없는 경우에는 별지로 작성하여 첨부하고, 해당란에는 '별지 참고'라고 적는다.

ⅲ ①대상물건의 표시부터 ⑧취득 시 부담할 조세의 종류 및 세율까지는 개업공인중개사가 확인한 사항을 적어야 한다.

ⅳ 물건소재지 주소는 지번주소를, 거래 당사자 및 개업공인중개사의 인적사항은 도로명주소를 적는다.

③ 확인·설명 자료란 작성법

중개대상물 확인·설명서 [ⅠⅠ] (주거용 건축물)

([   ]단독주택   [√]공동주택   [√]매매·교환   [   ]임대)

※ [   ]에는 해당하는 곳에 √표를 합니다.

| 확인·설명 자료 | 확인·설명 근거자료 등 | [√] 등기권리증   [√]등기사항증명서   [√]토지대장   [√]건축물 대장
[√] 지적도   [   ]임야도   [√]토지이용계획 확인서
[√] 그 밖의 자료(위임장 및 본인인감증명서 ※) |
| | 대상물건의 상태에 관한 자료 요구사항 | (예)중개대상물에 상태에 관한 자료를 매도(임대)의뢰인에게 요구하였으나 불응함 |

※ 부동산 종합증명서, 대상물건 상태(선순위 임대차 내역을 알 수 있는 세대열람서 등)에 관한 자료요구서, 신탁원부 등

· 「확인·설명자료」 항목의 '확인·설명 근거자료 등'에는 개업공인중개사가 확인·설명 과정에서 제시한 자료를 적으며,

· 「대상물건의 상태에 관한 자료 요구사항」에는 매도(임대)의뢰인에게 요구한 사항 및 그 관련 자료의 제출 여부와 ⑨실제권리관계 또는 공시되지 않은 물건의 권리사항부터 ⑫환경조건까지의 항목을 확인하기 위한 자료의 요구 및 그 불응 여부를 적는다.

(5) 개업공인중개사의 기본 확인사항인 중개대상물 확인·설명서 작성법 실무

① 대상물건 표시란 작성법

Ⅰ. 개업공인중개사 기본 확인사항

① 대상물건의 표시	토 지	소재지				
		면적(㎡)		지 목	공부상 지목	
					실제이용 상태	
	건축물	전용면적(㎡)			대지 지분(㎡)	
		준공년도 (증개축년도)		용도	건축물 대장상 용도	
					실제 용도	
		구조			방향	(기준:　　　　)
		내진설계 적용여부			내진능력	
		건축물 대장상 위반건축물 여부	[　]위반 [　]적법	위반 내용		

■ 토 지

a. 소재지 - 토지대장에 기재된 행정구역과 지번을 기재한다.

　　　　　(여러 필지의 경우 모든 필지 지번 다 기재)

b. 면 적 - 토지대장에 기재된 면적을 기재

　　　　　·집합건물 아파트는 각동 면적, 다세대는 세대 전체면적

　　　　　·단독주택은 대지 전체면적

　　　　　(여러 필지의 경우 필지별 면적 다 기재)

c. 지 목·공부상 지목: 토지(임야)대장에 기재된

　　　　　·실제이용 상태: (현장답사) 실제 이용용도에 따라 기재

■ 건 물

a. 전용면적과 대지 지분

　·아파트 다세대 연립은 전용면적과 대지 지분을 기재

　·단독주택과 구분소유가 표시되지 않는 일반건물은 연면적(전체면적)을 기재하고 대지 지분은 해당 없음으로 기재

　·임대차가 독립소유의 일부인 경우 - 임대인의 확인하에 해당 층·호수·면적

을 기재하여 부분거래임을 표시한다.

b. 준공년도(증개축년도) - 건축물 대장상의 사용 승인일을 기재하고 증개축이 있는 건물은 증개축년도를 함께 기재

c. 용도
- 건축물 대장상의 주 용도란의 내용을 기재하고 일부가 중개대상인 경우 당해 부분의 용도를 기재한다.
- 실제용도가 건축물 대장상의 용도와 다른 경우는 이를 기재

d. 구조 - 건축물 대장상의 구조를 기재

e. 방향
- 주택의 경우는 거실이나 안방의 방향을 기재하고
- 그 밖의 건축물은 주된 출입구의 방향을 기재한다.
- 방향의 기준이 불분명할 경우는 그 기준을 표시하여 기재
  (ex. 남동향-거실 앞 베란다 기준)
  ※ 통상 단독은 대문, 공동주택은 거실을 기준으로 작성

f. 내진설계적용여부 및 내진능력
건축물 대장에 따라 기재하며, 대장상 공란인 경우 '해당사항 없음'으로 기재

g. 위반 내용
- 건축물 대장에서 위반건축물 여부를 확인하여 기재한다.
- 건축물 평면도를 첨부하여 표기

② 권리관계에 관한 사항란 작성법

② 권리관계	등기부 기재사항	소유권에 관한 사항		소유권 외의 권리사항	
		토지		토지	
		건축물		건축물	

a. 소유권에 관한 사항
등기사항 증명서의 갑 구에 표기된 소유자를 확인하여 소유자의 성명·주소·생년월일을 기재한다.

b. 소유권 외의 권리 사항

등기사항 증명서의 을 구에 표기된 제한물권(지상권·지역권·전세권), 담보 물권(저당권·질권 유치권) 등의 권리사항을 모두 기재한다.

③ 토지이용계획, 공법상 이용제한 및 거래규제에 관한 사항란 작성법(토지)

③ 토지이용계획, 공법상 이용제한 및 거래규제에 관한 사항 (토지)	지역·지구	용도지역			건폐율 상한	용적률 상한
		용도지구			%	%
		용도구역				
	도시·군 계획 시설		허가·신고 구역 여부	[ ]토지거래허가구역 　　[ ]주택거래신고지역		
			투기지역 여부	[ ]토지투기지역　[ ]주택투기지역　[ ]투기과열지구		
	지구단위계획구역, 그 밖의 도시·군 관리 계획			그 밖의 이용제한 및 거래규제사항		

a. 지역지구: 용도지역·지구·구역 - 토지이용계획 확인서상의 내용기재

b. 건폐율 상한(도시·군 계획 조례) - 대지면적에 대한 건축면적 비율

c. 용적률 상한(도시·군 계획 조례) - 대지면적에 대한 건축연면적 비율

d. 허가·신고구역, 투기지역 여부 - 국토교통부 부동산정보 통합 포털사이트에서 확인

e. 도시·군 계획시설

토지이용계획 확인서 상 「국토의 계획 및 이용에 관한 법률에 따른 지역·지구 등」란 에 기재된 도시·군 계획시설에 관한 사항이 있을 시 기재, 없을 시에는 '해당사항 없음'으로 기재

f. 지구단위계획구역, 그 밖의 도시·군 관리계획

토지이용계획 확인서에 의한 도시개발 사업부문 및 국토이용관리 개발계획 등의 수립 여부란 확인·기재(예: 도시개발 사업, 정비사업 등)

h. 그 밖의 이용제한 사항

그 밖의 건축법에 의한 건축선, 일조권, 고도제한 등의 제한이 있을 때

④ 입지조건란 작성법

④ 입지조건	도로와의 관계	(m × m)도로에 접함 [ ]포장 [ ]비포장			접근성	[ ]용이함 [ ]불편함	
	대중교통	버스	( ) 정류장,	소요시간: ([ ]도보, [ ]차량) 약			분
		지하철	( ) 역,	소요시간: ([ ]도보, [ ]차량) 약			분
	주차장	[ ]없음 [ ]전용주차시설 [ ]공동주차시설 [ ]그 밖의 주차시설( )					
	교육시설	초등학교	( ) 학교,	소요시간: ([ ]도보, [ ]차량) 약			분
		중학교	( ) 학교,	소요시간: ([ ]도보, [ ]차량) 약			분
		고등학교	( ) 학교,	소요시간: ([ ]도보, [ ]차량) 약			분
	판매 및 의료시설	백화점 및 할인매장	( ),	소요시간: ([ ]도보, [ ]차량) 약			분
		종합의료시설	( ),	소요시간: ([ ]도보, [ ]차량) 약			분

a. 도로와의 관계 - 중개대상물과 접한 도로의 폭
b. 대중교통
c. 주차장 - 그 밖의 주차시설은 인근 공용주차장, 우선주차 구역, 유료주차장 등의 표시
d. 교육시설 - 통학거리가 가까운 학교명 기재
f. 판매 및 의료시설 - 그 명칭을 기재하고, 도보인지 차량이용인지 여부와 소요시간 기재

⑤ 관리에 관한 사항란 작성법

⑤ 관리에 관한 사항	경비실	[ ]있음 [ ]없음	관리주체	[ ]위탁관리 [ ]자체관리 [ ]그 밖의 유형

a. 경비실 - 유, 무 기재
b. 관리주체 - 위탁관리인지, 자체관리인지, 그 밖의 관리주체가 있는지 기재

⑥ 비선호시설(1㎞이내)란 작성법

⑥ 비선호시설(1km이내)	[ ]없음 [ ]있음(종류 및 위치:)

-화장장, 납골당, 쓰레기 소각장, 분뇨·오폐수 처리장 등

⑦ 거래예정금액 등란 작성법

⑦ 거래예정금액 등	거래예정금액		
	개별공시지가(㎡당)		건물(주택)공시가격

  ※ 임대차의 경우에는 생략할 수 있음.

  a. 거래예정금액 - 중개가 완성되기 전 거래예정 금액을 기재
  b. 개별공시지가, 건물(주택)공시가격

⑧ 취득 시 부담할 조세의 종류 및 세율란 작성법

⑧ 취득 시 부담할 조세의 종류 및 세율	취득세	%	농어촌 특별세	%	지방교육세	%
	※ 재산세는 6월 1일 기준 대상물건 소유자가 납세의무를 부담					

  취득세, 농어촌 특별세, 지방교육세의 세율을 기재하고 임대차의 경우는 제외한다.

(6) 개업공인중개사의 세부적 확인 사항인 중개대상물 확인·설명서 작성법

① 실제 권리관계 또는 공시되지 않은 물건의 권리사항란 작성법

공부상에 나타나지 않는 중개대상물에 관한 권리 및 상황에 관해서는 개업공인중개사는 중개대상물의 직접조사와 중개대상물의 관리사무소 등을 통하여 확인을 해야 한다.

또한 중개대상물의 확인·설명을 위하여 필요한 경우에는 의뢰인에게 중개대상물의 상태에 관한 자료를 요청하여 이를 바탕으로 중개대상물 확인·설명서를 작성한다.

Ⅱ. 개업공인중개사 세부 확인사항

⑨ 실제권리관계 또는 공시되지 않은 물건의 권리 사항

  a. 실제권리관계
    매도(임대)의뢰인이 고지한 실제의 권리관계에 관한 사항 고지
    (사후 분쟁방지 차원에서 「대상물건의 상태에 관한 자료요구서」를 받아서 첨부할 것

b. 공시 되지 않은 물건의 권리 사항

 - 토지 또는 건물의 정착물 소유관계, 법정지상권, 유치권, 조경수 등의 소유관계 확인·기재

② 내·외부 시설물의 상태란 작성법

⑩ 내부·외부 시설물의 상태 (건축물)	수도	파손 여부	[ ]없음 [ ]있음(위치:)		
		용수량	[ ]정상 [ ]부족함(위치:)		
	전기	공급상태	[ ]정상 [ ]교체 필요(교체할 부분:)		
	가스(취사용)	공급방식	[ ]도시가스 [ ]그 밖의 방식( )		
	소방	단독경보형감지기	[ ]없음 [ ]있음(수량: 개)	※ 「화재예방, 소방시설 설치·유지 및 안전관리에 관한 법률」 제8조 및 같은 법 시행령 제13조에 따른 주택용 소방시설로서 아파트(주택으로 사용하는 층수가 5개 층 이상인 주택을 말한다)를 제외한 주택의 경우만 작성합니다.	
	난방방식 및 연료공급	공급방식	[ ]중앙공급 [ ]개별공급	시설작동	[ ]정상 [ ]수선 필요( )
		종류	[ ]도시가스 [ ]기름 [ ]프로판가스 [ ]연탄 [ ]그 밖의 종류( )		
	승강기	[ ]있음 ([ ]양호 [ ]불량) [ ]없음			
	배수	[ ]정상 [ ]수선 필요( )			
	그 밖의 시설물				

a. 수도

b. 전기

c. 가스(취사용) - 그 밖의 프로판, 부탄가스, 전기 인덕션 등

d. 소방(단독 경보형 감지기)

e. 난방 및 연료 공급(공급방식, 시설작동, 종류: 그 밖의 종류-전기, 태양광)

f. 승강기

g. 배수

h. 그 밖의 시설물(가정 자동화시설, IT 설치여부, 수선을 요하는 시설 유무)

③ 벽면 및 도배상태란 작성법

⑪ 벽면 및 도배상태	벽면	균열	[ ]없음 [ ]있음(위치:)
		누수	[ ]없음 [ ]있음(위치:)
	도배		[ ]깨끗함 [ ]보통임 [ ]도배 필요

a. 벽면

b. 도배

④ 환경조건란 작성법

⑫ 환경 조건	일조량	[ ]풍부함 [ ]보통임 [ ]불충분(이유:)		
	소음	[ ]미미함 [ ]보통임 [ ]심한 편임	진동	[ ]미미함 [ ]보통임 [ ]심한 편임

a. 일조량

b. 소음

c. 진동

· 소음 · 진동은 도로나 공장, 철로 변에 위치한 경우 특히 주의

(7) 중개보수 등에 관한 사항란 작성법

Ⅲ. 중개보수 등에 관한 사항			
⑬ 중개보수 및 실비의 금액과 산출내역	중개보수		<산출내역> 중개보수: 실비: ※ 중개보수는 시 · 도 조례로 정한 요율에 따르거나, 시 · 도 조례로 정한 요율한도에서 중개의뢰인과 개업공인중개사가 서로 협의하여 결정하도록 한 요율에 따르며 부가가치세는 별도로 부과될 수 있습니다.
	실비		
	계		

a. 중개보수 = [거래 예정금액(임대 보증금)+월차임×100] × 중개 보수요율

b. 실비(실비는 중개의뢰인 일방에게만 영수증을 처무하여 청구할 수 있음)

　　- 제 증명 신청 및 공부열람 대행료: 회당 1000원

- 제 증명 발급 및 공부열람 수수료: 실비
- 여비(교통비·숙박비): 실비

(8) 서명·날인란 작성법

「공인중개사법」 제25조 제3항 및 제30조 제5항에 따라 거래 당사자는 개업공인중개사로부터 위 중개대상물에 관한 확인·설명 및 손해배상 책임의 보장에 관한 설명을 듣고, 같은 법 시행령 제21조 제3항에 따른 본 확인·설명서와 같은 법 시행령 제24조 제2항에 따른 손해배상 책임 보장 증명서류(사본 또는 전자문서)를 수령합니다.

년　월　일

매도인 (임대인)	주소		성명	(서명 또는 날인)
	생년월일		전화번호	
매수인 (임차인)	주소		성명	(서명 또는 날인)
	생년월일		전화번호	
개업 공인중 개사	등록번호		성명 (대표자)	(서명 및 날인)
	사무소 명칭		소속공인중개사	(서명 및 날인)
	사무소 소재지		전화번호	
개업 공인중 개사	등록번호		성명 (대표자)	(서명 및 날인)
	사무소 명칭		소속공인중개사	(서명 및 날인)
	사무소 소재지		전화번호	

　　개업공인중개사, 거래 당사자 모두 서명·날인은 반드시 자서·날인해야 한다.

　　완성된 중개대상물 확인·설명서는 거래 당사자, 개업공인중개사에게 각각 교부하기 전에 모두 간인을 한다.

3. 그 밖의 중개대상물 확인·설명서

■ 비주거용 건축물 중개대상물 확인·설명서

■ 공인중개사법 시행규칙[별지 제20호의 2 서식] <개정 2017. 6. 8.>

중개대상물 확인·설명서 [II] (비주거용 건축물)

([ ]업무용 [ ]상업용 [ ]공업용 [ ]매매·교환 [ ]임대 [ ]그 밖의 경우)

※ [ ]에는 해당하는 곳에 √표를 합니다.

확인·설명 자료	확인·설명 근거자료 등	[ ]등기권리증 [ ]등기사항증명서 [ ]토지대장 [ ]건축물 대장 [ ]지적도 [ ]임야도 [ ]토지이용계획 확인서 [ ]그 밖의 자료( )				
	대상물건의 상태에 관한 자료 요구사항					

유의사항		
개업공인중개사의 확인·설명 의무	개업공인중개사는 중개대상물에 관한 권리를 취득하려는 중개의뢰인에게 성실·정확하게 설명하고, 토지대장 등본, 등기사항증명서 등 설명의 근거자료를 제시하여야 합니다.	
실제거래가격 신고	「부동산거래신고 등에 관한 법률」 제3조 및 같은 법 시행령 제3조 제1항 제5호에 따른 실제 거래가격은 매수인이 매수한 부동산을 양도하는 경우 「소득세법」 제97조 제1항 및 제7항과 같은 법 시행령 제163조 제11항 제2호에 따라 취득 당시의 실제 거래가액으로 보아 양도차익이 계산될 수 있음을 유의하시기 바랍니다.	

I. 개업공인중개사 기본 확인사항

① 대상물건의 표시	토지	소재지					
		면적(㎡)		지목	공부상 지목		
					실제이용 상태		
	건축물	전용면적(㎡)			대지 지분(㎡)		
		준공년도 (증개축년도)		용도	건축물 대장상 용도		
					실제 용도		
		구조			방향	(기준:)	
		내진설계 적용여부			내진능력		
		건축물 대장상 위반건축물 여부	[ ]위반 [ ]적법	위반 내용			

② 권리 관계	등기부 기재사항	소유권에 관한 사항		소유권 외의 권리사항	
		토지		토지	
		건축물		건축물	

③ 토지이용계획, 공법상 이용	지역·지구	용도지역		건폐율 상한	용적률 상한
		용도지구		%	%

제한 및 거래규제에 관한 사항 (토지)	도시·군 계획 시설	용도구역				
		허가·신고 구역 여부	[ ]토지거래허가구역 [ ]주택거래신고지역			
		투기지역 여부	[ ]토지투기지역 [ ]주택투기지역 [ ]투기과열지구			
	지구단위계획구역, 그 밖의 도시·군 관리계획		그 밖의 이용제한 및 거래규제사항			

④ 입지조건	도로와의 관계	(m × m)도로에 접함 [ ]포장 [ ]비포장		접근성	[ ]용이함 [ ]불편함	
	대중교통	버스	( ) 정류장,	소요시간: ([ ]도보, [ ]차량) 약 분		
		지하철	( ) 역,	소요시간: ([ ]도보, [ ]차량) 약 분		
	주차장	[ ]없음 [ ]전용주차시설 [ ]공동주차시설 [ ]그 밖의 주차시설( )				

⑤ 관리에 관한 사항	경비실	[ ]있음 [ ]없음	관리주체	[ ]위탁관리 [ ]자체관리 [ ] 그 밖의 유형		

210mm×297mm[백상지 80g/㎡(재활용품)]

⑥ 거래 예정금액 등	거래예정금액			
	개별공시지가(㎡당)		건물(주택)공시가격	

⑦ 취득 시 부담할 조세의 종류 및 세율	취득세	%	농어촌 특별세	%	지방교육세	%
	※ 재산세는 6월 1일 기준 대상물건 소유자가 납세의무를 부담					

II. 개업공인중개사 세부 확인사항

⑧ 실제권리관계 또는 공시되지 않은 물건의 권리 사항

⑨ 내부·외부 시설물의 상태 (건축물)	수도	파손여부	[ ]없음 [ ]있음(위치:)			
		용수량	[ ]정상 [ ]부족함(위치:)			
	전기	공급상태	[ ]정상 [ ]교체 필요(교체할 부분:)			
	가스(취사용)	공급방식	[ ]도시가스 [ ]그 밖의 방식( )			
	소방	소화전	[ ]없음 [ ]있음(위치:)			
		비상벨	[ ]없음 [ ]있음(위치:)			
	난방방식 및 연료공급	공급방식	[ ]중앙공급 [ ]개별공급	시설작동	[ ]정상 [ ]수선 필요( )	
		종류	[ ]도시가스 [ ]기름 [ ]프로판가스 [ ]연탄 [ ]그 밖의 종류( )			
	승강기	[ ]있음 ([ ]양호 [ ]불량 [ ]없음				

	배수	[ ]정상 [ ]수선 필요( )		
	그 밖의 시설물			

⑩ 벽면	벽면	균열	[ ]없음 [ ]있음(위치:)
		누수	[ ]없음 [ ]있음(위치:)

Ⅲ. 중개보수 등에 관한 사항

⑪ 중개보수 및 실비의 금액과 산출내역	중개보수		<산출내역> 중개보수: 실비:
	실비		
	계		※ 중개보수는 거래금액의 1천분의 9 이내에서 중개의 뢰인과 개업공인중개사가 서로 협의하여 결정하며 부가가치세는 별도로 부과 될 수 있습니다.

「공인중개사법」 제25조 제3항 및 제30조 제5항에 따라 거래 당사자는 개업공인중개사로부터 위 중개대상물에 관한 확인·설명 및 손해배상 책임의 보장에 관한 설명을 듣고, 같은 법 시행령 제21조 제3항에 따른 본 확인·설명서와 같은 법 시행령 제24조 제2항에 따른 손해배상 책임 보장 증명서류(사본 또는 전자문서)를 수령합니다.

년   월   일

매도인 (임대인)	주소		성명	(서명 또는 날인)
	생년월일		전화번호	
매수인 (임차인)	주소		성명	(서명 또는 날인)
	생년월일		전화번호	
개업 공인 중개사	등록번호		성명 (대표자)	(서명 및 날인)
	사무소 명칭		소속공인중개사	(서명 및 날인)
	사무소 소재지		전화번호	
개업 공인 중개사	등록번호		성명 (대표자)	(서명 및 날인)
	사무소 명칭		소속공인중개사	(서명 및 날인)
	사무소 소재지		전화번호	

■ 토지의 중개대상물 확인·설명서

■ 공인중개사법 시행규칙[별지 제20호의 3 서식] <개정 2017. 6. 8.>

중개대상물 확인·설명서 [Ⅲ] (토지)

([ ]매매·교환 [ ]임대)

※ [ ]에는 해당하는 곳에 √표를 합니다.

<table>
<tr>
<td rowspan="2">확인·설명
자료</td>
<td>확인·설명
근거자료 등</td>
<td>[ ]등기권리증   [ ]등기사항증명서   [ ]토지대장   [ ]건축물 대장
[ ]지적도
[ ]임야도   [ ]토지이용계획 확인서   [ ]그 밖의 자료(   )</td>
</tr>
<tr>
<td>대상물건의
상태에 관한
자료 요구사항</td>
<td></td>
</tr>
</table>

<table>
<tr>
<td colspan="2" align="center">유의사항</td>
</tr>
<tr>
<td>개업공인중개
사의 확인·설
명 의무</td>
<td>개업공인중개사는 중개대상물에 관한 권리를 취득하려는 중개의뢰인에게 성실·정확하게 설명하고,
토지대장등본, 등기사항증명서 등 설명의 근거자료를 제시하여야 합니다.</td>
</tr>
<tr>
<td>실제 거래가격
신고</td>
<td>「부동산거래신고 등에 관한 법률」 제3조 및 같은 법 시행령 제3조 제1항 제5호에 따른 실제 거
래가격은 매수인이 매수한 부동산을 양도하는 경우 「소득세법」 제97조 제1항 및 제7항과 같은
법 시행령 제163조 제11항 제2호에 따라 취득 당시의 실제 거래가액으로 보아 양도차익이 계산
될 수 있음을 유의하시기 바랍니다.</td>
</tr>
</table>

Ⅰ. 개업공인중개사 기본 확인사항

<table>
<tr>
<td rowspan="2">① 대상물
건의 표시</td>
<td rowspan="2">토지</td>
<td>소재지</td>
<td colspan="4"></td>
</tr>
<tr>
<td>면적(㎡)</td>
<td></td>
<td>지목</td>
<td>공부상 지목</td>
<td></td>
</tr>
<tr>
<td></td>
<td></td>
<td></td>
<td></td>
<td></td>
<td>실제이용 상태</td>
<td></td>
</tr>
</table>

<table>
<tr>
<td rowspan="2">② 권리
관계</td>
<td rowspan="2">등기부
기재사항</td>
<td colspan="1" align="center">소유권에 관한 사항</td>
<td colspan="1" align="center">소유권 외의 권리사항</td>
</tr>
<tr>
<td align="center">토지</td>
<td align="center">토지</td>
</tr>
</table>

③ 토지이용계획, 공법상 이용제한 및 거래규제에 관한 사항 (토지)	지역·지구	용도지역		건폐율 상한	용적률 상한
		용도지구		%	%
		용도구역			
	도시·군계획시설		허가·신고구역 여부	[ ]토지거래허가구역	
			투기지역 여부	[ ]토지투기지역 [ ]주택투기지역 [ ]투기과열지구	
	지구단위계획구역, 그 밖의 도시·군 관리계획			그 밖의 이용제한 및 거래규제사항	

④ 입지조건	도로와의 관계	(m × m)도로에 접함 [ ]포장 [ ]비포장		접근성	[ ]용이함 [ ]불편함
	대중교통	버스	( ) 정류장,	소요시간: ([ ]도보, [ ]차량) 약	분
		지하철	( ) 역,	소요시간: ([ ]도보, [ ]차량) 약	분

⑤ 비선호시설(1km이내)	[ ]없음 [ ]있음(종류 및 위치:)

⑥ 거래예정금액 등	거래예정금액			
	개별공시지가(㎡당)		건물(주택)공시가격	

⑦ 취득 시 부담할 조세의 종류 및 세율	취득세	%	농어촌 특별세	%	지방교육세	%
	※ 재산세는 6월 1일 기준 대상물건 소유자가 납세의무를 부담					

210mm×297mm[백상지 80g/㎡(재활용품)]

II. 개업공인중개사 세부 확인사항

⑧ 실제권리관계 또는 공시되지 않은 물건의 권리 사항	

III. 중개보수 등에 관한 사항

⑨ 중개 보수 및 실비의 금액과 산출내역	중개보수		\<산출내역\> 중개보수: 실비: ※ 중개보수는 거래금액의 1천분의 9 이내에서 중개의뢰인과 개업공인중개사가 서로 협의하여 결정하며, 부가가치세는 별도로 부과될 수 있습니다.
	실비		
	계		

「공인중개사법」 제25조 제3항 및 제30조 제5항에 따라 거래 당사자는 개업공인중개사로부터 위 중개대상물에 관한 확인·설명 및 손해배상 책임의 보장에 관한 설명을 듣고, 같은 법 시행령 제21조 제3항에 따른 본 확인·설명서와 같은 법 시행령 제24조 제2항에 따른 손해배상 책임 보장 증명서류(사본 또는 전자문서)를 수령합니다.

년   월   일

매도인 (임대인)	주소		성명	(서명 또는 날인)
	생년월일		전화번호	
매수인 (임차인)	주소		성명	(서명 또는 날인)
	생년월일		전화번호	
개업 공인 중개사	등록번호		성명(대표자)	(서명 및 날인)
	사무소 명칭		소속공인중개사	(서명 및 날인)
	사무소 소재지		전화번호	
개업 공인 중개사	등록번호		성명(대표자)	(서명 및 날인)
	사무소 명칭		소속공인중개사	(서명 및 날인)
	사무소 소재지		전화번호	

■ 입목·광업재단·공장재단 중개대상물 확인·설명서

■ 공인중개사법 시행규칙[별지 제20호의 4 서식] <개정 2017. 6. 8.>

중개대상물 확인·설명서 [IV] (입목·광업재단·공장재단)

([ ]매매·교환 [ ]임대)

※ [ ]에는 해당하는 곳에 √표를 합니다.

확인·설명 자료	확인·설명 근거자료 등	[ ]등기권리증 [ ]등기사항증명서 [ ]토지대장 [ ]건축물 대장 [ ]지적도 [ ]임야도 [ ]토지이용계획 확인서 [ ]그 밖의 자료( )
	대상물건의 상태에 관한 자료 요구사항	

유의사항	
개업공인중개사의 확인·설명 의무	개업공인중개사는 중개대상물에 관한 권리를 취득하려는 중개의뢰인에게 성실·정확하게 설명하고, 토지대장등본, 등기사항증명서 등 설명의 근거자료를 제시하여야 합니다.
실제 거래가격 신고	「부동산거래신고 등에 관한 법률」 제3조 및 같은 법 시행령 제3조 제1항 제5호에 따른 실제 거래가격은 매수인이 매수한 부동산을 양도하는 경우 「소득세법」 제97조 제1항 및 제7항과 같은 법 시행령 제163조 제11항 제2호에 따라 취득 당시의 실제 거래가액으로 보아 양도차익이 계산될 수 있음을 유의하시기 바랍니다.

Ⅰ. 개업공인중개사 기본 확인사항

① 대상물건의 표시	토지	대상물 종별	[ ]입목 [ ]광업재단 [ ]공장재단
		소재지(등기·등록지)	

② 권리관계	등기부 기재사항	소유권에 관한 사항	성명	
			주소	
		소유권 외의 권리사항		

③ 재단목록 또는 입목의 생육상태	

④ 그 밖의 참고사항	

210mm×297mm[백상지 80g/㎡(재활용품)]

⑤ 거래예정금액 등	거래예정금액			
	개별공시지가(㎡당)		건물(주택)공시가격	
⑥ 취득 시 부담할 조세의 종류 및 세율	취득세	%	농어촌 특별세	%	지방교육세	%
	※ 재산세는 6월 1일 기준 대상물건 소유자가 납세의무를 부담			

Ⅱ. 개업공인중개사 세부 확인사항

⑦ 실제권리관계 또는 공시되지 않은 물건의 권리 사항	

Ⅲ. 중개보수 등에 관한 사항

⑧ 중개보수 및 실비의 금액과 산출내역	중개보수		<산출내역> 중개보수:
	실비		실비:
	계		※ 중개보수는 거래금액의 1천분의 9 이내에서 중개의뢰인과 개업공인중개사가 서로 협의하여 결정하며 부가가치세는 별도로 부과될 수 있습니다.

「공인중개사법」 제25조 제3항 및 제30조 제5항에 따라 거래 당사자는 개업공인중개사로부터 위 중개대상물에 관한 확인·설명 및 손해배상 책임의 보장에 관한 설명을 듣고, 같은 법 시행령 제21조 제3항에 따른 본 확인·설명서와 같은 법 시행령 제24조 제2항에 따른 손해배상 책임 보장 증명서류(사본 또는 전자문서)를 수령합니다.

년   월   일

매도인 (임대인)	주소		성명	(서명 또는 날인)
	생년월일		전화번호	
매수인 (임차인)	주소		성명	(서명 또는 날인)
	생년월일		전화번호	
개업 공인중개사	등록번호		성명(대표자)	(서명 및 날인)
	사무소 명칭		소속공인중개사	(서명 및 날인)
	사무소 소재지		전화번호	
개업 공인 중개사	등록번호		성명(대표자)	(서명 및 날인)
	사무소 명칭		소속공인중개사	(서명 및 날인)
	사무소 소재지		전화번호	

제6장

부동산 중개 실무이론 본론 2
(중개계약서 작성)

1. 계약서 작성의 의의와 주안점

중개의뢰인 상호 간의 중개계약에 대한 상호 합의가 이루어진 경우 개업공인중개사는 거래계약서를 작성하고 거래 당사자의 서명·날인과 개업공인중개사의 서명날인을 하는 것이 계약서 작성이다.

계약서는 그 기재내용에 따라 법률효과를 발생시키고 분쟁 시에 증거로 사용되는 중요한 문서이므로 표현상 명확하고 간결한 문체를 사용하여 중개의뢰인이 쉽게 이해할 수 있도록 써야 한다. 당사자의 명확한 이해를 바탕으로 사전에 계약내용에 대한 분쟁을 예방할 수 있는 작성이 중요하다.

2. 계약 체결 시 확인사항

(1) 계약내용 확인

① 매매계약

가. 매매가격, 결제방법 및 인도조건(인도 시기, 명도 시의 지장요소에 대한 책임 소재)

나. 수익률(수익률 부동산), 조세 기타 공과금 및 부담금 정산관계(세금체납 시 그 납부방법)

다. 부대시설(냉·난방시설, 상·하수도 상태 수선여부 및 그 수리비 부담문제 결정)

라. 중개수수료(보수 금액, 부담자 그 지급 시기)

② 임대차계약

가. 임대료 및 권리금

 i 임대료는 목적 부동산의 '월 사용료'이며 대지는 통상 '연 사용료'로 지불한다.

 ii 보증금은 이자 없는 예탁금적 성격으로 계약 만료나 해제 시 부동산 인도와 동시에 반환한다.

 iii 권리금은 상가임대차에 부수하여 수수되는 것으로 임대인에게 주장할 수 없다.

영업시설·비품 등의 유형물이나 영업상의 노하우 및 기존 고객확보, 거래처, 점포의 위치 등 무형의 재산적 가치에 대한 대가로 새로운 임차인에게 받는 것이다.

나. 각종 공과금 및 부담금 계산

전기·가스·상하수도 요금·관리비 등을 사용량에 따라 정산해서 부담부분을 계산해줘야 한다. 통상 별지로 그 정산 내역과 영수내역을 정리하여 당사자에게 전해준다.

(2) 계약당사자 확인

① 매도인에 관한 사항

가. 매도인과 소유권자

매도인이 실제 소유자인가는 신분증의 서류조사로는 부족하고 등기권리증, 등기사항증명서, 인감증명서 등을 통한 정확한 확인이 필요하다. 이러한 확인의무를 다하지 못하여 발생한 손해에 대해서는 개업공인중개사의 배상책임이 인정된다(서울중앙지법 2008. 11. 20. 2008가합 50528 판결).

나. 매도인의 처분능력

ⅰ 매도인이 개인인 경우

그가 행위 무능력자인 경우 그의 법정대리인과 계약하거나(매도인이 금치산자인 경우) 법정대리인의 동의하에 계약을 체결한다(매도인이 미성년자 또는 한정치산자인 경우). 행위 무능력자 및 법정대리인은 가족관계 등록부를 통하여 확인하며 법정대리인의 동의서에는 인감증명서가 첨부되어야 한다.

ⅱ 매도인이 법인인 경우

a. 법인격과 처분권 확인

법인등기부를 통하여 그 법인이 적법한 법인격을 가진 법인인지, 대표자에게 적법한 처분권이 있는지를 확인한다.

b. 이해관계인의 동의, 관할 기관의 승인, 이사회·사원총회의 의결사항 확인

사립학교 기본재산의 처분에는 관할청의 허가가 있어야 하고, 향교재산의

처분에는 시·도지사의 허가를 받아야 하듯 관할청의 허가를 받아야 하는 재산처분은 그 승인여부를 확인 해야 한다.

또한 이해관계인의 동의나 이사회 주주총회를 거쳐야 하는 재산행위에 해당하는 경우에는 그 절차를 거쳤는지 확인해야 한다.

> 법인의 중요한 자산의 처분 및 양도, 대규모 재산의 차입, 지배인의 선임 또는 해임과 지점의 설치·이전 또는 폐지 등 회사의 업무집행은 이사회의 결의로 한다.
> (상법 제393조 ①항)

② 매수인에 관한 사항

가. 매수인의 행위능력과 자격

매수인의 행위능력·대리권 등 확인, 외국인의 경우 그 부동산 취득제한 사항 확인

나. 매수인이 법인인 경우

법인격 유무, 대표자의 자격, 이해관계인 또는 관할청의 허가 등의 여부를 확인해야 한다.

다. 매수인이 여럿인 경우

매수인의 지분관계와 채무이행상의 연대책임 특약조항 산입에 신경을 써야 한다.

라. 매수인의 대리권

인감을 첨부한 위임장을 첨부케 하고 대리인의 대리권 수여 여부를 확인해야 한다.

3. 중개계약서 작성

(1) 계약서 작성에 관한 일반사항

가. 매매 계약서 작성교부 및 보관의무

계약서는 당사자의 자유로운 의사에 따라(계약 자유의 원칙) 당사자의 의사합

치를 정확하고 충실하게 기록하며 계약 당사자의 수만큼 작성하여 각각 원본을 교부하고 5년간 보관해야 한다.

나. 계약서의 기재 사항

거래계약서에는 [① 거래 당사자의 인적 사항 ② 물건의 표시 ③ 계약일 ④ 거래금액·계약금액 및 그 지급일자 등 지급에 관한 사항 ⑤ 물건의 인도일시 ⑥ 권리이전의 내용 ⑦ 계약의 조건이나 기한이 있는 경우에는 그 조건 또는 기한 ⑧ 중개대상물 확인·설명서 교부일자 ⑨ 그 밖의 약정내용]을 기재한다 (공인중개사법 시행령 제22조 제1항).

다. 거래대금 기재

위조나 착오방지를 위하여 한글이나 한자로 적되 여백을 두지 말고 금(金) 옆에 붙여서 적고 빈칸에 괄호를 두어 아라비아 숫자로 중복적으로 표기하는 것도 좋다.

라. 계약내용 및 특약 사항이 많은 경우

계약서의 지면공간이 부족한 경우 뒷면이나 별지를 작성하고 계약서에는 '뒷면참조' 또는 '별지참조' 등의 문구를 기재한다.

마. 계약서가 2장 이상일 경우 간인을 할 것

계약서 앞·뒷장 간의 간인과 계약서 전체매수 간의 간인도 하는 게 좋다.

바. 수정·정정의 경우

해당 문구 위에 두 줄을 그어 표기하고 난외에 정정의 문구를 기재하며 그은 두 줄에 거래 당사자의 날인을 한다(몇 字 정정, 몇 字 추가, 몇 字 삭제).

사. 일시불로 계약을 하거나 중도금이 없는 경우

공란에 사선 또는 직선을 긋거나 해당사항 없음으로 표시한다.

(2) 매매 계약서 기재사항

가. 거래 당사자의 인적사항

· 매도인 - 등기필증, 등기사항증명서에 나타난 인적사항을 기재한다.
· 매수인 - 주민등록증을 제시받아 작성

· 행위능력제한자 - 금치산자는 후견인이, 미성년자·한정치산자는 친권자나 법정 대리인이 대리
· 법인 - 대표이사 또는 대표이사의 위임장을 받은 자만 계약당사자로 기록
· 조합, 법인격 없는 사단·재단법인, 공공단체, 국가기관 - 정관·등기 등에 의해 당사자 확인하고 당사자 외의 다른 조합원 등의 위임장이나 보증서를 첨부하여 작성

나. 물건의 표시

공적 장부에 의하여 작성

토지 - 소재지·지목·면적

건물 - 소재지·구조·면적·층수·건축 연월일

다. 계약일

라. 계약금, 거래금액 및 지급에 관한 사항

ⅰ 계약금, 거래금액 기재방법

계약금, 중도금, 잔금, 총 매매대금 모두를 분명히 기재한다.

특히 토지와 건물 부속물의 경우~㎡ 당~원, 총액~원으로 기재하는 좋다 (실측 결과 면적이 부족한 경우 중개의뢰인은 감액 청구할 수 있다).

ⅱ 지급방법

계약금, 중도금, 잔금에 관하여 각각의 액수와 지급 시기·방법(지참 지급 또는 계좌이체 등)·지급장소 등을 구체적으로 기재한다.

마. 물건의 인도 일시

소유권 이전과 중개부동산의 인도는 다르므로 이행시기 및 인도시기를 명확히 해야 한다.

통상적으로는 잔금지급일에 잔금지급과 소유권이전의 서류일체 교부를 동시이 행으로 이행하며 이때 부동산도 인도받는 것으로 한다.

바. 권리이전의 내용

잔금지불과 부동산 인도·소유권 이전서류 교부는 동시이행 관계로 진행된다.

소유권이전과 관련하여 채무승계 시는 그 권리승계 내용도 분명히 기재해야

한다.

사. 계약의 조건이 있는 경우 그 조건 또는 기한

   i 토지거래허가구역 내의 토지 중개

     토지거래 허가를 받는 것을 계약 성립의 조건으로 계약서를 작성

   ii 농지 거래 중개

     농지취득자격증명원을 발급받는 것을 계약 성립의 조건으로 계약서를 작성

아. 그 밖의 약정내용

     수익형 부동산의 경우 임료 등 수익 청산방법, 조세 등 부담금의 청산사항을 기재

자. 서명 및 날인

     거래 당사자의 서명·날인과 개업공인중개사 및 거래계약을 체결한 소속공인중개사도 서명·날인해야 한다. 개업공인중개사나 소속공인중개사는 등록관청에 등록한 인장을 사용한다.

(3) 임대차 계약서 기재사항

가. 임대물건의 표시

     임대부동산이 부동산의 일부인 경우 그 일부분의 표시를 명확히 해야 한다.
     (예:~~번지 소재 다가구주택 몇 층 몇 ㎡ 중 방 2개 및 부엌 1개).
     현황도 첨부하여 임대부분을 명시하는 것이 좋다.

나. 임료와 지불방법

     보증금과 임료를 나누어 금액과 지불시기를 명확히 기재하고 차임 불이행시의 약정에 대한 내용도 기재한다.

다. 계약기간

     임대기간은 연·월·일로 명시하고 계약기간도 부기한다.
     주택임대차보호법상 임대기간은 최소 2년으로 본다. 임차인은 2년 미만 계약시 그 기간 이나 2년을 주장할 수 있다.

라. 사용목적

사용목적을 명확히 하며 용도 외의 사용을 금하는 조항을 기재한다.

마. 부동산의 인도

인도일과 계약목적에 적합한 상태로 인도하도록 하는 내용을 기재한다.

바. 계약해지, 해제에 관한 사항

임료 체납이나 사용목적 위배 등의 경우 임대인의 해지권이 있음을 기재한다.

사. 원상회복 의무

임대차 종료 시 목적부동산의 원상회복조항은 일반적으로 기재하는 사항이다.

아. 양도 등에 관한 사항

전대차, 임차권 양도 등에 관한 금지 등의 사항이 있을 시 이를 기재한다.

자. 기타 약정사항

차. 서명 및 날인

제7장

부동산 종류별
계약서 작성법

1. 공동주택

(1) 아파트

1) 월세 계약서

① 계약서 양식

코리아 부동산 중개(주) **아파트 월세 계약서**

본 아파트에 대하여 임대인과 임차인 쌍방은 합의에 의하여 다음과 같이 임대차계약을 체결한다.

1. 아파트의 표시

소재지	서울 강남구 도곡동 934-10 외 우성아파트 2동 812호								
토지	지목	대	(대지권의 목적인 토지의) 면적	21030㎡	대지권의 종류	소유권	대지권의 비율	21030분의 52.9
건물	구조	철근 콘크리트	용도	아파트	면적	84.83 ㎡		

2. 계약내용

제1조 위 아파트의 임대차계약에 있어 임차인은 보증금 및 차임을 아래와 같이 지불하기로 한다.

보증금	金	일억	원정 (₩ 100,000,000)
계약금	金	일천만 원정은 계약 시 지불하고 영수함.	
중도금	金	해당사항 없음 원정은 년 월 일에 지불한다.	
잔금	金	구천만 원정은 2013년 6월 30일에 지불한다.	
차임	金	일백삼십만 원정은 매월 1 일에(후불)로 지불한다.	

제2조 임대인은 위 아파트를 임대차 목적으로 사용·수익할 수 있는 상태로 하여 **2013년 7월 1일까지** 임차인에게 인도하며, 임대차기간은 인도일로부터 **2015년 6월 31일까지** (24)**개월**로 한다.

제3조 임차인은 임대인의 동의 없이 위 아파트의 용도나 구조를 변경하거나 전대 또는 담보제공을 하지 못하며 임대차목적 이외의 용도에 사용할 수 없다.

제4조 임차인이 2회 이상 차임 지급을 연체하거나, 제3조를 위반하였을 경우 임대인은 본 계약을 해지할 수 있다.

제5조 임대차계약이 종료한 경우 임차인은 위 아파트를 원상으로 회복하여 임대인에게 반환하며, 임대인은 보증금을 임차인에게 반환한다.

제6조 임차인이 임대인에게 중도금(중도금이 없을 때는 잔금)을 지불하기 전까지는 임대인은 계약금의 배액을 상환하고, 임차인은 계약금을 포기하고 이 계약을 해제할 수 있다.

제7조 공인중개사는 계약 당사자 간의 채무불이행에 대해서는 책임지지 않는다. 또한 중개수수료는 본 계약의 체결과 동시에 임대인과 임차인 쌍방이 각각(환산가액의 (   )%를) 지불하며, 공인중개사의 고의나 과실 없이 계약당사자 간의 사정으로 본 계약이 해제되어도 중개수수료를 지급한다.

제8조 [공인중개사의 업무 및 부동산거래신고에 관한 법] 제25조 3항의 규정에 의거 중개대상물 확인·설명서와 공제증서 사본을 거래 당사자 쌍방에 교부한다.

<특약사항>

1. 현 시설 상태대로의 임대차 계약이며, 공부와 확인·설명서에 의한 설명을 듣고 계약을 체결함.
2. 계약금 및 잔금, 월차임은 임대인 남덕우(국민은행 470002-01-130009)로 송금키로 한다.
3. 본 계약은 2011년 7월 1일 계약에 기한 갱신계약이다.
4. 월차임 2회 이상 연체 시 년 12%의 가산 이자를 지불키로 함.
5. 기타의 사항은 주택임대차보호법에 따른다.(소유자 계좌: 우리은행 1002-345-456678 남덕우)

본 계약에 대하여 계약 당사자는 이의 없음을 확인하고 각자 서명 또는 날인 후 임대인, 임차인, 공인중개사가 각 1통씩 보관한다.

2013년 5월 29일

임 대 인	주 소	서울 강동구 명일동 44　신동아 @ 17-105					印
	주민등록번호	590000-2000000	전화	010-6000-1005	성명	남 덕 우	
대 리 인	주 소				성명		印
임 차 인	주 소	서울 강남 도곡동 965 중명 하니빌아파트 제1층 제108호					印
	주민등록번호	870700-2000019	전화	010-6008-3000	성명	정 소 녀	
대 리 인	주 소	강남 도곡 902-8 쌍용예가 103-503			성명	손 지 숙	印
공인중개사	사무소소재지						印
	등 록 번 호			사무소명칭			
	전 화 번 호			대표자성명			

코리아 부동산 중개 주식회사

② 작성 요령

　i 물건소재지: 지번 주소를 적는다(도로명주소는 홀, 짝수로 부여되어 있으므로 토지에는 도로명주소가 없다. 따라서 지번주소를 적는다.).

　ii 대지권의 목적인 토지의 면적: 해당 단지(2동)의 면적전체를 적는다.

　iii 대지권의 종류: 소유권

　iv 대지권의 비율: 거래대상 호수의 면적/ 거래단지(동) 전체면적

　v 건물 구조·용도: 건축물 대장을 기준으로 기재

　vi 건물 면적: 전용면적(등기부에 기재된 면적)

　vii 계약내용: 당사자 간에 합의된 거래금액 보증금 이행시기 등을 기재.

　　대출금은 당사자의 신용도에 따라 이자율이 달라지므로 잔금 시 상환하고 말소하는 게 좋다.

　　잔금대출이 필요한 경우 매수자가 신규대출을 미리 알아보도록 하는 게 좋다.

　viii 특약사항: 당해 거래에서 당사자가 특별히 요구 합의된 내용을 자세히 기재한다.

　ix 서명 날인: 계약당사자는 서명 또는 날인을 한다.

　　　　개업공인중개사는 서명 및 날인을 해야 한다.

③ 주의점

　ⅰ 장기수선 충당금

　　a. 부담자: 임대인(소유자)부담 사항

　　b. 부담방식

　　　㉠ 임차인이 매달 관리비의 일부로 내다가 계약만료 시 한꺼번에 환급받는 방식

　　　㉡ 매달 임대인이 송금납부

　　　㉢ 특약으로 임차인의 부담으로 할 수 있다(월세 할인 등의 조건으로).

　ⅱ 계약 만료 후 시설물 원상복구 문제

　ⅲ 임의의 전전세 금지

　ⅳ 애완동물 사육 확인

2) 아파트 전세 계약서

① 전세 계약서 양식

코리아 부동산 중개(주)　　아파트 전세 계약서

본 아파트에 대하여 임대인과 임차인 쌍방은 합의에 의하여 다음과 같이 임대차계약을 체결한다.

1. 아파트의 표시

소재지	서울 강남구 도곡동 967 외 1필지 경남 아파트 제105동 701호							
토 지	지 목	대	(대지권의 목적인 토지의) 면적	9315.3㎡	대지권의 종류	소유권	대지권의 비율	9315.3분의 28.649㎡
건 물	구조	철근콘크리트구조		용도	아파트	면적	84.94 ㎡	

2. 계약내용

제1조 위 아파트의 임대차계약에 있어 임차인은 보증금을 아래와 같이 지불하기로 한다.

보 증 금	金	팔억 칠천만 원정	(₩ 870,000,000-)
계 약 금	金	팔천칠백만 원정은 계약 시 지불하고 영수함.	
중 도 금	金	원정은 년 월 일에 지불한다. (해당사항 없음)	
잔 금	金	칠억 팔천삼백만 원정은 2016년 7월 26일에 지불한다.	

제2조 임대인은 위 아파트를 임대차 목적으로 사용·수익할 수 있는 상태로 하여 **2016년 7월 26일까**지 임차인에게 인도하며, 임대차기간은 인도일로부터 **2018년 7월 25일**까지 (24)**개월**로 한다.

제3조 임차인은 임대인의 동의 없이 위 아파트의 용도나 구조를 변경하거나 전대 또는 담보제공을 하지 못하며 임대차목적 이외의 용도에 사용할 수 없다.

제4조 임차인이 제3조를 위반하였을 경우 임대인은 본 계약을 해지할 수 있다.

제5조 임대차계약이 종료한 경우 임차인은 위 아파트를 원상으로 회복하여 임대인에게 반환하며, 임대인은 보증금을 임차인에게 반환한다.

제6조 임차인이 임대인에게 중도금(중도금이 없을 때는 잔금)을 지불하기 전까지는 임대인은 계약금의 배액을 상환하고, 임차인은 계약금을 포기하고 이 계약을 해제할 수 있다.

제7조 공인중개사는 계약 당사자 간의 채무불이행에 대해서는 책임지지 않는다. 또한 중개수수료는 본 계약의 체결과 동시에 임대인과 임차인 쌍방이 각각(보증금의 (   )%를) 지불하며, 공인중개사의 고의나 과실 없이 계약당사자 간의 사정으로 본 계약이 해제되어도 중개수수료를 지급한다.

제8조 [공인중개사의 업무 및 부동산거래신고에 관한 법] 제25조 3항의 규정에 의거 중개대상물 확인·설명서와 공제증서 사본을 거래 당사자 쌍방에 교부한다.

<특약사항>

1. 본 전세계약은 2012년 5월 3일자 전세계약을 기초로 증액·연장된 전세계약을 바탕으로 하는 계약이다.
2. 2017년 6월 30일 목적 부동산의 소유자변경에 따라 새로운 소유자(오기은)가 기존의 소유자(정현숙)의 임대인지위를 승계하는 것으로서 그를 확인하는 내용으로 본 계약서를 작성하는 것이다.
3. 본 계약서는 기존의 원계약(2012년 5월 3일자 정00과 하00 간의 전세계약)을 바탕으로 변경되어 온 내용을 현재 시점(2017년 6월 30일)을 기준으로 확정·정리한 계약으로 임대차보증금, 임대차기간을 확인하는데 의미가 있다.
4. 따라서 본 계약은 새로운 내용을 발생시키는 계약이 아니며 기존의 임대인 지위 승계를 위한 계약이며, 기존의 임대차계약상의 효력을 확인하는 계약으로 임대인의 지위를 승계한 임대인(오00)과 임차인(하00)은 종전의 계약상의 임대인, 임차인으로서의 권리의무를 가지게 된다.

본 계약에 대하여 계약 당사자는 이의 없음을 확인하고 각자 서명 또는 날인 후 임대인, 임차인이 각 1통씩 보관한다.

2017년 6월 30일

임 대 인	주 소	서울시 서대문구 연희로 41 라길 14					印
	주민등록번호	780000-2000000	전화		성명	오00	
대 리 인	주 소				성명		印
임 차 인	주 소	서울 강남 도곡동 902-8 외 3 쌍용예가아파트 102-901					印
	주민등록번호	720000-2000000	전화		성명	하00	
대 리 인	주 소				성명		印
공인중개사	사무소소재지	강남구 도곡동 902-2 언주상가 107호					印
	등 록 번 호	9200-8800		사무소명칭	코리아 부동산 중개(주)		
	전 화 번 호	500-4200		대표자성명	정00		

코리아 부동산 중개 주식회사

② 작성 요령

아파트 월세계약과 마찬가지로 아파트 전세계약도 임대차계약의 유형이므로 월세계약과 동일하나 차임의 부담이 계약 내용에 들어가지 않는 차이가 있다.

그로 인해 부동산의 이용을 위한 시설의 수선·교체의무 부담 등에서 차이가 있다.

③ 주의점

입주 시 도배·장판 및 싱크대의 수선교체의무 부담자가 누구인가가 매번 중요 쟁점이 된다.

임대인의 의무 중에 임차인을 위해 부동산의 사용·수익에 공할 의무내용이 문제되는 것이다.

    i 도배·장판은 통상 2년 정도 내구력을 가진 소모품으로 보아 전세 임차인의 부담이 된다.

    ii 싱크대는 통상 내구력을 2년 이상의 존속 시설로 보아 임대인이 수선교체의무를 지는 것으로 본다.

    iii 이러한 관례에 반하는 당사자의 특약이 있으면 그 특약이 우선한다.

    iv 아파트의 전세보증금은 매매대금에 육박하기 때문에 선순위의 근저당의 말소는 전세계약의 전제조건이 되는 경우가 대부분이다.

3) 아파트 매매계약

① 아파트 매매 계약서 양식

코리아 부동산 중개(주)   **아파트 매매 계약서**

본 아파트에 대하여 매도인과 매수인은 합의에 의하여 다음과 같이 매매계약을 체결한다.

1. 아파트의 표시

소재지	서울특별시 강남구 도곡동 902-8외 8필지 도곡쌍용예가아파트 제102동 제901호			
토지	지목	대	면　적	18329분의 47.87 ㎡
건물	구조·용도	철근콘크리트·주거	면　적	112.92 ㎡

2. 계약내용

제1조 위 아파트의 매매에 있어 매매대금 및 매수인의 대금 지불 시기는 다음과 같다.

매매대금	金 일십이억 원정 (₩ 1,200,000,000)				
계 약 금	金 일억 원정은 계약 시 지불하고 영수함.				
중 도 금	金　　해당사항 없음	원정은	년	월	일에 지불하며,
	金　　해당사항 없음	원정은	년	월	일에 지불한다.
잔 금	金 일십일억	원정은 2017년 06월 30일에 지불한다.			
융 자 금	金 이억사백만	원정은 (승계, 말소, 특약사항에 별도 명시) 한다.			

제2조 매도인은 매매대금의 잔금을 수령함과 동시에 소유권 이전등기에 필요한 모든 서류를 교부하고 등기절차에 협력하며, 위 아파트에 대하여 2017년 06월 30일 인도(승계)하기로 한다.

제3조 매도인은 소유권의 행사를 제한하는 권리나 조세공과금 기타 부담금의 미납이 있을 때는 잔금수수일 이전까지 그 권리의 하자 및 부담 등을 제거하여 완전한 소유권을 이전하여야 한다. 다만 달리 약정한 경우에는 그러하지 아니한다.

제4조 위 아파트에 관하여 발생한 수익의 귀속과 조세공과금 등의 부담은 위 아파트의 인도일을 기준으로 하여 그 이전까지는 매도인에게 그 이후의 것은 매수인에게 각각 귀속한다. 단 지방세의 납부의무 및 납부책임은 지방세법의 규정에 따른다.

제5조 매수인이 중도금(중도금약정이 없을 때는 잔금)을 지불하기 전까지 매도인은 계약금의 배액을 배상하고, 매수인은 계약금을 포기하고 본 계약을 해제할 수 있다.

제6조 매도인 또는 매수인은 본 계약상의 채무불이행이 있을 경우 계약당사자 일방은 채무불이행한 상대방에 대하여 서면으로 이행을 최고하고, 이를 이행하지 않을 경우 계약을 해제할 수 있다. 이 경우 매도인과 매수인은 각각 상대방에 대하여 손해배상을 청구할 수 있으며, 손해배상에 대하여 별도 약정이 없는 한, 제5조의 기준을 따른다.

제7조 공인중개사는 계약 당사자 간의 채무불이행에 대해서는 책임지지 않는다.

또한 중개수수료는 본 계약의 체결과 동시에 매도인과 매수인 쌍방이 각각(매매대금의 (   )%를) 지불하며, 공인중개사의 고의나 과실 없이 계약당사자 간의 사정으로 본 계약이 해제되어도 중개수수료를 지급한다.

제8조 [공인중개사의 업무 및 부동산거래신고에 관한 법] 제25조 3항의 규정에 의거 중개대상물 확인·설명서와 공제증서 사본을 거래 당사자 쌍방에 교부한다.

＜특약사항＞

1. 현 상태대로의 매도이며, 현장 방문 설명확인 후의 계약이다.
2. 매매 잔금 시 기존임차보증금(팔억 칠천만 원)반환의무를 매수인이 승계하여 매매잔금에서 공제하기로 하며, 선수관리비도 잔금 시 공제한다.
3. 잔금 시 매도인은 기존세입자와 체결한 임대차 계약서 일체와 이전등기에 필요한 일체의 서류를 매수인에게 양도한다.
4. 매수인은 기존 임대차계약상의 임대인의 지위를 승계하며, 임대인으로서의 권리·의무를 가진다.
5. 등기부상 설정된 채권최고액 이억 사백만 원은 잔금일에 상환·말소키로 하며 매수의뢰 공인중개사가 은행에 대행 처리키로 한다.
6. 기타는 부동산 매매관련법 및 관례에 따른다.

본 계약에 대하여 계약 당사자는 이의 없음을 확인하고 각자 서명 또는 날인 후 매도인, 매수인, 공인중개사가 각 1통씩 보관한다.

2018년 1월 8일

매 도 인	주 소	경기도 하남시 덕산로 80, 한솔리치빌 303동 1004호					印
	주민등록번호	560000-230000	전화		성명	이만순	
매 수 인	주 소	서울시 서대문구 연희로 458 라길 5678					印
	주민등록번호	780000-299999	전화		성명	오000	
대 리 인	주 소				성명		印
공인중개사	사무소소재지	서울특별시 강남구 남부순환로 383길 16, 107호(도곡동, 언주상가)					印
	등 록 번 호	10600-2017-00300		사무소명칭	코리아 부동산 중개 주식회사		
	전 화 번 호	02) 574-4200		대표자성명	정00		
공인중개사	사무소소재지	서울특별시 강남구 논현로 28길 5678 21층 (도곡동, 호리존 빌딩)					印
	등 록 번 호	92000-0000-7003		사무소명칭	APLUS 공인중개사무소		
	전 화 번 호	02) 501-5000		대표자성명	이 000		

코리아 부동산 중개 주식회사

② 작성요령

계약금은 반드시 10%일 필요는 없으며, 기존 임대차계약을 매수인이 승계하는 경우 그 임차인의 보증금을 잔금에서 수선충당금과 더불어 공제한다.

③ 주의점

    ⅰ 아파트 부착물 중 매매대상 목록에 포함여부가 문제될 사항은 매매대상물품 목록을 따로 작성하여 사후 분쟁의 소지를 없앤다.

    ⅱ 잔금일 전의 리모델링의 경우 리모델링 과정에서 발견될 하자로 인한 분쟁을 방지하기 위해 하자담보 책임을 배제하는 특약을 삽입하는 것이 중요하다.

    (예)

      a. 본 계약의 매매대금은 계약일 현재를 기준으로 확인가능한 모든 하자를 고려한 금액임

      b. 하자담보책임(계약 시 매수인의 과실 없이 확인 불가능했던 하자)에 관한 사항:

      매매대금에 모두 반영되었으며, 매수인은 계약일 이후 어떠한 하자담보책임도 주장하지 않을 것을 합의함)

(2) 다세대 · 연립주택

1) 다세대 · 연립주택 월세 계약서 작성

① 월세 계약서 양식

코리아 부동산 중개(주)   연립주택 월세 계약서

본 부동산에 대하여 임대인과 임차인 쌍방은 합의에 의하여 다음과 같이 임대차계약을 체결한다.

1. 부동산의 표시

소재지	서울 강남구 도곡동 951-5 일광하이츠 빌라 나동 제201호								
토지	지목	대	(대지권의 목적인 토지의) 면적	825㎡	대지권의 종류	소유권	대지권의 비율	825분의 73.66㎡
건물	구조	철근콘크리트구조		용도	연립	면적		82.32㎡
임대할 부분	제201호 전부					면적		82.32㎡

2. 계약내용

제1조 위 부동산의 임대차계약에 있어 임차인은 보증금 및 차임을 아래와 같이 지불하기로 한다.

보증금	金	일억 원 원정 (₩ 100,000,000)			
계약금	金	일천만 원 원정은 (₩ 10,000,000) 계약 시 지불하고 영수함.			
중도금	金	해당사항 없음	원정은	년 월	일에 지불한다.
잔금	金	구천만 원	원정은 2018년 4월 30일에 지불한다.		
차임	金	이백팔십만	원정은 매월 30일에(선불, 후불)로 지불한다.		

제2조 임대인은 위 부동산을 임대차 목적으로 사용·수익할 수 있는 상태로 하여 **2018년 4월 30일까**지 임차인에게 인도하며, 임대차기간은 인도일로부터 **2020년 4월 29일**까지 (24)**개월**로 한다.

제3조 임차인은 임대인의 동의 없이 위 부동산의 용도나 구조를 변경하거나 전대 또는 담보제공을 하지 못하며 임대차목적 이외의 용도에 사용할 수 없다.

제4조 임차인이 2회 이상 차임 지급을 연체하거나, 제3조를 위반하였을 경우 임대인은 본 계약을 해지할 수 있다.

제5조 임대차계약이 종료한 경우 임차인은 위 부동산을 원상으로 회복하여 임대인에게 반환하며, 임대인은 보증금을 임차인에게 반환한다.

제6조 임차인이 임대인에게 중도금(중도금이 없을 때는 잔금)을 지불하기 전까지는 임대인은 계약금의 배액을 상환하고, 임차인은 계약금을 포기하고 이 계약을 해제할 수 있다.

제7조 공인중개사는 계약 당사자 간의 채무불이행에 대해서는 책임지지 않는다.

또한 중개수수료는 본 계약의 체결과 동시에 임대인과 임차인 쌍방이 각각(환산가액의 ( )%를) 지불하며, 공인중개사의 고의나 과실 없이 계약당사자 간의 사정으로 본 계약이 해제되어도 중개수수료를 지급한다.

제8조 [공인중개사의 업무 및 부동산거래신고에 관한 법] 제25조 3항의 규정에 의거 중개대상물 확인·설명서와 공제증서 사본을 거래 당사자 쌍방에 교부한다.

<특약사항>

1. 계약일 현재, 대상 부동산의 권리 및 시설물 상태하의 임대차 계약임.
2. 임차인은 특약 1에 관하여 현장 확인 및 관련 공부의 열람·교부 후, 계약 시 교부받은 확인·설명서로 확인하였음.
3. 관리비는 매월 7만 원 선불이며, 보증금과 월세 및 관리비 등은 임대인 명의의 계좌(신한은행:∼)로 입금한다.
4. 애완동물의 사육은 금하며, 소규모 수선의무는 임차인이 부담한다.
5. 계약금은 해약금 및 위약금으로 본다.
6. 계약 만료 시 임차인의 명도지체로 인한 손해배상액은 일당 10만 원으로 한다.
7. 퇴실 시 청소비조로 칠만 원은 임차인부담으로 한다.

본 계약에 대하여 계약 당사자는 이의 없음을 확인하고 각자 서명 또는 날인 후 임대인, 임차인, 공인중개사가 각 1통씩 보관한다.

2015년 5월 21일

임 대 인	주 소	서울 강남구 논현로 57길 45, 203호(도곡동, 대아빌라)					印
	주민등록번호	680611-2051637	전화	010-5640-5122	성명	김 영 자	
임 차 인	주 소	서울 강남구 언주로 106길 201. 408호(역삼동)					印
	주민등록번호	650000-100000	전화	010-3355-5588	성명	황 영 범	
공인 중개사	사무소소재지	서울 강남구 도곡동 902-2 언주상가 107호					印
	등 록 번 호	9250-8888	사무소명칭		코리아 부동산 중개(주)		
	전 화 번 호	574-4200	대표자성명		정 규 0		
공인 중개사	사무소소재지	서울 서초구 서초동 1338-21 코리아비즈니스센타 1층 110호					印
	등 록 번 호	9277-3355	사무소명칭		대산공인중개사 사무소		
	전 화 번 호	3473-6565	대표자성명		이 길 0		

코리아 부동산 중개주식회사

② 작성요령

소재지는 등기사항전부증명서 지번으로, 토지는 토지대장상의 대지권비율 등을 기준으로, 건물은 건축물 대장을 기준으로 전용·공급 면적을 구분기재하면 좋다.

계약금은 반드시 10%일 필요는 없다.

③ 주의점

도배·장판의 교체의무 임대인

애완동물 사육문제

계약완료 시 시설물 원상복구 의무

저당권, 가압류, 과다대출 등 말소조건

2) 다세대·연립주택 전세 계약서 작성

① 다세대·연립주택 전세 계약서 양식

코리아 부동산 중개(주) 다세대주택 전세 계약서

본 부동산에 대하여 임대인과 임차인 쌍방은 합의에 의하여 다음과 같이 임대차계약을 체결한다.

1. 부동산의 표시

소재지	서울 강남구 도곡동 951-32 다세대주택 가동 제2층 제1호				
토 지	지 목	대		면 적	28.83 ㎡
건 물	구 조	철근콘크리트 조	용 도	다세대 주거	면 적	35.76 ㎡

2. 계약내용

제1조 위 부동산의 임대차계약에 있어 임차인은 보증금을 아래와 같이 지불하기로
　　　한다.

보 증 금	金 壹億 貳阡萬 원정 (₩ 120,000,000)		
계 약 금	金 貳阡萬	원정은 계약 시 지불하고 영수함.	
중 도 금	金 五阡萬	원정은 2009년 12월 20일에 지불한다.	
잔 　　 금	金 五阡萬	원정은 2010년 1월 23일에 지불한다.	

제2조 임대인은 위 부동산을 임대차 목적으로 사용·수익할 수 있는 상태로 하여
　　　2010년 1월 23일까지 임차인에게 인도하며, 임대차기간은 인도일로부터 **2012
　　　년 1월 23일까지 (24)개월**로 한다.

제3조 임차인은 임대인의 동의 없이 위 부동산의 용도나 구조를 변경하거나 전대
　　　또는 담보제공을 하지 못하며 임대차목적 이외의 용도에 사용할 수 없다.

제4조 임차인이 제3조를 위반하였을 경우 임대인은 본 계약을 해지할 수 있다.

제5조 임대차계약이 종료한 경우 임차인은 위 부동산을 원상으로 회복하여 임대인
　　　에게 반환하며, 임대인은 보증금을 임차인에게 반환한다.

제6조 임차인이 임대인에게 중도금(중도금이 없을 때는 잔금)을 지불하기 전까지
　　　는 임대인은 계약금의 배액을 상환하고, 임차인은 계약금을 포기하고 이 계약
　　　을 해제할 수 있다.

제7조 공인중개사는 계약 당사자 간의 채무불이행에 대해서는 책임지지 않는다.
　　　또한 중개수수료는 본 계약의 체결과 동시에 임대인과 임차인 쌍방이 각각(보
　　　증금의 (　　)%를) 지불하며, 공인중개사의 고의나 과실 없이 계약당사자 간의
　　　사정으로 본 계약이 해제되어도 중개수수료를 지급한다.

제8조 [공인중개사의 업무 및 부동산거래신고에 관한 법] 제25조 3항의 규정에 의
　　　거 중개대상물 확인·설명서와 공제증서 사본을 거래 당사자 쌍방에 교부한다.

<특약사항>

1. 현 시설·권리상태로의 계약이며 임차인은 현장 확인·설명 및 공부열람·교부를 거쳐 확인·설명서와 계약서에 서명·날인 하는 것임.
2. 관리비는 월 3만 원이며, 내부시설물 훼손 시는 원상복구하고 퇴실한다.
3. 잔금일인 23일에 임차인이 잔금을 지불하지 않으면 이후로 월 5%(월 25만)로 잔금에 대한 이자를 지불한다.
4. 소유자와 통화확인 후 부동산링크가 소유자를 대리하여 계약을 하는 바이며 잔금일에 잔금 지불 시 소유자가 출석하여 서명·날인키로 함.
5. 중도금 전까지는 본인의 위임장 및 인감증명서 사본을 임차인에게 교부한다.
6. 기타 사항은 임대차보호법 및 계약 일반 관례에 따른다.

  본 계약에 대하여 계약 당사자는 이의 없음을 확인하고 각자 서명 또는 날인 후 임대인, 임차인, 공인중개사가 각 1통씩 보관한다.

2009년 11월 24일

임 대 인	주 소	서울 관악구 봉천동 65-13						印
	주민등록번호	340000-2000000	전화	010-3345-5678	성명	서00		
대 리 인	주 소	부동산링크 공인중개사무소			성명	정00		印
임 차 인	주 소	강남구 일원동 615-1 한신아파트 104동 508호						印
	주민등록번호	600000-2020000	전화	010-2345-9876	성명	홍옥순		
공인 중개사	사무소소재지	서울 강남구 도곡동 123-7						印
	등 록 번 호	9230-1577		사무소명칭	부동산 링크 공인중개사무소			
	전 화 번 호	02-574-4000		대표자성명	정00			

코리아 부동산 중개 주식회사

② 다세대·연립주택 전세 계약서 작성요령

월세 계약서의 작성과 거의 같다.

③ 다세대·연립주택 전세 계약서 작성 시 주의점

  ⅰ 전세 보증금이 매매대금에 육박하므로 선순위 근저당을 모두 말소해주도록 노력해야 한다.

  중도금을 근저당설정금액에 맞추어 중도금 지급일에 개업공인중개사가 대출

은행에 임대인과 동행하여 근저당말소처리를 완벽하게 이행하도록 확인하는 게 좋다.

ii 도배·장판은 임차인이 하고 싱크대 교체는 임대인이 하는 게 통상적인 관례이나 당사자의 특약이 있을 때는 특약이 우선한다.

3) 다세대·연립주택 매매 매개 계약서 작성

① 다세대·연립주택 매매 매개 계약서 양식

코리아 부동산 중개(주) 연립주택 매매 계약서

본 부동산에 대하여 매도인과 매수인은 합의에 의하여 다음과 같이 매매계약을 체결한다.

1. 부동산의 표시

소재지	제주특별자치도 제주시 애월읍 광령리 2498-1 유정연립 제3층 제303호						
토 지	지 목	대			면 적	146.46 ㎡ (평)
건 물	구 조	철근 콘크리트조	용 도	주 거	면 적	61.94 ㎡ (평)

2. 계약내용

제1조 위 부동산의 매매에 있어 매매대금 및 매수인의 대금 지불시기는 다음과 같다.

매매대금	金 칠천 일백만 원정 (₩ 71,000,000)				
계 약 금	金 사천 일백만 원정은 계약 시 지불하고 영수함.				
중 도 금	金 해당사항 없음	원정은	년	월	일에 지불하며,
	金 해당사항 없음	원정은	년	월	일에 지불한다.
잔 금	金 삼천만 원정 은 2014년 9월 25일에 지불한다.				
융 자 금	金 삼억 구천이백 사십만	원정은 잔금이행과 동시에 말소한다.			

제2조 매도인은 매매대금의 잔금을 수령함과 동시에 소유권 이전등기에 필요한 모든 서류를 교부하고 등기절차에 협력하며, 위 부동산에 대하여 **2014년 9월 25일 인도**하기로 한다.

제3조 매도인은 소유권의 행사를 제한하는 권리나 조세공과금 기타 부담금의 미납이 있을 때는 잔금수수일 이전까지 그 권리의 하자 및 부담 등을 제거하여 완전한 소유권을 이전하여야 한다. 다만 달리 약정한 경우에는 그러하지 아니한다.

제4조 위 부동산에 관하여 발생한 수익의 귀속과 조세공과금 등의 부담은 위 부동산의 인도일을 기준으로 하여 그 이전까지는 매도인에게 그 이후의 것은 매수인에게 각각 귀속한다. 단 지방세의 납부의무 및 납부책임은 지방세법의 규정에 따른다.

제5조 매수인이 중도금(중도금약정이 없을 때는 잔금)을 지불하기 전까지 매도인은 계약금의 배액을 배상하고, 매수인은 계약금을 포기하고 본 계약을 해제할 수 있다.

제6조 매도인 또는 매수인은 본 계약상의 채무불이행이 있을 경우 계약당사자 일방은 채무불이행한 상대방에 대하여 서면으로 이행을 최고하고, 이를 이행하지 않을 경우 계약을 해제할 수 있다. 이 경우 매도인과 매수인은 각각 상대방에 대하여 손해배상을 청구할 수 있으며, 손해배상에 대하여 별도 약정이 없는 한 제5조의 기준을 따른다.

제7조 공인중개사는 계약 당사자 간의 채무불이행에 대해서는 책임지지 않는다. 또한 중개수수료는 본 계약의 체결과 동시에 매도인과 매수인 쌍방이 각각(매매대금의 (   )%를) 지불하며, 공인중개사의 고의나 과실 없이 계약당사자 간의 사정으로 본 계약이 해제되어도 중개수수료를 지급한다.

제8조 [공인중개사의 업무 및 부동산거래신고에 관한 법] 제25조 3항의 규정에 의거 중개대상물 확인·설명서와 공제증서 사본을 거래 당사자 쌍방에 교부한다.

<특약사항>

1. 현 상태대로의 매매이며, 매수 잔금을 제주은행의 대출을 통한 지불 시는 대출실행 시를 잔금일로 본다.
2. 채권최고액으로 설정되어있는 삼억 구천이백사십만 원정은 잔금이행과 동시에 본 호수에 대한 설정을 말소키로 한다.

본 계약에 대하여 계약 당사자는 이의 없음을 확인하고 각자 서명 또는 날인 후 매도인, 매수인, 공인중개사가 각 1통씩 보관한다.

2014년 9월 25일

매 도 인	주 소	광주광역시 남구 진월동 삼익세라믹아파트 105동 806 호						印
	주민등록번호	490000 - 1600000	전화	010-4600-4600	성명	이00	
대 리 인	주 소				성명		印
매 수 인	주 소	경기 수원 권선구 일월천로 16번길 12 구운동 다우빌딩 501호						印
	주민등록번호	640000-1000000	전화	010-3800-7001	성명	박경우	
대 리 인	주 소				성명		印
공인중개사	사무소소재지	서울 서초구 반포동 7354-1234					印
	등 록 번 호	9001-8005		사무소명칭	미래로 공인중개사	
	전 화 번 호	02-574-4275		대표자성명	남덕우	

코리아 부동산 중개 주식회사

② 작성요령

매매 대금에서 임대보증금은 승계하고, 대출금은 승계하기보다는 각자의 신용도에 따라 이자율이 다르기 때문에 잔금 시에 상환하고 말소하도록 기재한다.

③ 주의점

 i 부동산에 부착된 기본시설물 중 매도자가 본인의 편의를 위해 설치한 시설물 (샹들리에, 비데, 도어 록 등)을 떼어갈 것인지 여부를 명확하게 기재하는 게 중요하다.

 ii 다세대나 연립주택 전체를 통매매 계약하는 경우, 하나의 계약서로 작성하면 하면 안 된다. 부동산거래 신고를 각각 호수별로 해야 하므로 계약서도 호수별로 작성한다.

 iii 매매의 경우 하자담보책임의 소재를 분명히 하여 사후 분쟁방지를 위한 문구 작성에 유념해야 한다.

 특히 잔금일 전의 리모델링의 경우 리모델링 과정에서 발견될 하자로 인한 분쟁을 방지하기 위해 하자담보 책임을 배제하는 특약을 삽입하는 것이 중요하다(아래 예 참조).

a. 본 계약의 매매대금은 계약일 현재를 기준으로 확인가능한 모든 하자를 고려한 금액임

b. 하자담보책임(계약 시 매수인의 과실 없이 확인 불가능했던 하자)에 관한 사항: 매매대금에 모두 반영되었으며, 매수인은 계약일 이후 어떠한 하자담보책임도 주장하지 않을 것을 합의함)

2. 단독주택(단독주택, 다중주택, 다가구주택)

(1) 단독주택의 의미

① 협의의 단독주택

한 세대가 단독으로 생활하기 위하여 시설·규모를 갖춘 주택을 일반적으로 단독주택이라 한다(통상 주위에서 쉽게 볼 수 있는 1~2층짜리의 주택).

② 다중주택(풀 옵션 불가)

주택면적이 330㎡ 이하이고, 주택으로 쓰는 층수가 3층 이하인 주택을 말한다. 각 방마다 독립적인 욕실 화장실의 설치는 가능하나 취사시설은 불가능하다.

③ 다가구주택(풀 옵션 가능)

주택면적이 660㎡ 이하이고, 주택으로 쓰는 층수가 3층 이하인 주택을 말한다.

1층이 필로티 구조이고 주차장과 주택 이외의 용도공간으로 구성된 경우 주택의 층수에서 제외된다. 다가구주택은 가구별로 취사시설 설치가 가능하며 19세대 이하의 주거가 가능하다.

④ 다중주택·다가구주택의 구별의 실익(주차장 의무규정)

다가구주택은 가구당 0.7대 이상의 주차장을 확보해야 하나, 다중주택은 시설면적 150㎡을 넘을 때 1대에 추가하여 50㎡ 면적당 주차장 1대를 더 설치해야 한다(주차장법 제19조).

(2) 단독주택 월세 계약서 작성

① 단독주택 월세 계약서 양식

코리아 부동산 중개(주) 단독주택 월세 계약서

본 부동산에 대하여 임대인과 임차인 쌍방은 합의에 의하여 다음과 같이 임대차계약을 체결한다.

1. 부동산의 표시

소재지	서울특별시 도곡동 954-22						
토 지	지 목	대지				면 적	195㎡
건 물	구 조	철근콘크리트구조	용 도	단독주택		면 적	95㎡

2. 계약내용

제1조 위 부동산의 임대차계약에 있어 임차인은 보증금 및 차임을 아래와 같이 지불하기로 한다.

보 증 금	金	일억 이천만 원정 (₩ 120,000,000)
계 약 금	金	일천만 원정은 계약 시 지불하고 영수함.
중 도 금	金	원정은 년 월 일에 지불한다. (해당사항 없음)
잔 금	金	일억 일천만 원정은 2018년 7월 5일에 지불한다.
차 임	金	일백팔십만 원정은 매월 5 일에(선불, 후불)로 지불한다.

제2조 임대인은 위 부동산을 임대차 목적으로 사용·수익할 수 있는 상태로 하여 **2018년 7월 5일까지** 임차인에게 인도하며, 임대차기간은 인도일로부터 **2020년 7월 5일까지** (24)**개월**로 한다(초일 불산입).

제3조 임차인은 임대인의 동의 없이 위 부동산의 용도나 구조를 변경하거나 전대 또는 담보제공을 하지 못하며 임대차목적 이외의 용도에 사용할 수 없다.

제4조 임차인이 2회 이상 차임 지급을 연체하거나, 제3조를 위반하였을 경우 임대인은 본 계약을 해지할 수 있다.

제5조 임대차계약이 종료한 경우 임차인은 위 부동산을 원상으로 회복하여 임대인에게 반환하며, 임대인은 보증금을 임차인에게 반환한다.

제6조 임차인이 임대인에게 중도금(중도금이 없을 때는 잔금)을 지불하기 전까지는 임대인은 계약금의 배액을 상환하고, 임차인은 계약금을 포기하고 이 계약을 해제할 수 있다.

제7조 공인중개사는 계약 당사자 간의 채무불이행에 대해서는 책임지지 않는다. 또한 중개수수료는 본 계약의 체결과 동시에 임대인과 임차인 쌍방이 각각(환산가액의 (   )%를) 지불하며, 공인중개사의 고의나 과실 없이 계약당사자 간의 사정으로 본 계약이 해제되어도 중개수수료를 지급한다.

제8조 [공인중개사의 업무 및 부동산거래신고에 관한 법] 제25조 3항의 규정에 의거 중개대상물 확인·설명서와 공제증서 사본을 거래 당사자 쌍방에 교부한다.

<특약사항>

1. 임차인은 직접 현장 확인 후 공부와 확인·설명서에 의한 설명을 받고 계약을 체결함.
2. 애완동물의 사육은 금한다.
3. 관리비는 없음, 계약만료 등으로 퇴실 시 청소비 10만 원.
4. 임대인은 도배장판을 교체하며 소규모의 수선의무는 임차인이 부담한다.
5. 기타 사항은 임대차보호법 및 부동산 임대차 계약의 일반 관례에 따른다.
6. 임대인의 입금계좌:

본 계약에 대하여 계약 당사자는 이의 없음을 확인하고 각자 서명 또는 날인 후 임대인, 임차인, 공인중개사가 각 1통씩 보관한다.

2018년 5월 2일

임 대 인	주　　　소	광주광역시 남구 진월동 삼익세라믹아파트 105동 806 호						印
	주민등록번호	490000 - 1600000	전화	010-4600-4600	성명	이OO	
대 리 인	주　　　소				성명		印
임 차 인	주　　　소	경기 수원 권선구 일월천로 16번길 12 구운동 다우빌딩 501호						印
	주민등록번호	640000-1000000	전화	010-3800-7001	성명	박경우	
대 리 인	주　　　소				성명		印
공인중개사	사무소소재지	서울 강남구 남부순환로 363길 2						印
	등 록 번 호	9001-8005		사무소명칭	코리아 부동산 중개(주)		
	전 화 번 호	02-574-4275		대표자성명	정OO		

코리아 부동산 중개 주식회사

② 작성요령

  ⅰ 임대차 존속기간:

    주택 2년인데 인도일(이사일)로부터 2년인데 위 계약서처럼 2년의 만료일이
    2020년 7월 5일인지, 7월 4일인지 명확히 해줘야 한다.

    기간의 계산에 관하여 민법은 그 가산점을 정하고 있다.

  ⅱ 민법 제157조(기간의 기산점):

    기간을 일, 주, 월 또는 연으로 정한 때에는 기간의 초일은 산입하지 아니한
    다. 그러나 그 기간이 오전 0시로부터 시작하는 때에는 그러하지 아니하다.

  ⅲ 이사를 통상 오전 0시에 하는 것이 아니므로 초일 불산입 원칙에 따라 계산하
    면 무방할 것이다.

③ 주의점

  ⅰ 중도금

    중도금계약이 있는 경우, 중도금의 지급은 이행의 착수가 되어 계약의 해제·
    해지는 불가

    판례 - 중도금의 지급을 중도금 지급 시기 이전에 미리 지급한 경우에도 이행
    의 착수에 해당한다.

  ⅱ 잔금

    임차인의 잔금 납부와 첫 달 차임의 납부를 확인하고 입주시킬 것

잔금 지불 전 입주하고 잔금 지불을 미루게 될 경우 생길 수 있는 곤란을 피해야 함

(3) 단독주택 전세 계약서 작성

① 단독주택 전세 계약서 양식

코리아 부동산(주) **단독주택 전세 계약서**

본 부동산에 대하여 임대인과 임차인 쌍방은 합의에 의하여 다음과 같이 임대차계약을 체결한다.

1. 부동산의 표시

소재지	경기도 수원시 권선구 세류동 829-4, 1층 전체						
토 지	지 목	대				면 적	114 ㎡
건 물	구 조	벽돌조슬래브	용 도	주거용		면 적	37.55㎡

2. 계약내용

제1조 위 부동산의 임대차계약에 있어 임차인은 보증금을 아래와 같이 지불하기로 한다.

보 증 금	金 삼천삼백만 원정 (₩ 33,000,000)
계 약 금	金 삼천삼백만 원정 (₩ 33,000,000)은 계약 시 지불하고 영수함.
중 도 금	해당사항 없음
잔 금	金 은 년 월 일에 지불한다.(해당사항 없음)

제2조 임대인은 위 부동산을 임대차 목적으로 사용·수익할 수 있는 상태로 하여 **2015년 02월 28일까**지 임차인에게 인도하며, 임대차기간은 인도일로부터 **2016년 02월 27일**까지 (12)**개월**로 한다.

제3조 임차인은 임대인의 동의 없이 위 부동산의 용도나 구조를 변경하거나 전대 또는 담보제공을 하지 못하며 임대차목적 이외의 용도에 사용할 수 없다.

제4조 임차인이 제3조를 위반하였을 경우 임대인은 본 계약을 해지할 수 있다.

제5조 임대차계약이 종료한 경우 임차인은 위 부동산을 원상으로 회복하여 임대인에게 반환하며, 임대인은 보증금을 임차인에게 반환한다.

제6조 임차인이 임대인에게 중도금(중도금이 없을 때는 잔금)을 지불하기 전까지는 임대인은 계약금의 배액을 상환하고, 임차인은 계약금을 포기하고 이 계약을 해제할 수 있다.

제7조 공인중개사는 계약 당사자 간의 채무불이행에 대해서는 책임지지 않는다. 또한 중개수수료는 본 계약의 체결과 동시에 임대인과 임차인 쌍방이 각각(보증금의 (   )%를) 지불하며, 공인중개사의 고의나 과실 없이 계약당사자 간의 사정으로 본 계약이 해제되어도 중개수수료를 지급한다.

제8조 [공인중개사의 업무 및 부동산거래신고에 관한 법] 제25조 3항의 규정에 의거 중개대상물 확인·설명서와 공제증서 사본을 거래 당사자 쌍방에 교부한다.

<특약사항>

- 현 시설상태에서의 임차인 현장방문 후 임대차계약임.
- 본 건물은 재개발구역(113-6구역) 내의 주택으로 사업진행에 따른 철거 및 이주 시 임대차보호법에 우선하여 조합이 정한 이주기간 내에 아무 조건 없이 이주한다.(임대인은 일체의 부담 없음)
- 기타 사항은 주택임대차보호법에 따른다.
- 월 관리비는 伍萬圓(₩ 50,000)은 관리인의 계좌 1002-600-86000 우리은행(도00)으로 매월 5일에 입금한다.

본 계약에 대하여 계약 당사자는 이의 없음을 확인하고 각자 서명 또는 날인 후 임대인, 임차인, 공인중개사가 각 1통씩 보관한다.

2015년 1월 20일

임 대 인	주 소	서울 성북구 오패산로 190, 112동 1801호						印
	주민등록번호	651022 - 2036226	전화	010-9800-4200	성명	도 00	
대 리 인	주 소	서울 강남구 남부순환로 363길 2			성명	정 00	印
임 차 인	주 소	경기도 수원시 권선구 세류동 829-4					印
	주민등록번호	820000-2100000	전화	010-3900-8600	성명	조 00	
공인중개사	사무소소재지	서울 강남구 남부순환로 363길 2					印
	등 록 번 호	9001-8005	사무소명칭		코리아 부동산 중개(주)		
	전 화 번 호	02-574-4275	대표자성명		정00		

② 작성요령

단독주택은 오래된 건물이 많아 시설이 노후 되고 고장이 잦다. 이 부분에 대해 수선의무 부담자를 특약으로 분명히 해두는 게 좋다.

③ 주의점

　ⅰ 계약만료 후 시설물 원상복구
　ⅱ 임대인의 동의 없이 전전세 금지
　ⅲ 애완동물 사육 허부
　ⅳ 도배・장판 임차인 부담, 싱크대 임대인 부담
　ⅴ 만기 전 이사 시 중개보수 임차인 부담 설명(특약 가능)

(4) 단독주택 매매계약

① 단독주택 매매 계약서 양식

코리아 부동산 중개(주) 단독주택 매매 계약서

본 부동산에 대하여 매도인과 매수인은 합의에 의하여 다음과 같이 매매계약을 체결한다.

1. 부동산의 표시

소재지	경기도 성남시 분당구 이매동 59-1 외 9필지 (필지 목록 별첨)					
토 지	지 목	대지·임야(필지별 별첨)		면 적		2058 ㎡
건 물	구 조	철근콘크리트	용 도	단독 2가구	면 적	430.15㎡

2. 계약내용

제1조 위 부동산의 매매에 있어 매매대금 및 매수인의 대금 지불시기는 다음과 같다.

매매대금	金	45억 원정 (₩ 4,500,000,000)
계 약 금	金	오억 원정은 계약 시 지불하고 영수함.
중 도 금	金	이십오억 원정은 2018년 7월 15일에 지불한다.
잔 금	金	일십오억 원정은 2018년 8월 25일에 지불한다.
융 자 금	金	이십삼억 원정은 중도금일 지급에 개업공인중개사와 동행 말소키로 한다.

제2조 매도인은 매매대금의 잔금을 수령함과 동시에 소유권 이전등기에 필요한 모든 서류를 교부하고 등기절차에 협력하며, **위 부동산에 대하여 2018년 8월 25일에** 인도하기로 한다.

제3조 매도인은 소유권의 행사를 제한하는 권리나 조세공과금 기타 부담금의 미납이 있을 때는 잔금수수일 이전까지 그 권리의 하자 및 부담 등을 제거하여 완전한 소유권을 이전하여야 한다. 다만 달리 약정한 경우에는 그러하지 아니한다.

제4조 위 부동산에 관하여 발생한 수익의 귀속과 조세공과금 등의 부담은 위 부동산의 인도일을 기준으로 하여 그 이전까지는 매도인에게 그 이후의 것은 매수인에게 각각 귀속한다. 단 지방세의 납부의무 및 납부책임은 지방세법의 규정에 따른다.

제5조 매도인이 중도금(중도금약정이 없을 때는 잔금)을 지불하기 전까지 매도인은 계약금의 배액을 배상하고, 매수인은 계약금을 포기하고 본 계약을 해제할 수 있다.

제6조 매도인 또는 매수인은 본 계약상의 채무불이행이 있을 경우 계약당사자 일방은 채무불이행한 상대방에 대하여 서면으로 이행을 최고하고, 이를 이행하지 않을 경우 계약을 해제할 수 있다. 이 경우 매도인과 매수인은 각각 상대방에 대하여 손해배상을 청구할 수 있으며, 손해배상에 대하여 별도 약정이 없는 한 제5조의 기준을 따른다.

제7조 공인중개사는 계약 당사자 간의 채무불이행에 대해서는 책임지지 않는다. 또한 중개수수료는 본 계약의 체결과 동시에 매도인과 매수인 쌍방이 각각(매매대금의 (   )%를) 지불하며, 공인중개사의 고의나 과실 없이 계약당사자 간의 사정으로 본 계약이 해제되어도 중개수수료를 지급한다.

제8조 [공인중개사의 업무 및 부동산거래신고에 관한 법] 제25조 3항의 규정에 의거 중개대상물 확인·설명서와 공제증서 사본을 거래 당사자 쌍방에 교부한다.

<특약사항>

1. 계약일 현재 대상 부동산의 권리 및 시설물상태하의 매매계약이다.
2. 매수인은 특약 1에 관하여 현장 확인 및 관련 공부를 열람한 후, 교부받은 확인·설명서로 확인·설명을 받고 계약을 체결한 것임.
3. 본 부동산에 설정된 최고액 23억의 근저당은 중도금지급일에 개업공인중개사의 은행동행 및 말소한다.
4. 본 계약의 거래금액은 계약일 현재 확인 가능한 모든 하자를 반영한 가액임.
5. 하자담보책임(계약당시 매수인의 과실 없이 확인 불가능했던 모든 하자)에 관한 사항: 거래금액에 모두 고려됨.
6. 매도인은 권리 및 시설물에 관하여 계약당시와 변동이 있어 매수인에게 손해를 끼친 경우 그에 대한 배상책임을 진다.
7. 중개보수청구권은 계약 시에 발생 한다.

본 계약에 대하여 계약 당사자는 이의 없음을 확인하고 각자 서명 또는 날인 후 매도인, 매수인, 공인중개사가 각 1통씩 보관한다.

2018년 6월 15일

매 도 인	주　　　소	서울 강남구 논현로 57길 45, 203호(도곡동, 대아빌라)					印
	주민등록번호	540611-205100	전화	010-5640-5100	성명	강 경 0	
매 수 인	주　　　소	서울 강남구 언주로 106길 201. 408호(역삼동)					印
	주민등록번호	650000-100000	전화	010-3355-5588	성명	황 영 범	
공인 중개사	사무소소재지	서울 강남구 남부순환로 363길 11, 107호					印
	등 록 번 호	9250-8888	사무소명칭		코리아 부동산 중개(주)		
	전 화 번 호	574-4200	대표자성명		정 규 0		
공인 중개사	사무소소재지	서울 강남구 선릉로 72길 33. 110호					印
	등 록 번 호	9277-3355	사무소명칭		드림공인중개사 사무소		
	전 화 번 호	3473-6565	대표자성명		이 길 0		

코리아 부동산 중개 주식회사

② 작성요령

소재지 - 등기사항증명서

토지정보 - 토지대장

건물정보 - 건축물 대장

③ 주의점

 i 대출금 승계여부

　신용도에 따라 금리가 달라지고, 대출금의 성격이 포괄 근저당인 경우 복잡한 문제가 발생할 수 있으므로 중도금일이나 잔금일에 말소시키는 게 바람직하다.

 ii 중개보수청구권 발생시기 특약

　중개보수청구권은 당사자 간의 합의가 없으면 계약 시가 아니라 잔금 시에 발생한다(공인중개사법 시행령).

　매매의 경우는 임대차와는 다르게 거래완료 기간이 길고 거래금액이 크기 때문에 상황변수가 많아서 계약 파기 우려도 크다.

　따라서 보수청구권이 계약 시 발생함을 특약으로 넣는 게 좋다.

　※ 공인중개사법 시행령 제27조의 2(중개보수의 지급 시기) 법 제32조 제3항에 따른 중개보수의 지급 시기는 개업공인중개사와 중개의뢰인 간의 약정

에 따르되, 약정이 없을 때에는 중개대상물의 거래대금 지급이 완료된 날로 한다.

iii 매도인의 하자담보책임 배제특약의 필요성
민법(제580조~제582조)상의 하자담보 책임기간(매수인이 안 날로부터 6개월) 동안 계약 불안해소 필요성

iv 여러 필지의 토지 별지 목록(첨부)

◇ 매매 대상 토지목록(별첨)

번호	지번	지목	면적(㎡)	비고
1.	이매동 59-1	대지	136	주차장 64㎡
2.	이매동 59-13	대지	694	식당 12㎡
3.	이매동 59-22	대지	673	창고부지
4.	이매동 59-23	대지	136	
5.	이매동 59-24	대지	6	
6.	이매동 59-25	대지	12	
7.	이매동 59-26	임야	52	
8.	이매동 59-27	대지	12	
9.	이매동 59-28	임야	29	
10	이매동 59	임야	308	

3. 상가

(1) 상가 중개계약 전 확인해야 할 사항

① 기존 상가 - 업종, 권리금(시설 권리금, 바닥 권리금, 영업 권리금), 계약 조건

  a 임대인이 기피하는 업종 미리 파악

  b 점포 내 시설물품 철거 및 수거내용 파악하여 비용부담 분쟁 예방
  (폐점포 시 임대인과 조정)

  c (임대조건 새로운 임차인에게도 같다는 보장 없음)기존 임차인 말, 임대인에게 확인근거 보존

② 행정적 적합성 검토

가. 업종 검토

- 업종 종류 확인(허가, 신고, 등록, 자유 업종 여부)

　a 허가 업종

공공의 안전, 질서유지 등 공익을 위한 지도감독의 필요성에서 허가권자의 허가를
받아야 영업을 할 수 있는 업종(단란주점, 게임업, 병원업, 주류 판매업)

　b 신고업종

　특정 사실 또는 법률관계의 존부에 관하여 행정관청에 알리거나 일정영업에
　있어 행정관청의 협조를 구해서 영업할 필요성이 있는 업종(일반 음식점, 숙
　박업, 동물병원, 한의원, 과외교습소)

　c 등록업종

　일정한 법률사실이나 법률관계를 공적으로 공시·증명될 필요가 있는 경우
　행정관청에 등록하여 영업을 하게 하는 업종(노래방, 약국, 부동산 중개업소,
　학원업)

　d 자유 업종

　별도의 영업 신고나 등록 없이 자유롭게 영업할 수 있는 업종

　e 업종의 용도 확인(1종 근생, 2종 근생 등 여부)

　f 동일건물 내 업종별 면적 제한 확인(소유자별 합산 500㎡까지 허용)

　g 교육환경 보호구역에 의한 입지 규제 확인

　학교 및 학교설립 예정지 경계에서 직선거리 50m 이내인 절대보호구역과 절
　대보호구역 및 학교 경계로부터 직선거리 200m까지의 거리인 상대보호구역
　의 구별에 따른 업종제한 관련 체크가 필요하다.

　h 기존 임차인의 폐업 여부 확인

　폐업절차가 이루어지지 않고 있다면, 새 임차인 영업허가·신고 등을 할 수 없
　어 피해가 발생함. 특히 일반음식점은 폐업 절차가 이원화되어 있어 주의가
　더 필요함.

　통상은 세무서에 폐업신고를 하면 되나 일반음식점은 구청 위생과에도 폐업
　신고를 해야 완전히 폐업절차가 마무리 됨.

Ⅰ 안전시설 완비증명서

　다중이용업소의 안전관리 특별법 시행령에 따른 '다중이용업소'의 경우는 안전시설(소방시설) 완비증명서를 갖췄는지 확인해야 할 것

나. 시설 적합성

　a. 정화조(용량적부)

　일반적으로는 건축물 대장을 통하여 그 방식과 용량을 알 수 있으나 오래된 건물의 경우는 그 기재가 빠진 경우가 많으니 사전에 반드시 구청에 문의하여 확인해야 한다.

　b. 도시가스(용량적부)

　계약하려는 건물에 음식점이 많이 입점해 있으면 사전에 가스업체에 의뢰하여 도시가스 공급량을 문의해보고 부족 시는 계약 전에 임대인 임차인 간의 설치비용 부담문제를 매듭짓고 계약해야 할 것이다.

　c. 전기(용량적부-인적·물적 추가 확충 여부)

다. 위반건축물 유무확인

　위반건축물에는 영업허가증이나 영업신고증이 발급되지 않는 경우가 많아 계약이 체결 전에 그에 대한 확인이 필요하다.

라. 승계인수시 추가로 체크해야 할 사항 – 행정처분 여부, 안전시설완비증명서

　기존에 영업 중인 상가를 그대로 인수하는 계약의 경우는 전 임차인이 받은 행정처분도 그대로 인수되므로 행정처분 여부를 확인해야 하며, 다중이용업소로서 내부시설 변경의 경우에는 안전시설완비증명서를 발급받아 안전시설이 구비된 상가인지 확인해야 한다.

③ 입지의 적합성 검토

　- 유동인구 확인

　- 주변 유사업종 체크

　- 주변 상가의 업종분포 확인

④ 건물소유자 및 기존 임차인의 임차계약 내용확인

  - 권리금, 보증금, 월세, 관리비, 부가가치세, 상가 재건축·리모델링 계획여부

(2) 권리금 계약서 작성

① 상가임대차계약과 권리금계약의 관계

② 상가임대차 권리금 계약서 양식

코리아 부동산 중개㈜ 권리(시설) 양수·양도 계약서

본 부동산 권리에 대하여 양도인과 양수인은 다음과 같이 합의하고 부동산 권리양수도 계약을 체결한다.

1. 부동산의 표시

소 재 지	서울시 강남구 도곡동 902-2 언주상가 108호		
상호·업종	애플린 · 미용실	면 적	43 m²

2. 계약내용
제1조 [목적] 위 부동산에 대하여 권리양도인과 양수인은 합의에 의하여 권리양수도 계약을 체결한다.

총권리금	金 일천 칠백만 만 원 (임차보증금 제외)	원정 (₩ 17,000,000)
계 약 금	金 이백만 만 원	원정은 계약 시에 지불하고 영수함.
중 도 금	金 해당사항 없음	원정은 년 월 일에 지불하며,
잔 금	金 일천오백만 원	원정은 2018년 6월 2일에 지불한다.
양도범위	옥외간판, 실내매립형 에어컨 1, 입식형 에어컨 1조, 수납용 붙박이장 1조, 출입문 도어 록	

제2조 [임차물의 양도] 양도인은 위 부동산을 권리 행사를 할 수 있는 상태로 하여 임대차계약 개시 전일까지 양수인에게 인도하며, 양도인은 임차권의 행사를 방해하는 제반사항을 제거하고, 잔금수령과 동시에 양수인이 즉시 영업할 수 있도록 모든 시설 및 영업권을 포함 인도하여 주어야 한다. 다만, 약정을 달리한 경우에는 그러하지 아니한다.

제3조 [수익 및 조세의 귀속] 위 부동산에 관하여 발생한 수익의 귀속과 조세공과금 등의 부담은 위 부동산의 인도일을 기준으로 하여 그 이전까지는 양도인에게 그 이후의 것은 양수인에게 각각 귀속한다. 단, 지방세의 납부의무 및 납부책임은 지방세법의 규정에 따른다.

제4조 [계약의 해제] ① 양수인이 중도금(중도금약정이 없을 때는 잔금)을 지불하기 전까지 양도인은 계약금의 배

액을 배상하고, 양수인은 계약금을 포기하고 본 계약을 해제할 수 있다.

② 양도인 또는 양수인이 본 계약상의 내용에 대하여 불이행이 있을 경우 그 상대방은 불이행한 자에 대하여 서면으로 최고하고 계약을 해제할 수 있다. 그리고 그 계약당사자는 계약해제에 따른 위약금을 각각 상대방에게 청구할 수 있으며, 계약금을 위약금의 기준으로 본다.

③ 양도인은 잔금지급일 전까지 소유자와 아래의 '임대차 계약내용'(소유자의 요구에 따라 변경될 수 있음)을 기준으로 소유자와 양수인 간에 임대차계약이 체결되도록 최대한 노력하며, 임대차계약이 정상적으로 체결되지 못하거나 진행되지 못할 경우 본 권리 양·수도 계약은 해제되고, 양도인이 수령한 계약금 및 중도금은 양수인에게 즉시 반환한다.

제5조 [용역수수료] 중개업자는 계약 당사자 간 채무불이행에 대해서 책임을 지지 않는다. 또한, 용역수수료는 본 계약의 체결과 동시에 양수인이 양수대금의 (   )%, 양도인이 양도대금의 (   )%를 지불하며, 중개업자의 고의나 과실 없이 계약당사자 간의 사정으로 본 계약이 해제되어도 용역수수료를 지급한다. 단, 본 계약 제4조 3항의 사안으로 인하여 계약이 해제되는 경우에는 용역수수료를 지불하지 아니한다.

3. 양도·양수할 대상 물건의 임대차 계약내용

소유자	성 명	지00	연락처	010-2353-0000
	주 소	충북 진천군 진천읍 초평로 103-11		
임대차 관계	보증금	金 삼천만 원 (₩ 30,000,000)	월차임	金백오십만 원 (₩1,500,000)
	계약기간	2010년 6월 30일부터 2011년 6월 30일까지(12개월)~현재, 자동갱신 중		

특약사항:

1. 양도인은 양도범위 시설물을 제외한 내부 집기일체의 반출과 벽면유리의 제거·층계화된 실내의 바닥을 평면 상태로 회복하는 철거를 한다.

2. 본 계약은 소유자 지00과 시설권리 양수자 간의 새로운 임대차계약의 성립을 유효조건으로 함

3. 본 계약은 양수자가 영업하려는 목적에 본 상가가 적합한지 여부를 사전에 공인중개사가 제시해준 공부일체를 통해 확인한 계약임.

4. 권리금은 부가세를 포함한 금액에서 양수인이 신고 납부해야 할 금액을 공제한 금액임 5. 양도인은 가능한 잔금일 이전에 철거를 완료한다.

본 계약을 증명하기 위하여 계약당사자가 이의 없음을 확인하고 각자 서명·날인한다.　　　　**2018년 5월 27일**

양 도 인	주 소	서울 서초구 양재동 리본타워 107동 1504호				印
	주민등록	70000-1800000	전화	010-25000020	성명	윤해성
양 수 인	주 소	서울 서초구 사평대로 14길 12, 101-403호(반포에스케이뷰)				印
	주민등록	82000-5100000	전화	**010-4700-2600**	성명	P. Mike hoon
공인중개사	사무소	**서울시 강남구 도곡동 902-2 언주상가 107호**				印
	등록번호	**10000-2017-000**	**사무소명칭**		**㈜코리아 부동산 중개**	
	전화번호	**02-574-4200**	**대표자성명**		**정00**	

③ 작성요령

　a. 시설 및 권리금 양수도 계약의 유효요건 부가

　　통상 현 임차인과 새로운 임차인이 점포 인수계약을 먼저 체결하고 임대인과 새로운 임차인이 임대계약을 체결하는 형식으로 진행되므로, 권리 등 인수계약 후 임대인이 전 임대차 계약상의 차임을 올리거나 계약조건을 변경하거나 새로운 임차인의 영업업종에 꺼려하는 등 신규 임대차 계약에 난항이 있을 수 있으니 새로운 임대차 계약의 성립을 유효 요건으로 한다는 전제를 부기해야 한다.

　b. 철거 범위 시기 명확화

　c. 신규 업종에 적합도 양수인이 파악하고 계약함을 명시

　d. 양도범위, 품목 기재

　e. 기존의 임대차관계 설명, 기재

④ 주의점

　a. 현 임차인의 차임 지체여부 확인할 것(보증금소진 후 차임 연체 시 곤란한 문제 예방)

　b. 임대인의 업종제한, 임대조건 변경 여부 확인(녹음, 문자보존)

　c. 권리금도 300만 원 이상 수수하면 양도인은 종합소득세에 합산 신고해야 하며 부가세가 발생할 수 있으므로 이에 대한 고지를 당사자에게 해주는 게 좋다. 이를 확실하게 하기 위해서는 「권리금은 부가세를 포함한 금액에서 양수인이 신고 납부해야 할 금액을 공제한 금액임」이라는 문구를 넣어 상호분쟁을 예방하는 게 좋음.

(3) 상가임대차 계약서 작성

① 상가임대차 계약서 양식

코리아 부동산 중개(주) **상가 월세 계약서**

본 부동산에 대하여 임대인과 임차인 쌍방은 합의에 의하여 다음과 같이 임대차계약을 체결한다.

1. 부동산의 표시

소재지	서울시 강남구 도곡동 902-2. 언주상가 제108호					
토 지	지 목	대			면 적	31.134㎡
건 물	구 조	철근콘크리트 조	용 도	업무	면 적	43㎡

2. 계약내용

제1조 위 부동산의 임대차계약에 있어 임차인은 보증금 및 차임을 아래와 같이 지불하기로 한다.

보 증 금	金	삼천만 원정 (₩ 30,000,000)
계 약 금	金	삼백만 원은 계약 시 지불하고 영수함.
중 도 금	金	원정은 년 월 일에 지불한다. **(해당사항 없음)**
잔 금	金	이천칠백만 원은 2018년 6월 3일에 지불한다.
차 임	金	일백칠십만 원은 매월 2일에 후불로 지불한다.(후불)

제2조 임대인은 위 부동산을 임대차 목적으로 사용·수익할 수 있는 상태로 하여 **2018년 6월 3일까**지 임차인에게 인도하며, 임대차기간은 인도일로부터 **2019년 6월 2일까**지 (12)**개월**로 한다.

제3조 임차인은 임대인의 동의 없이 위 부동산의 용도나 구조를 변경하거나 전대 또는 담보제공을 하지 못하며 임대차목적 이외의 용도에 사용할 수 없다.

제4조 임차인이 3회 이상 차임 지급을 연체하거나, 제3조를 위반하였을 경우 임대인은 본 계약을 해지할 수 있다.

제5조 임대차계약이 종료한 경우 임차인은 위 부동산을 원상으로 회복하여 임대인에게 반환하며, 임대인은 보증금을 임차인에게 반환한다.

제6조 임차인이 임대인에게 중도금(중도금이 없을 때는 잔금)을 지불하기 전까지는 임대인은 계약금의 배액을 상환하고, 임차인은 계약금을 포기하고 이 계약을 해제할 수 있다.

제7조 공인중개사는 계약 당사자 간의 채무불이행에 대해서는 책임지지 않는다. 또한 중개수수료는 본 계약의 체결과 동시에 임대인과 임차인 쌍방이 각각(환산가액의 (   )%를) 지불하며, 공인중개사의 고의나 과실 없이 계약당사자 간의 사정으로 본 계약이 해제되어도 중개수수료를 지급한다.

제8조 [공인중개사의 업무 및 부동산거래신고에 관한 법] 제25조 3항의 규정에 의거 중개대상물 확인·설명서와 공제증서 사본을 거래 당사자 쌍방에 교부한다.

<특약사항>

① 현 시설상태에서의 임차인 현장방문 후 임대차계약임.

② 부가세별·관리비는 별도임, 임대기간 만료 시 법정임차료 상승 범위 내에서 임차료를 조정할 수 있다.

③ 임차인의 시설비, 권리비는 인정하지 않으며 재건축 시는 임차인은 조건 없이 명도 한다.

④ 소유자 지00의 등기필증과 신분을 확인하였고, 지00의 대리권을 증명하기 위한 본인의 위임장, 인감증명서 사본을 임차인에게 교부하며 관리권 내용도 본인과 통화로 확인함.

⑤ 본 부동산의 임차인의 영업을 위한 업종적합성, 사실적합성, 영업지위승계가능성, 영업허가·등록·신고 가능성 확인은 임차인의 책임 및 비용으로 한다.

⑥ 임대인의 임대부동산에 위법건축물이 없음을 확인하였으며, 위법사항으로 임차인이 영업신고 등을 할 수 없게 되는 경우 임대인은 계약금을 반환하고 손해를 배상한다.

⑦ 개업공인중개사의 과실 없이 본 계약 또는 권리금 등 양수도계약이 해제될 경우 중개보수청구가 가능함.

⑧ 계약 만료 후 임차인의 명도 지연에는 월차임 3배의 지연배상금이 부가 된다.

⑨ 기타 사항은 상가건물임대차보호법과 거래 관례에 따른다.

본 계약에 대하여 계약 당사자는 이의 없음을 확인하고 각자 서명 또는 날인 후 임대인, 임차인, 공인중개사가 각 1통씩 보관한다.

2018년 5월 27일

임 대 인	주 소	충청북도 진천군 진천읍 초평로 103-114						印
	주민등록번호	360000-1300000	전화			성명	지00	
임 대 인 대 리 인	주 소	경기 안양 만안구 안양 권서로 7. 1동 701호				성명	지00	印
임 차 인	주 소	서울 서초구 사평대로 114길 112, 1001-4033						印
	주민등록번호	820000-5100000	전화	010.4728.2607		성명	P. M. Jhihon	
공인중개사	사무소소재지	서울시 강남구 도곡동 902-2 언주상가 107호						印
	등 록 번 호	10000-2017-00000		사무소명칭			㈜코리아중개	
	전 화 번 호	02-574-4200		대표자성명			정00	

코리아 부동산 중개 주식회사

② 작성요령

물건소재지 - 지번주소(등기사항전부증명서)

대지권의 목적인 토지면적 - 토지대장

대지권의 종류 - 소유권

대지권비율 - 토지대장

일반상가면적 - 1층 전체면적을 여러 개로 구분 사용 시,
            임대인의 확인을 토대로 기재하고 공용면적 포함을 병기

구분소유상가면적 - 등기사항증명상의 면적(전용면적)

건물구조용도 - 건축물 대장

계약내용 - 보증금, 계약금, 잔금

특약 - 당사자의 요구사항 모두 기록하되 사후 분쟁방지를 위한 주의사항을 상세
      기재

서명날인 - 계약당사자는 서명 또는 날인, 개업공인중개사는 서명 및 날인 모두

③ 주의점

중개계약 중에 가장 분쟁의 소지가 많은 계약이 상가임대차 계약이다. 그러한 부분을 예상하여 예방할 수 있는 특약 설정이 중요하다.

ⅰ 행정적 적합성에 대한 책임

행정적으로 임대상가의 행정적 적합성(업종 적합성, 사실 적합성, 영업지위 승계가능성, 영업 허가·등록·신고 가능성)의 확인책임을 임차인이 지는 것으로 하는 게 중요하다.

ⅱ 임차인의 인테리어 작업 시기

영업신고(허가) 전에 인테리어 공사를 하지 못하게 하는 특약을 넣는다.

ⅲ 위법건축물 설치 책임

임대차 기간 중 임차인의 위반건축물 설치 시 철거 및 이행강제금은 소유자에게 부과되므로 그 법적책임은 임차인이 진다고 명시해둬야 한다.

ⅳ 보수청구권 발생 시기에 관한 특약

공인중개사법 시행령은 중개보수청구권을 계약 완성 시에 발생한다고 규정하고 있는데, 변수가 많고 중개의 노고가 많은 상가 중개계약에서는 특약으로 배제시키는 게 좋다.

ⅴ 하수처리구역(원인자 부담)

임대인은 임차인의 이용에 원인을 돌릴 것

ⅵ 영업승계 임대차 계약 시 주의 사항

- 「임대차기간은 승계하지 않음」 문구 넣어 임대기간 5년 보장, 전차인의 행정처분 확인

(4) 중개대상물 확인·설명서

① 중개대상물 확인·설명서 양식

중개대상물 확인·설명서 [Ⅱ] (비주거용 건축물)

[　]업무용　[　]상업용　[　]공업용　[　]매매·교환　[　]임대　[　]그 밖의 경우

※ [　]에는 해당하는 곳에 √표를 합니다.

확인·설명 자료	확인·설명 근거자료 등	[　]등기권리증　[　]등기사항증명서　[　]토지대장　[　]건축물 대장 [　]지적도　[　]임야도　[　]토지이용계획 확인서　[　]그 밖의 자료(　　　)
	대상물건의 상태에 관한 자료 요구사항	

유의사항	
개업공인중개사 의 확인·설명 의무	개업공인중개사는 중개대상물에 관한 권리를 취득하려는 중개의뢰인에게 성실·정확하게 설명하고, 토지대장 등본, 등기사항증명서 등 설명의 근거자료를 제시하여야 합니다.
실제거래가격 신고	「부동산거래신고 등에 관한 법률」 제3조 및 같은 법 시행령 제3조 제1항 제5호에 따른 실제 거래가격은 매수인이 매수한 부동산을 양도하는 경우 「소득세법」 제97조 제1항 및 제7항과 같은 법 시행령 제163조 제11항 제2호에 따라 취득 당시의 실제 거래가액으로 보아 양도차익이 계산될 수 있음을 유의하시기 바랍니다.

Ⅰ. 개업공인중개사 기본 확인사항

① 대상물 건의 표시	토지	소재지				
		면적(㎡)		지목	공부상 지목	
					실제이용 상태	
	건축물	전용면적(㎡)			대지 지분(㎡)	
		준공년도 (증개축년도)		용도	건축물 대장상 용도	
					실제 용도	
		구조		방향		(기준:　　)
		내진설계 적용여부		내진능력		
		건축물 대장상 위반건축물여부	[　]위반 [　]적법	위반내용		

② 권리 관계	등기부 기재사항	소유권에 관한 사항		소유권 외의 권리사항	
		토지		토지	
		건축물		건축물	

③ 토지이용계획, 공법상 이용제한 및 거래규제에 관한 사항(토지)	지역·지구	용도지역		건폐율 상한	용적률 상한
		용도지구		%	%
		용도구역			
	도시·군 계획시설		허가·신고 구역 여부	[ ]토지거래허가구역　[ ]주택거래신고지역	
			투기지역 여부	[ ]토지투기지역　[ ]주택투기지역　[ ]투기과열지구	
	지구단위계획구역, 그 밖의 도시·군 관리계획		그 밖의 이용제한 및 거래규제사항		

④ 입지조건	도로와의 관계	(　m × 　m)도로에 접함 [ ]포장 [ ]비포장	접근성	[ ]용이함 [ ]불편함
	대중교통	버스	(　) 정류장, 소요시간: ([ ]도보, [ ]차량) 약 　분	
		지하철	(　) 역, 소요시간: ([ ]도보, [ ]차량) 약 　분	
	주차장	[ ]없음 [ ]전용주차시설 [ ]공동주차시설 [ ]그 밖의 주차시설 (　)		

⑤ 관리에 관한 사항	경비실	[ ]있음 [ ]없음	관리주체	[ ]위탁관리 [ ]자체관리 [ ]그 밖의 유형

210mm×297mm[백상지 80g/㎡(재활용품)]

(3쪽 중 제2쪽)

⑥ 거래예정금액 등	거래예정금액			
	개별공시지가(㎡당)		건물(주택)공시가격	

⑦ 취득 시 부담할 조세의 종류 및 세율	취득세	%	농어촌 특별세	%	지방교육세	%
	※ 재산세는 6월 1일 기준 대상물건 소유자가 납세의무를 부담					

Ⅱ. 개업공인중개사 세부 확인사항

⑧ 실제권리관계 또는 공시되지 않은 물건의 권리 사항

⑨ 내부·외부 시설물의 상태 (건축물)	수도	파손 여부	[ ]없음 [ ]있음(위치: 　)
		용수량	[ ]정상 [ ]부족함(위치: 　)
	전기	공급 상태	[ ]정상 [ ]교체 필요(교체할 부분: 　)
	가스(취사용)	공급 방식	[ ]도시가스 [ ]그 밖의 방식(　)

	소방	소화전	[ ]없음　[ ]있음(위치:　　　　　　　　　　　　　　　　)
		비상벨	[ ]없음　[ ]있음(위치:　　　　　　　　　　　　　　　　)
	난방방식 및 연료공급	공급 방식	[ ]중앙공급　[ ]개별공급　시설작동　[ ]정상　[ ]수선 필요(　　　)
		종류	[ ]도시가스　[ ]기름　[ ]프로판가스　[ ]연탄　[ ]그 밖의 종류(　　)
	승강기		[ ]있음 ([ ]양호　[ ]불량) [ ]없음
	배수		[ ]정상　[ ]수선 필요(　　　　　　　　　　　　　　　　　)
	그 밖의 시설물		

		균열	[ ]없음　[ ]있음(위치:　　　　　　　　　　　　　　　　)
⑩ 벽면	벽면	누수	[ ]없음　[ ]있음(위치:　　　　　　　　　　　　　　　　)

Ⅲ. 중개보수 등에 관한 사항

	중개보수		<산출내역> 중개보수: 실비:
⑪ 중개보 수 및 실 비의 금액 과 산출 내역	실비		
	계		※ 중개보수는 거래금액의 1천분의 9 이내에서 중개의 뢰인과 개업공인중개사가 서로 협의하여 결정하며 부가가치세는 별도로 부과 될 수 있습니다.

「공인중개사법」 제25조 제3항 및 제30조 제5항에 따라 거래 당사자는 개업공인중개사로부터 위 중개대상물에 관한 확인·설명 및 손해배상 책임의 보장에 관한 설명을 듣고, 같은 법 시행령 제21조 제3항에 따른 본 확인·설명서와 같은 법 시행령 제24조 제2항에 따른 손해배상 책임 보장 증명서류(사본 또는 전자문서)를 수령합니다.

년　　　월　　　일

매도인 (임대인)	주소		성명	(서명 또는 날인)
	생년월일		전화번호	
매수인 (임차인)	주소		성명	(서명 또는 날인)
	생년월일		전화번호	
개업 공인중개사	등록번호		성명 (대표자)	(서명 및 날인)
	사무소 명칭		소속공인 중개사	(서명 및 날인)
	사무소 소 재지		전화번호	

② 중개대상물 확인·설명서[Ⅱ] 작성

A. 중개대상물 확인·설명서[Ⅱ] 작성에 관한 일반사항 중 확인·설명 자료란 작성

가. 견본 양식

중개대상물 확인·설명서 [Ⅱ] (비주거용 건축물)

[　]업무용 [√]상업용 [　]공업용 [　]매매·교환 [　]임대 [　]그 밖의 경우

※ [　]에는 해당하는 곳에 √표를 합니다.

확인·설명 자료	확인·설명 근거자료 등	[√]등기권리증 [√]등기사항증명서 [√]토지대장 [√]건축물 대장 [√]지적도 [　]임야도 [√]토지이용계획 확인서 [√]그 밖의 자료(주민등록 진위확인서비스 등)
	대상물건의 상태에 관한 자료 요구사항	**Ⅱ. 개업공인중개사 세부 확인사항** (⑧실제권리관계 또는 공시되지 않은 물건의 권리 사항부터 ⑩벽면에까지), 등기권리증, 대상물 상태에 관한 자료요구서, 위임장 및 본인 인감증명서 등)제출요구 불응.(직접방문 확인함)

나. 작성 방법

a. [　]로 표기된 부분의 기재는 해당사항에 √로 표기하여 선택한다.

b. 작성란에 세부사항을 다 기재하기 힘들 땐 별지로 작성·간인하고 해당란에는 '별지참고'라고 적는다. 별지와 계약서는 간인·날인한다.

c. 상가임대차의 경우는 매매계약에 기재가 요구되는 사항 중 거래 예정금액란과 취득 시 부담할 조세종류 및 세율은 기재를 생략한다.

d. 토지이용계획, 공법상 이용제한 및 거래규제에 관한 사항란에서 이용제한(학교 환경 위생지구 등) 기재하는 게 바람직하다.

e. 확인·설명의 근거제시 및 자료 요구사항 기재

「확인·설명의 근거자료 등」의 난에는 확인·설명의 과정에서 개업공인중개사가 제시한 자료를 적고, 건축물의 경우 그 현황도도 함께 제시한다.

「대상물건의 상태에 관한 자료 요구사항」에는 임대(매도)의뢰인에게 요구한 자료제출 여부와 자료제출 불응여부를 기재한다.

B. Ⅰ 개업공인중개사의 기본 확인사항란 중 대상물건 표시란 작성

가. 대상물건의 표시란 양식

Ⅰ. 개업공인중개사 기본 확인사항

① 대상물건의 표시	토지	소재지	서울시 강남구 도곡동 902-2 언주상가 108호			
		면적(㎡)	965	지목	공부상 지목	대
					실제이용 상태	대
	건축물	전용면적(㎡)	43		대지 지분(㎡)	29/965
		준공년도 (증개축년도)	1980. 11. 19	용도	건축물 대장상 용도	근린생활시설
					실제 용도	근린생활시설
		구조	철근콘크리트	방향	서향(기준: 주출입구)	
		내진설계 적용여부	해당 없음	내진능력		
		건축물 대장상 위반건축물여부	[ ]위반 [√]적법	위반내용		

나. 작성 방법

a. 토지

ⅰ 소재지: 토지대장 기재된 행정구역 및 지번

ⅱ 면 적: 필지별 면적 기재, 환지예정지는 환지면적이 거래기준이 됨

ⅲ 지 목: 토지대장상 지목, 공부상 지목과 실제 이용 상태를 기재, 환지 예정지의 지목은 환지예정지의 지목을 기재

b. 건축물

ⅰ 전용면적과 대지 지분 - 건축물 대장에 따라 각층마다 기재, 집합건물은 전용면적과 대지 지분을 기재

ⅱ 준공년도(증개축년도) - 건축물 대장상 사용·승인일 기재(증개축년도도 함께 기재)

ⅲ 용도 - 건축물 대장상 주 용도·용도란 기재(건축법상의 건축물 용도)

ⅳ 구조 - 건축물 관리대장에 의한 구조

ⅴ 방향- 주된 출입구 방향기준(주택은 거실이나 안방 등 기준)

ⅵ 내진설계 적용여부 및 내진능력 - 건축물 관리대장 각 2쪽에서 확인

(공란 - 해당 없음으로 기재) - 12등급, 숫자 클수록 내진능력 높음

ⅶ 위반 내용 - 건축물 관리대장에서 확인·기재

C. Ⅰ 개업공인중개사의 기본 확인사항란 중 권리관계에 관한 사항

가. 권리관계에 관한 사항 양식

② 권리 관계	등기부 기재사항		소유권에 관한 사항		소유권 외의 권리사항
		토지	지교0. 1936. 11. 28. 충북 진천군 진천읍 초평로 103-12	토지	근저당 최고 13000만 채권자: 신한은행, 채무자: 지교0
		건축물	지교0. 1936. 11. 28. 충북 진천군 진천읍 초평로 103-12	건축물	근저당 최고 13000만 채권자: 신한은행, 채무자: 지교0

나. 작성방법

ⅰ 소유권에 관한 사항

- 등기사항 증명서에 의해 소유자의 성명·생년월일·주소기재, 소유권 제한 사항도 기재

ⅱ 소유권 외의 권리사항

- 등기사항 증명서에 의한 제한물권 기재, 기재사항이 많을 때는 별지 작성, 지역권·지상권·전세권·임차권 등

D. Ⅰ 개업공인중개사의 기본 확인사항란 중 토지이용계획, 공법상 이용 제한 및 거래규제에 관한 사항(토지)

가. 토지이용계획, 공법상 이용 제한 및 거래규제에 관한 사항(토지) 양식

③ 토지이용계획, 공법상 이용제한 및 거래규제에 관한 사항 (토지)	지역·지구	용도지역	도시지역·제3종 일반주거지역		건폐율 상한	용적률 상한
		용도지구	절대보호구역		50%	250%
		용도구역	대공방어 협조구역			
	도시·군계획시설	해당사항 없음	허가·신고 구역 여부	[ ]토지거래허가구역 [√]주택거래신고지역		
			투기지역 여부	[ ]토지투기지역 [√]주택투기지역 [√]투기과열지구		
	지구단위계획구역, 그 밖의 도시·군 관리계획	해당사항 없음	그 밖의 이용제한 및 거래규제사항	상대정화구역(언주초)		

나. 작성방법

ⅰ 지역지구: 용도지역·지구·구역(토지이용계획 확인원상 기본적 사항 기재)

ⅱ 건폐율 상한: 대지면적에 대한 건축면적 비율(도·시·군 조례)

ⅲ 용적률 상한: 대지면적에 대한 건축 연면적 비율

ⅳ 도·시·군 계획시설: 대로1류 저촉 등 도·시·군의 계획시설 등 사항 있을 시

ⅴ 허가·신고구역, 투기지역 여부: 국토교통부 부동산정보 포털 onnara.go.kr (http://seereal.lh.or.kr) 등서 확인

ⅵ 지구단위계획구역 그 밖의 도시·군 관리계획: 정비사업, 토지구획정리 사업 등

ⅶ 그 밖의 이용제한 사항: 건축선 사선제한, 고도제한 등

ⅷ 그 밖의 거래규제 사항: 농지취득자격증명제, 복지법인·의료법인기본재산 (시·도지사 허가) 사립학교기본재산(시·도 교육감 및 교육부장관 허가), 전통사찰(문체부장관 허가)

E. Ⅰ개업공인중개사의 기본 확인사항란 중 입지조건

가. 입지조건에 관한 양식

④ 입지 조건	도로와의 관계	(25 m)도로에 접함 [√]포장 [ ]비포장		접근성	[√]용이함 [ ]불편함
	대중교통	버스	(양재전화국) 정류장, 소요시간: ([√]도보, [ ]차량) 약 3 분		
		지하철	(양재) 역, 소요시간: ([√]도보, [ ]차량) 약 5 분		
	주차장	[ ]없음 [ ]전용주차시설 [√]공동주차시설[√] 그 밖의 주차시설(언주초 공영주차장)			

나. 작성방법

도로와의 관계 - 1개인 경우 00㎡ 하나를, 2개인 경우 00㎡×00㎡로 표시(도로 접한 폭)

F. I 개업공인중개사의 기본 확인사항란 중 관리에 관한 사항

가. 관리에 관한 사항 양식

⑤ 관리에 관한 사항	경비실	[ ]있음 [√]없음	관리주체	[ ]위탁관리 [√]자체관리 [ ]그 밖의 유형

나. 작성방법

G. I 개업공인중개사의 기본 확인사항란 중 거래예정금액 등

가. 거래예정금액에 관한 양식

⑥ 거래예정금액 등	거래예정금액			팔억(800,000,000)
	개별공시지가(㎡당)	10,800,000(2018. 1.)	건물(주택)공시가격	공시가격 없음

나 작성방법(임대차시 생략가능)
a. 거래예정금액 - 중개가 완성되기 전 거래예정금액을 기재함
b. 개별공시지가 - 온나라 정보(www.onnara.go.kr).
   건물(주택)공시가격 - 국세청 홈택스에서 조회(공시가격 없음 - 공시가격 없을 시)

H. I 개업공인중개사의 기본 확인사항란 중 취득 시 부담할 조세의 종류 및 세율

가. 취득 시 부담할 조세의 종류 및 세율의 양식

⑦ 취득 시 부담할 조세의 종류 및 세율	취득세	4(주택1%)%	농어촌 특별세	0.2%	지방교육세	0.4(주택0.1%)%
	※ 재산세는 6월 1일 기준 대상물건 소유자가 납세의무를 부담					

※ 임대차의 경우는 생략 가능. 보유세(재산세, 종합부동산세)·양도세는 기재의무사항 아님

나. 작성방법

I. II.개업공인중개사 세부 확인사항 중 실제권리관계 또는 공시되지 않은 물건의 사항

가 실제권리관계 또는 공시되지 않은 물건의 사항에 관한 양식

Ⅱ. 개업공인중개사 세부 확인사항

⑧ 실제권리관계 또는 공시되지 않은 물건의 권리 사항
　해당사항 없음

나. 작성방법

a. 실제 권리관계 - 매도(임대)의뢰인이 고지한 권리관계에 관한 사항기재
　(대상물건 상태에 관한 자료요구서의 형태로)

b. 공시되지 않은 물건의 권리사항

ⅰ 토지 또는 건물의 정착물

ⅱ 법정지상권, 유치권, 등재 안 된 부속물 등

ⅲ 임대차 보증금·국세 등 밀린 세금(2016년 판례)

J. Ⅱ개업공인중개사 세부 확인사항 중 내·외부 시설 및 상태

⑨ 내부·외부 시설물의 상태(건축물)	수도	파손여부	[√]없음　[　]있음(위치:　　　　　　　　　　　　　)			
		용수량	[√]정상　[　]부족함(위치:　　　　　　　　　　　)			
	전기	공급상태	[√]정상　[　]교체 필요(교체할 부분:　　　　　　　)			
	가스(취사용)	공급방식	[√]도시가스　[　]그 밖의 방식(　　　　　　　　)			
	소방	소화전	[√]없음　[　]있음(위치:　　　　　　　　　　　　)			
		비상벨	[√]없음　[　]있음(위치:　　　　　　　　　　　　)			
	난방방식 및 연료공급	공급방식	[　]중앙공급　[√]개별공급	시설작동	[√]정상　[　]수선 필요(　)	
		종류	[√]도시가스　[　]기름　[　]프로판가스　[　]연탄　[　]그 밖의 종류(　　)			
	승강기	[　]있음　([　]양호　[　]불량　[√]없음				
	배수	[√]정상　[　]수선 필요(　　　　　　　　　　　　　　　　　)				
	그 밖의 시설물	공동화장실 세면대 수선요함				

가. 내·외부 시설 및 상태에 관한 양식

나. 작성방법

a. 수도
 ⅰ 파손여부
 ⅱ 용수량

b. 전기
c, 가스
d. 소방
e. 난방방식 및 연료공급
f. 승강기
g. 배수
h. 그 밖의 시설물
   상업용 - 오수·정화시설 용량
   공업용 - 전기용량, 오수 정화시설 용량, 용수시설
   수선을 요하는 시설이 있으면 그를 기재함

K. Ⅱ개업공인중개사 세부 확인사항 벽면의 사항

가. 벽면에 관한 양식

⑩ 벽면	벽면	균열	[√]없음 [　]있음(위치: 매도인(임대인) 균열 없음 확인)
		누수	[√]없음 [　]있음(위치: 매도인(임대인) 균열 없음 확인)

나. 작성방법

L. Ⅲ. 중개보수 등에 관한 사항

가. 중개보수 등에 관한 사항에 관한 양식

Ⅲ. 중개보수 등에 관한 사항

⑪ 중개보수 및 실비의 금액과 산출내역	중개보수	720만 원	<산출내역> 중개보수: 800,000,000×0. 009=7,200,000 실비: ※ 중개보수는 거래금액의 1천분의 9 이내에서 중개의뢰인과 개업공인중개사가 서로 협의하여 결정하며 부가가치세는 별도로 부과 될 수 있습니다.
	실비		
	계		

나. 작성방법

a. 중개보수 = [임대보증금+ (차임액 × 100)] × 중개보수 요율

b. 중개대상물의 권리관계 등의 확인, 계약금 등의 반환채무이행 보장에 드는 비용

제 증명 신청 및 공부열람 대행료 - 1회당 1000

제 증명 발급 및 공부열람 수수료 - 실비

여비(교통비·숙박비)

M. 서명·날인에 관한 사항

가. 서명·날인란 양식

「공인중개사법」 제25조 제3항 및 제30조 제5항에 따라 거래 당사자는 개업공인중개사로부터 위 중개대상물에 관한 확인·설명 및 손해배상 책임의 보장에 관한 설명을 듣고, 같은 법 시행령 제21조 제3항에 따른 본 확인·설명서와 같은 법 시행령 제24조 제2항에 따른 손해배상 책임 보장 증명서류(사본 또는 전자문서)를 수령합니다. 2018년 7월 25일

임 대 인	주 소	충청북도 진천군 진천읍 초평로 103-114						印
	주민등록번호	360000-1300000	전화		성명	지OO		
임 대 인 대 리 인	주 소	경기 안양 만안구 안양 권서로7. 1동 701호		성명	지OO			印
임 차 인	주 소	서울 서초구 사평대로 114길 112, 1001-4033						印
	주민등록번호	820000-5100000	전화	010.4728.2607	성명	P. M. Jhihon		
공인중개사	사무소소재지	서울시 강남구 도곡동 902-2 언주상가 107호						印
	등 록 번 호	10000-2017-00000		사무소명칭	㈜코리아중개			
	전 화 번 호	02-574-4200		대표자성명	정OO			

나. 작성 방법

a. 거래 당사자는 서명 또는 날인 중 하나를 하면 족하나, 개업공인중개사는 서명과 등록된 인장의 날인 모두 필요하다.

b. 공동중개의 참여 개업공인중개사가 2명 이상인 경우 별지로 작성·간인하여 첨부한다.

(5) 상가 매매 계약서 작성

① 상가 매매 계약서 양식

코리아 부동산 중개 ㈜ 상가 매매 계약서

본 부동산에 대하여 매도인과 매수인은 합의에 의하여 다음과 같이 매매계약을 체결한다.

1. 부동산의 표시

소재지	서울시 강남구 도곡동 902-2. 언주상가 제108호					
토 지	지 목	대			면 적	31.134 /965 (㎡)
건 물	구 조	철근콘크리트 조	용 도	업무	면 적	43㎡

2. 계약내용

제1조 위 부동산의 매매에 있어 매매대금 및 매수인의 대금 지불 시기는 다음과 같다.

매매대금	金 팔억 원정 (₩ 800,000,000)				
계 약 금	金 팔천만 원정은 계약 시 지불하고 영수함.				
중 도 금	金 이억 이천만 원정은 2018년 7월 25일에 지불하며,				
	金 원정은 년 월 일에 지불한다.(해당사항 없음)				
잔 금	金 오억 원정은 2018년 8월 25일에 지불한다.				
융 자 금	金 삼억 원정은 중도금 일에 말소한다.				

제2조 매도인은 매매대금의 잔금을 수령함과 동시에 소유권 이전등기에 필요한 모든 서류를 교부하고 등기절차에 협력하며, **위 부동산에 대하여 2018년 8월 25일** 인도하기로 한다.

제3조 매도인은 소유권의 행사를 제한하는 권리나 조세공과금 기타 부담금의 미납이 있을 때는 잔금수수일 이전까지 그 권리의 하자 및 부담 등을 제거하여 완전한 소유권을 이전하여야 한다. 다만 달리 약정한 경우에는 그러하지 아니한다.

제4조 위 부동산에 관하여 발생한 수익의 귀속과 조세공과금 등의 부담은 위 부동산의 인도일을 기준으로 하여 그 이전까지는 매도인에게 그 이후의 것은 매수인에게 각각 귀속한다. 단 지방세의 납부의무 및 납부책임은 지방세법의 규정에 따른다.

제5조 매수인이 중도금(중도금약정이 없을 때는 잔금)을 지불하기 전까지 매도인은 계약금의 배액을 배상하고, 매수인은 계약금을 포기하고 본 계약을 해제할 수 있다.

제6조 매도인 또는 매수인은 본 계약상의 채무불이행이 있을 경우 계약당사자 일방은 채무불이행한 상대방에 대하여 서면으로 이행을 최고하고, 이를 이행하지 않을 경우 계약을 해제할 수 있다. 이 경우 매도인과 매수인은 각각 상대방에 대하여 손해배상을 청구할 수 있으며, 손해배상에 대하여 별도 약정이 없는 한 제5조의 기준을 따른다.

제7조 공인중개사는 계약 당사자 간의 채무불이행에 대해서는 책임지지 않는다. 또한 중개수수료는 본 계약의 체결과 동시에 매도인과 매수인 쌍방이 각각(매매대금의 (   )%를) 지불하며, 공인중개사의 고의나 과실 없이 계약당사자 간의 사정으로 본 계약이 해제되어도 중개수수료를 지급한다.

제8조 [공인중개사의 업무 및 부동산거래신고에 관한 법] 제25조 3항의 규정에 의거 중개대상물 확인·설명서와 공제증서 사본을 거래 당사자 쌍방에 교부한다.

<특약사항>

1. 계약일 현 상태대로의 매매임.
2. 매수인은 현장 확인과 공부의 열람·교부에 의한 확인·설명을 받고 계약을 체결함.
3. 거래부동산에 불법건축물이 없음을 확인하였고 계약일 현재의 확인가능한 모든 하자를 고려한 매매가격임.

4. 하자담보책임(계약 시 매수인이 과실 없이 확인 불가능했던 하자)은 매매가격에 모두 반영되었으며 매수인은 계약일 이후 어떠한 하자담보책임도 주장하지 않을 것을 합의함.
5. 매도인은 권리 및 시설물에 관하여 계약당시와 변동이 생겨 매수인에게 초래한 손해에 책임을 진다.
6. 중개보수청구권은 계약 시 발생한다.

 본 계약에 대하여 계약 당사자는 이의 없음을 확인하고 각자 서명 또는 날인 후 매도인, 매수인, 공인중개사가 각 1통씩 보관한다.

2018년 6월 20일

임 대 인	주 소	충청북도 진천군 진천읍 초평로 103-114					印
	주민등록번호	360000-1300000	전화		성명	지00	
임 차 인	주 소	서울 서초구 사평대로 114길 112, 1001-4033					印
	주민등록번호	820000-5100000	전화	010.4728.2607	성명	P. M. Jhihon	
공인중개사	사무소소재지	서울시 강남구 도곡동 902-2 언주상가 107호					印
	등 록 번 호	10000-2017-00000		사무소명칭		㈜코리아중개	
	전 화 번 호	02-574-4200		대표자성명		정00	

코리아 부동산 중개 주식회사

② 작성요령

- 상가임대차에 준하여 작성,
- 매매의 경우는 상가의 소유권과 상가사업자(임대 또는 사업자)의 지위의 이전이 있게 된다.

③ 주의점

- 매수자의 구매 용도에 맞게 임대차에서 고려하여 확인·조사 작성해야 한다.

4. 오피스텔

(1) 오피스텔 매매

① 오피스텔 매매 계약서 양식

코리아 부동산 중개㈜ **오피스텔 매매 계약서**

본 오피스텔에 대하여 매도인과 매수인은 합의에 의하여 다음과 같이 매매계약을 체결한다.

1. 오피스텔의 표시

소재지	서울 강남구 대치동 889-5 외 9필지 A동 18층 1804호							
토지	지목	대	(대지권의 목적인 토지의) 면적	2312.6㎡	대지권의 종류	소유권	대지권의 비율	7.0/2312.6
건물	구조	철근콘크리트구조		용도	업무시설		면적	47.6㎡
매매할 부분	1804호 전부			면적	· 전용 47.6㎡ · 공용 44.16㎡			

2. 계약내용

제1조 위 오피스텔의 매매에 있어 매매대금 및 매수인의 대금 지불 시기는 다음과 같다.

매매대금	金	삼억 원정 (₩ 300,000,000)
계 약 금	金	삼천만 원정은 계약 시 지불하고 영수함.
중 도 금	金	원정은　　　년　　　월　　　일에 지불한다.(해당사항 없음)
잔　　금	金	이억 칠천만 원정은 2018년 8월 25일에 지불한다.
융 자 금	金	원정은 (승계, 말소, 특약사항에 별도 명시) 한다.(해당사항 없음)

제2조 매도인은 매매대금의 잔금을 수령함과 동시에 소유권 이전등기에 필요한 모든 서류를 교부하고 등기절차에 협력하며, **위 오피스텔에 대하여 2018년 8월 25일** 인도하기로 한다.

제3조 매도인은 소유권의 행사를 제한하는 권리나 조세공과금 기타 부담금의 미납이 있을 때는 잔금수수일 이전까지 그 권리의 하자 및 부담 등을 제거하여 완전한 소유권을 이전하여야 한다. 다만 달리 약정한 경우에는 그러하지 아니한다.

제4조 위 오피스텔에 관하여 발생한 수익의 귀속과 조세공과금 등의 부담은 위 오피스텔의 인도일을 기준으로 하여 그 이전까지는 매도인에게 그 이후의 것은 매수인에게 각각 귀속한다. 단 지방세의 납부의무 및 납부책임은 지방세법의 규정에 따른다.

제5조 매수인이 중도금(중도금약정이 없을 때는 잔금)을 지불하기 전까지 매도인은 계약금의 배액을 배상하고, 매수인은 계약금을 포기하고 본 계약을 해제할 수 있다.

제6조 매도인 또는 매수인은 본 계약상의 채무불이행이 있을 경우 계약당사자 일방은 채무불이행한 상대방에 대하여 서면으로 이행을 최고하고, 이를 이행하지 않을 경우 계약을 해제할 수 있다. 이 경우 매도인과 매수인은 각각 상대방에 대하여 손해배상을 청구할 수 있으며, 손해배상에 대하여 별도 약정이 없는 한, 제5조의 기준을 따른다.

제7조 공인중개사는 계약 당사자 간의 채무불이행에 대해서는 책임지지 않는다. 또한 중개수수료는 본 계약의 체결과 동시에 매도인과 매수인 쌍방이 각각(매매대금의 (   )%를) 지불하며, 공인중개사의 고의나 과실 없이 계약당사자 간의 사정으로 본 계약이 해제되어도 중개수수료를 지급한다.

제8조 [공인중개사의 업무 및 부동산거래신고에 관한 법] 제25조 3항의 규정에 의거 중개대상물 확인·설명서와 공제증서 사본을 거래 당사자 쌍방에 교부한다.

<특약사항>

1. 계약일 현재 상태대로의 매매계약임.
2. 매수인은 현장 확인과 공부열람·수령 후 교부받은 확인·설명서로 확인·설명을 받고 계약을 체결함.
3. 대상 부동산의 권리상태: 매수인은 등기사항전부증명서상에 압류·가압류 및 근저당 등기가 없음을 확인함.
   매도인은 임차보증금에 대하여 압류·가압류된 사실이 없음을 확인함, 임차권이 있는 상태의 계약임.
4. 대상 부동산에 관하여 불법건축물이 없음을 확인함.
5. 본 계약의 매매대금은 계약일 현재 기준, 확인 가능한 모든 하자를 고려한 금액임.
6. 하자담보책임(계약 시 매수인이 과실 없이 확인 불가능했던 하자)은 매매가격에 모두 반영되었으며 매수인은 계약일 이후 어떠한 하자담보책임도 주장하지 않을 것을 합의함.
7. 매도인은 권리 및 시설물에 관하여 계약당시와 변동이 생겨 매수인에게 초래한 손해에 책임을 진다.
8. 중개보수청구권은 계약 시 발생한다.

   본 계약에 대하여 계약 당사자는 이의 없음을 확인하고 각자 서명 또는 날인 후 매도인, 매수인, 공인중개사가 각 1통씩 보관한다.

2018년 7월 25일

매 도 인	주　　소	충청북도 진천군 진천읍 초평로 103-114					印
	주민등록번호	360000-1300000	전화		성명	지00	
매 수 인	주　　소	서울 서초구 사평대로 114길 112, 1001-4033					印
	주민등록번호	820000-5100000	전화	010.4728.2607	성명	P. M. Jhihon	
공인중개사	사무소소재지	서울시 강남구 도곡동 902-2 언주상가 107호					印
	등 록 번 호	10000-2017-00000		사무소명칭	㈜코리아중개		
	전 화 번 호	02-574-4200		대표자성명	정00		

코리아 부동산 중개 주식회사

② 작성요령

ⅰ 오피스텔의 개념 및 판단

주 용도가 업무시설이며 업무공간이 50% 이상이고 주거공간이 50% 미만인 건축물을 오피스텔이라 하는데 업무용이냐 주거용이냐는 내부시설, 임차인의 전입신고 여부, 소유자의 사업자등록 여부 등으로 구분한다.

ii 중개보수 적용

중개수수료는 주거용 시설을 갖춘 경우 주거용 수수료가 적용되고, 그 외의 경우는 업무용 수수료인 **0.9%**가 적용된다.

iii 작성요령

대체로 상가 매매 계약서와 대동소이하다.

③ 주의점

세금에 관하여 취득세와 양도세에 있어서 취급이 달리되는 것이 현행 세금 체계이다.

용도 및 세금 종류	취득세	부가세	양도세
주거용	4.6%	과세	주택으로 간주
업무용	4.6%	과세	상가로 간주

주거용으로 이용되는 현실, 취득세만 상가로 취급 불만·청원이 쇄도 중

(2) 오피스텔 임대차

① 오피스텔 임대차 계약서 양식

코리아 부동산 중개(주) **오피스텔 임대차 계약서**

본 오피스텔에 대하여 임대인과 임차인 쌍방은 합의에 의하여 다음과 같이 임대차 계약을 체결한다.

1. 오피스텔의 표시

소재지	서울 강남구 대치동 889-5 외 9필지 A동 18층 1804호								
토지	지목	대	(대지권의 목적인 토지의) 면적	2312.6㎡	대지권의 종류	소유권	대지권의 비율	7.0/2312.6
건물	구조	철근콘크리트구조		용도	업무시설		면적	47.6㎡
임대할 부분	1804호 전부			면적	·전용 47.6㎡ ·공용 44.16㎡			

2. 계약내용

제1조 위 오피스텔의 임대차계약에 있어 임차인은 보증금 및 차임을 아래와 같이 지불하기로 한다.

보 증 금	金	이천만 원정 (₩ 20,000,000)
계 약 금	金	이백만 원정은 계약 시 지불하고 영수함.
중 도 금	金	원정은 년 월 일에 지불한다. (해당사항 없음)
잔 금	金	일천팔백만 원정은 2018년 8월 25일에 지불한다.
차 임	金	일백일십만 원정은 매월 25 일에 (선불( ), 후불(√))로 지불한다.

제2조 임대인은 위 오피스텔을 임대차 목적으로 사용·수익할 수 있는 상태로 하여 **2018년 8월 25일까지** 임차인에게 인도하며, 임대차기간은 인도일로부터 **2019년 8월 24일까지 (12)개월**로 한다.

제3조 임차인은 임대인의 동의 없이 위 오피스텔의 용도나 구조를 변경하거나 전대 또는 담보제공을 하지 못하며 임대차목적 이외의 용도에 사용할 수 없다.

제4조 임차인이 2회 이상 차임 지급을 연체하거나, 제3조를 위반하였을 경우 임대인은 본 계약을 해지할 수 있다.

제5조 임대차계약이 종료한 경우 임차인은 위 오피스텔을 원상으로 회복하여 임대인에게 반환하며, 임대인은 보증금을 임차인에게 반환한다.

제6조 임차인이 임대인에게 중도금(중도금이 없을 때는 잔금)을 지불하기 전까지는 임대인은 계약금의 배액을 상환하고, 임차인은 계약금을 포기하고 이 계약을 해제할 수 있다.

제7조 공인중개사는 계약 당사자 간의 채무불이행에 대해서는 책임지지 않는다. 또한 중개수수료는 본 계약의 체결과 동시에 임대인과 임차인 쌍방이 각각(환산가액의 ( )%를) 지불하며, 공인중개사의 고의나 과실 없이 계약당사자 간의

사정으로 본 계약이 해제되어도 중개수수료를 지급한다.

제8조 [공인중개사의 업무 및 부동산거래신고에 관한 법] 제25조 3항의 규정에 의거 중개대상물 확인·설명서와 공제증서 사본을 거래 당사자 쌍방에 교부한다.

<특약사항>

① 현 시설상태에서의 임차인 현장방문 후 공부와 확인·설명서에 의하여 확인·설명을 받고 한 계약임.

② 부가세별·관리비는 별도임. 임대기간 만료 시 법정임차료 상승범위 내에서 임차료를 조정할 수 있다.

③ 애완동물의 사육은 금하며, 1인1실 계약임.

④ 관리비는 8만 원, 공과금 별도임, 퇴실 시 청소비 5만 원 부과함.

⑤ 옵션: 에어컨, 냉장고, 책장, 의자, 옷장, TV, 인터넷 전용선.

⑥ 소규모 수선의무 중 형광등 샤워기 교체는 임차인 이행한다.

⑦ 계약만료 후 임차인의 명도 지연에는 월차임 3배의 지연배상금이 부가 된다.

⑧ 기타 사항은 민법 임대차보호법과 거래 관례에 따른다.

⑨ 차임 입금계좌(임대인:)

본 계약에 대하여 계약 당사자는 이의 없음을 확인하고 각자 서명 또는 날인 후 임대인, 임차인, 공인중개사가 각 1통씩 보관한다.

2018년 7월 15일

임대인	주 소	충청북도 진천군 진천읍 초평로 103-114					印
	주민등록번호	360000-1300000	전화		성명	지00	
임차인	주 소	서울 서초구 사평대로 114길 112, 1001-4033					印
	주민등록번호	820000-5100000	전화	010.4728.2607	성명	P. M. Jhihon	
공인중개사	사무소소재지	서울시 강남구 도곡동 902-2 언주상가 107호					印
	등 록 번 호	10000-2017-00000		사무소명칭		㈜코리아중개	
	전 화 번 호	02-574-4200		대표자성명		정00	

코리아 부동산 중개 주식회사

② 작성요령

대체로 주택임대차와 비슷하나, 수선범위·사용제한·부대설비 목록 등의 명시와 입·퇴실 시의 분쟁거리들을 예방하는 차원의 문구 삽입에 주의한다.

③ 주의점

단기에 이동이 빈번할 수 있으므로 계약이전의 퇴거 시 중개수수료 및 차임의 부담관계를 명시·설명해주는 게 좋다.

5. 공장·창고

공장·창고 거래중개는 공장밀집지역에서 전문적으로 이루어지고 일반 개업공인중개사들은 중개행위를 할 기회가 흔하지 않다. 매매가액이 클 뿐만 아니라 분쟁의 소지가 도처에 도사리고 있어 공장·창고거래에서 몇 가지 유의 사항이 뒤따른다. 이러한 점을 염두에 두고 계약서나 중개대상물 확인·설명서의 작성을 공부한다.

(1) 공장·창고 매매계약

① 공장·창고 매매 계약서 양식

코리아 부동산 중개(주) 공장·창고 매매 계약서

본 부동산에 대하여 매도인과 매수인은 합의에 의하여 다음과 같이 매매계약을 체결한다.

1. 부동산의 표시

소재지							
토 지	지 목				면 적	m²(	평)
건 물	구 조		용 도		면 적	m²(	평)

2. 계약내용

제1조 위 부동산의 매매에 있어 매매대금 및 매수인의 대금 지불시기는 다음과
같다.

매매대금	金	원정 (₩)
계 약 금	金	**원정**은 계약 시 지불하고 영수함.
중 도 금	金	**원정**은 년 월 일에 지불하며,
	金	**원정**은 년 월 일에 지불한다.
잔 금	金	**원정**은 년 월 일에 지불한다.
융 자 금	金	**원정**은 (**승계, 말소, 특약사항에 별도 명시**) 한다.

제2조 매도인은 매매대금의 잔금을 수령함과 동시에 소유권 이전등기에 필요한 모
든 서류를 교부하고 등기절차에 협력하며, **위 부동산에 대하여 년 월 일 인도**
하기로 한다.

제3조 매도인은 소유권의 행사를 제한하는 권리나 조세공과금 기타 부담금의 미납
이 있을 때는 잔금수수일 이전까지 그 권리의 하자 및 부담 등을 제거하여 완전
한 소유권을 이전하여야 한다. 다만 달리 약정한 경우에는 그러하지 아니한다.

제4조 위 부동산에 관하여 발생한 수익의 귀속과 조세공과금 등의 부담은 위 부동
산의 인도일을 기준으로 하여 그 이전까지는 매도인에게 그 이후의 것은 매수
인에게 각각 귀속한다. 단 지방세의 납부의무 및 납부책임은 지방세법의 규정
에 따른다.

제5조 매수인이 중도금(중도금약정이 없을 때는 잔금)을 지불하기 전까지 매도인
은 계약금의 배액을 배상하고, 매수인은 계약금을 포기하고 본 계약을 해제할
수 있다.

제6조 매도인 또는 매수인은 본 계약상의 채무불이행이 있을 경우 계약당사자 일
방은 채무불이행한 상대방에 대하여 서면으로 이행을 최고하고, 이를 이행하지
않을 경우 계약을 해제할 수 있다. 이 경우 매도인과 매수인은 각각 상대방에
대하여 손해배상을 청구할 수 있으며, 손해배상에 대하여 별도 약정이 없는 한
제5조의 기준을 따른다.

제7조 공인중개사는 계약 당사자 간의 채무불이행에 대해서는 책임지지 않는다. 또한 중개수수료는 본 계약의 체결과 동시에 매도인과 매수인 쌍방이 각각(매매대금의 (   )%를) 지불하며, 공인중개사의 고의나 과실 없이 계약당사자 간의 사정으로 본 계약이 해제되어도 중개수수료를 지급한다.

제8조 [공인중개사의 업무 및 부동산거래신고에 관한 법] 제25조 3항의 규정에 의거 중개대상물 확인·설명서와 공제증서 사본을 거래 당사자 쌍방에 교부한다.

<특약사항>

본 계약에 대하여 계약 당사자는 이의 없음을 확인하고 각자 서명 또는 날인 후 매도인, 매수인, 공인중개사가 각 1통씩 보관한다.

년   월   일

매 도 인	주 소					印
	주민등록번호		전화		성명	
대 리 인	주 소				성명	印
매 수 인	주 소					印
	주민등록번호		전화		성명	
대 리 인	주 소				성명	印
공인 중개사	사무소소재지					
	등 록 번 호			사무소명칭		印
	전 화 번 호			대표자성명		

코리아 부동산 중개 주식회사

② 작성요령

물건소재지: 지번주소를 기재

면적: 대지권의 목적인 토지의 토지전체 면적

대지권종류(소유권)

특히 진입도로, 민원 발생여지 등 고려하여 작성할 것.

③ 주의점

옆 부동산과의 경계점 확인(지적도), 연면적·불법건축물 유무확인(건축물 관리대장), 전기용량확인, 부속하는 시설 체크 등에 유의해야 한다.

(2) 중개대상물 확인·설명서[Ⅳ](입목·광업재단·공장재단)

① 공장·창고 중개대상물 확인·설명서[Ⅳ] 양식

■ 공인중개사법 시행규칙[별지 제20호의 4서식] <개정 2017. 6. 8.>

(3쪽 중 제1쪽)

중개대상물 확인·설명서 [Ⅳ] (입목·광업재단·공장재단)

([ ]매매·교환 [ ]임대)

※ [ ]에는 해당하는 곳에 √표를 합니다.

확인·설명 자료	확인·설명 근거자료 등	[ ]등기권리증 [ ]등기사항증명서 [ ]토지대장 [ ]건축물 대장 [ ]지적도 [ ]임야도 [ ]토지이용계획 확인서 [ ]그 밖의 자료( )
	대상물건의 상태에 관한 자료 요구사항	

유의사항	
개업공인중개사의 확인·설명 의무	개업공인중개사는 중개대상물에 관한 권리를 취득하려는 중개의뢰인에게 성실·정확하게 설명하고, 토지대장등본, 등기사항증명서 등 설명의 근거자료를 제시하여야 합니다.
실제 거래가격 신고	「부동산거래신고 등에 관한 법률」 제3조 및 같은 법 시행령 제3조 제1항 제5호에 따른 실제 거래가격은 매수인이 매수한 부동산을 양도하는 경우 「소득세법」 제97조 제1항 및 제7항과 같은 법 시행령 제163조 제11항 제2호에 따라 취득 당시의 실제 거래가액으로 보아 양도차익이 계산될 수 있음을 유의하시기 바랍니다.

Ⅰ. 개업공인중개사 기본 확인사항

① 대상물건의 표시	토지	대상물 종별	[ ]입목　[ ]광업재단　[ ]공장재단
		소재지 (등기·등록지)	

② 권리관계	등기부 기재사항	소유권에 관한 사항	성명	
			주소	
		소유권 외의 권리사항		

③ 재단목록 또는 입목의 생육상태	

④ 그 밖의 참고사항	

210mm×297mm[백상지 80g/㎡(재활용품)]

⑤ 거래예정 금액 등	거래예정금액			
	개별공시지가(㎡당)		건물(주택)공시가격	
⑥ 취득 시 부담 할 조세의 종류 및 세율	취득세	%	농어촌 특별세	%	지방교육세	%
	※ 재산세는 6월 1일 기준 대상물건 소유자가 납세의무를 부담			

II. 개업공인중개사 세부 확인사항

⑦ 실제권리관계 또는 공시되지 않은 물건의 권리 사항	

III. 중개보수 등에 관한 사항

⑧ 중개보수 및 실비의 금액과 산출내역	중개보수		<산출내역> 중개보수:
	실비		실비:
	계		※ 중개보수는 거래금액의 1천분의 9 이내에서 중개의뢰인과 개업공인중개사가 서로 협의하여 결정하며 부가가치세는 별도로 부과될 수 있습니다.

「공인중개사법」 제25조 제3항 및 제30조 제5항에 따라 거래 당사자는 개업공인중개사로부터 위 중개대상물에 관한 확인·설명 및 손해배상 책임의 보장에 관한 설명을 듣고, 같은 법 시행령 제21조 제3항에 따른 본 확인·설명서와 같은 법 시행령 제24조 제2항에 따른 손해배상 책임 보장 증명서류(사본 또는 전자문서)를 수령합니다.

년   월   일

매도인 (임대인)	주소		성명		(서명 또는 날인)
	생년월일		전화번호		
매수인 (임차인)	주소		성명		(서명 또는 날인)
	생년월일		전화번호		
개업 공인 중개사	등록번호		성명 (대표자)		(서명 및 날인)
	사무소 명칭		소속공인중개사		(서명 및 날인)
	사무소 소재지		전화번호		
개업 공인 중개사	등록번호		성명 (대표자)		(서명 및 날인)
	사무소 명칭		소속공인중개사		(서명 및 날인)
	사무소 소재지		전화번호		

② 작성요령

가 <작성일반>

ⅰ '[ ]' 있는 항목은 해당하는 '[ ]' 안에 √로 표시한다.

ⅱ 세부항목 작성 시 해당 내용을 작성란에 모두 작성할 수 없는 경우에는 별지로 작성하여 첨부하고, 해당란에는 '별지 참고'라고 적는다.

나 <세부항목>

ⅰ 「확인·설명자료」 항목의 '확인·설명 근거자료 등'에는 개업공인중개사가 확

인・설명 과정에서 제시한 자료를 적으며, '대상물건의 상태에 관한 자료 요구 사항'에는 매도(임대)의뢰인에게 요구한 사항 및 그 관련 자료의 제출 여부와 ⑦실제권리관계 또는 공시되지 않은 물건의 권리사항의 항목을 확인하기 위한 자료요구 및 그 불응 여부를 적는다.

ii ①대상물건의 표시부터 ⑥취득 시 부담할 조세의 종류 및 세율까지는 개업공 인중개사가 확인한 사항을 적어야 한다.

iii ①대상물건의 표시는 대상물건별 등기사항증명서 등을 확인하여 적는다.

iv ②권리관계의 '등기부기재사항'은 등기사항증명서를 확인하여 적는다.

v ③재단목록 또는 입목의 생육상태는 공장재단에 있어서는 공장재단목록과 공 장재단 등기사항증명서를, 광업재단에 있어서는 광업재단목록과 광업재단 등기 사항증명서를, 입목에 있어서는 입목등록원부와 입목 등기사항증명서를 확인하 여 적는다.

vi ⑤거래예정금액 등의 '거래예정금액'은 중개가 완성되기 전의 거래예정금액을 적으며, '개별공시지가' 및 '건물(주택)공시가격'은 해당하는 경우에 중개가 완 성되기 전 공시된 공시지가 또는 공시가격을 적는다[임대차계약의 경우에는 '개별공시지가' 및 '건물(주택)공시가격'을 생략할 수 있다].

vii ⑥취득 시 부담할 조세의 종류 및 세율은 중개가 완성되기 전 「지방세법」의 내용을 확인하여 적는다(임대차의 경우에는 제외한다).

viii ⑦실제권리관계 또는 공시되지 않은 물건의 권리에 관한 사항은 매도(임대)의 뢰인이 고지한 사항 (임대차, 법정지상권, 법정저당권, 유치권 등)을 적는다.
   ※ 임대차계약이 있는 경우 임대보증금, 월 단위의 차임액, 계약기간 등을 확인 하고, 근저당 등이 설정된 경우 채권최고액을 확인하여 적는다. 그 밖에 경 매 및 공매 등의 특이사항이 있는 경우 이를 확인하여 적는다.

ix ⑧중개보수 및 실비의 금액과 산출내역의 '중개보수'는 거래예정금액을 기준으 로 계산하고, '산출내역'은 '거래예정금액(임대차의 경우에는 임대보증금 + 월 단위의 차임액 × 100) × 중개보수 요율'과 같이 적는다.

x 공동중개 시 참여한 개업공인중개사(소속공인중개사를 포함한다)는 모두 서명・ 날인하여야 하며, 2명이 넘는 경우에는 별지로 작성하여 첨부한다.

③ 중개대상물 확인·설명서 작성을 위한 자료요구와 그 사실에 대한 기재

개업공인중개사는 매도의뢰인·임대의뢰인 등에게 당해 중개대상물의 상태에 관한 자료를 요구할 수 있으며 중개대상물 상태에 관한 자료요구에 불응한 경우에는 그 사실을 매수의뢰인·임차의뢰인에게 설명하고, 중개대상물 확인·설명서에 기재하여야 한다.

(공인중개사법 제25조 제2항, 공인중개사법 시행령 제21조 제2항)

후일 분쟁의 경우 중개책임면책을 위한 중요 증빙방법이므로 적극 활용해야 한다.

(3) 공장·창고 임대차계약

공장·창고 사업부지는 각종 행위제한이 많으므로 용도분석 형질변경 진입도로 전기 수도 하수처리 등의 민원사항도 점검해야 한다. 공적 장부와 임장활동을 병행하여 검토하고 주무관청에의 질의응답을 통해 계약진행에 노력해야 한다.

① 공장·창고 임대차 계약서 양식

코리아 부동산 중개(주) 공장·창고 임대차계약서

본 부동산에 대하여 임대인과 임차인 쌍방은 합의에 의하여 다음과 같이 임대차계약을 체결한다.

1. 부동산의 표시

소재지							
토 지	지 목			면 적		㎡ (	평)
건 물	구 조		용 도		면 적		㎡ (| 평)

2. 계약내용

제1조 위 부동산의 임대차계약에 있어 임차인은 보증금 및 차임을 아래와 같이 지
불하기로 한다.

보 증 금	金 원정 (₩)
계 약 금	金 원정은 계약 시 지불하고 영수함.
중 도 금	金 원정은 년 월 일에 지불한다.
잔 금	金 원정은 년 월 일에 지불한다.
차 임	金 원정은 매월 일에(선불, 후불)로 지불한다.

제2조 임대인은 위 부동산을 임대차 목적으로 사용·수익할 수 있는 상태로 하여
년   월   일까지 임차인에게 인도하며, 임대차기간은 인도일로부터   **년
월   일까**지 (   )**개월**로 한다.

제3조 임차인은 임대인의 동의 없이 위 부동산의 용도나 구조를 변경하거나 전대
또는 담보제공을 하지 못하며 임대차목적 이외의 용도에 사용할 수 없다.

제4조 임차인이 2회 이상 차임 지급을 연체하거나, 제3조를 위반하였을 경우 임대
인은 본 계약을 해지할 수 있다.

제5조 임대차계약이 종료한 경우 임차인은 위 부동산을 원상으로 회복하여 임대인
에게 반환하며, 임대인은 보증금을 임차인에게 반환한다.

제6조 임차인이 임대인에게 중도금(중도금이 없을 때는 잔금)을 지불하기 전까지
는 임대인은 계약금의 배액을 상환하고, 임차인은 계약금을 포기하고 이 계약
을 해제할 수 있다.

제7조 공인중개사는 계약 당사자 간의 채무불이행에 대해서는 책임지지 않는다.
또한 중개수수료는 본 계약의 체결과 동시에 임대인과 임차인 쌍방이 각각(환
산가액의 (   )%를) 지불하며, 공인중개사의 고의나 과실 없이 계약당사자 간
의 사정으로 본 계약이 해제되어도 중개수수료를 지급한다.

제8조 [공인중개사의 업무 및 부동산거래신고에 관한 법] 제25조 3항의 규정에 의
거 중개대상물 확인·설명서와 공제증서 사본을 거래 당사자 쌍방에 교부한다.

본 계약에 대하여 계약 당사자는 이의 없음을 확인하고 각자 서명 또는 날인 후 임대인, 임차인, 공인중개사가 각 1통씩 보관한다.

년　　월　　　일

임 대 인	주　소						印
	주민등록번호		전화		성명		
대 리 인	주　소				성명		印
임 차 인	주　소						印
	주민등록번호		전화		성명		
대 리 인	주　소				성명		印
공인중개사	사무소소재지						
	등 록 번 호			사무소명칭			印
	전 화 번 호			대표자성명			

코리아 부동산 중개 주식회사

② 작성요령

　ⅰ 물건소재지: 지번주소 기재

　ⅱ 토지면적: 토지전체면적(토지대장)

　ⅲ 건물(구조·용도): 건축물 대장

　ⅳ 건물면적: 연면적

　ⅴ 계약내용: 보증금·월세

　ⅵ 특약사항: 계약 당사자의 합의된 요구사항 전부 기재, 매도인의 하자담보책임을 특약하면 개업공인중개사에게도 유리하다.

　ⅷ 서명·날인: 계약당사자-서명 또는 날인, 개업공인중개사-서명 및 날인

③ 주의점

ⅰ 소유자의 진정성 확인 - 등기사항증명서, 등기권리증

ⅱ 건축물의 불법성 확인 - 건축물 대장으로 불법건축물인지 확인

ⅲ 인허가·등록·신고사항 – 임차인 책임으로

ⅳ 전기승합(증설), 하수시설 증설 - 임대인과 협의 후 결정

ⅴ 민원사항 - 임차인의 운영상 초래되는 것은 임차인이 책임지는 것으로

ⅵ 개업공인중개사의 면책 사항 상세히 기재할 것

(예: 본 계약은 거래당사자가 토지이용계획 확인서·등기사항 증명서·등기권리증·토지 및 건축물 관리대장·지적도·경계측량도면·임대차 계약 현황·하자담보확인서 등의 확인과 설명을 거쳐 현장에서 건축물의 현황을 확인하고 계약한다.)

6. 토 지

토지매도 의뢰를 받으면 현장에 동행하여 당해 토지의 현황을 조사하는 게 급선무다.

미리 임장활동을 통하여 도로의 접근성, 경계, 주변 입지 등을 종합적으로 파악해놔야

추후 매수의뢰인이 생길 때 컨설팅 및 현장안내에 설득력과 신뢰제고에 유리하기 때문이다.

(1) 토지 매매 계약서

① 토지매매 계약서 양식

코리아 부동산 중개㈜ **토지 매매 계약서**

본 부동산에 대하여 매도인과 매수인은 합의에 의하여 다음과 같이 매매계약을 체결한다.

1. 부동산의 표시

소재지	서울특별시 서초구 내곡동 1-3107			
토 지	지 목	전	면 적	1051㎡

2. 계약내용

제1조 위 부동산의 매매에 있어 매매대금 및 매수인의 대금 지불 시기는 다음과 같다.

매매대금	金	오억 원정 (₩ 500,000,000)				
계약금	金	오천만 원정은 계약 시 지불하고 영수함.				
중 도 금	金	원정은	년	월	일에 지불하며,(해당사항 없음)	
	金	원정은	년	월	일에 지불한다.(해당사항 없음)	
잔 금	金	사억 오천만 원정은 2018년 1월 4일에 지불한다.				
융 자 금	金	원정은 (승계, 말소, 특약사항에 별도 명시) 한다.(해당사항 없음)				

제2조 매도인은 매매대금의 잔금을 수령함과 동시에 소유권 이전등기에 필요한 모든 서류를 교부하고 등기절차에 협력하며, **위 부동산에 대하여 2018년 1월 4일** 인도하기로 한다.

제3조 매도인은 소유권의 행사를 제한하는 권리나 조세공과금 기타 부담금의 미납이 있을 때는 잔금수수일 이전까지 그 권리의 하자 및 부담 등을 제거하여 완전한 소유권을 이전하여야 한다. 다만 달리 약정한 경우에는 그러하지 아니한다.

제4조 위 부동산에 관하여 발생한 수익의 귀속과 조세공과금 등의 부담은 위 부동산의 인도일을 기준으로 하여 그 이전까지는 매도인에게 그 이후의 것은 매수인에게 각각 귀속한다. 단 지방세의 납부의무 및 납부책임은 지방세법의 규정에 따른다.

제5조 매수인이 중도금(중도금약정이 없을 때는 잔금)을 지불하기 전까지 매도인은 계약금의 배액을 배상하고, 매수인은 계약금을 포기하고 본 계약을 해제할 수 있다.

제6조 매도인 또는 매수인은 본 계약상의 채무불이행이 있을 경우 계약당사자 일방은 채무불이행한 상대방에 대하여 서면으로 이행을 최고하고, 이를 이행하지 않을 경우 계약을 해제할 수 있다. 이 경우 매도인과 매수인은 각각 상대방에 대하여 손해배상을 청구할 수 있으며, 손해배상에 대하여 별도 약정이 없는 한 제5조의 기준을 따른다.

제7조 공인중개사는 계약 당사자 간의 채무불이행에 대해서는 책임지지 않는다. 또한 중개수수료는 본 계약의 체결과 동시에 매도인과 매수인 쌍방이 각각(매매대금의 (   )%를) 지불하며, 공인중개사의 고의나 과실 없이 계약당사자 간의 사정으로 본 계약이 해제되어도 중개수수료를 지급한다.

제8조 [공인중개사의 업무 및 부동산거래신고에 관한 법] 제25조 3항의 규정에 의거 중개대상물 확인·설명서와 공제증서 사본을 거래 당사자 쌍방에 교부한다.

<특약사항>

1. 계약일 현재 상태대로의 매매계약임.
2. 매수인은 현장 확인과 공부열람·수령 후 교부받은 확인·설명서로 확인·설명을 받고 계약을 체결함.
3. 대상 부동산에 관하여 불법행위로 인한 행정처분 없음을 확인함.
4. 본 계약의 매매대금은 계약일 현재 기준, 확인 가능한 모든 하자를 고려한 금액임.
5. 본 부동산의 토지사용을 위한 법적합성, 사실적합성, 개발행위의 허가 등의 가능성 확인은 임차인의 책임 및 비용으로 한다.
6. 하자담보책임(계약 시 매수인이 과실 없이 확인 불가능했던 하자)은 매매가격에 모두 반영되었으며 매수인은 계약일 이후 어떠한 하자담보책임도 주장하지 않을 것을 합의함.
7. 매도인은 권리 및 토지 부속물에 관하여 계약당시와 변동이 생겨 매수인에게 초래한 손해에 책임을 진다.
8. 중개보수청구권은 계약 시 발생한다.
9. 그 밖의 사항은 계약일반원칙과 거래관행에 의한다.

본 계약에 대하여 계약 당사자는 이의 없음을 확인하고 각자 서명 또는 날인 후 매도인, 매수인, 공인중개사가 각 1통씩 보관한다.

2018년 1월 2일

매 도 인	주 소	서울 동작구 신림로 111길 151 105동 1407호					印
	주민등록번호	741000-1345115	전화	010-9800-4500	성명	정00	
매 수 인	주 소	서울 강남구 논현로 209, 104동 1701호 (도곡동, 경남아파트)					印
	주민등록번호	600554-1400000	전화	010-9400-2000	성명	신00	
공인중개사	사무소소재지	서울 강남구 남부순환로 363길 54, 107호					印
	등 록 번 호	1154-02917-0000		사무소명칭	코리아 부동산 중개(주)		
	전 화 번 호	574-4200		대표자성명	김00		

코리아 부동산 중개주식회사

② 작성요령

i 물건 소재지: 지번주소

ii 토지거래허가구역의 토지: 토지거래 허가를 취득하는 것을 매매계약 성립의 전제요건으로

iii 농지: 농지취득자격증명서 발급받는 것을 매매계약 성립의 전제요건으로

iv 토지 위의 경작물 및 시설물: 경작물은 매도인의 명도책임으로 하고 설치된 시설물의 경우는 매매목록에 포함되는지 여부를 구체적으로 기재

v 묘지, 고압선, 하치장 등이 있을 시는 그에 대한 명시와 확인사항을 기록한다.

vi 인·허가 등의 행정사항과 공사가능 여부는 매수인의 책임으로 기재

vii 특약사항: 당사자의 요구사항 중 합의된 사항을 가능한 많이 자세히 기록하며, 매도인의 하자담보책임기간을 명시하여 추후 분쟁 시 책임소재를 분명히 하는 게 좋다.

viii 거래 당사자가 공부를 확인하고 현장에서 토지의 현황 확인과 설명을 거친 계약임을 명시

ix 서명·날인: 계약당사자 - 서명 또는 날인, 개업공인중개사 - 서명 및 날인

③ 주의점

i 토지에 있어서 도로의 중요성

건축법상 건축허가를 받기 위해서는 자동차통행과 보행이 가능한 폭 4m 이상의 도로에 2m 이상 접해야 한다. 진입도로가 없는 토지(맹지)는 사실상 이용제한에 지장을 받을 뿐만 아니라 법적인 개발행위에 많은 제한이 따르므로 토

지가격과 도로는 밀접한 관련을 가지고 있다.

ⅱ 토지에 있어서 용도지역과 도로의 유무는 1차적으로 토지중개에 있어서 가장 중요한 요인이 된다.

ⅲ 건축법상 건축허가에 있어서 토지가 갖춰야 할 도로요건

    a. 폭 4m 이상의 도로가 2m 이상 접할 것

    b. 지목이 도로일 것

    c. 실제 사용 중인 도로일 것

    d. 지적도상 도로일 것

    e. 실제 사용 중인 현황도로일 것

ⅳ 맹지이더라도 토지사용·승낙이 가능하거나 도로에 이르기까지 토지매입이 가능하거나 구거 등을 통하여 도로 개설이 가능한 경우는 유용한 토지가 될 수 있다.

(2) 중개대상물 확인·설명서[Ⅲ](토지용)

① 중개대상물 확인·설명서 양식

■ 공인중개사법 시행규칙[별지 제20호의 3 서식] <개정 2017. 6. 8.>

(3쪽 중 제1쪽)

중개대상물 확인·설명서 [Ⅲ] (토지)

([ ]매매·교환　　[ ]임대)

※ [ ]에는 해당하는 곳에 √표를 합니다.

확인·설명 자료	확인·설명 근거자료 등	[ ]등기권리증 [ ]등기사항증명서 [ ]토지대장 [ ]건축물 대장 [ ]지적도 [ ]임야도 [ ]토지이용계획 확인서 [ ]그 밖의 자료( )
	대상물건의 상태에 관한 자료 요구사항	

유의사항	
개업공인중개사의 확인·설명 의무	개업공인중개사는 중개대상물에 관한 권리를 취득하려는 중개의뢰인에게 성실·정확하게 설명하고, 토지대장등본, 등기사항증명서 등 설명의 근거자료를 제시하여야 합니다.

실제 거래가격 신고	「부동산거래신고 등에 관한 법률」 제3조 및 같은 법 시행령 제3조 제1항 제5호에 따른 실제 거래가격은 매수인이 매수한 부동산을 양도하는 경우 「소득세법」 제97조 제1항 및 제7항과 같은 법 시행령 제163조 제11항 제2호에 따라 취득 당시의 실제 거래가액으로 보아 양도차익이 계산될 수 있음을 유의하시기 바랍니다.

Ⅰ. 개업공인중개사 기본 확인사항

① 대상물건 의 표시	토지	소재지					
		면적(㎡)		지목	공부상 지목		
					실제이용 상태		

② 권리관계	등기부 기재 사항	소유권에 관한 사항		소유권 외의 권리사항	
		토지		토지	

③ 토지이용 계획, 공법상 이용 제한 및 거 래규제에 관 한 사항 (토지)	지역· 지구	용도지역			건폐율 상한	용적률 상한
		용도지구			%	%
		용도구역				
	도시· 군 계획 시설		허가·신고 구역 여부	[ ]토지거래허가구역		
			투기지역 여부	[ ]토지투기지역 [ ]주택투기지역 [ ]투기과열지구		
	지구단위계획구역, 그 밖의 도시·군 관리계획		그 밖의 이용제한 및 거래규제사항			

④ 입지조건	도로와 의 관계	(m × m)도로에 접함 [ ]포장 [ ]비포장		접근성	[ ]용이함 [ ]불편함	
	대중 교통	버스	( ) 정류장, 소요시간: ([ ]도보, [ ]차량) 약			분
		지하철	( ) 역, 소요시간: ([ ]도보, [ ]차량) 약			분

⑤ 비선호시설(1km이내)	[ ]없음	[ ]있음(종류 및 위치:)
⑥ 거래예정 금액 등	거래예정금액	
	개별공시지가(㎡당)	건물(주택)공시가격

⑦ 취득 시 부담할 조세의 종류 및 세율	취득세	%	농어촌 특별세	%	지방교육세	%
	※ 재산세는 6월 1일 기준 대상물건 소유자가 납세의무를 부담					

210mm×297mm[백상지 80g/㎡(재활용품)]

② 중개대상물 확인·설명서 작성방법

가 <작성일반>

(ㄱ). '[　]' 있는 항목은 해당하는 '[　]' 안에 √로 표시한다.

(ㄴ). 세부항목 작성 시 해당 내용을 작성란에 모두 작성할 수 없는 경우에는 별지로 작성하여 첨부하고, 해당란에는 '별지 참고'라고 적는다.

나 <세부항목>

(ㄱ). 「확인·설명자료」 항목의 '확인·설명 근거자료 등'에는 개업공인중개사가 확인·설명 과정에서 제시한 자료를 적으며, '대상물건의 상태에 관한 자료 요구사항'에는 매도(임대)의뢰인에게 요구한 사항 및 그 관련 자료의 제출 여부와 ⑧실제권리관계 또는 공시되지 않은 물건의 권리사항의 항목을 확인하기 위한 자료요구 및 그 불응 여부를 적는다.

(ㄴ). ①대상물건의 표시부터 ⑦취득 시 부담할 조세의 종류 및 세율까지는 개업공인중개사가 확인한 사항을 적어야 한다.

(ㄷ). ①대상물건의 표시는 토지대장 등을 확인하여 적는다.

(ㄹ). ②권리관계의 '등기부기재사항'은 등기사항증명서를 확인하여 적는다.

(ㅁ). ③토지이용계획, 공법상 이용제한 및 거래규제에 관한 사항(토지)의 '건폐율 상한 및 용적률 상한'은 시·군의 조례에 따라 적고, '도시·군 계획시설', '지구단위계획구역, 그 밖의 도시·군 관리계획'은 개업공인중개사가 확인하여 적으며, 그 밖의 사항은 토지이용계획 확인서의 내용을 확인하고, 공부에서 확인할 수 없는 사항은 부동산종합정보망 등에서 확인하여 적는다(임대차의 경우에는 생략할 수 있다).

(ㅂ). ⑥거래예정금액 등의 '거래예정금액'은 중개가 완성되기 전 거래예정금액을, '개별공시지가'는 중개가 완성되기 전 공시가격을 적는다(임대차계약의 경우에는 '개별공시지가'를 생략할 수 있다).

(ㅅ). ⑦취득 시 부담할 조세의 종류 및 세율은 중개가 완성되기 전 「지방세법」의 내용을 확인하여 적는다(임대차의 경우에는 제외한다).

(ㅇ). ⑧실제권리관계 또는 공시되지 않은 물건의 권리에 관한 사항은 매도(임대)의뢰인이 고지한 사항(임대차, 지상에 점유권 행사여부, 구축물, 적치물, 진입로, 경작물 등)을 적는다.

※ 임대차계약이 있는 경우 임대보증금, 월 단위의 차임액, 계약기간 등을 확인하고, 근저당 등이 설정된 경우 채권최고액을 확인하여 적는다. 그 밖에 경매 및 공매 등의 특이사항이 있는 경우 이를 확인하여 적는다.

(ㅈ). ⑨중개보수 및 실비의 금액과 산출내역의 '중개보수'는 거래예정금액을 기준으로 계산하고, '산출내역'은 '거래예정금액(임대차의 경우에는 임대보증금 + 월 단위의 차임액 × 100) × 중개보수 요율'과 같이 적는다.

(ㅊ). 공동중개 시 참여한 개업공인중개사(소속공인중개사를 포함한다)는 모두 서명·날인하여야 하며, 2명을 넘는 경우에는 별지로 작성하여 첨부한다.

③ 중개대상물 확인·설명서 작성을 위한 자료요구와 그 사실에 대한 기재

개업공인중개사는 매도의뢰인·임대의뢰인 등에게 당해 중개대상물의 상태에 관한 자료를 요구할 수 있으며 중개대상물 상태에 관한 자료요구에 불응한 경우에는 그 사실을 매수의뢰인·임차의뢰인에게 설명하고, 중개대상물 확인·설명서에 기재하여야 한다.

(공인중개사법 제25조 제2항, 공인중개사법 시행령 제21조 제2항)

후일 분쟁의 경우 중개책임면책을 위한 중요 증빙방법이므로 적극 활용해야 한다.

(3) 토지임대차 계약서

① 토지임대차 계약서 양식

코리아 부동산 중개(주) **토지 월세 계약서**

본 부동산에 대하여 임대인과 임차인 쌍방은 합의에 의하여 다음과 같이 임대차계약을 체결한다.

1. 부동산의 표시

소재지	경기도 남양주 진중리 204-1						
토 지	지 목	전		면 적	419	㎡ (127	평)

2. 계약내용

제1조 위 부동산의 임대차계약에 있어 임차인은 보증금 및 차임을 아래와 같이 지불하기로 한다.

보 증 금	金	일천만 원 원정 (₩ 10,000,000)
계 약 금	金	일백만 원정은 계약 시 지불하고 영수함.
중 도 금	金	(해당사항 없음) 원정은 년 월 일에 지불한다.
잔 금	金	구백만 원 원정은 년 월 일에 지불한다.
차 임	金	칠십만 원정은 매월 30일에(선불, **후불)로** 지불한다.

제2조 임대인은 위 부동산을 임대차 목적으로 사용·수익할 수 있는 상태로 하여 **2018년 1월 30일까지** 임차인에게 인도하며, 임대차기간은 인도일로부터 **2019년 1월 29일까지 (12)개월**로 한다.

제3조 임차인은 임대인의 동의 없이 위 부동산의 용도나 구조를 변경하거나 전대 또는 담보제공을 하지 못하며 임대차목적 이외의 용도에 사용할 수 없다.

제4조 임차인이 2회 이상 차임 지급을 연체하거나, 제3조를 위반하였을 경우 임대인은 본 계약을 해지할 수 있다.

제5조 임대차계약이 종료한 경우 임차인은 위 부동산을 원상으로 회복하여 임대인에게 반환하며, 임대인은 보증금을 임차인에게 반환한다.

제6조 임차인이 임대인에게 중도금(중도금이 없을 때는 잔금)을 지불하기 전까지는 임대인은 계약금의 배액을 상환하고, 임차인은 계약금을 포기하고 이 계약을 해제할 수 있다.

제7조 공인중개사는 계약 당사자 간의 채무불이행에 대해서는 책임지지 않는다. 또한 중개수수료는 본 계약의 체결과 동시에 임대인과 임차인 쌍방이 각각(환산가액의 ( )%를) 지불하며, 공인중개사의 고의나 과실 없이 계약당사자 간

의 사정으로 본 계약이 해제되어도 중개수수료를 지급한다.

제8조 [공인중개사의 업무 및 부동산거래신고에 관한 법] 제25조 3항의 규정에 의거 중개대상물 확인·설명서와 공제증서 사본을 거래 당사자 쌍방에 교부한다.

<특약사항>

1. 계약일 현재 상태대로의 임대차계약임.
2. 임차인은 현장 확인과 공부열람·수령 후 교부받은 확인·설명서로 확인·설명을 받고 계약을 체결함.
3. 대상 부동산에 관하여 불법행위로 인한 행정처분이 없음을 확인함.
5. 본 부동산의 토지사용을 위한 법적합성(인·허가), 사실적합성(공사) 확인은 임차인의 책임 및 비용으로 한다.
6. 하자담보책임(계약 시 임차인이 과실 없이 확인 불가능했던 하자)은 거래가격에 모두 반영되었으며 임차인은 계약일 이후 어떠한 하자담보책임도 주장하지 않을 것을 합의함.
7. 임대인은 권리 및 토지 부속물에 관하여 계약당시와 변동이 생겨 매수인에게 초래한 손해에 책임을 진다.
8. 중개보수청구권은 계약 시 발생한다.
9. 임차인은 본 토지를 경작이외의 용도로 사용을 금하며 임대차 기간 종료 시에는 원상회복의무를 지며, 임대차 종료 시 원상회복을 이행치 않을 시는 지장물 일체의 소유권을 포기하는 것으로 하며 임대인이 임의로 처분, 소유할 수 있다.
10. 그 밖의 사항은 계약일반원칙과 거래관행에 의한다.

본 계약에 대하여 계약 당사자는 이의 없음을 확인하고 각자 서명 또는 날인 후 임대인, 임차인, 공인중개사가 각 1통씩 보관한다.

2018년 1월 25일

임 대 인	주　　소	서울 성북구 오패산로 90, 201-1800(하월곡동, 래미안 원곡@)						印
	주민등록번호	620000-100000	전화	010-3300-1700	성명	한00		
임 차 인	주　　소	경기도 남양주시 조안면 진중리 204-2						印
	주민등록번호	680000-1200000	전화		성명	김팔동		
공인중개사	사무소소재지	서울 강남구 남부순환로 363길 54, 107호						印
	등 록 번 호	1154-02917-0000	사무소명칭	코리아 부동산 중개(주)				
	전 화 번 호	574-4200	대표자성명	김00				

코리아 부동산 중개 주식회사

② 작성요령 및 주의점

가. 물건 소재지: 지번 주소

나. 본 계약은 거래 당사자가 공부를 확인하고 경계를 현장에서 확인한 상태의 계약임

다. 토지상의 지상 작물 및 적치물은 잔금 시까지 정리해주기로 한다.

라. 기타 공사, 인허가 문제는 임차인의 책임으로 한다.

마. 임차기간 만료 시 원상복구조항

제8장

부동산
세무 실무

부동산 매매거래에서 매매가액 이외에 부가적으로 발생되는 조세금액과 부동산을 보유하는 동안 발생되는 조세금액 및 부동산양도차액 발생 시 양도소득의 조세부담액은 거래 당사자에게 중요한 관심이 된다. 매매거래 계약을 완성시키기 위해서 조세실무는 개업공인중개사에게 필수적인 업무영역이 된 지 오래다. 탈세를 조장하는 게 아니라 절세방법과 자금계획의 조력자로 개업공인중개사의 역할이 중요하다.

1. 부동산 양도소득세

(1) 의의

부동산의 양도소득세는 부동산에 관한 소유권을 양도함으로써 발생한 소득에 대하여 부과하는 조세로서 국세이다.

(2) 개인과 법인의 차이

개인이 보유한 부동산을 양도하는 경우에는 부동산에 관한 소유권을 양도함으로써 발생한 소득에 대해서 양도소득세를 부과한다(개인의 다른 소득과 분리과세).
법인이 보유한 부동산을 양도하는 경우에는 부동산에 관한 소유권을 양도함으로써 발생한 소득과 법인의 다른 소득과 합산하여 법인세가 부가된다(법인의 다른 소득과 합산하여 법인세 부과).

(3) 과세대상 소득과 납세의무자

① 과세대상 소득

부동산을 양도하여 발생한 소득에 대하여 부과하는 소득이다.
따라서 양도차익이 발생하지 않는 경우에는 양도소득세가 부과되지 않는다.

② 양도세 납부의무자

부동산을 양도함으로써 발생하는 소득이 있는 개인이 납세의무를 진다.

거주자(국내에 주소를 두거나 국내에 183일 이상 거소를 둔 개인)는 국내·외에 소재하는 부동산의 양도에 대해서 납세의무를 지나, 비거주자는 국내소재 부동산의 양도에 대해서만 납세의무를 진다(但, 비거주자의 양도소득세 비과세·감면조항은 부적용).

(4) 과세 표준

① 양도차익 = 양도가액 − 필요경비(취득가액+자본적 지출액+양도비)

※ 취득가액

취득당시의 부동산가액(취득세, 등록세, 중개보수 및 등기 전 발생한 소송비·화해비용 포함)

※ 자본적 지출액

* 수선비 취득 후 지불한 소송비·화해비용, 용도변경을 위한 지출비용, 개량·편의를 위한 지출비용(법정증빙서류가 첨부될 것)

* 법정증빙서류(신용카드 매출전표, 현금영수증, 세금계산서)

※ 양도비

광고비, 양도 시 작성한 계약서 작성비, 공증비용, 인지세, 중개보수, 증권거래세, 국민주택 (토지개발)채권매각 차손

② 양도소득 금액 = 양도차익 − 장기보유특별공제

a. 장기보유 특별공제 대상
- 3년 이상 보유한 부동산 양도 시 적용됨
- 미등기 부동산은 적용되지 않음
- 2017년 이후부터 비사업용 토지에 대한 장기특별공제 허용

b. 보유기간과 공제율

보유기간 / 매각 부동산 구별	일반부동산 공제율 (%)	1세대 1주택 공제율 (%)
3년 이상~4년 미만	10	24
4년 이상~5년 미만	12	32
5년 이상~6년 미만	15	40

6년 이상~7년 미만	18	48
7년 이상~8년 미만	21	56
8년 이상~9년 미만	24	64
9년 이상~10년 미만	27	72
10년 이상	30	80

※ 1세대 1주택이라 함은 비과세여부와 관계없이 양도 당시 1주택이면 적용. 단, 거주자이어야 함
　(고가 주택으로 9억 초과의 주택이 해당)

③ 과세표준 = 양도소득 금액 - 양도소득 기본공제

양도소득 기본공제 = 과세연도 기준 거주자별로 1인당 1년 250만 원을 공제(미등기 부동산 양도에는 공제 않음)

(5) 적용 세율

① 일반 세율(초과 누진 세율)

　a. 조세부담능력을 고려하여 과세표준에 따라 6단계의 차등 세율을 적용하는 체계이다.

　b. 적용대상: 2년 이상 보유한 부동산 양도의 경우

　c. 초과 누진 세율표

과세표준 (= 양도소득 금액 - 양도소득 기본공제)	세 율(%)	누진공제액 (원)
1200만 원 이하	6	-
1200만 원 초과~4600만 원 이하	15	1,080,000
4600만 원 초과~8800만 원 이하	24	5,220,000
8800만 원 초과~1억 5천만 원 이하	35	14,900,000
1억 5천만 원 초과~5억 이하	38	19,400,000
5억 초과	40	29,400,000

※ 과세표준 1억인 경우
　(1억×0.35) - 1490만 = 2010만 원

② 비례 세율(투기방지 등 부동산 정책을 위한 부가세율)

　a. 보유기간 1년 미만의 부동산 양도 = 50%(주택 40%)

b. 보유기간 1년 이상 2년 미만 = 40%(주택은 일반 세율)

c. 미등기부동산 양도 = 70%

d. 비사업용 토지의 양도 = 일반세율 + 10%

③ 중과세(비사업용 토지) = 일반세율 + 10%

가. 비사업용 토지의 범위

a. 농지(전·답·과수원)

 ⅰ 소유자가 농지소재지에 거주하지 않거나(부재지주) 자경하지 아니하는 농지

 ⅱ 특별시·광역시 및 시 지역 중 국토의 계획 및 이용에 관한 법률에 의한 도
   시지역 안의 농지

b. 임야

 임야 소재지에 소유자가 거주하지 않고 있는 임야(부재지주)

c. 목장용지

 ⅰ 축산업자가 대통령령이 정하는 목장용지의 기준 면적을 초과하여 소유하는
   목장용지

 ⅱ 특별시·광역시 및 시 지역의 도시지역 안에 있는 목장용지

 ⅲ 축산업을 영위하지 않는 자가 소유하는 목장용지

d. 비사업용 나대지·잡종지

 ⅰ 지방세법상 종합합산과세대상 토지

 ⅱ 주택부속 토지 중 주택이 정착된 면적에 지역별 배율을 곱하여 산정한 면적
   을 초과하는 토지

 ⅲ 별장과 부속 토지

 ⅳ 잡종지

나. 비사업용 토지로 보지 않는 경우(중과세 대상에서 제외됨)

a. **주말농장용 농지**(세대 당 1000㎡ 이내의 농지)

b. **상속받은 농지**(임야·목장용지)·**이농 농지**(상속·이농일로부터 5년 이내 양도
   할 때)

c. **종중소유 농지(임야·목장용지)**: 2005년 12월 31일까지 취득한 농지

d. 2006. 12. 31. 이전에 개인이 **20년 이상 보유한 농지**(임야·목장용지)

 : 2009. 12. 31.까지 양도 시

e. 영림계획인가를 받아 시업중인 임야

f. 공익상 또는 산림보호육성을 위해 필요한 임야(사찰림, 보안림, 유전자원보호림, 채종림)

g. 실제 사업에 사용되는 임야로 중과세가 불합리한 토지(임업후계자 소유 임야, 종자·종묘생산업자 소유 임야 등)

h. 8년 이상 재촌·자경한 농지를 직계존속으로부터 상속·증여받은 경우

I. 공익사업용으로 수용된 토지

(6) 양도소득세 비과세(단, 미등기 양도에 해당할 경우는 과세)

① 파산선고 처분에 따른 부동산양도의 경우

② 농지의 교환 또는 분합에 의한 양도소득

a. 쌍방 토지가액의 차액이 높은 토지가액의 1/4 이하일 것

b. 교환·분합하는 농지가 같은 시·군·구 안에 있거나 연접 시·군·구 안에 있어야 한다.

③ 1세대 1주택의 양도소득(비과세)

가. 양도세 비과세 원칙

1세대가 양도일 현재 국내에 등기된 1주택과 이에 부수된 토지를 2년 이상 보유한 후 양도하는 경우 양도소득세를 과세하지 않는다.

나. 비과세 요건

(ㄱ) 1세대

(ㄴ) 국내에 1주택을 소유할 것(단, 미등기 부동산 및 고가주택(9억 초과주택)이 아닐 것)

(ㄷ) 2년 이상 소유할 것

(ㄹ) 주택의 부수토지로서 도시지역 내의 토지는 건물이 정착된 면적의 5배, 도시지역 밖의 토지는 10배 이내의 토지도 비과세

(ㅁ) 거주요건 특례

a. **취득 당시에 조정대상지역**(주택법 63조의 2 제1항 제1호)**에 있는 주택의 경우에는 해당 주택의 보유기간이 2년 이상이고 보유기간 중 거주기간이 2년 이상이어야 한다.**

이는 2017년 9월 19일 이후 양도하는 분부터 적용한다(소득세법 시행령 부칙 2조 1항).

> 조정대상지역이란 주택가격 상승률이 물가 상승률의 2배 이상이거나 청약경쟁률이 5:1 이상인 지역 등을 말한다. 현재 조정대상지역은 서울 전역인 25개구, 과천, 성남, 고양, 하남, 광명, 남양주, 동탄 2기 신도시, 부산 7개구(남구, 해운대구, 수영구, 연제구, 동래구, 부산진구, 기장군), 세종이다.

但, 조정대상 지역의 주택이라 해도

ⅰ) 2017년 8월 2일 이전에 취득한 주택

ⅱ) 2017년 8월 2일 이전에 매매계약을 체결하고 계약금을 지급한 사실이 증빙서류에 의하여 확인되는 주택(해당 주택의 거주자가 속한 1세대가 계약금 지급일 현재 주택을 보유하지 아니한 경우로 한정함)

ⅲ) 2017년 8월 3일 이후 취득하여 이 영 시행 전에 양도한 주택 2년 거주요건 충족을 요하지 않는다.

b. **비거주자가 해당 주택을 3년 이상 계속 보유하고 있다가**
그 주택에서 거주한 상태로 거주자로 전환된 주택인 경우(소령 154조 8항 2호)에는 보유기간이 3년 이상이어야 한다.

다. 1세대 요건

(ㄱ) 1세대의 정의

1세대란 거주자 및 그 배우자가 그들과 같은 주소 또는 거소에서 생계를 같이 하는 자[거주자 및 그 배우자의 직계존비속(그 배우자를 포함함) 및 형제자매

를 말하며, 취학, 질병의 요양, 근무상 또는 사업의 형편으로 본래의 주소 또는 거소에서 일시 퇴거한 사람을 포함함]와 함께 구성하는 가족단위를 말한다 (소득세법 88조 6호).

(ㄴ) 배우자가 없어도 1세대로 보는 경우 (소득세법 시행령 152조의 3)

a. 해당 거주자의 나이가 30세 이상인 경우

b. 배우자가 사망하거나 이혼한 경우

c. 종합소득, 퇴직소득, 양도소득이 기준 중위소득(국민기초생활보장법 제2조 제11호)의 40% 이상으로서 소유하고 있는 주택 또는 토지를 관리·유지하면서 독립된 생계를 유지할 수 있는 경우.

d. 미성년자의 경우를 제외하되, 미성년자의 결혼, 가족의 사망 등의 사유로 1세대의 구성이 불가피한 경우에는 1세대로 본다.

라. 1주택 요건

(ㄱ) 주택의 개념

주택이란 허가 여부나 공부상의 용도 구분에 관계없이 사실상 주거용으로 사용하는 건물을 말한다. 이 경우 그 용도가 분명하지 아니하면 공부상의 용도에 따른다(소득세법 88조 7호). 이에는 주택 정착면적의 5배(도시지역 밖의 토지는 10배) 이내의 부수 토지를 포함한다(소법 89조 1항 3호, 소령 154조 7항).

도시지역이란 『국토의 계획 및 이용에 관한 법률』 제6조 제1호에 따라 인구와 산업이 밀집되어 있거나 밀집이 예상되어 그 지역에 대하여 체계적인 개발·정비·관리·보전 등이 필요한 지역으로 주거지역, 상업지역, 공업지역, 녹지지역으로 구성된다(상기 국토계획법 36조 1항 1호).

(ㄴ) 다가구주택

전체 거래 시 하나의 단독주택으로 보고, 가구별 분양한 경우 가구당 독립 주거부분을 각각 1주택으로 간주한다.

(ㄷ) 겸용 주택

a. 주택의 면적이 주택 외의 면적보다 큰 경우 전체를 주택으로 본다.

b. 주택의 면적이 주택 외의 면적보다 작거나 같을 때에는 주택부분만 주택으로

본다.

(ㄹ) 공동 주택

a. 1주택을 여러 사람이 공동으로 소유한 경우 소득세법시행령에 특별한 규정이 있는 것 외에는 주택 수를 계산할 때 공동 소유자 각자가 1주택을 소유한 것으로 본다(소령 154조의 2).

그러나 공동 소유자가 동일 세대를 구성하는 경우에는 1세대가 1주택을 소유한 것으로 본다(재일 46014-1496, 1994. 06. 04.). 따라서 부부가 공동명의로 취득하여 소유한 주택은 1주택으로 본다(국세청 상담사례, 2012. 08. 20.).

b. 상속받은 주택을 공동 소유하는 경우에는 상속지분이 가장 큰 자의 주택으로 본다(소령 155조 3항).

④ 1세대 1주택의 특례

가. 일시적 2주택

국내에 1주택을 소유한 1세대가 종전의 주택 취득한 날로부터 1년 이상이 지난 후에 또 다른 주택을 취득한 경우 기존의 다른 주택을 3년 내에 양도할 때에는 1세대 1주택의 양도로 보아 비과세된다.

나. 상속으로 인한 1세대 2주택

상속받은 주택이 다음에 해당하고 피상속인이 국내에 1세대 1주택이었을 경우, 기존의 주택을 양도하는 경우, 2년 이상 보유한 주택이라면 비과세된다.

※ 상속받은 주택의 요건
ⅰ 피상속인의 소유기간이 가장 긴 주택일 것
ⅱ 소유기간이 같으면 피상속인의 거주기간이 가장 긴 주택일 것
ⅲ 소유기간 거주기간이 같으면 상속개시 당시 피상속인이 거주한 주택일 것
ⅳ 소유기간이 같고 거주사실이 없을 때는 기준시가가 가장 높은 주택일 것

다. 노부모 부양을 위한 1세대 2주택의 겨우

동거봉양을 위해 세대를 합친 경우 합친 날로부터 5년 이내 먼저 양도하는 주택은 양도일 현재 보유기간이 2년 이상이라면 비과세한다.

라. 혼인으로 인한 1세대 2주택의 경우

혼인한 날로부터 5년 이내에 먼저 양도하는 주택은 양도일 현재 2년 이상 보유한 것이라면 비과세

마. 농어촌 주택 보유로 인한 1세대 2주택

1세대 1주택 보유자가 수도권 이외의 읍·면소재지(도시계획구역 제외)의 다음 농어촌 주택을 보유하게 된 경우, 기존의 1주택을 2년 이상 보유한 후 양도한 경우 비과세 된다.

※ 농어촌 주택에 포함되는 주택

a. 이농주택 - 농·어업에 종사하며 취득 후 5년 이상 거주한 사실이 있는 주택을 전업으로 거주하지 못하게 된 주택

b. 귀농주택

귀농 후 3년 이상 농·어업에 종사하며 거주하는 주택

c. 상속받은 주택

피상속인이 취득 후 5년 이상 거주한 사실이 있는 주택

d. 일반 농어촌 주택 및 고향주택을 일정기간 중에 취득하고 3년 이상 경과 시, 기존의 일반주택 양도 시

※ 일반 농어촌 주택(2003. 8. 1.~2017. 12. 31. 기간)

고향주택(2009. 1. 1.~2017. 12. 31. 기간)

바. 재개발·재건축 조합원의 입주권양도

양도일 현재 다른 주택이 없는 경우 입주권양도도 1세대 1주택 양도처럼 비과세한다.

⑤ 보유기간 특례: 보유기간을 2년 이상 채우지 않아도 1세대 1주택 비과세 특례를 적용

가. 임대주택

임대주택법에 의한 건설임대주택을 취득하여 양도하는 경우로서 임차일로부터 양도일까지의 거주기간이 5년 이상인 경우

나. 공공사업용으로 협의 매수·수용된 경우

다. 국외이주를 위해서 양도하는 경우

라. 재개발·재건축 주택으로 이주하기 위해 양도하는 경우

사. 부득이한 사유로 양도하는 주택

취학, 직장변경, 1년 이상 치료나 요양이 필요하여 1년 이상 거주한 주택을 양도하고 세대원 전원이 다른 시·군으로 이주하는 경우

(7) 양도소득세 감면

① 농지의 대토에 의한 양도소득

대토로 인하여 발생하는 소득에 대해서 양도소득세를 면제받기 위해선 3가지 요건이 충족돼야

가. 대토시기

 a. 양도 후 새 토지 취득하는 경우 - 양도일부터 1년 이내에 새로운 토지 취득할 것

 b. 새 토지 취득 후 양도하는 경우 - 취득일로부터 1년 이내에 종전의 농지를 양도할 것

나. 대토범위

새 토지가 양도한 농지면적의 1/2 이상일 것

새 농지가액이 양도한 농지가액의 1/3 이상일 것

다. 자경기간

새 토지를 3년 이상 재촌·경작해야 한다.

② 8년 이상 경작한 토지의 양도

가. 농지소재지에 거주하는 거주자가 8년 이상 경작한 농지를 양도하면 양도소득
   세가 1년간 1억 원 (5년간 3억 원)을 한도로 감면한다.
나. 거주자가 비거주자가 된 경우 비거주자가 된 날로부터 2년 이내 양도하는 경
   우, 감면허용

③ 공공사업용 토지

공공사업에 필요한 토지 등을 공공사업의 시행자에게 양도하거나 도정법에 의하여
사업시행자에게 양도하는 경우 현금보상에 대해서는 10%, 채권보상의 경우는 15%
의 양도소득세를 감면한다.

④ 준공공임대주택에 대한 양도소득

a. 2017년 12월 31일까지 임대주택을 취득하고
b. 취득일로부터 3개월 이내에 준공공임대주택으로 등록한 후
c. 10년 이상 준공공임대주택으로 임대 후 양도 시
   ----->양도소득 100% 감면
   8년 이상 임대: 장기보유 특별공제 50%
   10년 이상 임대: 장기보유 특별공제 60%

2. 취득세

(1) 의의

부동산취득세는 부동산의 취득행위에 대하여 취득한 부동산의 가치를 세원(稅源)
으로 하여 징수하는 조세를 말한다. 부동산 취득세는 실거래가와 전용면적을 기준으
로 부과가 된다.

취득세 = 취득세+ 지방교육세+ 농어촌 특별세 (85㎡ 이하의 주택은 면제)

(2) 취득세 세율표: 취득원인과 취득면적에 따라 다음과 같이 도표화 할 수 있다

취득원인 / 세금과 부과세			취득세	지방교육세	농·특세	합계(%)
주택	6억 원 이하	85㎡ 이하	1%	0.1%		1.1
		85㎡ 초과	1%	0.1%	0.2%	1.3
	6억 원 이상~ 9억 원 이하	85㎡ 이하	2%	0.2%		2.2
		85㎡ 초과	2%	0.2%	0.2%	2.4
	9억 원 이상	85㎡ 이하	3%	0.3%		3.3
		85㎡ 초과	3%	0.3%	0.2%	3.5
상가, 오피스텔, 토지 (농지 제외)			4%	0.4%	0.2%	4.6
농지	매매취득(신규)		3%	0.2%	0.2%	3.4
	2년 이상 자경		1.5%	0.1%		1.6
상속	농지		2.3%	0.06%	0.2%	2.56
	농지 외		2.8%	0.16%	0.2%	3.16
무상취득(증여)			3.5%	0.3%	0.2%	4.0
원시취득(신축, 증축)보존			2.8%	0.2%	0.2%	3.16
공유물 분할			2.3%	0.06%	0.2%	2.56
가등기			0.2%	0.04%		0.24

(3) 취득세 계산 사례

◆ 아파트를 5억 5000만 원에 매입 시

　85㎡ 이하: 5억 5000만 원 X 1. 1% = 6,050,000원

　85㎡ 초과: 5억 5000만 원 X 1. 3% = 7,150,000원

◆ 아파트를 12억 원에 매입 시

　85㎡ 이하: 12억 원 X 3. 3% = 39,600,000원

　85㎡ 초과: 12억 원 X 3. 5% = 42,000,000원

◆ 시가 12억 원의 아파트를 증여받을 시

　12억 원 X 4% = 48,000,000원 (면적 상관없음)

(4) 납부시기

부동산을 취득한 날로부터 60일 이내 취득세, 농특세(농어촌 특별세), 지방교육세를 포함한 합계액을 신고·납부해야 한다(상속의 경우 상속 개시일로부터 6개월 이

내 신고). 기한이 지나면 신고 불성실 가산세 20%가 붙는다. (납부 불성실 가산세는 늦을 경우, 하루마다 0.03의 가산세가 붙음)

3. 재산세

(1) 의의

재산세는 과세 기준 매년 6월 1일 부동산을 소유하고 있는 사람에게 부과되는 세금이다. 1년에 2회 (7월, 9월) 고지된다.

(판단근거: 잔금지급일, 소유권 이전 등기일 중 빠른 날 기준)

※ 주택이나 토지를 매매할 때 매도자 입장에서는 6월 1일 이전에 하는 것이 유리하고 매수자 입장에서는 6월 1일 이후에 사는 것이 유리하다.

(2) 과세표준

시가가 아닌 시가표준액을 기준으로 부과가 된다.

시가표준액은 세금을 부과할 때 적용되는 표준금액으로 일반주택의 경우는 매년 고지되는 개별주택가격, 공동주택가격을 말하고 토지는 개별공시지가를 말한다.

정부에서 매년 전국의 부동산을 가치 평가한다.

(3) 재산세 세율표

과세/과세표준 및 세율	과세표준	세율(%)	기타
주 택	6천만 원 이하	0.1	별장 4
	1억 5천만 원 이하	6만 원+6천만 원 초과금액의 0.15	
	3억 원 이하	19만5천 원+ 1.5억 원 초과금액의 0.25	
	3억 원 초과	57만 원+3억 초과금액의 0.4	
건 축 물	골프장·고급오락장	4	과밀억제권역안의 공장 신·증설(5년 간 1.25)
	주거지역 및 지정지역 내 공장용 건축물	0.5	
	기타 건축물	0.25	

(4) 재산세 계산

재산세 = 과세표준 x 세율

4. 증여세

(1) 부동산 증여세

부동산 증여세는 타인으로부터 무상으로 부동산을 취득하는 경우, 취득자에게 무상으로 받은 재산가액을 기준으로 부과하는 세금이다.

(2) 과세대상

증여세의 과세가액은 증여일 현재 증여재산 가액을 합친 금액에서 그 증여재산에서 담보된 증여자의 채무로서 수증자가 인수한 금액을 뺀 금액을 과세가액으로 한다. 해당 증여일 전에 10년 이내에 동일인으로부터 받은 증여재산 가액을 합친 금액이 1천만 원 이상인 경우 그 가액을 증여세 과세가액에 기산한다.

(3) 과세 표준 및 세율

과세표준/세율	세율(%)	누진세율
1억 이하	10	무
1억 초과~5억 이하	20	1000만 원
5억 초과~10억 이하	30	6,000만 원
10억 초과~30억 이하	40	1억 6천만 원
30억 초과	50	4억 6천만 원

(4) 증여세 면세, 비과세

① 증여재산을 반환하거나 재증여한 경우

증여 후 당사자 간의 합의에 따라 증여세 신고기한 이내에 반환하는 경우, 증여받

은 사람이 증여세 신고기한 경과 후 3개월 내에 증여자에게 다시 반환 또는 재증여하는 경우

② 농지 등에 대한 증여세 감면

a. 자경농민이 영농자녀에게 농지 등을 2020년 12월 31일까지 증여하고 증여세과세표준 신고 기한까지 감면신청을 하는 경우 증여세를 감면한다(5년간 1억 원 한도).

b. 국토의 계획 및 이용에 관한 법률에 따른 주거, 상업지역 및 공업지역 외에 소재하는 농지

c. 택지개발 촉진법에 다른 택지개발 예정지구, 조세특례법 시행령에서 정하는 개발 사업지구로 지정된 지역 외에 소재하는 농지 등

③ 공익법인 등이 출연 받은 재산

사회복지 및 공익을 목적으로 하는 공익법인 등이 출연 받은 재산에 대해서 증여세를 과세하지 않는다.

④ 장애인이 증여받은 재산의 과세가액 불산입 및 비과세

장애인이 증여받은 금전, 부동산 등을 해당 장애인이 지급받을 때에는 5억 원까지 증여세를 부과하지 않는다.

5. 종합부동산세

(1) 의의와 목적

지방자치단체가 부과하는 종합토지세 외에 일정한 기준을 초과하는 토지와 주택의 소유자에 대해서 국세청이 별도로 누진세율을 적용하여 부과하는 조세이다.

고액의 부동산 보유자에 대하여 종합부동산세를 부과하여 부동산 보유에 대한 조세부담의 형평성을 제고하고, 부동산 가격안정을 도모함으로써 지방재정의 균형발전과 국민경제의 건전한 발전에 기여함을 목적으로 한다.

(2) 종합부동산세 대상

① 주택(주택의 부속토지포함):

　6억 이상 / 1세대 1가구 - 9억 이상

② 토지: 종합 합산 토지(나대지, 잡종지 등) – 5억 이상

　별도 합산 토지(상가사무실 부속 토지) - 80억 이상

▶ 주택 이외의 건물에는 적용되지 않는다. (상가건물 제외, 상가건물용 토지만 적용)
▶ 9억 미만의 1주택이나 주택 총 가격이 6억 미만인 주택은 종합부동산세 대상과 무관.
▶ 종합부동산세는 주택과 토지에만 적용된다.
▶ 건물이 지어진 토지는 80억 이상부터 종합부동산세 대상이 된다.

(3) 공정시장가액 비율

세금을 부과하는 기준인 과세표준(과표)을 정할 때 적용하는 공시가격의 비율
　주택가격의 시세와 지방재정의 여건, 납세자의 납세 부담 등을 고려하여 그 비율을 결정

(4) 과세표준 및 세율

과세대상/과세표준 및 세율		과세표준	세율(%)	누진 공제
주택		6억 원 이하	0.5	무
		6억 원 초과~12억 원 이하	0.75	-150만 원
		12억 초과~60억 이하	1	-459만 원
		50억 초과~94억 이하	1.5	-2950만 원
		94억 초과	2	-7650만 원
토지	종합합산	15억 이하	0.75	
		15억 초과~45억 이하	1.5	-1125만 원
		45억 초과	2	-3375만 원
	별도합산	200억 이하	0.5	
		200억 초과~400억 이하	0.6	-2000만 원
		400억 초과	0.7	-6000만 원

(5) 종합부동산세액 계산

① 종합부동산세 = 과세표준(시가표준액×공정시장가액 비율 80%)×세율-누진공제액

② 종합부동산세액 = 주택에 대한 종합부동산세액+토지에 대한 종합부동산세액

※ 분리과세 대상 토지는 종합부동산세가 과세되지 않는다.

- 분리과세토지에 해당하는 농지, 임야, 목장용지의 조건

① 과세기준일 현재 실제 영농에 사용하는 농지, 임야, 목장용지

② 시지역의 도시지역 내 개발제한구역과 녹지지역 안에 소유하는 개인소유 농지, 임야, 목장용지

③ 농지와 읍·면 지역에 소재하는 개인소유 농지, 임야, 목장용지

※ 도시지역 내 주거지역, 상업지역, 공업지역 등에 위치하는 토지는 종합합산토지에 해당한다.

(6) 종합부동산세 공제

① 고령자 공제

만 60세 이상~만 65세 미만 = 10%

만 65세 이상~만 70세 미만 = 20%

만 70세 이상 = 30%

② 장기보유 특별공제

5년 이상~10년 미만 = 20%

10년 이상 = 40%

③ 종합부동산세 합산배제

임대주택이나 사원용 주택, 미분양주택, 토지 등 일정한 요건을 갖춘 부동산에 대하여 종합부동산세를 면제해주는 제도이다.

제9장
중개업무능력
강화방안

1. 중개업무능력의 강화 방안

(1) 부동산 전자계약 시스템 도입에 따른 업계 영향 및 대응 방안

: 2016년 5월 시범실시 이후 8월 전국 확대시행 중에 있고 다음과 같은 행정편의와 혜택이 있으므로 적극 활용하는 게 고객에게 믿음을 줄 수 있다.

① 계약서 위조나 변조를 사전에 미리 방지할 수 있고, 무자격, 무등록 불법 중개행위를 차단할 수 있으며, 개인정보 암호화로 안전한 거래를 할 수 있다.

② 계약체결 후에 행정기관을 방문하지 않아도 실거래 신고 및 확정일자 신고가 자동으로 처리된다. 따라서 매매의 경우, 늦은 거래신고로 과태료를 받을 일도 없게 된다.

③ 계약서 확인이 손쉬우며, 종이계약서를 따로 보관하지 않아도 공인된 문서보관센터에 보관하게 되니, 계약서 분실 우려가 없고, 언제든 열람과 출력이 가능하게 된다.

④ 전자계약 진위 확인시스템을 통하여 주택도시기금 수탁은행(우리·국민·신한·기업·하나·농협은행)의 계약체결 이후 주택 매매 및 전세자금대출 시 0.2~0.3p 정도의 추가 금리 인하 혜택이 있고, 5천만 원 이내의 대출 시, 최대 30% 신용대출금리 할인 혜택이 있다.

⑤ 또한 중개수수료는 5개월 무이자 카드할부결제가 가능하고, 등기 수수료(전세권 설정등기, 소유권이전 등기 등)도 30%나 절감, 5만~10만 원대의 캐시백 혜택도 제공된다.

⑥ 대학생, 사회초년생, 신혼부부 임차인에겐 건당 중개보수 20만 원을 선착순으로 지원해 준다고 한다.

(2) 법률시장 개방에 따른 개업공인중개사 경쟁력 제고 방안

① 국내의 부동산 중개업무는 부동산 중개라는 단일 서비스만 제공하나 선진국 특히 미국의 글로벌 종합 서비스 기업들은 부동산 중개를 포함한 금융, 건설, 매매에 따른 행정수속 대행 등 부동산 종합서비스를 제공하고 있다. 시장개방 시 국내중개업은 대규모 자본과 종합서비스능력을 갖춘 선진업체에 비해 수세에

몰릴 것으로 예상된다.

② 부동산 종합서비스 인증제를 도입하여 대응하려 하고 있다.

부동산 중개업을 중점으로 하는 모기업과 금융평가 자문 관리 등 관련부동산 서비스를 제공하는 2개 이상의 자(子)기업을 가진 업체에 인증과 인센티브를 제공하려는 안을 마련 중이다

(3) 부동산 시장의 전망에 따른 투자의 나침판을 그리는 능력을 키우는 방안

전국의 발전축이나 개발계획에 따른 부동산 시장 전망을 예측해보고 검증하는 훈련 필요

변별력 있는 안목을 가지고 고객에 올바른 전달 능력을 키워야 한다. 경제지와 정보 연구를 통한 통찰력 키우기. 지역밀착형 한계 극복.

(4) 고객과 상호 윈−윈 관계 유지와 지속적 상승관계를 추구하는 방법으로서의 경·공매론

일반중개로 인한 매수투자자의 위험을 감소시켜주고 편익적 관계가 아닌 상호 도움이 되게 하여 진성의 고객구축에 유리한 게 경매이다. 부동산 경매시장은 언제나 갭 투자 시장이다.

(5) 토털 서비스 제공 능력 함양

세무, 등기, 부동산 공법능력 함양

2. 중개업무능력 강화방안으로서의 부동산경매론 일반

(1) 부동산 경·공매의 장점

① 매수단계서 수익

(유망물건 시 시너지효과)

② 소자본 접근 용이

(금융 레버리지 용이)

③ 환금성 극복

④ 계약 주도권

⑤ 부동산거래 규제 회피

(토지거래허가 등)

(2) 경매의 단점과 그 극복 방안

① 권리 분석

(경매이론서 통한 극복)

② 명도

(물리적 시간을 요함)

③ 초보자의 접근법

(전문가를 통한 간접경험과 취급분야 확대)

제10장

부동산 경매론 1

1. 권리 분석론

(1) 권리분석과 컨설팅의 필요성

경매법정에 꽉 찬 사람들을 보면 부동산 경매에 대한 일반인들의 관심에 새삼 놀라게 된다. 이미 투자의 수단으로서는 물론이고 실수요자들도 경매시장이 관심대상이란 점에서 놀랄 것도 없지만 법정에서 흔하게 일어나는 초보자(?)의 사건, 사고 (2006. 2월 울산에서 있었던 32평 아파트를 약 5천억에 입찰가액을 써낸 경우)를 보면 걱정이 앞서게 된다.

부동산경매 또한 자기책임으로 하는 경제활동이란 측면에서 책임이 따르면 그만이지만 조금만 더 물건분석과 권리분석에 충실히 했더라면 위험을 회피할 수 있을 텐데, 그 컨설팅 비용이 아까워서 스스로를 전문가라 칭하며 의욕적(?)으로 응찰하는 용감한 사람들이 주변에 적지 않게 있는 듯하다.

나도 물건을 고를 수 있고, 공부할 만큼 했고 입찰 절차도 충분히 익혔는데 경매컨설팅업체에 아까운 수수료를 지불하면서까지 컨설팅을 의뢰할 필요가 있느냐 하는 것이다.
그러나 사고는 완전초보보다는 약간의 입찰 경험과 갓 경매교육과정을 이수한 사람들에게서 자주 발생한다.

경매는 그 특성상 입찰에서 명도까지 각 단계마다 숱한 함정들이 도사리고 있다. 충분히 공부하고 실전을 다진 경험이 있는 사람이야 자기책임이라 하겠지만, 단지 비용이 아까워서 전문가의 도움을 받지 않는 사람들은 한 번의 실수로 돌이킬 수 없는 경우에 이를 수 있다.

여기에 정확한 권리분석의 필요성이 있다. 더욱이 전문가의 도움으로 충분히 위험을 고지 받고 경매에 임한다면 부동산 경매는 재테크의 훌륭한 수단으로 활용할 수 있다.

(2) 말소기준권리

① 의의

권리의 소멸, 인수되는 권리의 기준이 되는 등기이다.

말소기준등기로는 저당권, 근저당, 담보 가등기, 압류등기, 가압류등기, 경매신청기입등기이다.

② 말소되는 권리

말소기준등기 이후에 등기된 지상권, 지역권, 전세권, 등기된 임차권은 모두 말소된다(말소기준등기보다 선순위 지상권, 지역권, 전세권, 보전 가등기, 가처분, 환매등기 등은 매수인에게 인수되는 권리이다).

즉, 말소기준등기뿐만 아니라 말소기준등기에 대항할 수 없는 권리는 모두 말소된다.

③ 예외

가. 전세권등기의 경우에는 기준권리보다 앞서서 등기된 경우라도 전세권자가 경매신청채권자인 경우이거나 전세권자가 배당 요구를 하면 매각으로 소멸한다. 물론 기준권리보다 후순위 전세권은 말소된다.

나. 기준권리와 상관없이 매수인은 유치권으로 담보하는 채권을 변제할 책임이 있다.(민사집행법 제91조 제5항)

다. 기준권리와 상관없이 예고등기는 매수인이 인수한다.

라. 기준권리와 상관없이 매각에 의하여 건물의 경우 법정지상권이 성립하기도 하고, 토지의 경우 법정지상권의 대항을 받기도 한다.

마. 담보 가등기일지라도 경매기입등기일 이전에 청산기간(2월)을 지나, 청산금을 지급한 경우에는 담보 가등기권자는 소유권이전청구권을 갖게 되므로 보전 가등기로 보고 권리분석을 하면 된다.

1984. 1. 1. 이전의 가등기는 담보 가등기일지라도 순위보전효력이 있기 때문에 비

록 선순위일지라도 말소기준권리가 될 수 없다.

바. 전 소유자에 대한 가압류

a. 전 소유자의 가압류권자가 경매신청을 한 경우에는 전 소유자의 가압류등기나 현 소유자의 가압류등기는 배당으로 소멸한다.

b. 현 소유자의 가압류권자가 경매신청을 한 경우에는 전 소유자의 가압류권자는 배당에 참가할 수 없어 배당을 받을 수 없고 매수인이 인수해야 한다. 단, 전 소유자의 가압류등기 전에 저당권 등 담보 물권이 설정된 경우라면 전 소유자의 가압류권자가 경매를 신청하든, 현 소유자의 채권자가 경매를 신청하든 말소된다.

c. 전 소유자의 가압류등기 이후에 담보 물권이 설정된 후 소유권이 이전된 경우에는 현 소유자의 채권자가 경매를 신청한 경우에는 전 소유자의 가압류등기는 말소되지 않는다.

물론 이 경우에도 전 소유자의 가압류권자가 경매를 신청한 경우라면 말소된다.

2. 주택임대차보호법

(1) 주택임대차보호법 적용범위 (주택임대차보호법 § 2)

① **주거에 사용되는 건물의 전부 또는 일부**에 적용된다(주택§2)

주거용 건물인지의 여부는 공부상의 기재에 의한 형식적 기준으로 판단할 것이 아니라 그 실지 용도에 따라 합목적적으로 판단한다. 그리고 무허가 건물, 미등기 건물, 부속건물, 다가구주택의 옥탑, 전유부분에 딸린 공유부분, 지하실 방, 오피스텔(주거용으로 임차한 경우) 등에도 임대차보호법이 적용된다.

② 주택의 일부가 주거 외의 목적으로 사용되는 겸용 주택의 경우

건물의 사용목적, 임차인의 건물의 이용관계, 주거용 건물이 차지하는 면적, 임차인의 일상생활을 영위하는 **유일한 주거공간인지** 여부를 고려하여 주택임대차보호법 적용여부를 판단한다.

③ 개인이나 국민주택기금을 재원으로 임대주택을 지원하는 법인뿐만 아니라 직원용 주택을 임차하는 중소기업 법인까지 주택임대차보호법 적용범위를 확대하였다(2014. 1. 1. 시행).

또한 이 법 시행 당시 존속 중인 임대차에도 적용된다.

※ 주택임대차보호법 적용건물인지 여부에 관한 판례

가. 방 2개와 주방이 딸린 다방에 관한 판례

방 2개와 주방이 딸린 다방이 영업용으로서 비주거용 건물이라고 보이고, 설사 그중 방 및 다방의 주방을 주거목적으로 사용한다고 하더라도 이는 어디까지나 다방의 영업에 부수적인 것으로서 그러한 주거목적 사용은 비주거용 건물의 일부가 주거목적으로 사용되는 것일 뿐, 주택임대차보호법 제2조 후문에서 말하는 "주거용 건물의 일부가 주거 외의 목적으로 사용되는 경우"에 해당한다고 볼 수 없다(대판 95다 51953).

나. 인쇄소 또는 슈퍼마켓 안에 방이 딸린 경우

건물이 공부상으로는 단층 작업소 및 근린생활시설로 표시되어 있으나 실제로는 '갑'은 주거 및 인쇄소 경영을 목적으로, '을'은 주거 및 슈퍼마켓 경영을 목적으로 임차하여 **가족들과 함께 입주**하여 그곳에서 **일상생활을 영위**하는 한편, 인쇄소 또는 슈퍼마켓을 경영하고 있으며,

'갑'의 경우는 주거용으로 사용하는 부분이 비주거용으로 사용되는 부분보다 넓고, '을'의 경우는 비주거용으로 사용되는 부분이 더 넓기는 하지만 **주거용으로 사용되는 부분도 상당한 면적이고**, 위 각 부분이 '갑'·'을'의 **유일한 주거인 경우** 주택임대차보호법 제2조 후문에서 말하는 **주거용 건물에 해당된다**(대판 94다 52522).

④ 주택임대차보호법 적용여부는 **임대차 계약체결 당시를 기준으로** 한다.

따라서 비주거용으로 계약한 자가 임의로 주거용으로 개조하여 사용한 경우에는 임대인이 주거용 건물로 사용해도 좋다는 승낙이 없는 한 주택임대차보호법이 적용되지 않는다(대판).

⑤ 일시사용을 위한 임대차임이 명백한 경우에는 본 법의 적용이 배제된다(주택임대차보호법§11).

(2) 대항력 (주택임대차보호법 § 3)

① 임대차보호법상의 대항력이란

임대차부동산이 매매나 경매 등으로 소유자가 변경되는 경우에도 새로운 소유자에 대하여 계속하여 임차권을 주장할 수 있는 권리를 말한다.

따라서 임차인은 보증금 중 일부라도 반환받지 못한 경우 임차한 건물에서 보증금을 전부 반환받을 때까지 물러나지 않겠다고 주장할 수 있다.

② 대항력 발생시점

가. **주택의 인도와 주민등록(전입신고일)**을 마친 때의 **그 다음날 0시부터**이다. 주택의 인도에는 현실의 인도뿐만 아니라 간이 인도, 주택반환청구권의 양도에 의한 인도, 점유개정(소유자가 집을 매도하고 임차인으로 계속 점유)으로 인한 인도도 포함된다.

나. 법인 명의로 계약하고 법인직원이 전입신고를 한 경우 법인은 대항력이 없다. 주택임대차보호법은 개인의 주거생활의 안정을 보호하려는 취지에서 제정된 것이지 법인을 보호대상으로 삼고 있지 않기 때문이다.

다. 외국인의 경우에는 전입신고 대신 출입국관리법에 의한 '**외국인등록**'을 하고 체류지 변경신고를 하면 주민등록을 한 것으로 본다. 외국인등록은 외국인등록 표의 기재·작성을 말한다.

라. 단독주택(다가구주택)은 지번만 정확히 전입신고 하여도 대항력이 있으나, 다세대, 연립, 아파트 등 집합건물의 경우에는 지번뿐만 아니라 동, 호수까지 정확히 기재해야 대항력이 있다.

※ 전입신고의 대항요건으로서의 유효성 판단

① 원룸 등 다가구용 단독주택이나 거주자의 **편의상 호수를 구분하여둔 다가구용 단독주택**은 건축법이나 주택건설촉진법상 이를 공동주택으로 볼 근거가 없어 단독주택으로 보아야 하는 이상 **전입신고는 지번만 기재하는 것으로 충분하다.** 동 건물 중 종전에 임차하고 있던 부분에서 다른 부분으로 옮기면서 옮긴 부분으로 다시 전입신고 하더라도 마찬가지이며 지층 1호를 소유자나

거주자들이 부르는 대로 1층 1호로 연립-101호라고 전입신고 했더라도 임대차의 공시방법으로 유효하다(대판 97다 47828, 대판 97다 29530).

② **신축 중인 연립 주택** 중 1세대를 임차한 자가 전입 신고함에 있어서 호수를 기재하지 않은 채 **지번만으로 전입신고한 후** 연립주택에 관하여 준공검사가 이루어지면서 건축물 관리대장이 만들어지고 이때 **다시 호수를 기재 정정신고를 한 경우** 최초의 전입신고는 임대차의 공시방법으로 유효한 것이라 볼 수 없다(대판 99다 66212). 이때는 후 **정정하여 신고한 때부터 유효한 공시방법으로 보아야 할 것**이다.

※ 가장 임차인의 판단과 대응

임대차와는 무관하지만 임차인으로 오인될 소지가 있는 임차인(주민등록 등재자)이 있는 경우, 소유자 또는 채무자가 친·인척 등을 전입시켜 허위의 임대차를 주장하는 등의 사유 생길 때 그 가장 임차권을 배제시키는 게 문제이다.

① 가장 임차인의 의심이 가는 경우 관리사무실이나 이웃 등에 탐문하여 임차인 또는 소유자의 **친 인척인지 여부를** 조사(소유자와 임차인의 호적등본을 통하여)하거나 채권은행담당자에게 문의하여 **대출 시 조사한 선순위 임대차 유무확인서를 통해** 가려내는 것이 좋다.

② 법원실무에서는 **부부 사이 및 부모와 미성년자녀 사이의 임대차 관계는 인정하지 않지만** 기타 **형제간이나 부자간, 친인척 간에는 실체적 진실에 따라 판단한다.**

실체적 진실관계를 다투는 방법으로는 채권은행의 임대차관계 확인서나
보증금의 영수관계에 대한 자료제출요구, 임대차 계약서 작성자의 작성경위 및 대금지급 여부 등을 추궁하는 방법 등이 있을 것이다.

③ 가장 임차인에 대한 소명자료를 해당 경매계에 제출하면서 **배당제척을 신청**한다.

④ 집행법원 판사(경매계)가 배당제척을 받아들이지 않을 경우, 배당기일에 참석하여 **배당표에 대한 이의를 신청**한 후 7일 이내에 **배당이의의** 소를 제기하여 배당에서 제외시킨다.

⑤ **기타 형사상 책임**을 물어 고발조치도 가능하다.

③ 대항력의 유지

가. 주민등록이라는 대항요건은 임차인 자신뿐만 아니라 그 배우자나 자녀 등 가족의 주민등록도 포함된다. 따라서 가족 중 일부의 주민등록을 남겨 두고 임차

인만 주민등록을 다른 곳으로 옮긴 경우에도 대항력은 유지된다.

나. 대항력 있는 임차인이 임차권을 임대인의 동의하에 양도 또는 전대한 경우 임차인이 갖는 대항력은 유지된다.

다. 계약기간이 만료되었으나 임대인이 보증금을 반환해주지 않는 경우 임차인이 임차권등기 후(임차권등기 신청 후가 아님) 다른 곳으로 이사했더라도 전에 취득했던 대항력 및 우선변제권이 유지된다.

라. 주민등록이 임차인의 의사에 의하지 않고 제3자에 의하여 임의로 이전되었고 그와 같은 사유에 대하여 임차인에게 책임을 물을 만한 사유도 없는 경우, 임차인이 이미 취득한 대항력은 주민등록이전에도 불구하고 그대로 유지된다(대판 2000다 37012, 대판 2000. 4. 21. 선고 2000다 1549).

(3) 임차인의 우선변제권

① 임차인의 우선변제권의 의의

가. 대항력 요건(주택의 인도 + 주민등록전입신고)과 임대차 계약서상 **확정일자**(등기소 또는 동사무소)를 받은 임차인은 임차주택이 경매나 공매로 매각되는 경우 임대차 관계의 종료로 발생하는 보증금반환채권을 매각대금으로부터 후순위 권리자 기타 채권자보다 우선하여 배당 받을 수 있는 권리이다.

나. 또한 보증금반환채권을 양수받은 금융기관에도 우선변제권이 인정되어 보증금반환채권의 담보력이 강화되어 목돈 안 드는 전세제도의 실현이 가능해지고 영세자영업자의 자금융통부담도 경감되었다.
그리고 임대인이 계약종료 시에 보증금을 반환해 주지 않은 경우, 금융기관에 보증금 반환채권을 담보제공하고 전세자금을 대출받아 보증금을 지급할 수 있도록 하여 제때 이주를 가능토록 하였다.

② 우선변제권의 행사요건

(주택의 인도와 주민등록전입) **대항요건**과 민법부칙 제3조 소정의 **확정일자**를 받아야 한다.

우선변제권을 행사하기 위해서는 매각결정기일까지 대항요건을 유지(주민등록상 전입유지 및 실제 점유유지)해야 한다.

그러나 매각결정 확정 후에도 경매절차가 취소되거나 취하될 수 있고 매수인이 매수대금을 납부하지 않을 수 있기 때문에 매각대금완납 시까지 대항요건을 유지하는 것이 바람직하다.

※ 소액보증금 최우선변제권의 요건

보증금의 일정액의 최우선변제권은 확정일자를 받지 않아도 행사할 수 있다. 다만, 최우선변제권을 행사하기 위해서는 경매신청기입등기일 전에 주민등록을 마쳐야 한다.

③ 배당 요구

우선변제권을 행사하기 위해서는 '배당요구종기일'까지 배당요구를 해야 한다. 임차인이 경매신청채권자라면 경매신청이 배당요구로 간주되므로 배당요구를 할 필요 없이 배당된다.

배당요구종기일 이후에는 배당요구 여부에 따라 매수인이 인수 부담하는 것이 다르게 될 경우에는 이미 행한 배당요구를 철회할 수 없다.

만약 임차인이 배당요구를 하지 않음으로써 배당에서 제외된 경우, 배당 받은 '후순위채권자'를 상대로 부당이득반환청구권행사도 할 수 없다.

따라서 선순위 임차권자라면 매수자에게 대항력을 행사할 수 있겠지만 매각으로 소멸하는 후순위 임차권인 경우 대항력도 행사할 수 없으므로 배당요구를 해야 배당순서로 배당 받을 수 있으므로 반드시 배당요구를 해야 한다.

④ 우선변제권의 발생 시기

대항요건의 기준시점(주택인도+전입일 중 늦은 날의 익일)과 **확정일자** 중 **나중의 날**을 기준으로 우선변제권이 발생된다.

우선변제권은 그 요건을 갖춘 날로부터 발생한다.

가. 주택의 인도와 주민등록일 이후 확정일자를 받은 경우에는 확정일자를 기준으로 우선변제권이 발생한다.

나. 확정일자를 받은 이후에 주택의 인도와 주민등록을 마친 경우에는 주민등록을 마친 그 다음날 0시에 우선변제권이 발생된다.

따라서 주택의 인도와 주민등록을 한 날에 확정일자도 받은 경우, 같은 날 저당권이 설정된 경우에는 저당권이 선순위이고 다음날 저당권이 설정된 경우에는 확정일부 임차인이 선순위로 배당된다.

또한 주택의 인도와 주민등록일 다음날에 확정일자를 받고 확정일자를 받은 날에 저당권이 설정된 경우에는 채권액에 비례하여 안분 배당된다.
(저당권과 우선변제권 발생일이 동순위일 경우임)

다. 등기부상 소유자가 부동산 매매계약을 체결한 다음, 매수인과 임대차계약을 체결하고 그 후 소유권이전등기를 경료 한 경우(점유개정의 경우) 임차인으로서의 대항력은 소유권이 이전된 날 다음날 0시부터 대항력이 발생한다.
소유권이전등기가 된 날이 유효한 공시방법이기 때문이다.

라. 미등기상태 주택의 임차인에게도 우선변제권을 인정함으로써 우선변제권 인정 범위를 확대하였다(대법원 전원 합의체 판결).

⑤ 임대차기간 중 보증금을 증액한 경우

임대차기간 중 보증금을 증액한 계약서를 작성한 경우 **증액한 계약서상에 확정일자를 받으면 그날로부터 증액한 부분의 우선변제권이 발생**한다.
다만, 증액한 계약서를 새로 작성하였더라도 최초의 계약서를 폐기하거나 분실하지 않도록 잘 보관하여야 한다.

⑥ 우선변제를 받는 대상

대지를 포함한 건물의 매각대금으로부터 우선변제를 받는다. 건물에 대한 경매가 취하되어 대지만 매각되더라도 대지의 매각대금으로부터 우선변제를 받는다.

⑦ 우선변제 되는 보증금

계약서상 보증금 전액이다.

⑧ 선순위 임차인의 배당요구 여부와 경매참가자의 선택

가. 현행 주택임대차보호법 제3조의 5에 의하면 임차주택에 대하여 민사집행법에 의한 경매로 매각될 경우 매각에 의하여 임차권이 소멸하는 것을 원칙으로 하고 있다. 다만, 대항력 있는 임차권자는 보증금의 전액을 변제받지 못한 경우 대항력을 행사할 수 있을 뿐이다.

나. 임차인은 배당요구종기일 전에 배당요구나 배당요구철회를 할 수 있다. 종기일 이후에는 철회할 수 없다.

다. 선순위 임차인이 배당요구를 하지 않은 경우
  매수자는 선순위 임차인의 보증금 전액을 인수해야 하므로 그 보증금만큼 감액하여 입찰에 참가해야 손실이 없다.

라. 선순위 임차인이 배당요구를 하였으나 일부 배당받지 못한 경우 매수자는 임차인의 보증금 중 배당받지 못한 금액을 인수해야 한다.

마. 저당권 설정등기 후 목적부동산의 제3취득자(지상권자, 전세권자, 대항력 있는 임차권자)는 필요비·유익비를 '배당요구종기일'까지 배당요구 하여 우선변제를 받을 수 있다.

만약, 제3취득자가 배당요구를 하였으나 배당받지 못한 경우 배당받은 후순위 채권자에게 부당이득반환청구권을 행사할 수 있다.

(4) 소액임차인의 최우선변제권

① 의의

임차주택을 소액의 보증금으로 계약한 임차인은 경매나 공매로 매각 시 소액보증금 중 일정액에 대하여는 다른 담보권자보다도 우선하여 배당된다.

② 최우선변제권의 범위

대지가격을 포함한 주택가격의 2분의 1 범위 내에서 배당된다.

③ 최우선변제를 받기 위한 요건

가. 배당요구종기일까지 반드시 배당을 요구하였을 것

나. 경매신청기입등기일 전에 대항요건(주택의 인도 + 주민등록)을 갖추어야 한다. 따라서 경매신청기입등기일 이후에 주민등록을 한 임차인은 최우선변제를 받을 수 없다.

다. 보증금액이 일정금액 이내이어야 한다.

  i) 예컨대 최초 담보 물권 설정일이 2008년 8월 21일 이후라면
      서울과 과밀억제권역: 6,000만 원 이하
      인천광역시를 제외한 광역시: 5000만 원 이하
      기타지역: 4,000만 원 이하의 임대차인 경우만 소액 최우선변제권 대상인 임대차가 된다.

  ii) 예를 들어 최초 담보 물권 설정일이 2010년 7월 26일 이후라면
      서울특별시의 경우는 보증금 7500만 원 이하 2500만 원까지 소액 최우선 변제되고, 과밀억제권에는 보증금 6500만 원 이하 2200만 원까지 보장된다.

라. 정당한 임차인이어야 한다.

마. 우선변제권과는 달리 확정일자는 필요 없다.

바. 배당요구종기일까지 대항요건(주택의 인도+ 주민등록 전입신고)을 유지할 것

※ 소액 최우선변제 보증금 범위 및 최우선 변제액 (단위: 만 원) - 주택

담보 물권 설정일	지　　　역	보증금 범위	최우선변제액
84. 06. 14.~ 87. 11. 30.	특별시, 광역시	300만 원 이하	300만 원까지
	기타지역	200만 원 이하	200만 원까지
87. 12. 01.~ 90. 02. 18.	특별시, 광역시	500만 원 이하	500만 원까지
	기타지역	400만 원 이하	400만 원까지
90. 02. 19.~ 95. 10. 18.	특별시, 광역시	2000만 원 이하	700만 원까지
	기타지역	1500만 원 이하	500만 원까지
95. 10. 19.~ 01. 09. 14.	특별시, 광역시(군 지역 제외)	3000만 원 이하	1200만 원까지
	기타지역	2000만 원 이하	800만 원까지
01. 09. 15.~ 08. 08. 20.	수도권 과밀억제권(서울, 인천, 의정부, 구리, 남양주, 하남, 고양(일산), 수원, 성남(분당), 안양, 부천, 과천)	4000만 원 이하	1600만 원까지
	광역시(부산, 대구, 대전, 광주, 울산 - 군 지역 및 인천광역시 제외)	3500만 원 이하	1400만 원까지
	기타지역	3000만 원 이하	1200만 원까지
08. 08. 21.~ 10. 07. 25.	수도권 과밀억제권역(서울, 인천, 의정부, 구리, 남양주, 하남, 고양(일산), 수원, 성남(분당), 안양, 부천, 과천)	6000만 원 이하	2000만 원까지
	광역시(부산, 대구, 대전, 광주, 울산 - 군 지역 및 인천광역시 제외)	5000만 원 이하	1700만 원까지
	기타지역	4000만 원 이하	1400만 원까지
10. 07. 26.~ 13. 12. 31.	서울특별시	7500	2500
	수도권 과밀 억제권	6500	2200
	광역시 등(인천, 안산, 용인, 김포, 광주)	5500	1900
	그 밖의 지역(군 지역)	4000	1400
14. 01. 01.~ 16. 03. 30.	서울특별시	9500	3200
	수도권 과밀억제권	8000	2700
	광역시 등(인천, 안산, 용인, 김포, 광주)	6000	2000
	그 밖의 지역(군 지역)	4500	1500
16. 03. 30.~	서울특별시	1억 이하	3400
	수도권 과밀억제권	8000	2700
	광역시 등(인천, 안산, 용인, 김포, 광주) 세종시 포함	6000	2000
	그 밖의 지역(군 지역)	5000	1700

◆ **수도권 과밀억제권**

- **서울특별시**

- **인천광역시** 강화군, 옹진군, 중구 운남동, 운북동, 운서동, 중산동, 남북동, 덕교동, 을왕동, 무의동, 서구 대곡동, 불노동, 마전동, 금곡동, 오류동, 왕길동, 당하동, 원당동, 연수구 송도매립지 남동유치지역 제외

- **고양시, 과천시, 광명시, 구리시, 군포시**

- **남양주시** (호평동, 평내동, 금곡동, 일패동, 이패동, 삼패동, 가운동, 수석동, 지금동, 도농동에 한함)

- **부천시, 성남시, 수원시, 시흥시**(반월특수지역 제외)

- **안양시, 의왕시, 의정부시, 하남시**

◆ 주택임대차보호법 시행시기

- 대항력　　　　　　　 : 1981. 03. 05.~
- 최우선 변제권　　　　 : 1984. 06. 14.~
- 우선변제권　　　　　 : 1990. 02. 19.~
- 임차권 등기명령제도　 : 1999. 03. 01.~

④ 적용 기준

가. 임차주택에 대하여 담보 물권을 취득한 자에 대하여는 종전의 규정에 따르도록 되어 있으므로(주택임대차보호법 시행령 부칙 2조) **최초의 담보 물권이 설정된 날을 기준으로** '소액보증금'에 해당되는지 여부를 경매신청 등기일의 보증금액을 가지고 판단한다.

나. 담보 물권을 취득한 자의 범위는 가등기 담보권자, 확정일부 임차인도 포함한다.

※ 소액보증금의 기준일 계산법

① **경매부동산의 최초 담보 물권 발생일**이 기준일이 된다.

※ 임차인 자신들의 전입신고일 또는 계약일을 기준으로 소액임차인이 되는지 판단하는 오류를 범해선 안 될 것이다.

② 소액보증금의 기준이 되는 담보 물권인지 여부의 판단

가. 판단기준: 우선변제권이 인정되는 권리인지 여부를 기준으로 판단.
나. 구체적 고찰
- **당권, 근저당, 담보 가등가**: 당연히 기준이 되는 담보 물권이 됨
- **확정일자를 갖춘 임차권**: 담보 물권에 유사한 지위로 인정(대판)
- **전세권**: 매각으로 소멸하는 전세권은 담보 물권성을 띠므로 기준권리로 보아야 할 것이고 매각으로 소멸하지 않는 전세권은 용익 물권성이 강하므로 기준권리로 보기에 어려울 것임
- **압류·가압류**: 우선변제권이 없으므로 기준일의 기준권리로 볼 수 없다.

⑤ 내용

가. 임차인은 보증금 중 일정액을 타 담보 물권이나 당해세보다 우선적으로 배당받는다.

나. 우선배당 받을 금액은 대지금액을 포함한 주택가액의 1/2 범위 내이다.

다. 보증금을 경매신청기입등기일 이전까지 정당하게 감액한 경우에는 소액 최우선변제대상이 될 수 있다.

라. 임차인이 소액보증금에 해당하고 전차인도 소액보증금에 해당한 경우에만 전차인에게 소액 최우선변제가 가능하다.
만약 소액임차인이 아닌 임차인으로부터 적법하게 전차한 전차인의 전차보증금이 소액임차보증금에 해당되더라도 최우선변제 대상이 될 수 없다.

마. 임차권등기가 경료 된 주택을 그 이후에 임차한 임차인은 소액 최우선변제권이 없다.

바. 하나의 주택에 그 주택에서 가정공동생활을 하는 임차인이 2인 이상인 경우에

는 그들을 1인의 임차인으로 보아 각 보증금을 합산한 금액을 기준으로 소액보증에 해당하는지 여부를 판단한다.

⑥ 배당

가. 하나의 주택에 임차인이 2인 이상이고 각 임차인이 최우선변제금액의 합산액이 매각가격의 1/2을 초과한 경우에는

소액보증금을 기준으로 안분 배당하는 것이 아니라 보증금 중 일정액을 기준으로 안분 배당한다.

예컨대 서울의 다가구주택이 1억 원에 매각(경매비용 없다고 가정)되었는데, 소액임차인이 (갑 6000만, 을 4000만, 병 2000만, 정 1000만) 있는 경우 6000만, 4000만, 2000만, 1000만을 기준으로 안분 배당하는 것이 아니고 2000만, 2000만, 2000만, 1000만 원을 기준으로 안분 배당한다(근저당이 2008. 8. 21. 이후로 설정된 경우).

나. 담보 물권 설정 당시의 주택임대차보호법상 소액보증금 범위 내의 임차인만이 최우선변제대상이 된다.

예컨대, 서울의 주택에 대하여 **1번 근저당이** 2001. 9. 15. 설정되고, 2번 근저당이 2008. 8. 21. 설정, 그 후 임차인 갑은 4000만 원, 임차인 을은 6000만 원의 임차인이 있는 경우. 1번 근저당권자에 대한 최우선변제권은 갑만이 갖고 있고, 2번 근저당권자에 대한 최우선변제권은 갑과 을에게 있다.

따라서 배당순서는 1순위 갑이 1600만 원, 2순위 1번 근저당권자, 3순위는 갑 400만 원과 을 2000만 원, 4순위는 2번 근저당권 순이다.

다. 배당 순위

소액 최우선변제권은 순위에 상관없이 담보 물권자, 조세채권자, 당해세보다도 우선적으로 배당된다. 다만, 최종 3개월분의 임금채권 및 최종 3년간의 퇴직금하고는 동 순위로 채권액에 비례하여 안분 배당한다.

라. 대지에 대해서 근저당권을 설정한 후 신축한 건물에 임차한 소액임차인은 대지에 대한 매각대금에서 최우선변제를 받지 못한다.

마. 채무자 겸 임차인이 배당요구를 한 경우

주택임대차보호법상 임차인의 범위에서 채무자를 제외한다는 법 규정도 없고, 임차인의 지위와 채무자의 지위는 별개이므로 임차인으로서의 배당요구는 가능하다. 다만 이 경우 가장 임차인인 경우가 많으므로 담보권을 설정한 금융권이나 인근부동산 및 주위사람들을 탐문조사를 하게 되면 그 진위를 파악할 수 있을 것이다.

3. 상가건물임대차보호법

(1) 연혁

상가건물임대차보호법(이하 '상임법'이라 함)은 2001년 12월 29일 법률 6542호로 제정되고 **2002년 11월 1일부터 시행**되었고 2002년 8월 26일에는 부분 개정되었다. 상가건물임대차보호법도 주택임대차보호법처럼 대항력, 우선변제권, 최우선변제권이 규정이 있다.

(2) 적용 범위

① 상가건물임대차보호법 적용대상

상가건물임대차보호법의 적용대상은 사업자등록의 대상이 되는 상가 건물의 임대차이면서 **환산보증금(보증금+월세×100)이 지역별 보호대상금액 이하의** 경우에만 적용된다는 점에서 보증금의 제한규정이 없는 주택임대차보호법과 다르다.

② 법인의 임대차에도 적용

상가건물임대차보호법은 법인이 임차한 경우에도 적용된다는 점에서 주임법과 차이가 있다.

※ 상가건물임대차보호법 대상인 환산보증금액

적용시기	지 역	법적용 대상 환산 보증금 (이하)
제정 적용시기 2001. 11. 01.~ 2008. 08. 20.	서울특별시	24000만
	수도권 과밀억제권	19000만
	광역시(군 제외)	15000만
	기타지역(광역시 군 포함)	14000만
1차 개정 적용시기 2008. 08. 21.~ 2010. 07. 25.	서울특별시	26000만
	수도권 과밀억제권	21000만
	광역시(군 제외)	16000만
	기타지역(광역시 군 포함)	15000만
2차 개정 적용시기 2010. 07. 26.~ 2013. 12. 31.	서울특별시	30000만
	수도권 과밀억제권	25000만
	광역시(군 제외), 안산시, 용인시, 김포시, 광주시	18000만
	기타지역(광역시 군 포함)	15000만
3차 개정 적용시기 2014. 01. 01.~ 2018. 01. 25.	서울특별시	40000만
	수도권 과밀억제권	30000만
	광역시(군 제외), 안산시, 용인시, 김포시, 광주시	24000만
	기타지역(광역시 군 포함)	18000만
4차 개정 적용시기 2018. 01. 26.~ 현재	서울특별시	61000만
	수도권 과밀억제권	50000만
	광역시(군 제외), 안산시, 용인시, 김포시, 광주시	39000만
	기타지역(광역시 군 포함)	27000만

※ 위 표에서 적용 시기는 담보 물권 설정일을 말한다.

(3) 대항 요건

임차인의 대항력은 건물의 인도와 부가가치세법 등의 규정에 의한 '사업자등록을 신청한 날' 다음날 0시부터 발생한다(주택임대차보호법과 동일).

상가건물임대차보호법 시행일(2002. 11. 01)과의 관계

임차인이 이 법 시행일인 2002년 11월 1일 이전에 대항력 요건을 갖춘 경우에도 이법 시행일인 2002년 11월 1일부터 대항력을 취득한 것으로 본다.

다만 이법 시행 전에 물권을 취득한 제3자에 대하여는 효력이 없다.

따라서 2002년 11월 1일 이전에 경료된 담보권에 기하여 경매절차가 진행 중인 사건의 낙찰자에게는 대항력을 주장할 수 없다.

(4) 우선변제권 (요건 갖춘 날 당일로 효력발생)

　대항요건(건물의 인도와 사업자등록)과 임대차계약서상 확정일자를 받은 임차인은 민사집행법에 의한 경매 또는 국세징수법에 의한 공매 시 대지가격을 포함한 임차건물의 매각대금에서 후순위권리자 기타 채권자보다 우선변제권이 있다. 다만, 이 법 시행일(2002. 11. 01.) 전에 권리를 취득한 제3자에 대해서는 그 효력이 없다.

(5) 최우선변제권

① 의의

　경매신청기입등기 전에 대항요건을 갖춘 소액임차인은 보증금 중 일정액을 확정일자에 관계없이 다른 담보 물권자보다 우선하여 변제받을 권리가 있다. 2014년 1월 1일부터는 상가건물임대차도 주임법과 같이 대지가격을 포함한 임차건물 매각가격의 2분의 1 범위 내에서 배당하게 되었다.

② 최우선변제 받는 자의 범위

적용시기	지 역	소액보증금 한도(이하)	최우선변제금 한도(이하)
제정 적용시기 2001. 11. 01.~ 2008. 08. 20.	서울특별시	4500만	1350만
	수도권 과밀억제권	3900만	1170만
	광역시(군 제외)	3000만	900만
	기타지역(광역시 군 포함)	2500만	750만
1차 개정 적용시기 2008. 08. 21.~ 2010. 07. 25.	서울특별시	4500만	1350만
	수도권 과밀억제권	3900만	1170만
	광역시(군 제외)	3000만	900만
	기타지역(광역시 군 포함)	2500만	750만
2차 개정 적용시기 2010. 07. 26.~ 2013. 12. 31.	서울특별시	5000만	1500만
	수도권 과밀억제권	4500만	1350만
	광역시(군 제외), 안산시, 용인시, 김포시, 광주시	3000만	900만
	기타지역(광역시 군 포함)	25000만	750만
3차 개정 적용시기 2014. 01. 01.~ 2018. 01. 25.	서울특별시	6500만	2200만
	수도권 과밀억제권	5500만	1900만
	광역시(군 제외), 안산시, 용인시, 김포시, 광주시	3800만	1300만
	기타지역(광역시 군 포함)	3000만	1000만
4차 개정 적용시기 2018. 01. 26.~ 현재	서울특별시	6500만	2200만
	수도권 과밀억제권	5500만	1900만
	광역시(군 제외), 안산시, 용인시, 김포시, 광주시	3800만	1300만
	기타지역(광역시 군 포함)	3000만	1000만

※ 상가 임대료 인상률 상한을 현행 9%에서 2018. 1. 26.부터는 5%로 낮추었다.

(6) 임대기간

기간의 정함이 없거나 기간을 1년 미만으로 정한 임대차는 그 기간을 1년으로 간주하고 최초 임대차기간을 포함하여 최초 임대차기간 5년의 범위에서 계약갱신을 요구할 수 있다.

환산보증금이 지역별 보호대상금액을 초과하는 모든 상가임대차에 상가임대차 갱신요구권이 인정된다(2013. 8. 13. 시행). 다만 이 법 시행 후 체결 또는 갱신되는 임대차부터 적용된다.

※ 판 례 (묵시적 갱신이 이루어진 상가건물임대차의 임대차기간 등)

[판시사항](대구지방 법원 2007. 7. 23. 선고 2006가단 126195)

상가건물임대차보호법이 시행되기 전에 묵시적 갱신이 이루어진 상가건물임대차의 임대차기간 및 상가건물임대차보호법의 적용여부

[판결요지]

(1) 사안의 개요

이 사건의 건물소유자인 甲으로부터 이 사건 건물을 양수한 原告가 甲으로부터 이 사건 건물의 점포부분과 주택부분을 각 임차하여 사용하고 있는 被告를 상대로 점유부분의 명도와 임료 상당의 부당이득의 반환을 구하는 청구임

(2) 쟁점

상가건물임대차보호법이 시행되기 전에 묵시적 갱신이 이루어진 상가건물임대차의 임대차기간 및 상가건물임대차보호법의 적용여부

(3) 법원의 판단

① 상가건물임대차보호법은 법 시행 후 체결되거나 갱신된 임대차부터 적용되고 다만 위 법 제3조 (대항력 등), 제5조 (보조금의 회수) 및 제14조 (보증금 중 일정액 보호)의 규정만이 위 법 시행 당시 존속 중인 임대차에 대하여도 적용된다.

② 상가건물임대차보호법 시행 전에 임대차기간을 1년으로 정하여 체결된 상가건물에 관한 임대차 계약은 그 기간만료일에 묵시의 갱신이 이루어졌다 할 것이고, 이 경우 갱신된 임대차는 민법에 따라 기간의 약정이 없는 임대차가 되며, 위 임대차는 상가건물임대차보호법 시행 후에도 기간의 약정이 없는 임대차로 존속한다.

(4) 판결의 의미

상가건물임대차보호법이 시행되기 전에 묵시의 갱신이 이루어진 상가건물임대차는 기간의 약정이 없는 임대차로 존속하므로, 상가건물임대차보호법 제9조(임대차기간 등), 제10조(계약갱신 요구 등) 등이 적용되지 않는다고 본 사례

(7) 임대차기간 갱신 요구권

임대인은 임차인이 임대차 기간이 만료되기 6개월 전부터 1개월 전까지 사이에 계약갱신을 요구할 경우 정당한 사유(상임법 §10①)없이 거절할 수 없다.

다만, 임대인이 건물철거를 목적으로 계약을 거절할 경우에

① 철거·재건축에 대한 사전고지, ② 안전사고우려, ③ 다른 법령에 따른 철거 또는 재건축의 사유가 있어야만 철거·재건축을 이유로 갱신 거절할 수 있도록 입법하여 임대인이 마음대로 철거·재건축을 이유로 갱신 거절할 수 없도록 하였다.

또한 상가임대인이 계약해지의사를 밝히지 않으면 상가계약 5년이 지났어도 임대기간이 1년 자동연장된 것으로 봐야 한다는 대법원 판결이 있다.

갱신요구권의 적용범위

임차인의 계약갱신 요구권은 2002년 11월 1일 당시 존속 중이던 임대차에는 적용이 없고 이 법 시행 후 체결하거나 갱신된 임대차부터 적용한다.

즉, 체결·갱신한 계약을 이 법 시행 이후에 다시 갱신한 경우부터 적용한다.

기간은 최초 임대차계약기간을 포함하여 5년을 초과하지 않는 범위서 행사할 수 있다.

(8) 차임의 증액청구

차임 또는 보증금은 경제사정 변경이나 경제적 부담증가의 경우 당사자는 장래의 차임 또는 보증금에 대하여 증감을 청구할 수 있다. 단 증액의 경우 증액이 있은 후 1년 내는 할 수 없다. 그 범위는 **보증금 또는 차임의 5% 내에서** 증액청구가 가능하다(주임법의 경우 5%).

(9) 보증금의 월세 전환율

보증금의 전부 또는 일부를 월 단위의 차임으로 전환 시 연 12% 내(2014. 1. 1.부터 적용, 그 전까지는 연 15%)와 한국은행 기준금리에 4.5배를 곱한 금액 중 낮은 비율을 전환비율로 하였다(2013년 10월 14일 개정).

※ 판 례

가. 상가건물의 임차인이 임대차보증금 반환채권에 대하여 상가건물임대차보호법상 대항력 또는 우선변제권을 가지기 위한 요건

<판결요지>
상가건물의 임차인이 임대차보증금 반환채권에 대하여 상가건물임대차보호법 제3조 제1항 소정의 대항력 또는 같은 법 제5조 제2항 소정의 우선변제권을 가지려면 임대차의 목적인 **상가건물의 인도** 및 부가가치세법 등에 의한 **사업자등록**을 구비하고,

관할세무서장으로부터 **확정일자**를 받아야 하며, 그중 사업자등록은 대항력 또는 우선변제권의 취득요건일 뿐만 아니라 존속요건이기도 하므로, 배당요구의 종기까지 존속하고 있어야 한다.

나. 상가건물을 임차하고 사업자등록을 마친 사업자가 임차건물의 전대차 등으로 당해 사업을 개시하지 않거나 사실상 폐업한 경우,

임차인이 상가건물임대차보호법상의 대항력 및 우선변제권을 유지하기 위한 방법
<판결요지>
부가가치세법 제5조 제4항, 제5항의 규정 취지에 비추어 보면, 상가건물을 임차하고 사업자등록을 마친 사업자가 임차 건물의 전대차 등으로 당해 사업을 개시하지 않거나 사실상 폐업한 경우에는 그 사업자등록은 부가가치세법 및 상가건물임대차보호법이 상가임대차의 공시방법으로 요구하는 적법한 사업자등록이라고 볼 수 없고, 이 경우 임차인이 상가건물임대차보호법상의 대항력 및 우선변제권을 유지하기 위해서는 **건물을 직접 점유하면서 사업을 운영하는 전차인이 그 명의로 사업자등록을 하여야 한다**(대법원 2005다 64002).

주택임대차보호법 과 상가건물임대차보호법의 비교

구 분	주택임대차보호법	상가건물임대차보호법
법 제정	1981. 03. 05	2001. 12. 29
적용 범위	주거용건물의 전부·일부의 임대차	상가건물의 임대차
적용 건물	무허가 미등기 불법 가건물도 적용	사업자등록 대상이 되는 건물만 보호법 대상이 됨
보호대상	법인도 인정(2013년 법 개정)	법인포함
보증금액 제한	없다	대통령령이 정한 금액 이내로 제한
월차임 반영 여부	반영하지 않는다.	보증금환산방식 적용(환산보증금)
대항력(익일 발생)	인도+주민등록(전입신고)	인도+사업자등록
소 액 보증금 최우선 변제권	대항요건 + 소액보증금	
	(대지가격포함)당해주택가 1/2 범위 안	(대지가격포함)당해상가건물가액의1/2 범위 안 (2013년 법 개정)
우선변제권(당일)	대항요건 + 확정일자 (전액, 후순위 물권자에 대항가능)	
	확정일자 (동사무소 등)	확정일자 (관할 세무서장)
최단 존속기간	2년 (주거생활의 안정)	1년 (경제생활의 안정)
증액 청구율	1/20 (5%)	9/100 (9%)
월차임 전환율	연 10%와 기준금리의 3.5배 중 낮은 액수 (2013년 법 개정)	연 12%와 기준금리의 4.5배 중 낮은 액수 (2013년 법 개정)
임차권의 승계	(○) 인정됨	(×) 인정되지 않음
계약 갱신 청구권(임차인)	(×) 없음	(○)있음: 만료 6월 1월 전까지, 전 기간 포함 5년 내
임차권등기명령	기간 종료+보증금반환×(2주 정도 소요, 대항력 등 유지)	
특 징	편면적 강행규정, 소액사건 심판법 적용○, 일시사용을 위한 임대차×, 사용대차는 적용×	

4. 명도방법론

경매의 꽃은 명도라 할 수 있을 만큼 중요한 비중을 차지한다.

경험상 명도는 점유자 및 이해관계인을 다독이는 데서 절반은 해결된다고 생각된다.

그분들의 심경을 들어주고 서로의 입장을 상호 이해시키는 데서 접점은 찾아진다.

권리분석 단계에서 이미 명도 방안은 강구된다. 매수가에 이미 명도비용이 반영된 경매는 매수자에게 헤게모니가 있다.

잔금납부와 동시에 인도명령은 필수적으로 밟아야 하는 사안이다.

최고가 매수인 결정 후 곧바로 물건 점유자 등 이해관계인과 접촉할수록 인도받는 기간은 단축되며 명도합의나 인도명령집행의 시일이 빨라진다.

집행법에는 명도를 쉽게 할 수 있도록 제도적 장치가 마련되어 있다.

대표적인 게 집행법상 인도명령제도이고, 형사상 입찰방해죄(명백한 허위의 유치권 등), 민사상 지료 및 차임 청구권(대지만을 매수한 경우), 무상임대차 확인각서(가장 임차인 점유물건 명도 시, 은행에 보관되어있는 대출당시의 조사서면), 세금계산서·단기소멸시효(공사비 명목의 유치권 점유자) 등의 권리와 서류 등을 통하여 명도할 수 있는 실무능력이 명도의 실패를 좌우한다.

5. 실전경매 사례고찰

(1) 강남구 도곡동 대지 경매

① 물건개요 (중앙 5계 2012-5446(1)

소 재 지	서울 강남구 도곡동 921-3 도로명주소				
경 매 구 분	임의경매	채 권 자	㈜신라저축은행		
용 도	대지	채무/소유자	박양순	매 각 기 일	13.07.09 (575,550,000원)
감 정 가	966,000,000 (12.09.21)	청 구 액	759,157,196	종 국 결 과	13.10.08 배당종결
최 저 가	494,592,000 (51%)	토 지 면 적	138.0 ㎡ (41.7평)	경매개시일	12.02.17
입찰보증금	10% (49,459,200)	건 물 면 적	0.0 ㎡ (0.0평)	배당종기일	12.05.08
주 의 사 항	· 법정지상권 특수件분석신청				
조 회 수	· 금일조회 1 (1) · 금회차공고후조회 292 (13) · 누적조회 1,018 (16)			( )는 5분이상 열람 조회통계	

<자료 출처: 지지옥션>

② 입찰결과

소재지/감정요약	물건번호/면적(㎡)	감정가/최저가/과정	임차조사	등기권리
서울 강남구 도곡동 921-3	물건번호: 1번 (총물건수 2건)	감정가 966,000,000 · 토지 966,000,000 (100%) (평당 23,143,268)	**법원임차조사** 김춘순 배당 2012.03.09 (보) 13,000,000 1차확정 06.07.18 (보) 13,000,000 2차확정 12.03.09 (보) 15,000,000 주거/1층방1 점유기간 2006.6.5-	소유권 박양순 1998.07.16
감정평가서요약 - 지하철3호선양재역북동측인근 - 부근학교,단독주택,다세대주택,근린시설등 혼재한주거지역 - 소형차량출입가능,교통사정무난 - 인근노선버스(정)및지하철3호선양재역소재 - 사다리형토지로남서측도로와등고평탄하나북동측토지(언주초등학교)보다약3m저지임 - 남서측4m도로접함	1)대지 138.0 (41.74평)	최저가 494,592,000 (51.2%)		근저당 신라저축은행 여신관리1팀 2009.11.17 871,000,000
		경매진행과정		근저당 신한은행 중화역 2009.12.14 104,000,000
		① 966,000,000 2013-03-26 유찰	이수룡 전입 1986.11.15 배당 2012.03.09 (보) 60,000,000 주거/1층방2 점유기간	압류 삼성세무서 2011.03.10
		② 20%↓ 772,800,000 2013-04-30 유찰		압류 강남세무서 2011.08.03
		③ 20%↓ 618,240,000 2013-06-04 유찰	1986.11.15, 조사서상전입: 1975.12.12	가압류 노익환 2011.10.06 107,500,000
		④ 20%↓ 494,592,000 2013-07-09 매각	하순효 전입 2005.04.04 확정 2005.04.04 배당 2012.03.09 (보) 35,000,000 주거/1층105호방1 점유기간	가압류 박태욱 2011.11.08 65,429,962
		매수인 정규범 응찰수 3명 매각가 575,550,000 (59.58%)		압류 강남구 2011.11.21

<자료 출처: 지지옥션>

③ 사건개요 및 임장활동

언주초등학교 주변 양재역 3~4분 거리의 3종 일반주거지역의 대지만의 경매대상인 물건이었다. 1층 단층 단독건물이 있고 세입자들이 입주해 있는 물건으로 법정지상권이 문제되었으나 근저당 설정 당시의 건물이 있었으나 후에 건축물이 멸실되고 새로 들어서서 동일성이 인정되지 않는 관계로 법정지상권이 인정되지 않는 물건으로 세입자 명도 처리만 할 수 있다면 매매차익을 크게 실현시킬 좋은 물건으로 파악됨

④ 입찰 및 소유권이전 및 명도

2013년 7월 9일, 입찰 감정가 대비 59%인 5억 7555만 원에 낙찰하고 8월 말 잔금납부 소유권 이전. 명도소송으로 철거 판결을 거쳐 철거를 원룸 13개 투룸 2개 건물로 신축.

⑤ 이익실현

초기 투자금 2억과 명도비용(소송비용) 1500만, 건축비 5.8억 금융비용 2200 등 총 투자금액 8억 3200만 원.

2018년 7월 중순 현재 매수희망가 32억 고객이 대기하고 있는 상태임. 임대수익은 차치하고라도 순매매차익 23억 6800만(세전) 이익실현이 가능함.

※ 임대수익률 17% = [(월1200만×12개월)/83200만(투자원금)]×100

※ 순매매차익 = 23억 6800만 (투자원금 83200만)

(2) 중구 운남동 토지 경매

① 물건개요(인천 5계 2010-60679)

소 재 지	인천 중구 운남동 387-1 도로명주소			
경 매 구 분	임의경매	채 권 자	인천강화옹진축산업협동조합	
용 도	대지	채무/소유자	김홍일	매 각 기 일 11.06.14 (333,521,000원)
감 정 가	549,155,000 (10.12.13)	청 구 액	363,300,005	종 국 결 과 11.08.30 배당종결
최 저 가	269,086,000 (49%)	토 지 면 적	674.0 ㎡ (203.9평)	경매개시일 10.12.06
입찰보증금	10% (26,908,600)	건 물 면 적	0.0 ㎡ (0.0평)	배당종기일 11.02.16

조 회 수	·금일조회 1 (0) ·금회차공고후조회 289 (1) ·누적조회 516 (1)	( )는 5분이상 열람 조회통계

<자료 출처: 지지옥션>

② 입찰 결과

소재지/감정요약	물건번호/면적(㎡)	감정가/최저가/과정	임차조사	등기권리
인천 중구 운남동 387-1 **감정평가서요약** - 환지예정지(18블럭7롯트(330.3㎡),27블럭8롯트(328.1㎡))로서환지 면적으로평가함 - 영종중교북동측200m 지점 - 부근대부분나지상태이며일부공공기관건물이 신축중에있음 - 차량출입가능 - 대중교통사정보통 - 구형평탄지 - 남서및북측10m도로이 용출입 - 운남지구토지구획정리 지구내환지지구 - 3종일반주거지역 2010.12.13 경신감정 표준지가 : 800,000	물건번호: 단독물건 대지 674.0 (203.88평) 현:나대지	감정가 549,155,000 ·토지 549,155,000 (100%) (평당 2,693,521) 최저가 269,086,000 (49.0%) **경매진행과정** ① 549,155,000 2011-04-14 유찰 ② 30%↓ 384,409,000 2011-05-13 유찰 ③ 30%↓ 269,086,000 2011-06-14 매각 매수인 정규범 응찰수 10명 매각가 333,521,000 (60.73%) 차순위 조・식 신고 310,560,000	**법원임차조사** ·현장에 현황조사코져 임하였던바 이해관계인을 만나지 못하였으므로 상세한 점유 및 임대관계는 미상임.	소유권 김홍일 1984.06.11 저당권 인천강화옹진축협 숭의 2007.10.30 426,400,000 임의 인천강화옹진축협 2010.12.06 숭의 ·청구액:363,300,005원 채권총액 426,400,000원 열람일자 : 2010.12.23

<자료 출처: 지지옥션>

③ 사건개요 및 임장활동

본 토지는 운남토지구획 정리사업 지역 내의 토지로 두 번 유찰되어 감정가 대비 49%까지 유찰된 토지였다. 이미 사업은 완료단계에서 개별등기는 이행되지 않은 상태로 본 토지에 대해서는 1512-10, 1527-2번지의 두 필지와 보상금 8200만 원이 청산교부금을 받게 되어 있는 토지였다. 환지 받는 위치가 관공서 바로 앞 횡단보도 코너와 부근토지로 입지가 최상급이었고 나대지로 도로 및 가로수, 기반시설이 완료되어 있어 개별 등기 후 착공하기만 하면 되는 1종 일반 주거지역 2개의 토지를 매수하는 것이 됨.

④ 입찰 및 소유권이전

입찰은 10:1의 경쟁률로 2011년 6월에 130여만 원 차이로 33300만 원에 낙찰, 2, 3순위자들이 차 순위 신고까지 들어옴, 대출 28500만 원(연 5.1%) 대출, 이전등기

⑤ 이익 실현

2015년 5월 1512-10번지 3억에 매도(3년 10개월),

2016년 2월(4년 6개월) 1527-2번지 5억 600에 매도,

세전순익 41500만 원 이익 (=8억600-이자 5800공제-매수원금33300),

결국, 자기자본 6500정도 투자해서

매매수익률 = (41500/6500)X100= 638% 수익 (8000 교부금 포함 시, 761%)

(3) 제주시 애월읍 팬션 및 과수원경매

① 물건개요(제주 3계 2006-10660)

소 재 지	제주 제주시 애월읍 광령리 2498-1 유정 201호 도로명주소				
경 매 구 분	임의경매	채 권 자	중앙(새)		
용 도	연립	채무/소유자	이경희외1/이경희	매 각 기 일	09.05.11 (742,558,000원)
감 정 가	1,260,427,000 (06.08.11)	청 구 액	850,000,000	종 국 결 과	09.07.03 배당종결
최 저 가	617,609,000 (49%)	토 지 면 적	5,299.0 ㎡ (1,602.9평)	경매개시일	06.07.12
입찰보증금	10% (61,760,900)	건 물 면 적	562.9 ㎡ (170.3평)	배당종기일	07.01.12
주 의 사 항	· 유치권 특수件분석신청				

조 회 수	· 금일조회 1 (0) · 금회차공고후조회 137 (1) · 누적조회 1,162 (4)	( )는 5분이상 열람 조회통계

<출처: 지지 옥션>

② 입찰 결과

소재지/감정요약	물건번호/면적(㎡)	감정가/최저가/과정	임차조사	등기권리
제주 제주시 애월읍 광령리 2498-1 유정 201호 (현장표시:국화실) 감정평가액 대지:25,000,000 건물:97,400,000 제시:6,102,000 **감정평가서요약** - 건물각호의별도등기는 매수인인수조건임 - 철콘조철근콘크리트슬래브지붕 - 보일러난방 06.08.11 가온감정	물건번호: 단독물건 대지 230.2/2025.0 (69.64평) ₩617,609,000 건물 61.9 (18.74평) 제시외관리사 18.0 (5.44평) - 총4층 - 보존:2004.11.23	감정가 1,260,427,000 최저가 617,609,000 (49.0%) **경매진행과정** ① 1,253,827,000 2007-02-05 유찰 ② 30%↓ 877,679,000 2007-03-19 유찰 ③ 30%↓ 614,375,000 2007-04-23 유찰 ④ 30%↓ 430,063,000 2007-07-02 변경 ① 1,260,427,000 2007-08-13 유찰 ② 30%↓ 882,299,000 2007-09-17 유찰 ③ 30%↓ 617,609,000 2007-10-29 변경 ① 1,260,427,000 2009-03-02 유찰 ② 30%↓ 882,299,000 2009-04-06 유찰 ③ 30%↓ 617,609,000 2009-05-11 매각 매수인 이*신 응찰수 1명 매각가 742,558,000 (58.91%)	**법원임차조사** 이상부 전입 2006.06.05 확정 2006.06.05 배당 2007.06.25 (보) 15,000,000 (월) 150,000 점유 2006.5.2.-2년 *소유자가 직접 점유하고 있지 않고 전부에 대하여 임대차 있음. *임차인 고태영은 임차인 처 강애자 및 소유자의 남편 진술에 의하여 조사하였음.임차인 이상부는 임차인 및 소유자의 남편 진술에 의하여 조사하였음.임차인 박영영은 본건에서 임차인 및 소유자의 남편 진술에 의하여 조사하였음.임차인 태재경는 임차인 장기부재로 소유자의 남편 이동식 진술에 의하여 조사하였음. 임차인 박영진는 임차인 및 소유자의 남편 이동식 진술에 의하여 조사하였음. 임차인 태완선은 장기 부재로 소유자의 남편 이동식에게 문의한바 임차인이 태완선이며 배당요구신청 하였다고 진술하므로 배당요구 신청한 연락처로 임차인에게 전화하여 문의한바 처 김윤자가 내용을 알고 있다하므로 다시 임차인의 처 김윤자에게 전화하여 기호10(301호)외 5채를 배당요구신청 하였으나 점유하고 있는지 여부를 확인하자 기호10(301호)만	저당권 중앙(새) 2004.12.03 440,000,000 저당권 중앙(새) 2004.12.03 750,000,000 가압류 유안엔지니어링 2005.05.20 34,745,633 가압류 최석홍 2006.06.09 150,000,000 임 의 중앙(새) 2006.07.13 *청구액:850,000,000원 채권총액 1,374,745,633원 열람일자 : 2007.01.22 *201호 등기 ━━━━━━━ ◆공사업자였던이상부, 신권우가공사대금을받지 못하여본건부동산을 점유하고있다는, 유치권을주장하는각각의 사실신고서제출되어있음 유치권을주장하는 신권우는공사대금 155,500,000원을받지 못해계속점유관리하고 있는바,제주지법 06카단5175 부동산점유이전금지 가처분,06가단29562 공사대금청구판결서

③ 사건개요 및 임장활동

본 물건은 제주시 애월읍에 있는 제주관광대 인근의 지하 포함 상가 3개, 고급주택 8개 호의 근생주택과 창고건물 및 감귤농장 약 990여 평이 딸린 부동산 경매건이었다. 제주공항에서 접근이 쉽고 펜션 및 고급 비즈니스 룸으로 임대하기에 적합하였으며 조경수 조경이 잘 되어있고 한라산이 조망되며 주변의 농장 배경으로 풍광이 좋은 입지의 물건이었다. 매수하였다가 개별 호수별로 등기된 주택은 분양을 하면 이익 실현을 할 수 있을 뿐만 아니라 1000여 평에 가까운 감귤농장도 있어 지가상승의 큰 기대를 예상케 하는 물건이었다.

다만 심권우의 공사비 명목의 유치권 1억5550만 원의 유치권과 이상무의 유치권

7805만 원의 유치권 신고, 조경석·조경수 27점에 대한 황병욱의 유체동산 매수(1억)의 상태라서 일반인의 접근 및 해결은 용이치 않은 물건이었다.

의뢰인의 형님이 본 부동산에 일부 거주를 계속해야 하는 상황이라 반드시 매수해야 하는 물건이라는 점도 부담이 되는 물건이었다.

④ 소유권이전과 유치권 등의 해결

2009년 5월 11일 입찰일까지 두 번 유찰되어 감정가의 49%까지 최저가 매우 낮은 상태에서 경매가 진행됨.

제주법원은 경매기록서류 열람을 법대가 아닌 법정 입구 내에서 편히 열람토록 하여 경쟁 입찰자의 파악이 용이. 경쟁 입찰자는 없을 것으로 파악되고 사건 또한 복잡·난해한 건이라 최저가 입찰을 하려했으나 의뢰인은 확실한 가격으로 매수를 원하여 감정가의 58%(7억 4255만 원)에 낙찰을 하였다. 유치권은 본 건물거주자의 도움과 입찰방해죄로의 형사고발 등의 압력으로 몇 달간의 무상거주를 조건으로 유치권 포기각서를 얻어냈다.

조경수, 조경석은 매수자의 형님이 사전에 타인(황병욱) 명의로 매수해 둔 것이라 문제되지 않았다.

⑤ 이익실현 및 평가

◆ 2013년 9월에 주택 모두 분양 8억 100만 원에 매도 함

{201호 (전용 19평) 8200만 원, 202호 (전용 14평) 6500만 원, 203호 (전용 14평) 6500만 원 204호 (전용 19평) 8200만 원, 301호 (전용 35평) 16000만 원, 302호 (전용 14평) 6500만 원 303호 (전용 19평) 8200만 원, 401호 (전용 32평) 20000만 원 매도}

◆ 투자원금 및 금융비용, 임대수익

· 자기자본 투자 17000만 원　· 융자(금융비용): 6억(5.5% 금리) 4년 4개월 = 14300만 원
· 임대수익: 주택 (월 45 평균×7개) = 16380만 원, 상가 (월 70만, 40만, 30만) = 7280만 원
· 임대수익 총액 = 23660만 원 (임대 순익=임대수익-금융비용=9360만 원)

◆ 매도 후 보유부동산의 가치

① 상가 = 35000만 원

② 창고 = 10000만 원

③ 감귤농장 (990평× 평당 120만 원) = 11억 8800

④ 원금상환 후 현금이익 = 2억 100만 원

⑤ 임대수익(금융비용 공제 후) = 9360만 원

⑥ 현재 평가이익 = 35000+10000+118800+20100+9360 = 19억 3260만 원

◆ 2013년 현재의 수익률(4년 4개월 기간 동안)

(193260/17000)×100=1136.82% 수익률 실현.

향후 제주도 부동산 가격 상승추세라 수익률은 더욱 증가예상.

(4) 평택 포승읍 공장 및 물류창고 경매

① 물건개요(평택 3계 2015-2483)

소 재 지	경기 평택시 포승읍 만호리 610 [일괄]654- 가동, 654- 나동, (17958) 경기 평택시 포승읍 포승공단로 2				
경 매 구 분	임의경매	채 권 자	유에스더블유유동화전문 유한회사(신한은행의 양수인)		
용 도	창고	채무/소유자	디에이치로지스	매 각 기 일	16.10.17 (35,521,500,000원)
감 정 가	43,432,918,000 (15.03.25)	청 구 액	8,473,686,850	종 국 결 과	16.12.23 배당종결
최 저 가	30,403,043,000 (70%)	토 지 면 적	24,701.6 ㎡ (7,472.2평)	경매개시일	15.03.02
입찰보증금	10% (3,040,304,300)	건 물 면 적	전체 12,634.9 ㎡ (3,822.1평) 제시외 1191.7㎡ (367.5평)	배당종기일	15.05.21
주 의 사 항	· 유치권 · 입찰외 특수件분석신청				
조 회 수	· 금일조회 1 (0) · 금회차공고후조회 157 (56) · 누적조회 691 (131)			( )는 5분이상 열람 조회통계	

<자료 출처: 지지 옥션>

② 입찰 결과

소재지/감정요약	물건번호/면적(㎡)	감정가/최저가/과정	임차조사	등기권리
(17958) 경기 평택시 포승읍 만호리 610 [포승공단로 2] 감정평가액 토지:6,404,944,000 건물:7,207,574,000 제시:103,032,000 기계:8,100,000,000 기타:580,200,000 **감정평가서요약** - 철골철콘구조평슬래브지붕 - 장방형등고평탄지 - 전기보일러난방(기숙사부분) - 일괄입찰 - 포승국가산업단지내평택항인근위치 - 부근공장,물류창고,창고및공업용나대지등공업및준공업지역으로평택항서측으로근접 - 제반차량출입용이 - 북서측약50m,남서측약25m도로접함 - 광로2류접함 - 유통업무설비 - 국가산업단지(포승지구) - 1차감정:42,779,158,000 - 준공업지역	물건번호: 단독물건 잡종지 6158.6 (1,862.98평) ₩6,404,944,000 현:창고,액체화물저장탱크용건부지 건물 · 1층창고시설(냉장냉동및상온창고) 2484.0 (751.41평) ₩2,267,892,000 · 2층사무실 496.8 (150.28평) ₩403,898,000 · 3층창고시설(냉장냉동및상온창고) 2484.0 (751.41평) ₩2,267,892,000 · 4층창고시설(냉장냉동및상온창고) 2484.0 (751.41평) ₩2,267,892,000 - 총4층 - 승인:2007.12.14 - 보존:2007.12.24 - 증축:2008.12.24 제시외 · 옥탑계단실 28.0 (8.47평) ₩5,040,000 · 옥탑기계실 9.0 (2.72평) ₩1,800,000 · 옥탑기계실 9.0	감정가 43,432,918,000 · 대지 25,689,664,000 (59.15%) (평당 3,438,018) · 건물 8,782,161,000 (20.22%) (평당 2,297,756) · 제시 175,033,000 (0.4%) · 기계 8,100,000,000 (18.65%) · 기타 696,060,000 (1.58%) 최저가 30,403,043,000 (70.0%) **경매진행과정** ① 42,779,158,000 2015-10-05 유찰 ② 30%↓ 29,945,411,000 2015-11-09 변경 ① 43,432,918,000 2016-09-05 유찰 ② 30%↓ 30,403,043,000 2016-10-17 매각 매수인 (주)오뚜기 응찰수 2명 매각가 35,521,500,000 (81.78%) 2위 35,111,100,000 (80.84%)	**법원임차조사** 박신애 사업 2012.09.26 (보) 5,000,000 (월) 100,000 공장/33.06㎡ 점유기간 2012.09.21-2013.09.20 우리식품 노재청 사업 2014.02.19 (보) 900,000 (월) 300,000 공장/33.06㎡ 점유기간 2008.11.01-2014.08.06 (주)디씨지로지스틱스 김명건 사업 2014.10.16 (보) 900,000 (월) 300,000 공장/60㎡ 점유기간 2014.10.01-2015.09.30 (주)보고로지스 *소유자점유, 채무자 및 일부 임차인 점유, 평택세무서 등록사항등 열람결과 임차인 3인 등재, 등록사항등 현황서 확인, 노재청((주)디씨지로지스틱스), 김명건((주)보고로지스), 박신애(우리식품)는 임대차계약서, 등록사항 등의 현황서 미제출	**건물** 소유권 디에이치로지스 2008.12.24 전소유자:동해화학 근저당 신한은행 [공동] 안중금융센터 2013.05.30 8,836,596,000 근저당 우리은행 [공동] 당산역 2013.11.08 1,080,000,000 가압류 중소기업은행 [공동] 기업개선부 2015.01.02 400,874,650 2014카단813591서울중앙 임의 유에스더블유유동화 [공동] 전문 2015.03.04 *청구액:8,473,686,850원 채권총액 10,317,470,650원 **토지** *建공동제외임 +建공동포함보기 소유권 디에이치로지스 2008.12.24 전소유자:동해화학 압류 평택시 2013.12.09

③ 사건개요 및 임장활동

　본 물건은 평택시 포승 산업단지 중에서 최고의 요지(8번 선적 바로 앞 코너)에 위치한 물류창고로서 7500여 평의 부지에 과산화수소 저장 탱크 등 수십 개의 유류저장시설과 위험물저장탱크, 그리고 지상 4층의 초대형 물류창고 1동(화물용 엘리베이터 각 3식 설치)과 대형 2개 창고 및 선적항에서 본 부지로 직송의 송유관 11개가 부설되어 있는 부동산이었다.

　입찰 대상 부동산의 소유자(DH로지스(주))의 모회사인 ㈜동해화학이 대형과산화수소 저장탱크에 약 40억 정도의 유치권 신고와 ㈜국보가 일본의 도레이社의 특수물질 저장시설의 설치(위험물 저장탱크)를 주장하며 감정평가에서 제외시켜 매각제외의 제시 외 시설이 있는 등 법리논쟁이 예상되는 물건이었다.

위치가 최고의 요지인지라 매수의향을 가진 임장활동자들이 탐지되었고, 인근 매매가 사례로는 건너편 입지가 열세인 00제약 부지가 약 2500여 평(본 물건의 1/3 수준)으로 300억의 호가 사례가 있었다.

④ 입찰 및 소유권이전과 유치권 등의 해결

355억에 매수 2등 입찰자(351억 5000)와 근소한 차이(4억 정도)로 낙찰을 하여 매수자(㈜오뚜기)는 매우 만족하였고 각종 신문에서 기사화 되었다.

현재 유치권은 DH로지스㈜의 대리인인 변호사와 소송 없이 법리논리로 아무 비용 없이 해결되었고 이전등기를 마친 상태이다. 또한 감정평가서상에 제외된 (6번·10번) 선적항에서 본 공장부지 내에 있는 저장탱크로 매설된 지하의 8개 송유관과 지상의 3개 송유관에 대해서는 본 경매목적물의 부합물로서 낙찰자인 ㈜오뚜기 소유임을 소송을 통해 확인받았다.

수십 개의 입점업체들은 개별 접촉으로 스스로 철수케 하였고 몇 개의 집기만을 강제 집행하여 애초 명도비 5억 정도 예상한 비용을 대폭 절약, 단 일이백만 원에 정리하였다.

⑤ 평가 이익 및 미래가치

입지가 훨씬 뛰어난 본 물건과 단순비교로 주변의 호가물건에 비교하면 본 부동산 가격은 보수적으로 인색한 평가를 한다 해도 부동산의 가치는 750억(세전 약 400억 이익)은 무난하다.

포화단계인 포승산업단지와 인근 세계최대의 삼성반도체 공장의 입점 등으로 인한 본 부동산 가치 상승은 계속될 것으로 생각된다. 이미 제2의 포승산업단지 부지를 기존의 산업단지에 인접하여 마련 조성 중에 있다.

㈜오뚜기는 물류비용 절감과 공장설비 확충으로 식품회사로의 경쟁력강화에 크게 기여할 것으로 생각되며 이미 추가적으로 물류기지를 물색하고 있다.

(5) 강남구 청담동 효성빌라 경매

① 물건개요 (중앙11계 2017-9177)

소 재 지	서울 강남구 청담동 81 효성빌라 3동 203호 (06015) 서울 강남구 압구정로62길 11				
경 매 구 분	임의경매	채 권 자	㈜ 미래에이엠씨대부(변경전:이대광)		
용 도	연립	채무/소유자	이우영	매 각 기 일	18.04.26 (2,925,150,000원)
감 정 가	3,200,000,000 (17.09.28)	청 구 액	213,144,810	종 국 결 과	18.07.05 배당종결
최 저 가	2,560,000,000 (80%)	토지 면적	208.6 ㎡ (63.1평)	경매개시일	17.09.18
입찰보증금	10% (256,000,000)	건물 면적	228.2 ㎡ (69.0평)	배당종기일	17.12.14
주 의 사 항	·대지권미등기 특수件분석신청				
조 회 수	·금일조회 2 (2) ·금회차공고후조회 176 (57) ·누적조회 1,125 (192)			( )는 5분이상 열람 조회통계	

② 입찰 결과

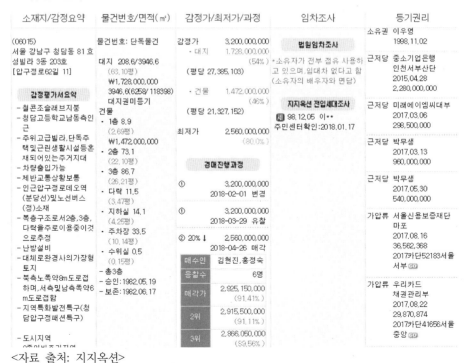

<자료 출처: 지지옥션>

③ 사건개요 및 임장활동

청담동 요지의 대단지 연립주택 단지의 경매물건이었다.

대지 지분이 매우 큰 데다 건축년도가 오래되어서 재개발 프리미엄이 클 것으로 예상됨.

탐문 결과 국내 유명한 건축가가 두 채나 매입, 최고급 명품 주거단지로 개발하려 하고 있었음을 알 수 있었다. 상지 리치빌을 훨씬 뛰어넘을 조건을 갖춘 것으로 판단, 입찰하기로 결정, 권리분석상 인수대상도 없는 우량한 상태였음

④ 소유권이전 및 명도

여섯 명이 입찰 참여 2등과 945만 원 차이인 29억 2500만 원에 매수하였다. 잔금 대출을 최대한 하여 잔금납부와 점유자를 만나 이사 협의도 잘되어 기분 좋은 마무리를 하였다.

소유자와 거주자들과 접촉의 과정에서 알게 된 사실은 낙찰자에게 엄청난 행운이었다.

대단지 지역에서 낙찰한 물건이 대지 지분이 두 번째로 큰 것으로서 최고급 단지로 재개발 하여 시세 80억이 초과될 명품단지로 개발하는 안의 개발동의서를 받고 있는 중이며 낙찰 받은 물건에 대해서는 추가 분담금 없이 오히려 2~3억의 보상금이 예정된다는 사실이었다.

⑤ 평가 및 전망

재개발이 진행된다면 단순 평가차익으로 순이익 50억이 예상된다.
고객은 매일 싱글벙글 중이다.

6. 부동산 경매가 중개업무능력 강화에 미치는 영향

(1) 진성고객의 점증
(2) 상호 원-원의 관계
(3) 중개물건의 확보에 유리
(4) 부동산 불경기 극복

제11장

부동산 경매론 2

(틈새상품 개발과 특수물건 분석)

1. 법정지상권

(1) 의의

토지와 건물이 동일한 소유자에게 속하는 경우, 토지나 건물 중 어느 일방에게 제한물권이 설정되어 토지와 건물 중 어느 한쪽에만 경매로 매각되어 토지와 건물의 소유자가 다르게 된 때 건물소유자를 위하여 법률상 당연히 지상권이 설정되는 것으로 보는 제도이다.

이를 인정하는 이유는 토지와 건물을 별개의 부동산으로 보는 법제도를 채택한 이유와 건물을 철거하지 않고 존속시키려는 사회경제적 이유가 있어서다.

(2) 경매참가여부 판단

물건 명세서에 '법정지상권 성립여지 있음'이라는 용어가 나오면 경매에 참가하려는 자는 건물만 또는 토지만 경매가 나온 것인지 살펴보고

① 건물만 경매로 나온 경우에는

건물을 위한 법정지상권이 성립하지 않는다면 건물을 설사 경락 받아 소유권을 취득하더라도 철거될 운명에 있기 때문에 입찰에 참가하지 않는 것이 바람직하다.

그러나 개발제한구역 내에서 건물만 경매에 나온 경우에는 개발제한구역 내에 이축할 수 있는 권리가 성립되는지 고려해야 한다.

이축권이 인정되는 건물이라면 대박칠 수 있기 때문이다(성남시 공공이축권 약 60000만 원).

☞ 정석 부동산 중개실무 TIP　　이축권(용마루권)이란?

1. 개발제한구역지정 전부터 남의 땅에 주택이 있어왔고
2. 토지소유자와 건물소유자가 한번이라도 동일인인 적이 없으며
3. 토지소유자의 부동의 합의서 작성
4. 건물을 철거하면
　건물소유자에게 집단 취락지역 내에 이축할 수 있는 권리가 주어지는 데
　이를 이축권이라 한다.

---

② 토지만 경매로 나온 경우에는

건물의 경우와는 반대로 건물을 위한 법정지상권이 성립하지 않는 경우에만 입찰에 참가하는 것이 바람직하다. 다만, 경매물건이 여러 번 유찰되어 매수가격이 현저히 저렴하고 장기적 안목으로 투자하는 사람이라면 건물 소유자로부터 지료 청구권을 행사할 수 있어 입찰을 고려할만하다.

(3) 각종 법정지상권 유형과 그 성립요건

① 건물전세권설정자의 법정지상권

토지와 그 지상건물이 동일한 소유자에게 속한 경우에 건물에 전세권을 설정한 때에는 그 대지소유권의 특별승계인은 전세권 설정자에 대하여 지상권을 설정한 것으로 간주한다(민법 §305①).

즉, 건물의 전세권설정자가 토지양수인에 대해 취득하는 법정지상권인 바 법정지상권이 설정되면 대지의 소유자는 다른 사람에게 그 대지를 임대하거나 이를 목적으로 한 지상권 또는 전세권을 설정하지 못한다(민법 §305②).

② 가등기담보법상의 법정지상권

토지 및 그 지상건물이 동일한 소유자에게 속하는 경우에 그 토지 또는 건물에만 청산기간 경과 후 청산금의 지급으로 소유권을 취득하거나 담보 가등기에 기한 본등기가 행하여짐으로써 토지나 건물의 소유자가 다르게 된 때 건물을 위한 법정지상권이 성립한다(가등기담보법 §10).

③ 입목법상의 법정 지상권

토지와 입목이 동일한 소유자에게 속하는 경우에 경매 기타의 사유로 토지와 입목의 소유자가 다르게 된 때(입목법 §6) 입목소유자에게 인정된다.

입목법에 의한 입목으로 등기가 된 것만이 법정지상권이 성립하고 입목법상 등기되어 있지 않은 경우에는 법정지상권이 성립하지 않는다.

따라서 명인방법에 의한 수목의 경우에는 법정지상권이 성립하지 않는다.

입목이 아닌 경작의 대상이 되는 식물 즉, 벼, 보리, 야채, 과수, 뽕나무 등인 경우에는 법정지상권이 성립하지 않는다.

④ 관습법상 법정지상권

i 토지와 건물이 동일인의 소유자에게 속하는 경우에 그 건물 또는 토지만 **매각되거나 증여, 강제경매, 공유물 분할, 공매 등으로** 그 건물 또는 토지의 소유자가 다르게 된 때 관습법상 법정지상권이 성립한다.
이 경우 건물은 무허가 건물이나 미등기 건물이라도 상관없다.

---

ii 관습법상 법정지상권이 성립하는 시기는 소유권 이전등기시 성립한다.
다만, 강제경매의 경우에는 매각허가확정 시 성립한다는 것이 대법원 판례의 입장이다.

iii 또한 다른 법정지상권의 성립요건과는 다르게 '건물에 대한 철거약정이 없을 것'이 요구된다.

⑤ **저당권 실행으로 인한 법정지상권**(민법 §366)

i 의의
토지와 그 지상건물이 동일한 소유자에게 속하는 동안에 저당권이 설정된 경우에 저당물의 경매로 인하여 토지와 그 지상물의 소유자가 다르게 된 경우 법정지상권이 성립한다(민법 §366).

ii 요건
a. **저당권 설정 당시에** 토지 위에 **건물이 존재**하고 토지와 건물의 **소유자가 동일인일 것**
b. 매각으로 토지와 그 지상건물의 소유자가 다르게 될 것
c. 법정지상권은 '건물'에만 인정된다. 무허가건물이라도 무방하다.

iii 성립시기
법정지상권의 성립 시기는 매수자가 매각대금을 완납한 때 성립된다.

iv 존속기간
견고한 건물은 30년, 일반건물은 15년, 건물 이외의 공작물은 5년이다.

v 토지사용범위
법정지상권이 성립하는 경우 토지사용권의 범위는 건물의 대지 부분만 한정되어 있지 않고 지상건물의 유지와 사용에 필요한 범위 내이다.

1. 대지만이 처분된 경우

동일인의 소유에 속하는 대지와 그 지상의 미등기 건물 중 대지만이 처분되어 다른 사람의 소유에 속하게 된 경우, 미등기 건물의 소유자는 민법 제366조 소정의 **법정지상권을 취득한다**(이 경우는 건물이 등기된 경우와 다를 바가 없다).

2. 대지와 미등기 건물이 함께 처분된 경우

미등기 건물의 양도인이 그 양도에도 불구하고 형식상 건물소유자로 남게 되지만, 미등기 건물을 그 대지와 함께 양도했다면 양도양수인의 의사는 그 사용·수익 및 사실상의 처분권 일체를 양도·양수하는 것이지 양도인이 미등기 건물의 소유를 위하여 대지의 사용권을 유보하려는 것이었다거나 양수인이 이를 용인하려는 것이었다고 할 수 없기 때문에 **법정지상권은 인정할 수 없다.**

3. 미등기 건물만 처분된 경우

동인인의 소유에 속하던 토지와 지상건물 중 건물만을 양수한 자가 미등기 건물인 관계로 소유권이 전등기를 경료하지 못하였다면 그 소유권은 여전히 양도인에게 남아있다고 할 것이고 그러는 사이에 토지 위에 설정된 저당권이 실행된 결과 토지와 건물의 소유자가 달라진 경우에는 양도인이 **건물의 소유를 위한 법정지상권을 취득한다**(대법원 1991. 5. 28. 선고 91다 6658 판결).

가. 구분소유적 공유관계에 있는 토지의 공유자들이 그 토지 위에 각자 독자적으로 별개의 건물을 소유하면서 그 토지 전체에 대하여 저당권을 설정하였다가 그 저당권의 실행으로 토지와 건물의 소유권자가 달라지게 되면 건물의 소유자는 법정지상권을 취득한다(2004. 6. 11. 선고 2004다 13533).

나. 토지에 대한 저당권 설정당시에 토지소유자가 그 지상에 건물을 건축 중이었던 경우
그것이 사회 관념상 독립된 건물로 볼 수 있는 정도에 이르지 않았다 하더라도 **건물의 규모, 종류가 외형상 예상할 수 있는 정도까지 건축**되었고, 그 후 경매절차에서 매수인이 **매각대금을 완납 시까지** 최소한의 기둥과 지붕 그리고 주벽이 갖추어져 있는 등 **독립한 부동산으로서 건물의 요건이 갖추면** 법정지상권이 성립한다(대판). 그 건물이 미등기 건물이라 하더라도 법정지상권 성립에는 지장이 없다.

다. 건물이나 토지의 등기부상 소유명의를 타인에게 **명의신탁 한 경우**에는 그 건물과 토지가 동일인의 소유자임을 전제로 한 **법정지상권은 성립될 여지가 없다**(대판).

라. 동일인 소유의 토지와 그 지상 건물에 대하여 공동저당권이 설정된 후 그 **지상건물이 철거되고 다른 건물이 신축된 경우,**

그 신축건물이 토지소유자와 동일하고 토지의 저당권자에게 **신축건물에 대하여 토지저당권과 동일한 순위의 공동저당권을 설정해 주는 등 특별한 사정이 없는 한** 저당물의 경매로 토지와 그 신축건물이 다른 소유자에게 속하게 되더라도 그 **신축건물은 위한 법정지상권이 성립하지 않는다**(2003. 12. 18. 선고 98다 43601).

마. **미등기 건물**을 그 대지와 함께 매수한 사람이 그 대지에 관하여만 소유권이전등기를 넘겨받고 건물에 대하여는 그 등기를 이전받지 못하고 있다가 **대지에 대하여 저당권을 설정하고 그 저당권의 실행으로 대지가 경매되어 다른 사람의 소유로 된 경우**에는 법정지상권이 **성립될 여지가 없다**(2002. 6. 20. 선고 2002다 9660).
미등기 건물의 양수인은 미등기 건물의 처분권은 있을지언정 소유권은 가지고 있지 않으므로 대지와 건물이 동일인 소유에 속한 것이라 볼 수 없기 때문이다.

바. 환지로 인하여 새로운 분할지적선이 그어진 결과 환지 전에는 동일인에 속하였던 토지와 그 지상건물의 소유자가 달라진 경우에는 **환지의 성질상 관습법상 법정지상권이 성립될 여지가 없다**(대판 2001다 4101).

사. **저당권 설정 당시 저당권의 목적이 되는 토지 위의 건물을** 그 후 **증·개축한 경우**는 물론 그 건물이 멸실 되거나 철거된 후 **재건축·신축한 경우에도 법정지상권이 성립한다.**

즉, **신·구 건물 간에 동일성이 있거나 소유자가 동일한 것을 요하는 것은 아니다.** 다만, 존속기간, 범위 등은 구 건물을 기준으로 한다(대판 2000다 48517).

아. 토지와 건물의 소유자가 **토지만을 타인에게 증여한 후** 구 건물을 철거하되 그 지상에 자신의 이름으로 **건물을 다시 신축하기로 합의한 경우,** 그 건물 **철거의 합의**는 건물소유자가 토지의 계속 사용을 그만두고자 하는 내용의 합의로 볼 수 없어 **관습법상 법정지상권을 배제하는 효력이 인정되지 않는다**(대판 98다 58467).

자. 토지에 저당권 설정당시에 그 지상에 건물이 존재하였고 그 양자가 동일인의 소유였다가 그 후 저당권의 실행으로 토지가 매각되기 전에 건물이 제3자에게 양도된 경우, 건물을 양수한 제3자가 법정지상권을 취득한다.

차. 원래 **동일인에게의 소유권 귀속이 원인무효로** 이루어졌다가 그 뒤 원인무효임이 밝혀져 그 등기가 말소됨으로써 그 건물과 토지**소유자가 달라지게 된 경우**에는 관습법상 법정지상권을 허용**할 수 없다**(대판 98다 64189).

※ 법정지상권 관련 판례

2. 유치권

(1) 의의

유치권은 당사자의 의사와 상관없이 일정한 요건(타인의 물건을 점유한 자가 그 물건에 관하여 채권을 취득하고, 그 채권의 이행기가 변제기에 있을 것)이 충족되면 당연히 성립하는 법정 담보 물권으로 매수인은 유치권으로 담보하는 채권을 변제할 책임이 있다(민사집행법 제91조 5항).

유치권은 주로 건축공사가 진행 중인 건물이나 신축한 건물에 소유자와 공사업자 간의 공사대금 채권채무관계로 발생한다.

(2) 유치권의 성립요건

① 채권이 목적물에 관하여 생길 것(견련성)

건물을 건축하는 공사대금이 건물에 관한 채권이고,

땅을 파서 공장 부지를 만드는 공사대금채권이 토지에 대한 채권이다.

ⅰ. 건물을 건축하는 공사대금을 위하여 건물부지에 대하여 유치권?

일반적으로 유치권이 부정된다. 왜냐하면 토지에 대한 채권이 아니기 때문.

☞ **정석 부동산중개 실무 Tip**　　판례 [유치권 부인사례]

1. 건물신축공사를 도급받은 수급인이 사회통념상 건물이 되지 못한 경우 정착물을 토지에 설치한 상태에서 공사가 중단된 경우, 위 정착물 또는 토지에 대하여 유치권을 주장하지 못한다. 정착물은 부합물에 불과하며 토지에 대한 채권이 아니기 때문이다(대판 2007마 98).
2. 미완성 건물과 토지에 대하여 경매 - 미완성건물은 소유권을 취득할 수 없다.
3. 건물을 짓기 위한 건물 철거 및 사전 정지작업

ii. 임차인의 인테리어 비용과 원상회복 규정

임차인의 인테리어 비용은 임차인의 필요에 의한 비용으로 유치권으로 주장할 수 있는 채권이 될 수 없으며 임대차 계약상의 원상회복 규정에 비추어 유치권 권원으로서의 채권이 될 수 없다.

② 목적물(부동산 또는 유가증권)이 **타인 소유**일 것

③ 채권의 **변제기**가 도래할 것(준공검사)

④ 타인의 부동산을 **점유**할 것:

i. 직·간접 점유를 불문한다.

　　직접 점유자가 채무자인 경우에는 점유라고 볼 수 없다(대판 2007다 27236).

ii. 불법행위로 점유를 취득한 것이 아니어야 한다.

　　또한 그 점유 중에 채권이 발생할 것을 요하지 않는다.

⑤ 유치권배제의 특약이 없어야 한다.

임대차계약상의 원상회복 규정은 유치권 배제의 특약이 된다.

☞ 정석 부동산 중개실무 Tip

1. 유치권자의 경매신청 - 매각으로 유치권은 완전 소멸된다. 유치권자는 일반채권자와 동순위로 배당되며(대판), 매각 이후 유치권자가 계속 점유할 경우 불법점유가 된다(대판 2010마 1059).
2. 부동산에 경매개시 결정의 기입등기 후 공사대금채권에 기한 유치권 주장·체납처분에 의한 압류·가압류 등은 기입등기의 압류효력에 의해 유치권이 제한된다(대판 2006다 22050).
3. 공사대금채권에 의한 유치권행사는 피담보채권의 시효중단에 효력이 없다(서울고법 2005나 13129).

(3) 유치권이 성립하는 경우

① 필요비, 유익비 - 유치권 성립

유치권자가 당해물건에 대하여 가치의 보존·증가시킨 경우 그 비용에 대해 유치권을 행사하는 경우이다.

ⅰ) 다만 임차인이 점포를 운영하기 위한 시설비나 인테리어 공사대금 채권채무관계 즉, 소유자와 무관한 공사대금채권은 유치권이 성립되지 않는다.

ⅱ) 소유자와 건축업자 간 공사대금채권의 경우에도 경매개시결정등기 후에 발생한 것이라면 유치권이 성립하지 않는다.

ⅲ) 임차인이 임대인으로부터 매수하였거나 임대인의 동의를 얻어 부속한 부속물에 대하여 임차인에게 부속물 매수청구권이 있는 바, **부속물매수대금채권에 대하여는 유치권이 성립하지 않는다.**

② 건축공사대금

원칙적으로 성립하나 다음의 경우는 제외된다.

Ⅰ) 임차인과 공사업자 간의 채권채무관계 즉, 소유자와 무관하게 임차인이 점포를 운영하기 위해서 내부수리를 한 경우에는 유치권이 성립하지 않는다.

ⅱ) 경매개시결정등기 후에 발생한 공사대금채권의 경우에는 유치권이 성립하지 않는다.

(4) 배당관계

유치권이 성립하는 경우 유치권은 우선변제권이 없어 **배당에서 배제**되고 결국 **매수인이 인수, 부담**해야 할 권리이다.

따라서 유치권은 등기부상 권리가 아니기 때문에 입찰에 참가한 자는 유치권의 신고가 되어 있는 지, 유치권 신고가 되어 있다면 과연 유치권이 성립할 것인지, 계약서 및 세금계산서, 건물소재지를 탐문 조사하여, 허위신고인지 여부 등 제반 사항을 조사해야 할 것이다.

또 매각 전에 유치권자임을 자청한 자가 점유하고 있지 않았다면 유치권은 성립하지 않는다(허위유치권자는 신고하면 사해행위에 의한 공무집행방해죄의 성립, 입찰방해죄도 성립된다).

만약, 유치권이 성립한다면 유치권자의 채권액이 얼마인지 확인하고 채권액을 변제하고 남을 이익이 있을 때에만 입찰에 응해야 할 것이다.

(5) 유치권이 성립하지 않는 경우

① 유치권자가 **점유 상실**하면 유치권은 소멸한다.

② 당사자 간에 유치권의 발생을 배제하는 특약이 있는 경우,

예를 들어 임대차계약 종료 시에 건물을 **원상복귀하기로 한 경우에는** 임차인은 **유익비나 필요비 상환 청구권을 미리 포기하기로 한 특약이라** 볼 수 있다.

③ 소유자와 무관하게 생긴 공사대금채권

④ 경매개시결정등기 후의 공사대금채권

⑤ 권리금반환 약정은 건물에 관하여 생긴 채권이 아니다(견련성 부정).

⑥ 사회통념상 건물이 되지 못한 정착물을 토지에 설치한 경우(대판 2007마98)

(6) 유치권자의 경매청구권(민사집행법 § 274)

① 유치권에 의한 경매실시

유치권에 의한 경매도 강제경매나 담보권실행을 위한 경매와 마찬가지로 목적부동산 위의 부담을 소멸시키는 것을 법정매각조건으로 하여 실시되고

② 배당

우선채권자뿐만 아니라 일반채권자의 배당요구도 허용되며 유치권자는 일반채권자와 동일한 순위로 배당받을 수 있다(대판 2010마 1059).

③ 배당과 유치권소멸

유치권에 의하여 매각되어 배당한 결과 유치권자의 채권이 전부 배당받지 못하더라도 해당 유치물에 대하여 행사하던 유치권은 매각으로 완전 소멸된다.

따라서 매각 이후 유치물에 대하여 유치권자가 계속 점유하면 불법점유가 된다.

(7) 매수인의 권리구제책

① 매수인의 구상권 행사

매수인이 유치권자에게 채무를 변제하고 소유자에게 구상권을 행사할 수 있다. 다만 소유자에게 변제 자력이 있을 때에만 가능할 것이다.

② 명도 소송

유치권자가 무리한 금액을 요구한 경우 건축공사대금의 객관적 입증자료를 요구, 상호 협의하여 해결하고, 해결의 실마리가 없을 경우 법원에 명도소송을 제기하여 해결하도록 한다.

③ 공무집행방해죄

허위의 유치권자에 대하여는 위계에 의한 공무집행방해죄 성립이 가능하다.

(8) 채권자나 소유자의 유치권자에 대한 권리행사

손해배상청구, 유치권부존재확인소송, 경매방해죄, 업무방해죄 등의 구제책이 있다.

(9) 상사유치권 (상법 § 58)

상인 간의 상행위로 인한 채권이 변제기에 있는 때에 채권자는 변제를 받을 때까지 상행위로 인하여 자기가 점유하고 있는 채무자 소유의 물건 또는 유가증권을 유치할 권리가 있다.

상사유치권은 민사유치권을 변경·완화하여 채권자 보호를 강화함으로써 계속적 거래를 원활·안전하게 하기 위하여 당사자 사이의 합리적인 담보권 설정의사를 배경으로 한 추정 담보 물권이다.

따라서 민사유치권과는 달리 목적물과 피담보채권 사이의 개별적인 견련관계를 요건으로 하지 않는 대신 유치권의 대상이 되는 물건을 '채무자 소유의 물건'으로 한정하고 있고, 민사유치권과 같이 그 목적물을 동산에 한정하지 않고 '물건'에는 부동산도 포함된다고 보고 있다(2013. 2. 28. 선고 2010다 57350).

채권자와 채무자와의 상행위가 아닌 다른 원인으로 목적물의 점유를 취득한 경우에는 상사유치권이 성립할 수 없다.

※ 유치권 관련 판례

※ 판 례

가. 채무자 소유의 부동산에 **강제경매개시결정의 기입등기**가 되어 압류의 효력이 발생한 **이후에** 채무자가 부동산에 관한 **공사대금채권자에게 그 점유를 이전함**으로써 유치권을 취득하게 한 경우에는 그와 같은 점유의 이전은 목적물의 교환가치를 감소시킬 우려가 있는 처분행위에 해당하고 **압류의 처분금지효에 저촉**되므로 점유자는 유치권을 내세워 **경매절차의 매수인에게 대항할 수 없다**(2005. 8. 19. 선고 2005다 22688).

나. **건물의 신축공사를 한 수급인**이 그 건물을 점유하고 있고 또한 그 건물에 관하여 생긴 공사대금채권이 있다면 수급인은 그 채권을 변제받을 때까지 **건물을 유치할 권리가 있다**(대판 95다 16202).

다. 임대인과 임차인 사이에 건물명도 시 권리금을 반환하기로 하는 약정이 있었다 하더라도 그와 같은 **권리금반환청구권**은 건물에 관하여 생긴 채권이라 할 수 없기 때문에 그와 같은 채권을 가지고는 **유치권을 행사할 수 없다**(대판 93다 62119).

라. 임대차계약에서 '임차인은 임대인의 승인하에 개축 또는 변조할 수 있으나 부동산의 반환기일 전에 임차인의 부담으로 원상 복구키로 한다.'라고 약정한 경우, 이는 임차인이 임차 목적물에 지출한 각종 유익비의 상환청구권을 미리 포기하기로 한 취지의 특약이라고 봄이 상당하다(대판 95다 12927 점유물반환 등).

마. 건물의 신축공사를 한 수급인이 그 건물을 점유하고 있고 또 그 건물에 관하여 생긴 공사금채권이 있다면, 수급인은 그 채권을 변제받을 때까지 건물을 유치할 권리가 있는 것이지만(대법원 1995. 9. 15. 선고 95다 16202 판결 참조), 건물의 신축공사를 도급받은 수급인이 사회통념상 독립한 건물이라고 볼 수 없는 정착물을 토지에 설치한 상태에서 공사가 중단된 경우에 위 정착물은 토지의 부합물에 불과하여 이러한 정착물에 대하여 유치권을 행사할 수 없는 것이고, 또한 공사 중단 시까지 발생한 공사금 채권은 토지에 관하여 생긴 것이 아니므로 위 공사금 채권에 기하여 토지에 대하여 유치권을 행사할 수도 없는 것이다(대법원 2008. 5. 30. 자 2007마 98 결정[경락부동산 인도명령]).

바. 대법원 1988. 2. 23. 선고 87다카 600 판결[부동산소유권 이전등기]

① 건물이 증축된 경우에 증축부분의 기존건물에 부합여부는 증축부분이 기존건물에 부착된 물리적 구조뿐만 아니라 그 용도와 기능면에서 기존건물과 독립한 경제적 효용을 가지고 거래상 별개의 소유권의 객체가 될 수 있는지의 여부 및 증축하여 이를 소유하는 자의 의사 등을 종합하여 판단하여야 한다.

② 어느 건물이 주된 건물의 종물이기 위해서는 주된 건물의 경제적 효용을 보조하기 위하여 계속적으로 이바지되어야 하는 관계가 있어야 한다.

③ 경매법원이 기존건물의 종물이라거나 부합된 부속건물이라고 볼 수 없는 건물에 대하여 경매 신청된 기존건물의 부합물이나 종물로 보고서, 경매를 같이 진행하여 경락허가를 하였다 하더라도 그 독립된 건물에 대한 경락은 당연 무효이고 따라서 그 경락인은 위 독립된 건물에 대한 소유권을 취득할 수 없다.

<유치권 권리신고서 서식>

유치권 권리신고서

사건 번호: 타경   호 부동산 임의경매

채 권 자: 은행

채 무 자:

채 권 자:

권리신고인:

본인 는 이 사건 경매 절차에서 아래와 같은 내용으로 유치권(, 층 증축공사 및, 층 시설공사)을 신고하오니 변제받을 수 있도록 선처하여 주시기 바랍니다.

- 아래 -

1. 건물증축공사기간 - 200 . .   부터 200 . .   까지   개월간

2. 건물증축 및 시설공사 소요 금액 -   만 원 정 (₩.   )

3. 유치권 신청금액 -   만 원   정(₩.   )

4. 건물 공사자 -   주식회사

5. 건물공사내역

위 당사자 간 귀원   타경   호 부동산 임의(강제)경매사건에 관하여 권리신고인은 위 사건의 목적부동산을 본 계약서를 작성하여 공사 건물 1, 2층 시설공사의 재료비 및 인건비 등 일체의 공사에 대한 자재비 등 총 금   원정을 건물소유자로부터 지급받지 못하여 현재 위 공사 건물 공사비로서 유치하여 건물의 일부를 점유 사용하고 있어 그 권리를 신고합니다.

200   년   월   일

첨부 서류

      1. 민간건설공사 표준도급계약서   1부

      1. 동 4,5층 증축, 1,2층 시설공사비 내역서 사본   1부

      1. 부동산표시   1부

      1. 사업자등록증 사본   1부

유치권 신고자   주식회사   대   표   (인)

지방법원   민사집행과   경매   계   귀중

3. 공유 지분 경매

(1) 의의

어느 부동산을 여러 사람이 지분으로 공유하고 있는 경우 그중 일부가 경매로 나온 경우가 공유 지분 경매이다.

(2) 다른 공유자에 대한 경매개시 통지

공유 지분을 경매하는 경우에는 채무자의 지분에 대한 경매개시결정이 있음을 등기부에 기입하고 다른 공유자에게 그 경매개시결정이 있다는 것을 통지한다(민사집행법 139조 본문).

(3) 다른 공유자의 우선매수청구권

공유자는 매각기일에 보증금을 제공하고 최고가매수신고가격과 같은 가격으로 채무자의 지분을 우선매수신고를 할 수 있고(민사집행법 제140조 1항), 이 경우 법원은 최고가매수신고가 있더라도 그 공유자에게 매각을 허가하여야 한다(민사집행법 제140조 2항).

이때 최고가매수신고인이 차순위매수신고를 하면 차순위매수신고인이 된다(민사집행법 제140조4항).

☞ 정석 부동중개실무 Tip

공유 지분 경매의 이점

① 여러 번 유찰되는 경우가 많아 일반물건보다 저렴하게 구입할 수 있다.
② 공유자가 우선매수청구권을 반드시 행사한다는 보장이 없다.
③ 지분의 과반수인 물건의 경우 관리가 비교적 수월하다.
④ 공유자는 공유물분할의 소를 제기함으로써 분할하여 단독소유로 할 수도 있다.
⑤ 공유물분할이 안 될 경우 가액분할(매각, 경매신청) 할 수도 있다.
⑥ 특정지분일 경우도 있다.

---

(4) 공유자 우선매수청구권 제한

① 2회차 이후부터는 공유자 우선매수청구권을 행사할 수 없다는 것이 법원의 실무다.
② 여러 필지의 부동산 중 일부의 필지만 지분인 토지가 일괄 매각될 경우에는 공유자우선매수청구권을 행사할 수 없다(대판).

※ 공유 지분 관련 판례

가. 공유 지분 경매 시 공유자에게의 통지

경매법원은 공유물의 지분을 경매함에 있어 다른 공유자에게 경매기일과 경락기일을 통지하여야 하므로 경매부동산의 다른 공유자들이 그 경매기일을 통지받지 못한 경우에는 이해관계인으로서 그 절차상의 하자를 들어 항고를 할 수 있다(대법원 97마 962).

나. 공유자 우선매수청구권 행사시기

[1] 구 민사소송법(2002. 1. 26. 법률 제6626호로 전문 개정되기 전의 것) 제650조 제1항은 공유자는 경매기일까지 보증을 제공하고 최고매수신고가격과 동일한 가격으로 채무자의 지분을 우선 매수할 것을 신고할 수 있다고 규정하고, 같은 조 제2항은 제1항의 경우에 법원은 최고가매수신고에도 불구하고 그 공유자에게 경락을 허가하여야 한다고 규정하고 있는 바, 이와 같은 공유자의 우선 매수권은 일단 최고가매수신고인이 결정된 후에 공유자에게 그 가격으로 경락 내지 낙찰을 받을 수 있는 기회를 부여하는 제도이므로,
입찰의 경우에도 공유자의 우선매수신고 및 보증의 제공은 집행관이 **입찰의 종결을 선언하기 전까지이면 되고** 입찰마감시각까지로 제한할 것은 아니다.

[2] 구 민사소송법(2002. 1. 26. 법률 제6626호로 전문 개정되기 전의 것) 제663조 제2항에 의하여 입찰에 준용되는 같은 법 제650조 제1항, 제2항은 공유자가 우선매수권을 행사한 경우 법원은 그 공유자에게 경락을 허가하여야 한다고 규정하고 있고, 최고가입찰자로 하여금 당해 입찰기일에서 더 높은 입찰가격을 제시하도록 하는 것은 입찰의 본질에 반하는 것이며, 공유자와 최고가입찰자만이 참여하여 더 높은 입찰가격 내지 호가를 제시할 수 있는 새로운 입찰기일 등에 관한 절차규정도 없으므로,
공유자가 우선매수권을 행사한 경우에 최고가입찰자는 더 높은 입찰가격을 제시할 수 없다. (대법원 2004마 581 부동산낙찰허가결정).

4. 분묘기지권(묘지권)

(1) 의의

분묘기지권이라 함은 분묘를 수호하고 봉제사하는 목적으로 타인의 토지를 사용할 수 있는 권리이다.

(2) 성립 요건

① 외적 요건

분묘로 성립하기 위해서는 봉분 등 외부에서 분묘의 존재를 인식할 수 있는 형태를 갖추고 있어야 하고 평장이나 암장되어 있어 객관적으로 인식할 수 있는 외형을 갖추고 있지 아니한 경우에는 분묘기지권이 인정되지 않는다.

② 실질적 요건

또한 그 내부에 시신이 안장되어 있지 않은 예장은 분묘가 아니다(대판).

③ 분묘기지권이 성립하는 경우

i) 자신의 토지에 분묘를 설치하고 그 토지를 타인에게 양도한 경우

ii) 타인의 소유지 내에 그 소유자의 승낙을 얻어 분묘를 설치한 경우

iii) 타인 지상에 그자의 승낙 없이 분묘를 설치한 자가 평온(강폭행위를 쓰지 않은 점유)·공연하게 20년간 분묘기지를 점유한 때에는 분묘기지권을 시효 취득한다.

☞ **정석 부동산 중개실무 Tip**

분묘기지권 존속기간
분묘기지권의 존속기간은 최장 60년을 넘을 수 없다(장사 등에 관한 법률 제17조).

---

5. 가장 임차인이 있는 물건

(1) 가장 임차인이 배제되는 유형

친·인척(부부 미성년 자녀 간 X, 형제간·부자간 실체적)

(2) 가장 임차인 깨트리기

　① 심증

　　- **전입·확정일자 있음에도 배당 X, 전입 있으나 배당 X**

　② 물증(은행)

　　- **임대차관계부존재 확인(무상 사용대차 확인)각서**

6. 그 밖의 도로 경매 등

제12장
부동산 중개사고
유형과 대책

1. 중개대상물 확인·설명서의 기재와 설명의무

(1) 거래계약의 빠른 완성을 위한 구두에 의한 설명의무 간과

중개대상물 확인·설명서에는 제대로 기재하고 공부를 교부하고도 그 기재내용에 대하여 설명하지 않고 바로 계약서를 작성·마무리하는 경우가 종종 있다. 계약서 작성에 예민해있는 거래 당사자를 살피고 빠르게 계약을 마무리하고 싶은 심정에서 그러는 경향이 많다.

중개대상물 확인·설명서에 자세히 기재했으면 되겠지 하는 안일한 생각에서 그럴 수도 있다.

이 경우 차후 분쟁 시 책임은 어떠한가?

(2) 사례

개업공인중개사 A씨는 강원도 정선읍에 소재하는 아파트 전세계약(보증금 1500만 원) 체결을 중개해주는 과정에서 중개대상물이 임의경매개시결정이 되었고 가압류 및 근저당 설정 등이 있음을 설명하는 내용을 중개대상물 확인서에 기재하여 거래 당사자에게 교부하여 주었다.

그 후 임차인은 同아파트에 입주하여 살게 되었고 부동산경매는 진행되었는데 임차인은 후순위로서 전혀 배당받지 못하였다. 이에 임차인은 同아파트를 중개한 공인중개사를 대상으로 손해배상을 청구한 사례가 있었다.

(3) 판례

중개대상물의 작성교부만으로는 중개업자로서 설명의무를 다하였다고 보기 어려우며 중개업자는 이로 인한 손해에 대하여 60%의 배상책임을 진다(춘천지법 2001나 3393, 2002. 2. 1. 선고)고 판시하였다.

(4) 개업공인중개사의 의무

개업공인중개사는 확인·설명서 작성교부에 그쳐선 아니 되며 구두에 의한 확인·

설명의무까지 있다는 점을 명심해야 한다.

2. 계약서의 재작성

(1) 계약서를 재작성하는 경우 실무사례

계약서를 분실하거나 계약만료로 재계약서를 작성하는 경우가 실무에서는 자주 있는 일이다.

이 경우 으레 중개대상물의 권리관계 등의 사항은 확인하지 않고 계약내용을 담고 있는 거래계약서를 다시 작성하여 서명·날인을 받아 중개의뢰인에게 교부하는 경우가 비일비재하다.

(2) 판례

잔금지급일에 계약서를 재작성함에 있어 거래 당사자의 확인요청에 따라 그 시점에서 근저당 등 제한물권의 상황을 다시 기재하게 되어 있으면 목적물의 권리관계를 다시 확인해보거나 적어도 원고에게 이를 확인한 후 잔금을 지급하라고 주의를 환기시킬 의무가 있음에도 이러한 조치를 취하지 않은 채 임대인의 말만 듣고 계약체결 후에 근저당권이 새로 설정된 사실을 알지 못하고 원고로 하여금 그대로 잔금을 지급하게 하여 손해를 입게 한 과실이 있으므로 중개업자는 손해를 배상할 책임이 있다 할 것이다(대법원 2002. 8. 27. 2000다 44904 판결).

(3) 개업공인중개사의 의무

계약서를 분실하거나 계약만료로 계약서를 다시 작성하는 경우는 재계약서를 작성할 당시의 시점에서 권리분석을 하고 중개대상물 확인·설명서와 공제증서를 첨부하여 교부해 줘야 한다.

3. 계약서의 대서 및 대필과 손해배상

(1) 계약서 대서·대필 사례

실제 개업공인중개사가 중개행위를 하지 않았는데도 거래 당사자끼리 서로 합의된 내용대로 계약서의 대서·대필만을 부탁받고 계약서를 작성해주는 사례가 종종 있다. 몇 만 원의 수고료를 받고 하는 경우가 있는데 위험한 일이다.

(2) 판례

개업공인중개사는 중개를 하지 아니하였음에도 함부로 거래 계약서를 작성·교부하여서는 아니 되며(대법원 2010. 5. 13. 선고 2009다 78863 판결), 허위의 임대차계약임을 확인하지 않은 채 임대차계약서를 작성해주고 이를 믿고 대출한 캐피털사 및 대부업체에 손해의 20%를 배상할 책임을 진다(서울 중앙지법 2011. 5. 8. 선고 2010나 48164 판결).

(3) 개업공인중개사의 전문가로서의 의식과 품위

몇 만 원에 대필·대서를 하지 말아야겠다. 개업공인중개사의 명판이 몇 만 원에 팔릴 만큼 가벼운 게 아니다. 대부업체는 문서만으로도 대출해주는 경우가 많다.
그리고 같은 내용의 계약서는 하나만 교부하고 더 발행된 것은 회수하라.

4. 가계약금의 반환

(1) 가계약금의 실무상 관행

중개의뢰인이 중개사무소에 들러 중개대상물에 대해 설명과 현장안내를 받고 곧바로 중개계약을 한다는 생각을 가지고 방문하는 의뢰인은 드물다. 따라서 현장안내와 설명을 듣고 중개대상물이 마음에 들 경우 우선은 다른 중개의뢰인이 계약 체결하는 것을 방지하고 계약체결의 확고한 의지를 표시하는 방법으로 가계약금을 교부하는 경우가 많다.

이후 사정변경 등 기타의 사유로 계약이 성립되지 않을 때 가계약금을 돌려받을 수 있는지가 종종 문제 된다.

(2) 계약금의 성질

명칭으로는 가계약금이라 부르지만 실질은 계약금으로 보아야 할 때가 대부분이라 할 것이다.

교부받은 임대인(매도인)은 가계약금을 받으면 다른 사람이 거래계약을 하러 올 때 계약을 할 수 없었을 것이고, 이를 무시하고 다른 사람하고 거래 계약을 했다면 가계약금을 준 사람은 약속을 어긴 대가로 위약금을 내라 할 것이 분명하기 때문이다.

(3) 개업공인중개사의 실무지침

임대인(매도인)의 동의 없이는 임차인(매수인)이 가계약금을 돌려받을 수 있을 것이라는 말을 쉽게 하지 말아야 한다.
① 분쟁을 막기 위한 확실한 방법은 가계약금으로 하지 말고 "계약금 중 일부"로 표시하는 게 좋다.
② 굳이 가계약금으로 표시할 때는 영수증에 유효기간을 명기하는 게 좋다.

(문구 예)~월~일까지 계약서 작성이 안 되면, 다음날 반환한다.
　(반환계좌 ~~ 은행 계좌번호~~ -~~ -~~ 예금주: 홍길동)

5. 대출금상환과 공인중개사의 확인 의무

(1) 문제된 실무사례

공인중개사 K는 전세보증금 8500만 원에 주택임대차계약을 중개하였다. 중개대상물에는 근저당 7500만 원이 설정되어 있으나 실제대출 원금은 5500만 원이었다. 잔금일에 대출금의 일부인 3000만 원을 상환하고 잔금일로부터 3개월 이내에 나머지 2500만 원을 상환한다는 특약을 조건으로 임대차 계약을 체결하였다.

하지만 임대인은 잔금일에 잔금을 모두 지급받았음에도 특약을 지키지 않고 대출금 상환을 하지 않았다. 그 후 근저당권자의 경매신청으로 경매절차가 진행된 결과 임차인은 임차보증금(8500만 원)의 일부인 3600만 원만을 배당받게 되었다.

임차인은 공인중개사가 잔금일에 임대인의 대출금 상환을 확인하지 않았다는 이유로 공인중개사를 대상으로 손해배상청구의 소를 제기하게 되었다.

(2) 판례

공인중개사는 잔금지급일 이후 근저당이 말소되지 아니할 경우 근저당실행으로 임차보증금을 받지 못할 위험이 있음을 충분히 설명하고 그 위험에 대한 대비책으로서

ⅰ)임차보증금이 위 근저당권의 피담보채무의 상환에 사용되는 조치가 제대로 이루어지는지 관여하여 확인하거나, ⅱ)임차인에게 잔금을 임대인 측에 직접 지급할 것이 아니라 잔금을 예치하거나 근저당의 말소와 동시에 잔금을 지급하도록 하는 등

그 임차보증금의 보호를 위한 법적 조치 내지 위험대비책 등을 적극적으로 조언할 업무상 주의의무가 있다 할 것이다. 잔금 시 이러한 확인의무에도 불구하고 입회조차 아니한 공인중개사는 손해액의 50%의 책임을 진다(울산 지방법원 2006가단 52531 판결).

(3) 개업공인중개사의 실무지침

특약의 내용을 임대인이 처리해야 할 의무사항으로 남겨둘 것으로 정하는 게 아니라, 임차보증금에 의한 대출금을 상환이 이루어진 다음에야 나머지 잔금을 지급하도록 확실히 해야 할 것이다.

즉 "잔금일에 임차인·공인중개사의 입회하에 잔금 중 3000만 원으로 대출금을 상환하고 그 대출금 잔액확인서를 발급받은 후에 나머지 잔금을 지급한다."식으로 특약을 둔다.

6. 근저당권의 실제 채무액의 확인의무?

(1) 원칙

확인의무의 범위: 개업공인중개사는 채권최고액까지만 설명하고 실제 채무액까지 조사·확인해야 할 의무는 없다.

(2) 선관주의 의무위반에 대한 책임

그러나 그에 그치지 않고 실제의 피담보채무액에 대한 그릇된 정보를 제대로 확인하지 않은 채 의뢰인에게 전달하여 의뢰인이 그 정보를 믿고 상대방과 계약에 이르게 하였다면 선량한 관리자의 주의로 신의를 지켜 성실하게 중개 행위를 하여야 할 중개업자의 의무에 위반한 것이 된다(중개업자에게 30%의 책임을 인정한 판례가 있음).

(3) 개업공인중개사의 실무지침

개업공인중개사는 채권최고액까지만 설명하고 실제 채무액까지 조사·확인해야 할 의무는 없다. 임차인이 실제 채무액을 물어온다면 채무자를 통해 근저당권자인 금융기관에 문의하여 확인해보라고 권유하면 족하다.

7. 다가구주택의 선순위 임차인 확인 의무

공인중개사는 선순위 임차인의 수와 임차보증금의 합계액까지 상세히 설명할 의무가 있다.
따라서 공인중개사는 임대인이 보관하고 있는 임대차 계약서를 보고 목록을 만들어 중개대상물 확인서에 기재하거나 별지로 첨부 하고 그 내용을 임대인의 확인에 의한 것이라고 부기해야 한다. 이에 대한 의무위반에 대하여 70%의 중개업자의 책임을 인정한 판례가 있다
(수원지방법원 2002나 6088, 2002. 9. 13. 선고).

8. 특약에 의한 강제 명도?

(1) 강제 명도 특약의 실무관행

거래계약서에 "차임을 2개월 이상 연체하면 임대인이 강제로 명도함에 동의한다."
라는 특약을 넣는 경우가 있다. 이 경우 임대인은 소송절차 없이 임차인을 강제로 내
보낼 수 있겠는가?

(2) 판례

강제집행은 국가가 독점하고 있는 사법권의 한 작용을 이루고 채권자는 국가에 대
하여 강제집행권의 발동을 신청할 수 있는 지위에 있을 뿐이므로, 법률이 정한 집행
기관에 강제집행을 신청하지 않고 채권자가 임의로 강제 집행을 하기로 하는 계약은
사회질서에 반하는 것으로 민법 제103조(반사회질서 법률행위)에 위반하여 무효이다
(대법원 2005. 3. 10. 선고 2004도 341 판결).

(3) 개업공인중개사의 실무지침

거래계약서에 "차임을 2개월 이상 연체하면 임대인이 강제로 명도함에 동의한다."
라는 특약은 강행규정인 민법 제103조 위반으로 무효이고 그를 공증한다고 해도 그
로써 집행력을 인정받는 것이 아니다.

9. 업·다운 계약서 작성

(1) 실무상 업·다운 계약의 사례

매도인이 부동산양도소득세를 줄이려고 종종 이면계약을 쓰고 소위 세금신고 및
이전등기용으로 다운계약을 쓰거나, 매수인이 차후에 양도소득세를 줄이기 위해 사
정이 급한 매도인에게 업계약 조건으로 매수계약을 체결하려고 하는 경우가 심심치
않게 이루어지곤 한다.

(2) 계약의 유효성

업·다운 계약은 그 자체만으로서는 사회질서에 반하는 법률행위로 무효가 되는 것은 아니다

(대법원 2007. 6. 14. 선고 2007다 3285 판결). 즉 원래 체결하는 계약의 부수적인 계약으로서 주된 계약은 여전히 유효하여 당사자는 원래 주된 계약내용대로 이행할 의무를 진다.

(3) 행정벌

업·다운 계약서를 작성한 개업공인중개사는 등록취소 또는 업무정지의 처벌을 받을 뿐만 아니라(공인중개사법 제26조 제3항 위반), 매매의 경우 이전등기를 위한 부동산거래신고에 있어서 허위의 신고에 해당하여(부동산거래 신고에 관한 법률 제8조) 과태료의 제재를 받게 되므로 중개수수료에 연연해 업다운 계약서를 작성할 일은 아니다.

10. 임대인의 수선의무

임대 목적물의 파손 등으로 사용·수익상의 문제가 생길 경우 그에 대한 수선의무에 대해 당사자 간에 특약이 없는 경우 통상 사용과정에서 일어나는 파손의 수선 규모에 따라 판단기준으로 삼으면 무난할 것으로 본다.

대 파손으로 인한 수리, 건물의 주요부분에 대한 대수선 및 기본설비교체 등 대수선에 해당하는 것은 임대인의 부담으로 보고 수선의 정도가 사소한 것으로서 사용·수익함에 지장이 없을 정도라면 임차인의 수선의무로 보는 게 맞다(대법원 2012. 6. 14. 선고 2010다 89876 판결).

11. 중개보수청구권에 관한 판례

(1) 중개실무 사례

개업공인중개사의 중개행위로 계약내용이나 대상물에 대한 확인·설명 등을 거쳐 계약이 완성되게 된 단계에 이르렀을 때 계약 당사자들이 직접 접촉 계약을 체결하는 경우가 종종 있다. 각 당사자는 중개보수를 줄일 수 있다는 점에서 그러한 유혹에 넘어가기 쉽다.

중개의 중요한 합의도출이나 대상 부동산에 대한 권리 및 공법관계 등에 대하여 전문가인 공인중개사의 노력은 중개계약의 성립에 결정적 역할이 된다.

(2) 판례

공인중개사의 책임 없는 사유로 중개행위가 중단되어 최종적인 계약서 작성에 관여하지 못한 경우는 부동산 중개업자가 중개의뢰인에 대하여 이미 행한 중개행위의 정도에 상응하여 중개수수료를 청구할 수 있다고 봄이 상당하다(서울 동부지원 1987. 2. 20. 선고 86가단 2801 판결, 제주지법 2016. 1. 23. 선고 2015가단 4299 판결).

12. 동일거래에서 발생하는 여러 계약 건(件)에 대한 중개보수

(1) 거래 당사자 일방과 동일부동산에 대하여 제3자와 중개행위가 동시에 이루어지는 경우

부동산의 매수자가 매수하는 동시에 스스로 해당부동산에 대하여 임차인을 물색 임대차 계약도 작성해주기를 요청하여 공인중개사가 매매계약과 임대차 중개계약를 동시에 완성한 경우 개업공인중개사는 매매중개계약과 임대차중개계약에 대해서 각각 별도로 중개 수수료를 청구 할 수 있는가?

결론은 양 계약의 중개수수료는 모두 각각 요율에 따라 받을 수 있다.

매매계약을 체결한 당사자가 아닌 자와 임대차 계약을 체결하였다면 임대차계약에 대한 중개수수료를 별도로 받을 수 있다(국토해양부 2006.9.15.일자 질의 회신).

(2) 거래계약과 동시에 동일 부동산에 대하여 동일당사자간에 또다른 계약을 체결하는 경우

매매계약과 동시에 동일한 중개대상물에 대하여 당사자간의 임대차 계약을 체결할 경우는 어떠한가?

매매계약에 대한 중개수수료만 받을 수 있다.

동일한 중개대상물에 대하여 동일당사자간에 매매를 포함한 둘이상의 거래가 동일 기회에 이루어지는 경우에는 매매계약에 관한 거래대금만을 적용한다(공인중개사법 시행규칙 제 20조 제5항 제3호).

13. 수 개의 구분점포 임대에 대한 우선변제권 범위

(1) 사례

임차인이 동일한 임대인으로부터 수개의 구분점포를 임차하여 단일한 사업장으로 사용하는 경우 점포마다 별개의 임대차 계약서를 작성하는 경우가 많다. 영위하려는 업종의 성격상 대우 점포마다 별개의 임대차 계약서를 작성하는 경우가 많다. 영위하려는 업종의 성격상 대규모 면적을 필요로 하여 구분상가 여러 개를 통으로 임차하여 한 개의 매장으로 이용하는 경우가 그러한 경우이다.

(2) 계약의 성질: 일괄 단일의 임대차 계약으로 볼 것

이 경우 상가 건물 임대차 보호법의 적용여부와 관련 하여 권리관계가 문제되는데, 점포마다 별개의 임대차 계약을 작성하더라도 일괄하여 단일한 임대차관계가 성립한 것으로 보는 게 판례의 입장이다.

따라서 점포 전부에 대하여 상가건물 임대차 보호법 제2조 제 2항의 규정에 따라 환산한 보증금의 합산 액을 기준으로 상가건물 임대차 보호법제 14조에 따라 우선변제권의 보호를 받는 임차인이 되느냐를 판단해야 한다(대법원2015.10.29.선고 2013 다 2752판결).

제13장

중개실무 관련
법령 모음

1. 주택임대차보호법

주택임대차보호법 (약칭: 주택임대차법)

[시행 2017. 5. 30.] [법률 제14175호, 2016. 5. 29. 일부 개정] 공포법령보기

제1조(목적) 이 법은 주거용 건물의 임대차(賃貸借)에 관하여 「민법」에 대한 특례를 규정함으로써 국민 주거생활의 안정을 보장함을 목적으로 한다. [전문개정 2008. 3. 21.]

제2조(적용 범위) 이 법은 주거용 건물(이하 '주택'이라 한다)의 전부 또는 일부의 임대차에 관하여 적용한다. 그 임차주택(賃借住宅)의 일부가 주거 외의 목적으로 사용되는 경우에도 또한 같다. [전문개정 2008. 3. 21.]

제3조(대항력 등)

① 임대차는 그 등기(登記)가 없는 경우에도 임차인(賃借人)이 주택의 인도(引渡)와 주민등록을 마친 때에는 그 다음 날부터 제삼자에 대하여 효력이 생긴다. 이 경우 전입신고를 한 때에 주민등록이 된 것으로 본다.

② 주택도시기금을 재원으로 하여 저소득층 무주택자에게 주거생활 안정을 목적으로 전세임대주택을 지원하는 법인이 주택을 임차한 후 지방자치단체의 장 또는 그 법인이 선정한 입주자가 그 주택을 인도받고 주민등록을 마쳤을 때에는 제1항을 준용한다. 이 경우 대항력이 인정되는 법인은 대통령령으로 정한다. <개정 2015. 1. 6.>

③ 「중소기업기본법」 제2조에 따른 중소기업에 해당하는 법인이 소속 직원의 주거용으로 주택을 임차한 후 그 법인이 선정한 직원이 해당 주택을 인도받고 주민등록을 마쳤을 때에는 제1항을 준용한다. 임대차가 끝나기 전에 그 직원이 변경된 경우에는 그 법인이 선정한 새로운 직원이 주택을 인도받고 주민등록을 마친 다음 날부터 제삼자에 대하여 효력이 생긴다. <신설 2013. 8. 13.>

④ 임차주택의 양수인(讓受人)(그 밖에 임대할 권리를 승계한 자를 포함한다)은 임

대인(賃貸人)의 지위를 승계한 것으로 본다. <개정 2013. 8. 13.>

⑤ 이 법에 따라 임대차의 목적이 된 주택이 매매나 경매의 목적물이 된 경우에는 「민법」제575조 제1항·제3항 및 같은 법 제578조를 준용한다. <개정 2013. 8. 13.> [전문개정 2008. 3. 21.]

제3조의 2(보증금의 회수)

① 임차인(제3조 제2항 및 제3항의 법인을 포함한다. 이하 같다)이 임차주택에 대하여 보증금반환청구소송의 확정판결이나 그 밖에 이에 준하는 집행권원(執行權原)에 따라서 경매를 신청하는 경우에는 집행개시(執行開始)요건에 관한 「민사집행법」 제41조에도 불구하고 반대의무(反對義務)의 이행이나 이행의 제공을 집행개시의 요건으로 하지 아니한다. <개정 2013. 8. 13.>

② 제3조 제1항·제2항 또는 제3항의 대항요건(對抗要件)과 임대차계약증서(제3조 제2항 및 제3항의 경우에는 법인과 임대인 사이의 임대차계약증서를 말한다)상의 확정일자(確定日字)를 갖춘 임차인은 「민사집행법」에 따른 경매 또는 「국세징수법」에 따른 공매(公賣)를 할 때에 임차주택(대지를 포함한다)의 환가대금(換價代金)에서 후순위권리자(後順位權利者)나 그 밖의 채권자보다 우선하여 보증금을 변제(辨濟)받을 권리가 있다. <개정 2013. 8. 13.>

③ 임차인은 임차주택을 양수인에게 인도하지 아니하면 제2항에 따른 보증금을 받을 수 없다.

④ 제2항 또는 제7항에 따른 우선변제의 순위와 보증금에 대하여 이의가 있는 이해관계인은 경매법원이나 체납처분청에 이의를 신청할 수 있다. <개정 2013. 8. 13.>

⑤ 제4항에 따라 경매법원에 이의를 신청하는 경우에는 「민사집행법」 제152조부터 제161조까지의 규정을 준용한다.

⑥ 제4항에 따라 이의신청을 받은 체납처분청은 이해관계인이 이의신청일부터 7일 이내에 임차인 또는 제7항에 따라 우선변제권을 승계한 금융기관 등을 상대로 소(訴)를 제기한 것을 증명하면 해당 소송이 끝날 때까지 이의가 신청된 범

위에서 임차인 또는 제7항에 따라 우선변제권을 승계한 금융기관 등에 대한 보증금의 변제를 유보(留保)하고 남은 금액을 배분하여야 한다. 이 경우 유보된 보증금은 소송의 결과에 따라 배분한다. <개정 2013. 8. 13.>

⑦ 다음 각 호의 금융기관 등이 제2항, 제3조의 3 제5항, 제3조의 4 제1항에 따른 우선변제권을 취득한 임차인의 보증금반환채권을 계약으로 양수한 경우에는 양수한 금액의 범위에서 우선변제권을 승계한다. <신설 2013. 8. 13., 2015. 1. 6., 2016. 5. 29.>

1. 「은행법」에 따른 은행
2. 「중소기업은행법」에 따른 중소기업은행
3. 「한국산업은행법」에 따른 한국산업은행
4. 「농업협동조합법」에 따른 농협은행
5. 「수산업협동조합법」에 따른 수협은행
6. 「우체국예금·보험에 관한 법률」에 따른 체신관서
7. 「한국주택금융공사법」에 따른 한국주택금융공사
8. 「보험업법」 제4조 제1항 제2호 라목의 보증보험을 보험종목으로 허가받은 보험회사
9. 「주택도시기금법」에 따른 주택도시보증공사
10. 그 밖에 제1호부터 제9호까지에 준하는 것으로서 대통령령으로 정하는 기관

⑧ 제7항에 따라 우선변제권을 승계한 금융기관 등(이하 '금융기관 등'이라 한다)은 다음 각 호의 어느 하나에 해당하는 경우에는 우선변제권을 행사할 수 없다. <신설 2013. 8. 13.>

1. 임차인이 제3조 제1항·제2항 또는 제3항의 대항요건을 상실한 경우
2. 제3조의 3 제5항에 따른 임차권등기가 말소된 경우
3. 「민법」 제621조에 따른 임대차등기가 말소된 경우

⑨ 금융기관 등은 우선변제권을 행사하기 위하여 임차인을 대리하거나 대위하여 임대차를 해지할 수 없다. <신설 2013. 8. 13.> [전문개정 2008. 3. 21.]

제3조의 3(임차권등기명령)

① 임대차가 끝난 후 보증금이 반환되지 아니한 경우 임차인은 임차주택의 소재지를 관할하는 지방법원·지방법원지원 또는 시·군 법원에 임차권등기명령을 신청할 수 있다. <개정 2013. 8. 13.>

② 임차권등기명령의 신청서에는 다음 각 호의 사항을 적어야 하며, 신청의 이유와 임차권등기의 원인이 된 사실을 소명(疎明)하여야 한다. <개정 2013. 8. 13.>

1. 신청의 취지 및 이유
2. 임대차의 목적인 주택(임대차의 목적이 주택의 일부분인 경우에는 해당 부분의 도면을 첨부한다)
3. 임차권등기의 원인이 된 사실(임차인이 제3조 제1항·제2항 또는 제3항에 따른 대항력을 취득하였거나 제3조의 2 제2항에 따른 우선변제권을 취득한 경우에는 그 사실)
4. 그 밖에 대법원규칙으로 정하는 사항

③ 다음 각 호의 사항 등에 관하여는 「민사집행법」 제280조 제1항, 제281조, 제283조, 제285조, 제286조, 제288조 제1항·제2항 본문, 제289조, 제290조 제2항 중 제288조 제1항에 대한 부분, 제291조 및 제293조를 준용한다. 이 경우 '가압류'는 '임차권등기'로, '채권자'는 '임차인'으로, '채무자'는 '임대인'으로 본다.

1. 임차권등기명령의 신청에 대한 재판
2. 임차권등기명령의 결정에 대한 임대인의 이의신청 및 그에 대한 재판
3. 임차권등기명령의 취소신청 및 그에 대한 재판
4. 임차권등기명령의 집행

④ 임차권등기명령의 신청을 기각(棄却)하는 결정에 대하여 임차인은 항고(抗告)할 수 있다.

⑤ 임차인은 임차권등기명령의 집행에 따른 임차권등기를 마치면 제3조 제1항·제2항 또는 제3항에 따른 대항력과 제3조의 2 제2항에 따른 우선변제권을 취득한다. 다만, 임차인이 임차권등기 이전에 이미 대항력이나 우선변제권을 취득한 경우에는 그 대항력이나 우선변제권은 그대로 유지되며, 임차권등기 이후에는

제3조 제1항·제2항 또는 제3항의 대항요건을 상실하더라도 이미 취득한 대항력이나 우선변제권을 상실하지 아니한다. <개정 2013. 8. 13.>

⑥ 임차권등기명령의 집행에 따른 임차권등기가 끝난 주택(임대차의 목적이 주택의 일부분인 경우에는 해당 부분으로 한정한다)을 그 이후에 임차한 임차인은 제8조에 따른 우선변제를 받을 권리가 없다.

⑦ 임차권등기의 촉탁(囑託), 등기관의 임차권등기 기입(記入) 등 임차권등기명령을 시행하는 데에 필요한 사항은 대법원규칙으로 정한다. <개정 2011. 4. 12.>

⑧ 임차인은 제1항에 따른 임차권등기명령의 신청과 그에 따른 임차권등기와 관련하여 든 비용을 임대인에게 청구할 수 있다.

⑨ 금융기관 등은 임차인을 대위하여 제1항의 임차권등기명령을 신청할 수 있다. 이 경우 제3항·제4항 및 제8항의 '임차인'은 '금융기관 등'으로 본다. <신설 2013. 8. 13.> [전문개정 2008. 3. 21.]

제3조의 4(「민법」에 따른 주택임대차등기의 효력 등)
① 「민법」 제621조에 따른 주택임대차등기의 효력에 관하여는 제3조의 3 제5항 및 제6항을 준용한다.

② 임차인이 대항력이나 우선변제권을 갖추고 「민법」 제621조 제1항에 따라 임대인의 협력을 얻어 임대차등기를 신청하는 경우에는 신청서에 「부동산등기법」 제74조 제1호부터 제5호까지의 사항 외에 다음 각 호의 사항을 적어야 하며, 이를 증명할 수 있는 서면(임대차의 목적이 주택의 일부분인 경우에는 해당 부분의 도면을 포함한다)을 첨부하여야 한다. <개정 2011. 4. 12.>

1. 주민등록을 마친 날
2. 임차주택을 점유(占有)한 날
3. 임대차계약증서상의 확정일자를 받은 날 [전문개정 2008. 3. 21.]

제3조의 5(경매에 의한 임차권의 소멸) 임차권은 임차주택에 대하여 「민사집행법」에 따른 경매가 행하여진 경우에는 그 임차주택의 경락(競落)에 따라 소멸한다. 다만,

보증금이 모두 변제되지 아니한, 대항력이 있는 임차권은 그러하지 아니하다. [전문 개정 2008. 3. 21.]

제3조의 6(확정일자 부여 및 임대차 정보제공 등)

① 제3조의 2 제2항의 확정일자는 주택 소재지의 읍·면사무소, 동 주민센터 또는 시(특별시·광역시·특별자치시는 제외하고, 특별자치도는 포함한다)·군·구(자치구를 말한다)의 출장소, 지방법원 및 그 지원과 등기소 또는 「공증인법」에 따른 공증인(이하 이 조에서 '확정일자부여기관'이라 한다)이 부여한다.

② 확정일자부여기관은 해당 주택의 소재지, 확정일자 부여일, 차임 및 보증금 등을 기재한 확정일자부를 작성하여야 한다. 이 경우 전산처리정보조직을 이용할 수 있다.

③ 주택의 임대차에 이해관계가 있는 자는 확정일자부여기관에 해당 주택의 확정일자 부여일, 차임 및 보증금 등 정보의 제공을 요청할 수 있다. 이 경우 요청을 받은 확정일자부여기관은 정당한 사유 없이 이를 거부할 수 없다.

④ 임대차계약을 체결하려는 자는 임대인의 동의를 받아 확정일자부여기관에 제3항에 따른 정보제공을 요청할 수 있다.

⑤ 제1항·제3항 또는 제4항에 따라 확정일자를 부여받거나 정보를 제공받으려는 자는 수수료를 내야 한다.

⑥ 확정일자부에 기재하여야 할 사항, 주택의 임대차에 이해관계가 있는 자의 범위, 확정일자부여기관에 요청할 수 있는 정보의 범위 및 수수료, 그 밖에 확정일자부여사무와 정보제공 등에 필요한 사항은 대통령령 또는 대법원규칙으로 정한다. [본조신설 2013. 8. 13.]

제4조(임대차기간 등)

① 기간을 정하지 아니하거나 2년 미만으로 정한 임대차는 그 기간을 2년으로 본다. 다만, 임차인은 2년 미만으로 정한 기간이 유효함을 주장할 수 있다.

② 임대차기간이 끝난 경우에도 임차인이 보증금을 반환받을 때까지는 임대차관계

가 존속되는 것으로 본다. [전문개정 2008. 3. 21.]

제5조 삭제 <1989. 12. 30.>

제6조(계약의 갱신)

① 임대인이 임대차기간이 끝나기 6개월 전부터 1개월 전까지의 기간에 임차인에게 갱신거절(更新拒絶)의 통지를 하지 아니하거나 계약조건을 변경하지 아니하면 갱신하지 아니한다는 뜻의 통지를 하지 아니한 경우에는 그 기간이 끝난 때에 전 임대차와 동일한 조건으로 다시 임대차한 것으로 본다. 임차인이 임대차기간이 끝나기 1개월 전까지 통지하지 아니한 경우에도 또한 같다.

② 제1항의 경우 임대차의 존속기간은 2년으로 본다. <개정 2009. 5. 8.>

③ 2기(期)의 차임액(借賃額)에 달하도록 연체하거나 그 밖에 임차인으로서의 의무를 현저히 위반한 임차인에 대하여는 제1항을 적용하지 아니한다. [전문개정 2008. 3. 21.]

제6조의 2(묵시적 갱신의 경우 계약의 해지)

① 제6조 제1항에 따라 계약이 갱신된 경우 같은 조 제2항에도 불구하고 임차인은 언제든지 임대인에게 계약해지(契約解止)를 통지할 수 있다. <개정 2009. 5. 8.>

② 제1항에 따른 해지는 임대인이 그 통지를 받은 날부터 3개월이 지나면 그 효력이 발생한다. [전문개정 2008. 3. 21.]

제7조(차임 등의 증감청구권) 당사자는 약정한 차임이나 보증금이 임차주택에 관한 조세, 공과금, 그 밖의 부담의 증감이나 경제사정의 변동으로 인하여 적절하지 아니하게 된 때에는 장래에 대하여 그 증감을 청구할 수 있다. 다만, 증액의 경우에는 대통령령으로 정하는 기준에 따른 비율을 초과하지 못한다. [전문개정 2008. 3. 21.]

제7조의 2(월차임 전환 시 산정률의 제한) 보증금의 전부 또는 일부를 월 단위의 차임으로 전환하는 경우에는 그 전환되는 금액에 다음 각 호 중 낮은 비율을 곱한

월차임(月借賃)의 범위를 초과할 수 없다. <개정 2010. 5. 17., 2013. 8. 13., 2016. 5. 29.>

1. 「은행법」에 따른 은행에서 적용하는 대출금리와 해당 지역의 경제 여건 등을 고려하여 대통령령으로 정하는 비율
2. 한국은행에서 공시한 기준금리에 대통령령으로 정하는 이율을 더한 비율 [전문개정 2008. 3. 21.]

제8조(보증금 중 일정액의 보호)

① 임차인은 보증금 중 일정액을 다른 담보 물권자(擔保物權者)보다 우선하여 변제받을 권리가 있다. 이 경우 임차인은 주택에 대한 경매신청의 등기 전에 제3조 제1항의 요건을 갖추어야 한다.

② 제1항의 경우에는 제3조의 2 제4항부터 제6항까지의 규정을 준용한다.

③ 제1항에 따라 우선변제를 받을 임차인 및 보증금 중 일정액의 범위와 기준은 제8조의 2에 따른 주택임대차위원회의 심의를 거쳐 대통령령으로 정한다. 다만, 보증금 중 일정액의 범위와 기준은 주택가액(대지의 가액을 포함한다)의 2분의 1을 넘지 못한다. <개정 2009. 5. 8.> [전문개정 2008. 3. 21.]

제8조의 2(주택임대차위원회)

① 제8조에 따라 우선변제를 받을 임차인 및 보증금 중 일정액의 범위와 기준을 심의하기 위하여 법무부에 주택임대차위원회(이하 '위원회'라 한다)를 둔다.

② 위원회는 위원장 1명을 포함한 9명 이상 15명 이하의 위원으로 구성한다.

③ 위원회의 위원장은 법무부차관이 된다.

④ 위원회의 위원은 다음 각 호의 어느 하나에 해당하는 사람 중에서 위원장이 위촉하되, 다음 제1호부터 제5호까지에 해당하는 위원을 각각 1명 이상 위촉하여야 하고, 위원 중 2분의 1 이상은 제1호·제2호 또는 제6호에 해당하는 사람을 위촉하여야 한다. <개정 2013. 3. 23.>

1. 법학·경제학 또는 부동산학 등을 전공하고 주택임대차 관련 전문지식을 갖춘 사람으로서 공인된 연구기관에서 조교수 이상 또는 이에 상당하는 직에 5년 이상 재직한 사람

2. 변호사·감정평가사·공인회계사·세무사 또는 공인중개사로서 5년 이상 해당 분야에서 종사하고 주택임대차 관련 업무경험이 풍부한 사람

3. 기획재정부에서 물가 관련 업무를 담당하는 고위공무원단에 속하는 공무원

4. 법무부에서 주택임대차 관련 업무를 담당하는 고위공무원단에 속하는 공무원 (이에 상당하는 특정직 공무원을 포함한다)

5. 국토교통부에서 주택사업 또는 주거복지 관련 업무를 담당하는 고위공무원단에 속하는 공무원

6. 그 밖에 주택임대차 관련 학식과 경험이 풍부한 사람으로서 대통령령으로 정하는 사람

⑤ 그 밖에 위원회의 구성 및 운영 등에 필요한 사항은 대통령령으로 정한다. [본조신설 2009. 5. 8.]

제9조(주택 임차권의 승계)

① 임차인이 상속인 없이 사망한 경우에는 그 주택에서 가정공동생활을 하던 사실상의 혼인 관계에 있는 자가 임차인의 권리와 의무를 승계한다.

② 임차인이 사망한 때에 사망 당시 상속인이 그 주택에서 가정공동생활을 하고 있지 아니한 경우에는 그 주택에서 가정공동생활을 하던 사실상의 혼인 관계에 있는 자와 2촌 이내의 친족이 공동으로 임차인의 권리와 의무를 승계한다.

③ 제1항과 제2항의 경우에 임차인이 사망한 후 1개월 이내에 임대인에게 제1항과 제2항에 따른 승계 대상자가 반대의사를 표시한 경우에는 그러하지 아니하다.

④ 제1항과 제2항의 경우에 임대차 관계에서 생긴 채권·채무는 임차인의 권리의무를 승계한 자에게 귀속된다. [전문개정 2008. 3. 21.]

제10조(강행규정) 이 법에 위반된 약정(約定)으로서 임차인에게 불리한 것은 그 효력이 없다. [전문개정 2008. 3. 21.]

제10조의 2(초과 차임 등의 반환청구) 임차인이 제7조에 따른 증액비율을 초과하여 차임 또는 보증금을 지급하거나 제7조의 2에 따른 월차임 산정률을 초과하여 차임을 지급한 경우에는 초과 지급된 차임 또는 보증금 상당금액의 반환을 청구할 수 있다.

[본조신설 2013. 8. 13.]

제11조(일시사용을 위한 임대차) 이 법은 일시사용하기 위한 임대차임이 명백한 경우에는 적용하지 아니한다. [전문개정 2008. 3. 21.]

제12조(미등기 전세에의 준용) 주택의 등기를 하지 아니한 전세계약에 관하여는 이 법을 준용한다. 이 경우 '전세금'은 '임대차의 보증금'으로 본다. [전문개정 2008. 3. 21.]

제13조(「소액사건심판법」의 준용) 임차인이 임대인에 대하여 제기하는 보증금반환청구소송에 관하여는 「소액사건심판법」 제6조, 제7조, 제10조 및 제11조의 2를 준용한다.

[전문개정 2008. 3. 21.]

제14조(주택임대차분쟁조정위원회)

① 이 법의 적용을 받는 주택임대차와 관련된 분쟁을 심의·조정하기 위하여 대통령령으로 정하는 바에 따라 「법률구조법」 제8조에 따른 대한법률구조공단(이하 '공단'이라 한다)의 지부에 주택임대차분쟁조정위원회(이하 '조정위원회'라 한다)를 둔다. 특별시·광역시·특별자치시·도 및 특별자치도(이하 '시·도'라 한다)는 그 지방자치단체의 실정을 고려하여 조정위원회를 둘 수 있다.

② 조정위원회는 다음 각 호의 사항을 심의·조정한다.

  1. 차임 또는 보증금의 증감에 관한 분쟁
  2. 임대차 기간에 관한 분쟁
  3. 보증금 또는 임차주택의 반환에 관한 분쟁
  4. 임차주택의 유지·수선 의무에 관한 분쟁

5. 그 밖에 대통령령으로 정하는 주택임대차에 관한 분쟁

③ 조정위원회의 사무를 처리하기 위하여 조정위원회에 사무국을 두고, 사무국의 조직 및 인력 등에 필요한 사항은 대통령령으로 정한다.

④ 사무국의 조정위원회 업무담당자는 다른 직위의 업무를 겸직하여서는 아니 된다.
[본조신설 2016. 5. 29.]

제15조(예산의 지원) 국가는 조정위원회의 설치·운영에 필요한 예산을 지원할 수 있다.
[본조신설 2016. 5. 29.]

제16조(조정위원회의 구성 및 운영)
① 조정위원회는 위원장 1명을 포함하여 5명 이상 30명 이하의 위원으로 구성한다.

② 공단 조정위원회 위원은 공단 이사장이 임명 또는 위촉하고, 시·도 조정위원회 위원은 해당 지방자치단체의 장이 임명하거나 위촉한다.

③ 조정위원회의 위원은 주택임대차에 관한 학식과 경험이 풍부한 사람으로서 다음 각 호의 어느 하나에 해당하는 사람으로 한다. 이 경우 제1호부터 제4호까지에 해당하는 위원을 각 1명 이상 위촉하여야 하고, 위원 중 5분의 2 이상은 제2호에 해당하는 사람이어야 한다.

1. 법학·경제학 또는 부동산학 등을 전공하고 대학이나 공인된 연구기관에서 부교수 이상 또는 이에 상당하는 직에 재직한 사람
2. 판사·검사 또는 변호사로 6년 이상 재직한 사람
3. 감정평가사·공인회계사·법무사 또는 공인중개사로서 주택임대차 관계 업무에 6년 이상 종사한 사람
4. 「사회복지사업법」에 따른 사회복지법인과 그 밖의 비영리법인에서 주택임대차 분쟁에 관한 상담에 6년 이상 종사한 경력이 있는 사람
5. 해당 지방자치단체에서 주택임대차 관련 업무를 담당하는 4급 이상의 공무원
6. 그 밖에 주택임대차 관련 학식과 경험이 풍부한 사람으로서 대통령령으로 정

하는 사람

④ 조정위원회의 위원장은 제3항 제2호에 해당하는 위원 중에서 위원들이 호선한다.

⑤ 조정위원회위원장은 조정위원회를 대표하여 그 직무를 총괄한다.

⑥ 조정위원회위원장이 부득이한 사유로 직무를 수행할 수 없는 경우에는 조정위원회위원장이 미리 지명한 조정위원이 그 직무를 대행한다.

⑦ 조정위원의 임기는 3년으로 하되 연임할 수 있으며, 보궐위원의 임기는 전임자의 남은 임기로 한다.

⑧ 조정위원회는 조정위원회위원장 또는 제3항 제2호에 해당하는 조정위원 1명 이상을 포함한 재적위원 과반수의 출석과 출석위원 과반수의 찬성으로 의결한다.

⑨ 그 밖에 조정위원회의 설치, 구성 및 운영 등에 필요한 사항은 대통령령으로 정한다.
[본조신설 2016. 5. 29.]

제17조(조정부의 구성 및 운영)
① 조정위원회는 분쟁의 효율적 해결을 위하여 3명의 조정위원으로 구성된 조정부를 둘 수 있다.

② 조정부에는 제16조 제3항 제2호에 해당하는 사람이 1명 이상 포함되어야 하며, 그중에서 조정위원회위원장이 조정부의 장을 지명한다.

③ 조정부는 다음 각 호의 사항을 심의 · 조정한다.

 1. 제14조 제2항에 따른 주택임대차분쟁 중 대통령령으로 정하는 금액 이하의 분쟁
 2. 조정위원회가 사건을 특정하여 조정부에 심의 · 조정을 위임한 분쟁

④ 조정부는 조정부의 장을 포함한 재적위원 과반수의 출석과 출석위원 과반수의 찬성으로 의결한다.

⑤ 제4항에 따라 조정부가 내린 결정은 조정위원회가 결정한 것으로 본다.

⑥ 그 밖에 조정부의 설치, 구성 및 운영 등에 필요한 사항은 대통령령으로 정한다.
[본조신설 2016. 5. 29.]

제18조(조정위원의 결격사유) 「국가공무원법」 제33조 각 호의 어느 하나에 해당하는 사람은 조정위원이 될 수 없다. [본조신설 2016. 5. 29.]

제19조(조정위원의 신분보장)
① 조정위원은 자신의 직무를 독립적으로 수행하고 주택임대차분쟁의 심리 및 판단에 관하여 어떠한 지시에도 구속되지 아니한다.

② 조정위원은 다음 각 호의 어느 하나에 해당하는 경우를 제외하고는 그 의사에 반하여 해임 또는 해촉되지 아니한다.

1. 제18조에 해당하는 경우
2. 신체상 또는 정신상의 장애로 직무를 수행할 수 없게 된 경우
   [본조신설 2016. 5. 29.]

제20조(조정위원의 제척 등)
① 조정위원이 다음 각 호의 어느 하나에 해당하는 경우 그 직무의 집행에서 제척된다.

1. 조정위원 또는 그 배우자나 배우자이었던 사람이 해당 분쟁사건의 당사자가 되는 경우
2. 조정위원이 해당 분쟁사건의 당사자와 친족관계에 있거나 있었던 경우
3. 조정위원이 해당 분쟁사건에 관하여 진술, 감정 또는 법률자문을 한 경우
4. 조정위원이 해당 분쟁사건에 관하여 당사자의 대리인으로서 관여하거나 관여하였던 경우

② 사건을 담당한 조정위원에게 제척의 원인이 있는 경우에는 조정위원회는 직권 또는 당사자의 신청에 따라 제척의 결정을 한다.

③ 당사자는 사건을 담당한 조정위원에게 공정한 직무집행을 기대하기 어려운 사

정이 있는 경우 조정위원회에 기피신청을 할 수 있다.

④ 기피신청에 관한 결정은 조정위원회가 하고, 해당 조정위원 및 당사자 쌍방은 그 결정에 불복하지 못한다.

⑤ 제3항에 따른 기피신청이 있는 때에는 조정위원회는 그 신청에 대한 결정이 있을 때까지 조정절차를 정지하여야 한다.

⑥ 조정위원은 제1항 또는 제3항에 해당하는 경우 조정위원회의 허가를 받지 아니하고 해당 분쟁사건의 직무집행에서 회피할 수 있다. [본조신설 2016. 5. 29.]

제21조(조정의 신청 등)

① 제14조 제2항 각 호의 어느 하나에 해당하는 주택임대차분쟁의 당사자는 해당 주택이 소재하는 공단 또는 시·도 조정위원회에 분쟁의 조정을 신청할 수 있다.

② 조정위원회는 신청인이 조정을 신청할 때 조정 절차 및 조정의 효력 등 분쟁조정에 관하여 대통령령으로 정하는 사항을 안내하여야 한다.

③ 조정위원회의 위원장은 다음 각 호의 어느 하나에 해당하는 경우 신청을 각하한다. 이 경우 그 사유를 신청인에게 통지하여야 한다.

 1. 이미 해당 분쟁조정사항에 대하여 법원에 소가 제기되거나 조정 신청이 있은 후 소가 제기된 경우
 2. 이미 해당 분쟁조정사항에 대하여 「민사조정법」에 따른 조정이 신청된 경우나 조정신청이 있은 후 같은 법에 따른 조정이 신청된 경우
 3. 이미 해당 분쟁조정사항에 대하여 이 법에 따른 조정위원회에 조정이 신청된 경우나 조정신청이 있은 후 조정이 성립된 경우
 4. 조정신청 자체로 주택임대차에 관한 분쟁이 아님이 명백한 경우
 5. 피신청인이 조정절차에 응하지 아니한다는 의사를 통지하거나 조정신청서를 송달받은 날부터 7일 이내에 아무런 의사를 통지하지 아니한 경우
 6. 신청인이 정당한 사유 없이 조사에 응하지 아니하거나 2회 이상 출석요구에 응하지 아니한 경우 [본조신설 2016. 5. 29.]

제22조(조정절차)

① 조정위원회의 위원장은 조정신청을 접수하면 피신청인에게 조정신청서를 송달하여야 한다. 이 경우 제21조 제2항을 준용한다.

② 제1항에 따라 조정신청서를 송달받은 피신청인이 조정에 응하고자 하는 의사를 조정위원회에 통지하면 조정절차가 개시된다.

③ 조정서류의 송달 등 조정절차에 관하여 필요한 사항은 대통령령으로 정한다.
[본조신설 2016. 5. 29.]

제23조(처리기간)

① 조정위원회는 분쟁의 조정신청을 받은 날부터 60일 이내에 그 분쟁조정을 마쳐야 한다. 다만, 부득이한 사정이 있는 경우에는 조정위원회의 의결을 거쳐 30일의 범위에서 그 기간을 연장할 수 있다.

② 조정위원회는 제1항 단서에 따라 기간을 연장한 경우에는 기간 연장의 사유와 그 밖에 기간 연장에 관한 사항을 당사자에게 통보하여야 한다.
[본조신설 2016. 5. 29.]

제24조(조사 등)

① 조정위원회는 조정을 위하여 필요하다고 인정하는 경우 신청인, 피신청인, 분쟁 관련 이해관계인 또는 참고인에게 출석하여 진술하게 하거나 조정에 필요한 자료나 물건 등을 제출하도록 요구할 수 있다.

② 조정위원회는 조정을 위하여 필요하다고 인정하는 경우 조정위원 또는 사무국의 직원으로 하여금 조정 대상물 및 관련 자료에 대하여 조사하게 하거나 자료를 수집하게 할 수 있다. 이 경우 조정위원이나 사무국의 직원은 그 권한을 표시하는 증표를 지니고 이를 관계인에게 내보여야 한다.

③ 조정위원회위원장은 특별시장, 광역시장, 특별자치시장, 도지사 및 특별자치도지사(이하 '시·도지사'라 한다)에게 해당 조정업무에 참고하기 위하여 인근지역의 확정일자 자료, 보증금의 월차임 전환율 등 적정 수준의 임대료 산정을 위

한 자료를 요청할 수 있다. 이 경우 시·도지사는 정당한 사유가 없으면 조정위원회위원장의 요청에 따라야 한다. [본조신설 2016. 5. 29.]

제25조(조정을 하지 아니하는 결정)
① 조정위원회는 해당 분쟁이 그 성질상 조정을 하기에 적당하지 아니하다고 인정하거나 당사자가 부당한 목적으로 조정을 신청한 것으로 인정할 때에는 조정을 하지 아니할 수 있다.

② 조정위원회는 제1항에 따라 조정을 하지 아니하기로 결정하였을 때에는 그 사실을 당사자에게 통지하여야 한다. [본조신설 2016. 5. 29.]

제26조(조정의 성립)
① 조정위원회가 조정안을 작성한 경우에는 그 조정안을 지체 없이 각 당사자에게 통지하여야 한다.

② 제1항에 따라 조정안을 통지받은 당사자가 통지받은 날부터 7일 이내에 수락의 의사를 서면으로 표시하지 아니한 경우에는 조정을 거부한 것으로 본다.

③ 제2항에 따라 각 당사자가 조정안을 수락한 경우에는 조정안과 동일한 내용의 합의가 성립된 것으로 본다.

④ 제3항에 따른 합의가 성립한 경우 조정위원회위원장은 조정안의 내용을 조정서로 작성한다. 조정위원회위원장은 각 당사자 간에 금전, 그 밖의 대체물의 지급 또는 부동산의 인도에 관하여 강제집행을 승낙하는 취지의 합의가 있는 경우에는 그 내용을 조정서에 기재하여야 한다. [본조신설 2016. 5. 29.]

제27조(집행력의 부여) 제26조 제4항 후단에 따라 강제집행을 승낙하는 취지의 내용이 기재된 조정서의 정본은 「민사집행법」 제56조에도 불구하고 집행력 있는 집행권원과 같은 효력을 가진다. 다만, 청구에 관한 이의의 주장에 대하여는 같은 법 제44조 제2항을 적용하지 아니한다. [본조신설 2016. 5. 29.]

제28조(비밀유지의무) 조정위원, 사무국의 직원 또는 그 직에 있었던 자는 다른 법

률에 특별한 규정이 있는 경우를 제외하고는 직무상 알게 된 정보를 타인에게 누설하거나 직무상 목적 외에 사용하여서는 아니 된다. [본조신설 2016. 5. 29.]

제29조(다른 법률의 준용) 조정위원회의 운영 및 조정절차에 관하여 이 법에서 규정하지 아니한 사항에 대하여는 「민사조정법」을 준용한다. [본조신설 2016. 5. 29.]

제30조(주택임대차표준계약서 사용) 주택임대차계약을 서면으로 체결할 때에는 법무부장관이 서식을 정하여 권고하는 주택임대차표준계약서를 우선적으로 사용한다. 다만, 당사자가 다른 서식을 사용하기로 합의한 경우에는 그러하지 아니하다. [본조신설 2016. 5. 29.]

제31조(벌칙 적용에서 공무원 의제) 공무원이 아닌 주택임대차위원회의 위원 및 주택임대차분쟁조정위원회의 위원은 「형법」 제127조, 제129조부터 제132조까지의 규정을 적용할 때에는 공무원으로 본다. [본조신설 2016. 5. 29.]
[시행일: 2017. 5. 30.] 제31조(주택임대차분쟁조정위원회에 관한 부분만 해당한다)

부   칙 <법률 제3379호, 1981. 3. 5.>

① (시행일) 이 법은 공포한 날로부터 시행한다.

② (경과조치) 이 법은 이 법 시행 후 체결되거나 갱신된 임대차에 이를 적용한다. 다만, 제3조의 규정은 이 법 시행당시 존속중인 임대차에 대하여도 이를 적용하되 이 법 시행 전에 물권을 취득한 제3자에 대하여는 그 효력이 없다.

부   칙 <법률 제6627호, 2002. 1. 26.> (민사집행법)

제1조 (시행일) 이 법은 2002년 7월 1일부터 시행한다.

제2조 내지 제5조 생략

제6조 (다른 법률의 개정)

① 내지 ④생략

⑫주택임대차보호법 중 다음과 같이 개정한다.

제3조의 2 제1항 중 '채무명의'를 '집행권원'으로, '민사소송법 제491조의 2'를 '민사집행법 제41조'로 하고, 같은 조 제2항 중 '민사소송법'을 '민사집행법'으로 하며, 같은 조 제5항 중 '민사소송법 제590조 내지 제597조'를 '민사집행법 제152조 내지 제161조'로 한다.

제3조의 3 제3항 중 '민사소송법 제700조 제1항, 제701조, 제703조, 제704조, 제706조 제1항·제3항·제4항 전단, 제707조, 제710조'를 '민사집행법 제280조 제1항, 제281조, 제283조, 제285조, 제286조, 제288조 제1항·제2항·제3항 전단, 제289조 제1항 내지 제4항, 제290조 제2항 중 제288조 제1항에 대한 부분, 제291조, 제293조'로 한다.

제3조의 5 본문 중 '민사소송법'을 '민사집행법'으로 한다.

⑬ 내지 <55>생략

제7조 생략

부   칙 <법률 제7358호, 2005. 1. 27.> (민사집행법)

제1조 (시행일) 이 법은 공포 후 6월이 경과한 날부터 시행한다.

제2조 생략

제3조 (다른 법률의 개정)

① 생략

② 주택임대차보호법 중 다음과 같이 개정한다.

제3조의 3 제3항 전단 중 '민사집행법 제280조 제1항, 제281조, 제283조, 제285조, 제286조, 제288조 제1항·제2항·제3항 전단, 제289조 제1항 내지 제4항'을 '민사집행법 제280조 제1항, 제281조, 제283조, 제285조, 제286조, 제288조 제1항·제2항 본문, 제289조'로 한다.

③ 생략

제4조 생략

제2조 및 제3조 생략

제4조(다른 법률의 개정)
①부터 ㉚까지 생략

㉛ 주택임대차보호법 일부를 다음과 같이 개정한다.

제3조의 3 제7항 중 '등기공무원'을 '등기관'으로 한다.

제3조의 4 제2항 각 호 외의 부분 중 '「부동산등기법」 제156조의 사항 외에'를 '「부동산등기법」 제74조 제1호부터 제5호까지의 사항 외에'로 한다.

㉜부터 ㊷까지 생략

부   칙 <법률 제12043호, 2013. 8. 13.>

제1조(시행일) 이 법은 2014년 1월 1일부터 시행한다. 다만, 제3조의 2 제4항, 제6항부터 제9항까지, 제3조의 3 제1항 및 제9항, 제10조의 2의 개정규정은 공포한 날부터 시행한다.

제2조(일반적 적용례) 이 법은 이 법 시행 후 최초로 체결되거나 갱신되는 임대차부터 적용한다.

제3조(중소기업 법인의 대항력에 관한 적용례 및 경과조치)

① 제3조 제3항의 개정규정은 법인(「중소기업기본법」 제2조에 따른 중소기업인 법인에 한정한다)이 임차인인 이 법 시행 당시 존속 중인 임대차에 대하여도 적용하되, 이 법 시행 전에 물권을 취득한 제3자에 대하여는 그 효력이 없다.

② 제1항에도 불구하고 이 법 시행 당시 존속 중인 임대차의 기간에 대하여는 종전의 규정에 따른다.

제4조(금융기관 등의 우선변제권에 관한 적용례) 제3조의 2 제4항, 제6항부터 제9항까지, 제3조의 3 제1항 및 제9항의 개정규정은 같은 개정규정 시행 당시 존속 중인 임대차에 대하여도 적용하되, 같은 개정규정 시행 후 최초로 보증금반환채권을 양수한 경우부터 적용한다.

제5조(월차임 전환 시 산정률의 제한에 관한 적용례) 제7조의 2의 개정규정은 이 법 시행 당시 존속 중인 임대차에 대하여도 적용하되, 이 법 시행 후 최초로 보증금의 전부 또는 일부를 월 단위 차임으로 전환하는 경우부터 적용한다.

제21조(다른 법률의 개정)
①부터 ㉒까지 생략

㉓ 주택임대차보호법 일부를 다음과 같이 개정한다.
제3조의 2 제7항 제5호 중 '수산업협동조합중앙회'를 '수협은행'으로 한다.

㉔부터 ㉗까지 생략

제22조 생략

2. 주택임대차보호법 시행령

[시행 2017. 5. 30.] [대통령령 제28053호, 2017. 5. 29., 일부 개정]

제1조(목적) 이 영은 「주택임대차보호법」에서 위임된 사항과 그 시행에 관하여 필요한 사항을 정함을 목적으로 한다. [전문개정 2008. 8. 21.]

제2조(대항력이 인정되는 법인) 「주택임대차보호법」(이하 '법'이라 한다) 제3조 제2항 후단에서 '대항력이 인정되는 법인'이란 다음 각 호의 법인을 말한다. <개정 2009. 9. 21.>

1. 「한국토지주택공사법」에 따른 한국토지주택공사
2. 「지방공기업법」 제49조에 따라 주택사업을 목적으로 설립된 지방공사
   [전문개정 2008. 8. 21.]

[제1조의 2에서 이동, 종전 제2조는 제8조로 이동 <2013. 12. 30.>]

제2조의 2

[제9조로 이동 <2013. 12. 30.>]

제3조(고유 식별정보의 처리) 다음 각 호의 어느 하나에 해당하는 자는 법 제3조의 6에 따른 확정일자 부여 및 임대차 정보제공 등에 관한 사무를 수행하기 위하여 불가피한 경우 「개인정보 보호법 시행령」 제19조 제1호 및 제4호에 따른 주민등록번호 및 외국인등록번호를 처리할 수 있다. <개정 2016. 1. 22.>

1. 시장(「제주특별자치도 설치 및 국제자유도시 조성을 위한 특별법」 제11조에 따른 행정시장을 포함하며, 특별시장·광역시장·특별자치시장은 제외한다), 군수 또는 구청장(자치구의 구청장을 말한다)

2. 읍·면·동의 장

3. 「공증인법」에 따른 공증인

　[전문개정 2013. 12. 30.]

[제1조의 3에서 이동, 종전 제3조는 제10조로 이동 <2013. 12. 30.>]

제4조(확정일자부 기재사항 등)

① 법 제3조의 6제1항에 따른 확정일자부여기관(지방법원 및 그 지원과 등기소는
　제외하며, 이하 '확정일자부여기관'이라 한다)이 같은 조 제2항에 따라 작성하는
　확정일자부에 기재하여야 할 사항은 다음 각 호와 같다.

　1. 확정일자번호

　2. 확정일자 부여일

　3. 임대인·임차인의 인적사항

가. 자연인인 경우

성명, 주소, 주민등록번호(외국인은 외국인등록번호)

나. 법인이거나 법인 아닌 단체인 경우

법인명·단체명, 법인등록번호·부동산등기용등록번호, 본점·주사무소 소재지

　4. 주택 소재지

　5. 임대차 목적물

　6. 임대차 기간

　7. 차임·보증금

　8. 신청인의 성명과 주민등록번호 앞 6자리(외국인은 외국인등록번호 앞 6자리)

② 확정일자는 확정일자번호, 확정일자 부여일 및 확정일자부여기관을 주택임대차
　계약증서에 표시하는 방법으로 부여한다.

③ 제1항 및 제2항에서 규정한 사항 외에 확정일자부 작성방법 및 확정일자 부여
　시 확인사항 등 확정일자 부여 사무에 관하여 필요한 사항은 법무부령으로 정

한다.

[본조신설 2013. 12. 30.]

[종전 제4조는 제11조로 이동 <2013. 12. 30.>]

제5조(주택의 임대차에 이해관계가 있는 자의 범위) 법 제3조의 6제3항에 따라 정보제공을 요청할 수 있는 주택의 임대차에 이해관계가 있는 자(이하 '이해관계인'이라 한다)는 다음 각 호의 어느 하나에 해당하는 자로 한다.

1. 해당 주택의 임대인·임차인
2. 해당 주택의 소유자
3. 해당 주택 또는 그 대지의 등기기록에 기록된 권리자 중 법무부령으로 정하는 자
4. 법 제3조의 2 제7항에 따라 우선변제권을 승계한 금융기관
5. 제1호부터 제4호까지에 준하는 지위 또는 권리를 가지는 자로서 법무부령으로 정하는 자

[본조신설 2013. 12. 30.]

[종전 제5조는 제12조로 이동 <2013. 12. 30.>]

제6조(요청할 수 있는 정보의 범위 및 제공방법)

① 임대차계약의 당사자는 법 제3조의 6제3항에 따라 확정일자부여기관에 해당 임대차계약에 관한 다음 각 호의 사항의 열람 또는 그 내용을 기록한 서면의 교부를 요청할 수 있다.

1. 임대차목적물
2. 임대인·임차인의 인적사항
3. 확정일자 부여일
4. 차임·보증금
5. 임대차기간

② 임대차계약의 당사자가 아닌 이해관계인 또는 임대차계약을 체결하려는 자는 법 제3조의 6제3항 또는 제4항에 따라 확정일자부여기관에 다음 각 호의 사항

의 열람 또는 그 내용을 기록한 서면의 교부를 요청할 수 있다.

1. 임대차목적물
2. 확정일자 부여일
3. 차임・보증금
4. 임대차기간

③ 제1항 및 제2항에서 규정한 사항 외에 정보제공 요청에 필요한 사항은 법무부령으로 정한다.
[본조신설 2013. 12. 30.]

[종전 제6조는 제13조로 이동 <2013. 12. 30.>]

제7조(수수료)

① 법 제3조의 6제5항에 따라 확정일자부여기관에 내야 하는 수수료는 확정일자 부여에 관한 수수료와 정보제공에 관한 수수료로 구분하며, 그 구체적인 금액은 법무부령으로 정한다.

② 「국민기초생활 보장법」에 따른 수급자 등 법무부령으로 정하는 사람에 대해서는 제1항에 따른 수수료를 면제할 수 있다.
[본조신설 2013. 12. 30.]

[종전 제7조는 제14조로 이동 <2013. 12. 30.>]

제8조(차임 등 증액청구의 기준 등)

① 법 제7조에 따른 차임이나 보증금(이하 '차임 등'이라 한다)의 증액청구는 약정한 차임 등의 20분의 1의 금액을 초과하지 못한다.

② 제1항에 따른 증액청구는 임대차계약 또는 약정한 차임 등의 증액이 있은 후 1년 이내에는 하지 못한다. [전문개정 2008. 8. 21.]

[제2조에서 이동, 종전 제8조는 제15조로 이동 <2013. 12. 30.>]

제9조(월차임 전환 시 산정률)

① 법 제7조의 2 제1호에서 '대통령령으로 정하는 비율'이란 연 1할을 말한다.

② 법 제7조의 2 제2호에서 '대통령령으로 정하는 이율'이란 연 3.5퍼센트를 말한다. <개정 2016. 11. 29.> [전문개정 2013. 12. 30.]

[제2조의 2에서 이동, 종전 제9조는 제16조로 이동 <2013. 12. 30.>]

제10조(보증금 중 일정액의 범위 등)

① 법 제8조에 따라 우선변제를 받을 보증금 중 일정액의 범위는 다음 각 호의 구분에 의한 금액 이하로 한다. <개정 2010. 7. 21., 2013. 12. 30., 2016. 3. 31.>

 1. 서울특별시: 3천4백만 원
 2. 「수도권정비계획법」에 따른 과밀억제권역(서울특별시는 제외한다): 2천7백만 원
 3. 광역시(「수도권정비계획법」에 따른 과밀억제권역에 포함된 지역과 군 지역은 제외한다), 세종특별자치시, 안산시, 용인시, 김포시 및 광주시: 2천만 원
 4. 그 밖의 지역: 1천7백만 원

② 임차인의 보증금 중 일정액이 주택가액의 2분의 1을 초과하는 경우에는 주택가액의 2분의 1에 해당하는 금액까지만 우선변제권이 있다.

③ 하나의 주택에 임차인이 2명 이상이고, 그 각 보증금 중 일정액을 모두 합한 금액이 주택가액의 2분의 1을 초과하는 경우에는 그 각 보증금 중 일정액을 모두 합한 금액에 대한 각 임차인의 보증금 중 일정액의 비율로 그 주택가액의 2분의 1에 해당하는 금액을 분할한 금액을 각 임차인의 보증금 중 일정액으로 본다.

④ 하나의 주택에 임차인이 2명 이상이고 이들이 그 주택에서 가정공동생활을 하는 경우에는 이들을 1명의 임차인으로 보아 이들의 각 보증금을 합산한다.
[전문개정 2008. 8. 21.]

[제3조에서 이동, 종전 제10조는 제17조로 이동 <2013. 12. 30.>]

제11조(우선변제를 받을 임차인의 범위) 법 제8조에 따라 우선변제를 받을 임차인

은 보증금이 다음 각 호의 구분에 의한 금액 이하인 임차인으로 한다. <개정 2010. 7. 21., 2013. 12. 30., 2016. 3. 31.>

1. 서울특별시: 1억 원
2. 「수도권정비계획법」에 따른 과밀억제권역(서울특별시는 제외한다): 8천만 원
3. 광역시(「수도권정비계획법」에 따른 과밀억제권역에 포함된 지역과 군 지역은 제외한다), 세종특별자치시, 안산시, 용인시, 김포시 및 광주시: 6천만 원
4. 그 밖의 지역: 5천만 원
   [전문개정 2008. 8. 21.]

[제4조에서 이동, 종전 제11조는 제18조로 이동 <2013. 12. 30.>]

제12조(주택임대차위원회의 구성) 법 제8조의 2 제4항 제6호에서 '대통령령으로 정하는 사람'이란 다음 각 호의 어느 하나에 해당하는 사람을 말한다. <개정 2017. 5. 29.>

1. 특별시·광역시·특별자치시·도 및 특별자치도(이하 '시·도'라 한다)에서 주택정책 또는 부동산 관련 업무를 담당하는 주무부서의 실·국장
2. 법무사로서 5년 이상 해당 분야에서 종사하고 주택임대차 관련 업무 경험이 풍부한 사람
   [본조신설 2009. 7. 30.]

[제5조에서 이동, 종전 제12조는 제19조로 이동 <2013. 12. 30.>]

제13조(위원의 임기 등)

① 법 제8조의 2에 따른 주택임대차위원회(이하 '위원회'라 한다)의 위원의 임기는 2년으로 하되, 한 차례만 연임할 수 있다. 다만, 공무원인 위원의 임기는 그 직위에 재직하는 기간으로 한다. <개정 2016. 3. 31.>

② 위원장은 위촉된 위원이 다음 각 호의 어느 하나에 해당하는 경우에는 해당 위원을 해촉할 수 있다. <개정 2016. 3. 31.>

1. 심신장애로 인하여 직무를 수행할 수 없게 된 경우

2. 직무와 관련한 형사사건으로 기소된 경우

3. 직무태만, 품위손상, 그 밖의 사유로 인하여 위원으로 적합하지 아니하다고 인정되는 경우

4. 위원 스스로 직무를 수행하는 것이 곤란하다고 의사를 밝히는 경우
   [본조신설 2009. 7. 30.]

[제6조에서 이동, 종전 제13조는 제20조로 이동 <2013. 12. 30.>]

제14조(위원장의 직무)

① 위원장은 위원회를 대표하고, 위원회의 업무를 총괄한다.

② 위원장이 부득이한 사유로 인하여 직무를 수행할 수 없을 때에는 위원장이 미리 지명한 위원이 그 직무를 대행한다.
   [본조신설 2009. 7. 30.]

[제7조에서 이동 <2013. 12. 30.>]

제15조(간사)

① 위원회에 간사 1명을 두되, 간사는 주택임대차 관련 업무에 종사하는 법무부 소속의 고위공무원단에 속하는 일반직 공무원(이에 상당하는 특정직·별정직 공무원을 포함한다) 중에서 위원회의 위원장이 지명한다.

② 간사는 위원회의 운영을 지원하고, 위원회의 회의에 관한 기록과 그 밖에 서류의 작성과 보관에 관한 사무를 처리한다.

③ 간사는 위원회에 참석하여 심의사항을 설명하거나 그 밖에 필요한 발언을 할 수 있다. [본조신설 2009. 7. 30.]

[제8조에서 이동 <2013. 12. 30.>]

제16조(위원회의 회의)

① 위원회의 회의는 매년 1회 개최되는 정기회의와 위원장이 필요하다고 인정하거

나 위원 3분의 1 이상이 요구할 경우에 개최되는 임시 회의로 구분하여 운영한다.

② 위원장은 위원회의 회의를 소집하고, 그 의장이 된다.

③ 위원회의 회의는 재적위원 과반수의 출석으로 개의하고, 출석위원 과반수의 찬성으로 의결한다.

④ 위원회의 회의는 비공개로 한다.

⑤ 위원장은 위원이 아닌 자를 회의에 참석하게 하여 의견을 듣거나 관계 기관·단체 등에게 필요한 자료, 의견 제출 등 협조를 요청할 수 있다.
[본조신설 2009. 7. 30.]

[제9조에서 이동 <2013. 12. 30.>]

제17조(실무위원회)
① 위원회에서 심의할 안건의 협의를 효율적으로 지원하기 위하여 위원회에 실무위원회를 둔다.

② 실무위원회는 다음 각 호의 사항을 협의·조정한다.

 1. 심의안건 및 이와 관련하여 위원회가 위임한 사항
 2. 그 밖에 위원장 및 위원이 실무협의를 요구하는 사항

③ 실무위원회의 위원장은 위원회의 간사가 되고, 실무위원회의 위원은 다음 각 호의 사람 중에서 그 소속기관의 장이 지명하는 사람으로 한다.
   <개정 2013. 3. 23.>

 1. 기획재정부에서 물가 관련 업무를 담당하는 5급 이상의 국가공무원
 2. 법무부에서 주택임대차 관련 업무를 담당하는 5급 이상의 국가공무원
 3. 국토교통부에서 주택사업 또는 주거복지 관련 업무를 담당하는 5급 이상의 국가공무원
 4. 시·도에서 주택정책 또는 부동산 관련 업무를 담당하는 5급 이상의 지방공무원
   [본조신설 2009. 7. 30.]

[제10조에서 이동 <2013. 12. 30.>]

제18조(전문위원)

① 위원회의 심의사항에 관한 전문적인 조사·연구업무를 수행하기 위하여 5명 이내의 전문위원을 둘 수 있다.

② 전문위원은 법학, 경제학 또는 부동산학 등에 학식과 경험을 갖춘 사람 중에서 법무부장관이 위촉하고, 임기는 2년으로 한다.
[본조신설 2009. 7. 30.]

[제11조에서 이동 <2013. 12. 30.>]

제19조(수당) 위원회 또는 실무위원회 위원에 대해서는 예산의 범위에서 수당을 지급할 수 있다. 다만, 공무원인 위원이 그 소관 업무와 직접적으로 관련되어 위원회에 출석하는 경우에는 그러하지 아니하다. [본조신설 2009. 7. 30.]

[제12조에서 이동 <2013. 12. 30.>]

제20조(운영세칙) 이 영에서 규정한 사항 외에 위원회의 운영에 필요한 사항은 법무부장관이 정한다. [본조신설 2009. 7. 30.]

[제13조에서 이동 <2013. 12. 30.>]

제21조(주택임대차분쟁조정위원회의 설치)

① 「법률구조법」 제8조에 따른 대한법률구조공단(이하 '공단'이라 한다)의 다음 각 호의 지부에 법 제14조 제1항에 따른 주택임대차분쟁조정위원회(이하 '조정위원회'라 한다)를 둔다.

1. 서울중앙지부
2. 수원지부
3. 대전지부
4. 대구지부

5. 부산지부

6. 광주지부

② 제1항에 따라 공단의 지부에 두는 조정위원회의 관할구역은 별표 1과 같다.
[본조신설 2017. 5. 29.]

제22조(조정위원회의 심의·조정 사항) 법 제14조 제2항 제5호에서 '대통령령으로 정하는 주택임대차에 관한 분쟁'이란 다음 각 호의 분쟁을 말한다.

1. 임대차계약의 이행 및 임대차계약 내용의 해석에 관한 분쟁

2. 임대차계약 갱신 및 종료에 관한 분쟁

3. 임대차계약의 불이행 등에 따른 손해배상청구에 관한 분쟁

4. 공인중개사 보수 등 비용부담에 관한 분쟁

5. 주택임대차표준계약서 사용에 관한 분쟁

6. 그 밖에 제1호부터 제5호까지의 규정에 준하는 분쟁으로서 조정위원회의 위원장(이하 '위원장'이라 한다)이 조정이 필요하다고 인정하는 분쟁
[본조신설 2017. 5. 29.]

제23조(공단의 지부에 두는 조정위원회 사무국)

① 법 제14조 제3항에 따라 공단의 지부에 두는 조정위원회 사무국(이하 '사무국'이라 한다)에는 사무국장 1명을 두며, 사무국장 밑에 심사관 및 조사관을 둔다.

② 사무국장은 공단의 이사장이 임명하며, 조정위원회의 위원(이하 '조정위원'이라 한다)을 겸직할 수 있다.

③ 심사관 및 조사관은 공단의 이사장이 임명한다.

④ 사무국장은 사무국의 업무를 총괄하고, 소속 직원을 지휘·감독한다.

⑤ 심사관은 다음 각 호의 업무를 담당한다.

1. 분쟁조정신청 사건에 대한 쟁점정리 및 법률적 검토

2. 조사관이 담당하는 업무에 대한 지휘·감독

3. 그 밖에 위원장이 조정위원회의 사무 처리를 위하여 필요하다고 인정하는 업무

⑥ 조사관은 다음 각 호의 업무를 담당한다.

1. 조정신청의 접수
2. 분쟁조정 신청에 관한 민원의 안내
3. 조정당사자에 대한 송달 및 통지
4. 분쟁의 조정에 필요한 사실조사
5. 그 밖에 위원장이 조정위원회의 사무 처리를 위하여 필요하다고 인정하는 업무

⑦ 사무국장 및 심사관은 변호사의 자격이 있는 사람으로 한다.
   [본조신설 2017. 5. 29.]

제24조(시·도의 조정위원회 사무국) 시·도가 법 제14조 제1항에 따라 조정위원회를 두는 경우 사무국의 조직 및 운영 등에 관한 사항은 그 지방자치단체의 실정을 고려하여 해당 시·도 조례로 정한다. [본조신설 2017. 5. 29.]

제25조(조정위원회 구성) 법 제16조 제3항 제6호에서 '대통령령으로 정하는 사람'이란 세무사·주택관리사·건축사로서 주택임대차 관계 업무에 6년 이상 종사한 사람을 말한다. [본조신설 2017. 5. 29.]

제26조(조정위원회 운영)
① 조정위원회는 효율적인 운영을 위하여 필요한 경우에는 분쟁조정사건을 분리하거나 병합하여 심의·조정할 수 있다. 이 경우 당사자에게 지체 없이 그 사실을 통보하여야 한다.

② 조정위원회 회의는 공개하지 아니한다. 다만, 필요하다고 인정되는 경우에는 조정위원회의 의결로 당사자 또는 이해관계인에게 방청을 허가할 수 있다.

③ 조정위원회에 간사를 두며, 사무국의 직원 중에서 위원장이 지명한다.

④ 조정위원회는 회의록을 작성하고, 참여한 조정위원으로 하여금 서명 또는 기명 날인하게 하여야 한다. [본조신설 2017. 5. 29.]

제27조(조정위원에 대한 수당 등) 조정위원회 또는 조정부에 출석한 조정위원에 대해서는 예산의 범위에서 수당, 여비 및 그 밖에 필요한 경비를 지급할 수 있다. [본조신설 2017. 5. 29.]

제28조(조정부에서 심의·조정할 사항) 법 제17조 제3항 제1호에서 '대통령령으로 정하는 금액 이하의 분쟁'이란 다음 각 호의 어느 하나에 해당하는 분쟁을 말한다.

1. 임대차계약의 보증금이 다음 각 목에서 정하는 금액 이하의 분쟁
   가. 「수도권정비계획법」 제2조 제1호에 따른 수도권 지역: 5억 원
   나. 가목에 따른 지역 외의 지역: 3억 원
2. 조정으로 주장하는 이익의 값(이하 '조정목적의 값'이라 한다)이 2억 원 이하인 분쟁. 이 경우 조정목적의 값 산정은 「민사소송 등 인지법」에 따른 소송목적의 값에 관한 산정 방식을 준용한다. [본조신설 2017. 5. 29.]

제29조(조정부의 구성 및 운영)
① 조정부의 위원은 조정위원 중에서 위원장이 지명한다.

② 둘 이상의 조정부를 두는 경우에는 위원장이 분쟁조정 신청사건을 담당할 조정부를 지정할 수 있다.

③ 조정부의 운영에 관하여는 제26조를 준용한다. 이 경우 '조정위원회'는 '조정부'로, '위원장'은 '조정부의 장'으로 본다. [본조신설 2017. 5. 29.]

제30조(조정의 신청)
① 조정의 신청은 서면(「전자문서 및 전자거래 기본법」 제2조 제1호에 따른 전자문서를 포함한다. 이하 같다) 또는 구두로 할 수 있다.

② 구두로 조정을 신청하는 경우 조정신청인은 심사관 또는 조사관에게 진술하여야 한다. 이 경우 조정신청을 받은 심사관 또는 조사관은 조정신청조서를 작성하고 신청인으로 하여금 서명 또는 기명날인하도록 하여야 한다.

③ 조정신청서 또는 조정신청조서에는 당사자, 대리인, 신청의 취지와 분쟁의 내용

등을 기재하여야 한다. 이 경우 증거서류 또는 증거물이 있는 경우에는 이를 첨부하거나 제출하여야 한다. [본조신설 2017. 5. 29.]

제31조(조정신청인에게 안내하여야 할 사항)

① 법 제21조 제2항에서 '대통령령으로 정하는 사항'이란 다음 각 호의 사항을 말한다.

1. 법 제21조 제3항 각 호에 따른 조정 신청의 각하 사유
2. 법 제22조 제2항에 따른 조정절차의 개시 요건
3. 법 제23조의 처리기간
4. 법 제24조에 따라 필요한 경우 신청인, 피신청인, 분쟁 관련 이해관계인 또는 참고인에게 출석하여 진술하게 하거나 필요한 자료나 물건 등의 제출을 요구할 수 있다는 사실
5. 조정성립의 요건 및 효력
6. 당사자가 부담하는 비용

② 제1항에 따른 안내는 안내할 사항이 기재된 서면을 교부 또는 송달하는 방법으로 할 수 있다. [본조신설 2017. 5. 29.]

제32조(조정서류의 송달 등)

① 위원장은 조정신청을 접수하면 지체 없이 조정신청서 또는 조정신청조서 부본(이하 이 조에서 '조정신청서 등'이라 한다)을 피신청인에게 송달하여야 한다.

② 피신청인은 조정에 응할 의사가 있는 경우에는 조정신청서 등을 송달받은 날부터 7일 이내에 그 의사를 조정위원회에 통지하여야 한다.

③ 위원장은 제2항에 따른 통지를 받은 경우 피신청인에게 기간을 정하여 신청내용에 대한 답변서를 제출할 것을 요구할 수 있다. [본조신설 2017. 5. 29.]

제33조(수수료)

① 법 제21조 제1항에 따라 조정을 신청하는 자는 별표 2에서 정하는 수수료를 내야 한다.

② 신청인이 다음 각 호의 어느 하나에 해당하는 경우에는 제1항에 따른 수수료를 면제할 수 있다.

1. 법 제8조에 따라 우선변제를 받을 수 있는 임차인
2. 「국민기초생활 보장법」 제2조 제2호에 따른 수급자
3. 「독립유공자예우에 관한 법률」 제6조에 따라 등록된 독립유공자 또는 그 유족 (선순위자 1명만 해당된다. 이하 이 조에서 같다)
4. 「국가유공자 등 예우 및 지원에 관한 법률」 제6조에 따라 등록된 국가유공자 또는 그 유족
5. 「고엽제후유의증 등 환자지원 및 단체설립에 관한 법률」 제4조에 따라 등록된 고엽제후유증환자, 고엽제후유의증환자 또는 고엽제후유증 2세 환자
6. 「참전유공자 예우 및 단체설립에 관한 법률」 제5조에 따라 등록된 참전유공자
7. 「5·18민주유공자예우에 관한 법률」 제7조에 따라 등록 결정된 5·18민주유공자 또는 그 유족
8. 「특수임무유공자 예우 및 단체설립에 관한 법률」 제6조에 따라 등록된 특수임무유공자 또는 그 유족
9. 「의사상자 등 예우 및 지원에 관한 법률」 제5조에 따라 인정된 의상자 또는 의사자유족
10. 「한부모가족지원법」 제5조에 따른 지원대상자
11. 그 밖에 제1호부터 제10호까지의 규정에 준하는 사람으로서 공단 규칙 또는 시·도 조례로 정하는 사람

③ 신청인은 다음 각 호의 어느 하나에 해당하는 경우에는 수수료의 환급을 청구할 수 있다.

1. 법 제21조 제3항 제1호 및 제2호에 따라 조정신청이 각하된 경우. 다만, 조정신청 있은 후 신청인이 법원에 소를 제기하거나 「민사조정법」에 따른 조정을 신청한 경우는 제외한다.
2. 법 제21조 제3항 제3호 및 제5호에 따라 조정신청이 각하된 경우
3. 신청인이 조정위원회 또는 조정부의 회의가 소집되기 전에 조정신청을 취하한 경우. 이 경우 환급 금액은 납부한 수수료의 2분의 1에 해당하는 금액으로 한다.

④ 제1항에 따른 수수료의 납부방법 및 제3항에 따른 수수료의 환급절차 등에 관하여 필요한 사항은 공단 규칙 또는 시·도의 조례로 정한다. [본조신설 2017. 5. 29.]

제34조(조정서의 작성) 법 제26조 제4항에 따른 조정서에는 다음 각 호의 사항을 기재하고, 위원장 및 조정에 참여한 조정위원이 서명 또는 기명날인하여야 한다.

1. 사건번호 및 사건명
2. 당사자의 성명, 생년월일 및 주소(법인의 경우 명칭, 법인등록번호 및 본점의 소재지를 말한다)
3. 임차주택 소재지
4. 신청의 취지 및 이유
5. 조정내용(법 제26조 제4항에 따라 강제집행을 승낙하는 취지의 합의를 포함한다)
6. 작성일
   [본조신설 2017. 5. 29.]

제35조(조정결과의 통지)

① 조정위원회는 조정절차가 종료되면 그 결과를 당사자에게 통지하여야 한다.

② 조정위원회는 법 제26조 제4항에 따른 조정서가 작성된 경우 조정서 정본을 지체 없이 당사자에게 교부 또는 송달하여야 한다.

[본조신설 2017. 5. 29.]

① (시행일) 이 영은 공포한 날로부터 시행한다.

② (경과조치) 이 영 시행 전에 임차주택에 대하여 담보 물권을 취득한 자에 대하여는 종전의 규정에 의한다.

제4조(다른 법령의 개정)
①부터 ㊷까지 생략

⑬ 주택임대차보호법 시행령 일부를 다음과 같이 개정한다.

제1조의 2 제1호를 다음과 같이 한다.

1.「한국토지주택공사법」에 따른 한국토지주택공사

⑭부터 <54>까지 생략

제5조 생략

부   칙 <대통령령 제22284호, 2010. 7. 21.>

제1조(시행일) 이 영은 2010년 7월 26일부터 시행한다.

제2조(경과조치) 이 영 시행 전에 임차주택에 대하여 담보 물권을 취득한 자에 대해서는 종전의 규정에 따른다.

부   칙 <대통령령 제23488호, 2012. 1. 6.> (민감 정보 및 고유 식별정보 처리 근거 마련을 위한 과세자료의 제출 및 관리에 관한 법률 시행령 등 일부 개정령)

제1조(시행일) 이 영은 공포한 날부터 시행한다. <단서 생략>

제2조 생략

부   칙 <대통령령 제24415호, 2013. 3. 23.> (법무부와 그 소속기관 직제)

제1조(시행일) 이 영은 공포한 날부터 시행한다.

제2조 생략

제3조(다른 법령의 개정)
①부터 ⑬까지 생략

⑭ 주택임대차보호법 시행령 일부를 다음과 같이 개정한다.

제10조 제3항 제3호 중 '국토해양부'를 '국토교통부'로 한다.

⑮및 ⑯생략

부   칙 <대통령령 제25035호, 2013. 12. 30.>

제1조(시행일) 이 영은 2014년 1월 1일부터 시행한다.

제2조(확정일자부여기관의 정보제공 범위에 관한 적용례) 제6조의 개정규정은 이 영 시행 후 작성된 확정일자부에 기재된 사항(다른 확정일자부여기관이 보유한 정보 중 전산처리정보조직을 이용하여 제공할 수 있는 정보를 포함한다)부터 적용한다.

제3조(월차임 전환 시 산정률의 제한에 관한 적용례) 제9조의 개정규정은 이 영 시행 당시 존속 중인 임대차계약에 대해서도 적용하되, 이 영 시행 후 보증금의 전부 또는 일부를 월 단위 차임으로 전환하는 경우부터 적용한다.

제4조(소액보증금 보호에 관한 적용례) 제10조 및 제11조의 개정규정은 이 영 시행 당시 존속 중인 임대차계약에 대해서도 적용하되, 이 영 시행 전에 임차주택에 대하여 담보 물권을 취득한 자에 대해서는 종전의 규정에 따른다.

제5조(다른 법령의 개정)
① 임대주택법 시행령 일부를 다음과 같이 개정한다.

제13조의 2 제2항 중 '「주택임대차보호법 시행령」 제2조 제1항'을 '「주택임대차보호법 시행령」 제8조 제1항'으로 한다.

② 채무자 회생 및 파산에 관한 법률 시행령 일부를 다음과 같이 개정한다.

제16조 제1항 중 '「주택임대차보호법 시행령」 제3조 제1항'을 '「주택임대차보호법 시행령」 제10조 제1항'으로 한다.

③ 토지임대부 분양주택 공급촉진을 위한 특별조치법 시행령 일부를 다음과 같이 개정한다.

제2조 제2항 중 '「주택임대차보호법 시행령」 제2조 제1항'을 '「주택임대차보호법 시행령」 제8조 제1항'으로 한다.

부   칙 <대통령령 제27078호, 2016. 3. 31.>

제1조(시행일) 이 영은 공포한 날부터 시행한다.

제2조(소액보증금 보호에 관한 적용례 등) 제10조 및 제11조의 개정규정은 이 영 시행 당시 존속 중인 임대차계약에 대해서도 적용하되, 이 영 시행 전에 임차주택에 대하여 담보 물권을 취득한 자에 대해서는 종전의 규정에 따른다.

제3조(주택임대차위원회 위촉위원의 연임에 관한 적용례)

① 제13조 제1항의 개정규정은 이 영 시행 이후 주택임대차위원회의 위원으로 위촉되는 사람부터 적용한다.

② 제1항에 따라 제13조 제1항의 개정규정을 적용하는 경우에 이 영 시행 전에 최초로 위촉되어 임기 중에 있는 위원은 그 임기 만료 후 한 차례 연임할 수 있고, 이 영 시행 전에 한 차례 이상 연임되어 임기 중에 있는 위원은 그 임기 만료 후에는 연임할 수 없다.

3. 상가건물임대차보호법 (약칭: 상가임대차법)

[시행 2016. 12. 1.] [법률 제14242호, 2016. 5. 29., 타법개정] 공포법령보기

제1조(목적) 이 법은 상가건물임대차에 관하여 「민법」에 대한 특례를 규정하여 국민 경제생활의 안정을 보장함을 목적으로 한다.
[전문개정 2009. 1. 30.]

제2조(적용범위)

① 이 법은 상가건물(제3조 제1항에 따른 사업자등록의 대상이 되는 건물을 말한다)의 임대차(임대차 목적물의 주된 부분을 영업용으로 사용하는 경우를 포함한다)에 대하여 적용한다. 다만, 대통령령으로 정하는 보증금액을 초과하는 임대차에 대하여는 그러하지 아니하다.

② 제1항 단서에 따른 보증금액을 정할 때에는 해당 지역의 경제 여건 및 임대차 목적물의 규모 등을 고려하여 지역별로 구분하여 규정하되, 보증금 외에 차임이 있는 경우에는 그 차임액에 「은행법」에 따른 은행의 대출금리 등을 고려하여 대통령령으로 정하는 비율을 곱하여 환산한 금액을 포함하여야 한다. <개정 2010. 5. 17.>

③ 제1항 단서에도 불구하고 제3조, 제10조 제1항, 제2항, 제3항 본문, 제10조의2부터 제10조의8까지의 규정 및 제19조는 제1항 단서에 따른 보증금액을 초과하는 임대차에 대하여도 적용한다. <신설 2013. 8. 13., 2015. 5. 13.>
[전문개정 2009. 1. 30.]

제3조(대항력 등)

① 임대차는 그 등기가 없는 경우에도 임차인이 건물의 인도와 「부가가치세법」 제8조, 「소득세법」 제168조 또는 「법인세법」 제111조에 따른 사업자등록을 신청하면 그 다음 날부터 제3자에 대하여 효력이 생긴다. <개정 2013. 6. 7.>

② 임차건물의 양수인(그 밖에 임대할 권리를 승계한 자를 포함한다)은 임대인의

지위를 승계한 것으로 본다.

③ 이 법에 따라 임대차의 목적이 된 건물이 매매 또는 경매의 목적물이 된 경우에는 「민법」 제575조 제1항·제3항 및 제578조를 준용한다.

④ 제3항의 경우에는 「민법」 제536조를 준용한다.
[전문개정 2009. 1. 30.]

제4조(확정일자 부여 및 임대차정보의 제공 등)
① 제5조 제2항의 확정일자는 상가건물의 소재지 관할 세무서장이 부여한다.

② 관할 세무서장은 해당 상가건물의 소재지, 확정일자 부여일, 차임 및 보증금 등을 기재한 확정일자부를 작성하여야 한다. 이 경우 전산정보처리조직을 이용할 수 있다.

③ 상가건물의 임대차에 이해관계가 있는 자는 관할 세무서장에게 해당 상가건물의 확정일자 부여일, 차임 및 보증금 등 정보의 제공을 요청할 수 있다. 이 경우 요청을 받은 관할 세무서장은 정당한 사유 없이 이를 거부할 수 없다.

④ 임대차계약을 체결하려는 자는 임대인의 동의를 받아 관할 세무서장에게 제3항에 따른 정보제공을 요청할 수 있다.

⑤ 확정일자부에 기재하여야 할 사항, 상가건물의 임대차에 이해관계가 있는 자의 범위, 관할 세무서장에게 요청할 수 있는 정보의 범위 및 그 밖에 확정일자 부여사무와 정보제공 등에 필요한 사항은 대통령령으로 정한다.
[전문개정 2015. 5. 13.]

제5조(보증금의 회수)
① 임차인이 임차건물에 대하여 보증금반환청구소송의 확정판결, 그 밖에 이에 준하는 집행권원에 의하여 경매를 신청하는 경우에는 「민사집행법」 제41조에도 불구하고 반대의무의 이행이나 이행의 제공을 집행개시의 요건으로 하지 아니한다.

② 제3조 제1항의 대항요건을 갖추고 관할 세무서장으로부터 임대차계약서상의 확정일자를 받은 임차인은 「민사집행법」에 따른 경매 또는 「국세징수법」에 따른 공매 시 임차건물(임대인 소유의 대지를 포함한다)의 환가대금에서 후순위 권리자나 그 밖의 채권자보다 우선하여 보증금을 변제받을 권리가 있다.

③ 임차인은 임차건물을 양수인에게 인도하지 아니하면 제2항에 따른 보증금을 받을 수 없다.

④ 제2항 또는 제7항에 따른 우선변제의 순위와 보증금에 대하여 이의가 있는 이해관계인은 경매법원 또는 체납처분청에 이의를 신청할 수 있다. <개정 2013. 8. 13.>

⑤ 제4항에 따라 경매법원에 이의를 신청하는 경우에는 「민사집행법」 제152조부터 제161조까지의 규정을 준용한다.

⑥ 제4항에 따라 이의신청을 받은 체납처분청은 이해관계인이 이의신청일부터 7일 이내에 임차인 또는 제7항에 따라 우선변제권을 승계한 금융기관 등을 상대로 소(訴)를 제기한 것을 증명한 때에는 그 소송이 종결될 때까지 이의가 신청된 범위에서 임차인 또는 제7항에 따라 우선변제권을 승계한 금융기관 등에 대한 보증금의 변제를 유보(留保)하고 남은 금액을 배분하여야 한다. 이 경우 유보된 보증금은 소송 결과에 따라 배분한다. <개정 2013. 8. 13.>

⑦ 다음 각 호의 금융기관 등이 제2항, 제6조 제5항 또는 제7조 제1항에 따른 우선변제권을 취득한 임차인의 보증금반환채권을 계약으로 양수한 경우에는 양수한 금액의 범위에서 우선변제권을 승계한다. <신설 2013. 8. 13., 2016. 5. 29.>

  1. 「은행법」에 따른 은행
  2. 「중소기업은행법」에 따른 중소기업은행
  3. 「한국산업은행법」에 따른 한국산업은행
  4. 「농업협동조합법」에 따른 농협은행
  5. 「수산업협동조합법」에 따른 수협은행
  6. 「우체국예금·보험에 관한 법률」에 따른 체신관서
  7. 「보험업법」 제4조 제1항 제2호 라목의 보증보험을 보험종목으로 허가받은 보험

회사

8. 그 밖에 제1호부터 제7호까지에 준하는 것으로서 대통령령으로 정하는 기관

⑧ 제7항에 따라 우선변제권을 승계한 금융기관 등(이하 '금융기관 등'이라 한다) 은 다음 각 호의 어느 하나에 해당하는 경우에는 우선변제권을 행사할 수 없다. <신설 2013. 8. 13.>

1. 임차인이 제3조 제1항의 대항요건을 상실한 경우
2. 제6조 제5항에 따른 임차권등기가 말소된 경우
3. 「민법」 제621조에 따른 임대차등기가 말소된 경우

⑨ 금융기관 등은 우선변제권을 행사하기 위하여 임차인을 대리하거나 대위하여 임대차를 해지할 수 없다. <신설 2013. 8. 13.>
[전문개정 2009. 1. 30.]

제6조(임차권등기명령)

① 임대차가 종료된 후 보증금이 반환되지 아니한 경우 임차인은 임차건물의 소재 지를 관할하는 지방법원, 지방법원지원 또는 시·군법원에 임차권등기명령을 신청할 수 있다. <개정 2013. 8. 13.>

② 임차권등기명령을 신청할 때에는 다음 각 호의 사항을 기재하여야 하며, 신청 이유 및 임차권등기의 원인이 된 사실을 소명하여야 한다.

1. 신청 취지 및 이유
2. 임대차의 목적인 건물(임대차의 목적이 건물의 일부분인 경우에는 그 부분의 도면을 첨부한다)
3. 임차권등기의 원인이 된 사실(임차인이 제3조 제1항에 따른 대항력을 취득하 였거나 제5조 제2항에 따른 우선변제권을 취득한 경우에는 그 사실)
4. 그 밖에 대법원규칙으로 정하는 사항

③ 임차권등기명령의 신청에 대한 재판, 임차권등기명령의 결정에 대한 임대인의 이의신청 및 그에 대한 재판, 임차권등기명령의 취소신청 및 그에 대한 재판 또

는 임차권등기명령의 집행 등에 관하여는 「민사집행법」 제280조 제1항, 제281 조, 제283조, 제285조, 제286조, 제288조 제1항·제2항 본문, 제289조, 제290 조 제2항 중 제288조 제1항에 대한 부분, 제291조, 제293조를 준용한다. 이 경 우 '가압류'는 '임차권등기'로, '채권자'는 '임차인'으로, '채무자'는 '임대인'으로 본다.

④ 임차권등기명령신청을 기각하는 결정에 대하여 임차인은 항고할 수 있다.

⑤ 임차권등기명령의 집행에 따른 임차권등기를 마치면 임차인은 제3조 제1항에 따른 대항력과 제5조 제2항에 따른 우선변제권을 취득한다. 다만, 임차인이 임차 권등기 이전에 이미 대항력 또는 우선변제권을 취득한 경우에는 그 대항력 또는 우선변제권이 그대로 유지되며, 임차권등기 이후에는 제3조 제1항의 대항요건을 상실하더라도 이미 취득한 대항력 또는 우선변제권을 상실하지 아니한다.

⑥ 임차권등기명령의 집행에 따른 임차권등기를 마친 건물(임대차의 목적이 건물 의 일부분인 경우에는 그 부분으로 한정한다)을 그 이후에 임차한 임차인은 제 14조에 따른 우선변제를 받을 권리가 없다.

⑦ 임차권등기의 촉탁, 등기관의 임차권등기 기입 등 임차권등기명령의 시행에 관 하여 필요한 사항은 대법원규칙으로 정한다.

⑧ 임차인은 제1항에 따른 임차권등기명령의 신청 및 그에 따른 임차권등기와 관 련하여 든 비용을 임대인에게 청구할 수 있다.

⑨ 금융기관 등은 임차인을 대위하여 제1항의 임차권등기명령을 신청할 수 있다. 이 경우 제3항·제4항 및 제8항의 '임차인'은 '금융기관 등'으로 본다. <신설 2013. 8. 13.>
[전문개정 2009. 1. 30.]

제7조(「민법」에 따른 임대차등기의 효력 등)
① 「민법」 제621조에 따른 건물임대차등기의 효력에 관하여는 제6조 제5항 및 제6 항을 준용한다.

② 임차인이 대항력 또는 우선변제권을 갖추고 「민법」 제621조 제1항에 따라 임대인의 협력을 얻어 임대차등기를 신청하는 경우에는 신청서에 「부동산등기법」 제74조 제1호부터 제5호까지의 사항 외에 다음 각 호의 사항을 기재하여야 하며, 이를 증명할 수 있는 서면(임대차의 목적이 건물의 일부분인 경우에는 그 부분의 도면을 포함한다)을 첨부하여야 한다. <개정 2011. 4. 12.>

1. 사업자등록을 신청한 날
2. 임차건물을 점유한 날
3. 임대차계약서상의 확정일자를 받은 날
   [전문개정 2009. 1. 30.]

제8조(경매에 의한 임차권의 소멸) 임차권은 임차건물에 대하여 「민사집행법」에 따른 경매가 실시된 경우에는 그 임차건물이 매각되면 소멸한다. 다만, 보증금이 전액 변제되지 아니한 대항력이 있는 임차권은 그러하지 아니하다.
[전문개정 2009. 1. 30.]

제9조(임대차기간 등)
① 기간을 정하지 아니하거나 기간을 1년 미만으로 정한 임대차는 그 기간을 1년으로 본다. 다만, 임차인은 1년 미만으로 정한 기간이 유효함을 주장할 수 있다.

② 임대차가 종료한 경우에도 임차인이 보증금을 돌려받을 때까지는 임대차 관계는 존속하는 것으로 본다.
[전문개정 2009. 1. 30.]

제10조(계약갱신 요구 등)
① 임대인은 임차인이 임대차기간이 만료되기 6개월 전부터 1개월 전까지 사이에 계약갱신을 요구할 경우 정당한 사유 없이 거절하지 못한다. 다만, 다음 각 호의 어느 하나의 경우에는 그러하지 아니하다. <개정 2013. 8. 13.>

1. 임차인이 3기의 차임액에 해당하는 금액에 이르도록 차임을 연체한 사실이 있는 경우

2. 임차인이 거짓이나 그 밖의 부정한 방법으로 임차한 경우

3. 서로 합의하여 임대인이 임차인에게 상당한 보상을 제공한 경우

4. 임차인이 임대인의 동의 없이 목적 건물의 전부 또는 일부를 전대(轉貸)한 경우

5. 임차인이 임차한 건물의 전부 또는 일부를 고의나 중대한 과실로 파손한 경우

6. 임차한 건물의 전부 또는 일부가 멸실되어 임대차의 목적을 달성하지 못할 경우

7. 임대인이 다음 각 목의 어느 하나에 해당하는 사유로 목적 건물의 전부 또는 대부분을 철거하거나 재건축하기 위하여 목적 건물의 점유를 회복할 필요가 있는 경우

　　가. 임대차계약 체결 당시 공사시기 및 소요기간 등을 포함한 철거 또는 재건축 계획을 임차인에게 구체적으로 고지하고 그 계획에 따르는 경우

　　나. 건물이 노후·훼손 또는 일부 멸실되는 등 안전사고의 우려가 있는 경우

　　다. 다른 법령에 따라 철거 또는 재건축이 이루어지는 경우

8. 그 밖에 임차인이 임차인으로서의 의무를 현저히 위반하거나 임대차를 계속하기 어려운 중대한 사유가 있는 경우

② 임차인의 계약갱신요구권은 최초의 임대차기간을 포함한 전체 임대차기간이 5년을 초과하지 아니하는 범위에서만 행사할 수 있다.

③ 갱신되는 임대차는 전 임대차와 동일한 조건으로 다시 계약된 것으로 본다. 다만, 차임과 보증금은 제11조에 따른 범위에서 증감할 수 있다.

④ 임대인이 제1항의 기간 이내에 임차인에게 갱신 거절의 통지 또는 조건 변경의 통지를 하지 아니한 경우에는 그 기간이 만료된 때에 전 임대차와 동일한 조건으로 다시 임대차한 것으로 본다. 이 경우에 임대차의 존속기간은 1년으로 본다. <개정 2009. 5. 8.>

⑤ 제4항의 경우 임차인은 언제든지 임대인에게 계약해지의 통고를 할 수 있고, 임대인이 통고를 받은 날부터 3개월이 지나면 효력이 발생한다.
[전문개정 2009. 1. 30.]

제10조의 2(계약갱신의 특례) 제2조 제1항 단서에 따른 보증금액을 초과하는 임대차의 계약갱신의 경우에는 당사자는 상가건물에 관한 조세, 공과금, 주변 상가건물의

차임 및 보증금, 그 밖의 부담이나 경제사정의 변동 등을 고려하여 차임과 보증금의 증감을 청구할 수 있다.

[본조신설 2013. 8. 13.]

제10조의 3(권리금의 정의 등)

① 권리금이란 임대차 목적물인 상가건물에서 영업을 하는 자 또는 영업을 하려는 자가 영업시설·비품, 거래처, 신용, 영업상의 노하우, 상가건물의 위치에 따른 영업상의 이점 등 유형·무형의 재산적 가치의 양도 또는 이용대가로서 임대인, 임차인에게 보증금과 차임 이외에 지급하는 금전 등의 대가를 말한다.

② 권리금 계약이란 신규임차인이 되려는 자가 임차인에게 권리금을 지급하기로 하는 계약을 말한다.

[본조신설 2015. 5. 13.]

제10조의 4(권리금 회수기회 보호 등)

① 임대인은 임대차기간이 끝나기 3개월 전부터 임대차 종료 시까지 다음 각 호의 어느 하나에 해당하는 행위를 함으로써 권리금 계약에 따라 임차인이 주선한 신규임차인이 되려는 자로부터 권리금을 지급받는 것을 방해하여서는 아니 된다. 다만, 제10조 제1항 각 호의 어느 하나에 해당하는 사유가 있는 경우에는 그러하지 아니하다.

1. 임차인이 주선한 신규임차인이 되려는 자에게 권리금을 요구하거나 임차인이 주선한 신규임차인이 되려는 자로부터 권리금을 수수하는 행위
2. 임차인이 주선한 신규임차인이 되려는 자로 하여금 임차인에게 권리금을 지급하지 못하게 하는 행위
3. 임차인이 주선한 신규임차인이 되려는 자에게 상가건물에 관한 조세, 공과금, 주변 상가건물의 차임 및 보증금, 그 밖의 부담에 따른 금액에 비추어 현저히 고액의 차임과 보증금을 요구하는 행위
4. 그 밖에 정당한 사유 없이 임대인이 임차인이 주선한 신규임차인이 되려는 자와 임대차계약의 체결을 거절하는 행위

② 다음 각 호의 어느 하나에 해당하는 경우에는 제1항 제4호의 정당한 사유가 있는 것으로 본다.

1. 임차인이 주선한 신규임차인이 되려는 자가 보증금 또는 차임을 지급할 자력이 없는 경우
2. 임차인이 주선한 신규임차인이 되려는 자가 임차인으로서의 의무를 위반할 우려가 있거나 그 밖에 임대차를 유지하기 어려운 상당한 사유가 있는 경우
3. 임대차 목적물인 상가건물을 1년 6개월 이상 영리목적으로 사용하지 아니한 경우
4. 임대인이 선택한 신규임차인이 임차인과 권리금 계약을 체결하고 그 권리금을 지급한 경우

③ 임대인이 제1항을 위반하여 임차인에게 손해를 발생하게 한 때에는 그 손해를 배상할 책임이 있다. 이 경우 그 손해배상액은 신규임차인이 임차인에게 지급하기로 한 권리금과 임대차 종료 당시의 권리금 중 낮은 금액을 넘지 못한다.

④ 제3항에 따라 임대인에게 손해배상을 청구할 권리는 임대차가 종료한 날부터 3년 이내에 행사하지 아니하면 시효의 완성으로 소멸한다.

⑤ 임차인은 임대인에게 임차인이 주선한 신규임차인이 되려는 자의 보증금 및 차임을 지급할 자력 또는 그 밖에 임차인으로서의 의무를 이행할 의사 및 능력에 관하여 자신이 알고 있는 정보를 제공하여야 한다.
[본조신설 2015. 5. 13.]

제10조의 5(권리금 적용 제외) 제10조의 4는 다음 각 호의 어느 하나에 해당하는 상가건물임대차의 경우에는 적용하지 아니한다.

1. 임대차 목적물인 상가건물이 「유통산업발전법」 제2조에 따른 대규모점포 또는 준대규모점포의 일부인 경우
2. 임대차 목적물인 상가건물이 「국유재산법」에 따른 국유재산 또는 「공유재산 및 물품 관리법」에 따른 공유재산인 경우
[본조신설 2015. 5. 13.]

제10조의 6(표준권리금계약서의 작성 등) 국토교통부장관은 임차인과 신규임차인이 되려는 자가 권리금 계약을 체결하기 위한 표준권리금계약서를 정하여 그 사용을 권장할 수 있다.

[본조신설 2015. 5. 13.]

제10조의 7(권리금 평가기준의 고시) 국토교통부장관은 권리금에 대한 감정평가의 절차와 방법 등에 관한 기준을 고시할 수 있다.

[본조신설 2015. 5. 13.]

제10조의 8(차임연체와 해지) 임차인의 차임연체액이 3기의 차임액에 달하는 때에는 임대인은 계약을 해지할 수 있다.

[본조신설 2015. 5. 13.]

제11조(차임 등의 증감청구권)

① 차임 또는 보증금이 임차건물에 관한 조세, 공과금, 그 밖의 부담의 증감이나 경제 사정의 변동으로 인하여 상당하지 아니하게 된 경우에는 당사자는 장래의 차임 또는 보증금에 대하여 증감을 청구할 수 있다. 그러나 증액의 경우에는 대통령령으로 정하는 기준에 따른 비율을 초과하지 못한다.

② 제1항에 따른 증액 청구는 임대차계약 또는 약정한 차임 등의 증액이 있은 후 1년 이내에는 하지 못한다.

[전문개정 2009. 1. 30.]

제12조(월 차임 전환 시 산정률의 제한) 보증금의 전부 또는 일부를 월 단위의 차임으로 전환하는 경우에는 그 전환되는 금액에 다음 각 호 중 낮은 비율을 곱한 월 차임의 범위를 초과할 수 없다. <개정 2010. 5. 17., 2013. 8. 13.>

1. 「은행법」에 따른 은행의 대출금리 및 해당 지역의 경제 여건 등을 고려하여 대통령령으로 정하는 비율
2. 한국은행에서 공시한 기준금리에 대통령령으로 정하는 배수를 곱한 비율

[전문개정 2009. 1. 30.]

제13조(전대차관계에 대한 적용 등)

① 제10조, 제10조의 2, 제10조의 8, 제11조 및 제12조는 전대인(轉貸人)과 전차인(轉借人)의 전대차관계에 적용한다. <개정 2015. 5. 13.>

② 임대인의 동의를 받고 전대차계약을 체결한 전차인은 임차인의 계약갱신요구권 행사기간 이내에 임차인을 대위(代位)하여 임대인에게 계약갱신요구권을 행사할 수 있다.

[전문개정 2009. 1. 30.]

제14조(보증금 중 일정액의 보호)

① 임차인은 보증금 중 일정액을 다른 담보 물권자보다 우선하여 변제받을 권리가 있다. 이 경우 임차인은 건물에 대한 경매신청의 등기 전에 제3조 제1항의 요건을 갖추어야 한다.

② 제1항의 경우에 제5조 제4항부터 제6항까지의 규정을 준용한다.

③ 제1항에 따라 우선변제를 받을 임차인 및 보증금 중 일정액의 범위와 기준은 임대건물가액(임대인 소유의 대지가액을 포함한다)의 2분의 1 범위에서 해당 지역의 경제 여건, 보증금 및 차임 등을 고려하여 대통령령으로 정한다. <개정 2013. 8. 13.>

[전문개정 2009. 1. 30.]

제15조(강행규정) 이 법의 규정에 위반된 약정으로서 임차인에게 불리한 것은 효력이 없다.

[전문개정 2009. 1. 30.]

제16조(일시사용을 위한 임대차) 이 법은 일시사용을 위한 임대차임이 명백한 경우에는 적용하지 아니한다.

[전문개정 2009. 1. 30.]

제17조(미등기 전세에의 준용) 목적건물을 등기하지 아니한 전세계약에 관하여 이 법을 준용한다. 이 경우 '전세금'은 '임대차의 보증금'으로 본다.

[전문개정 2009. 1. 30.]

제18조(「소액사건심판법」의 준용) 임차인이 임대인에게 제기하는 보증금반환청구소송에 관하여는 「소액사건심판법」 제6조·제7조·제10조 및 제11조의 2를 준용한다.

[전문개정 2009. 1. 30.]

제19조(표준계약서의 작성 등) 법무부장관은 보증금, 차임액, 임대차기간, 수선비분담 등의 내용이 기재된 상가건물임대차표준계약서를 정하여 그 사용을 권장할 수 있다.

[본조신설 2015. 5. 13.]

제1조(시행일) 이 법은 2016년 12월 1일부터 시행한다. <단서 생략>

제2조부터 제20조까지 생략

제21조(다른 법률의 개정)
①부터 ⑪까지 생략

⑫ 상가건물임대차보호법 일부를 다음과 같이 개정한다.

제5조 제7항 제5호 중 '수산업협동조합중앙회'를 '수협은행'으로 한다.

⑬부터 ㉗까지 생략

제22조 생략

4. 상가건물임대차보호법 시행령 (약칭: 상가임대차법 시행령)

[시행 2018. 1. 26.] [대통령령 제28611호, 2018. 1. 26., 일부 개정]

제1조(목적) 이 영은 「상가건물임대차보호법」에서 위임된 사항과 그 시행에 관하여 필요한 사항을 정하는 것을 목적으로 한다. <개정 2008. 8. 21., 2010. 7. 21.>

제2조(적용범위)

① 「상가건물임대차보호법」(이하 '법'이라 한다) 제2조 제1항 단서에서 '대통령령으로 정하는 보증금액'이라 함은 다음 각 호의 구분에 의한 금액을 말한다. <개정 2008. 8. 21., 2010. 7. 21., 2013. 12. 30., 2018. 1. 26.>

1. 서울특별시: 6억 1천만 원
2. 「수도권정비계획법」에 따른 과밀억제권역(서울특별시는 제외한다) 및 부산광역시: 5억 원
3. 광역시(「수도권정비계획법」에 따른 과밀억제권역에 포함된 지역과 군 지역, 부산광역시는 제외한다), 세종특별자치시, 파주시, 화성시, 안산시, 용인시, 김포시 및 광주시: 3억 9천만 원
4. 그 밖의 지역: 2억 7천만 원

② 법 제2조 제2항의 규정에 의하여 보증금 외에 차임이 있는 경우의 차임액은 월 단위의 차임액으로 한다.

③ 법 제2조 제2항에서 '대통령령으로 정하는 비율'이라 함은 100분의 1을 말한다. <개정 2010. 7. 21.>

제3조(확정일자부 기재사항 등)

① 상가건물임대차 계약증서 원본을 소지한 임차인은 법 제4조 제1항에 따라 상가건물의 소재지 관할 세무서장에게 확정일자 부여를 신청할 수 있다. 다만, 「부가가치세법」 제8조 제3항에 따라 사업자 단위 과세가 적용되는 사업자의 경우 해당 사업자의 본점 또는 주사무소 관할 세무서장에게 확정일자 부여를 신청할

수 있다.

② 확정일자는 제1항에 따라 확정일자 부여의 신청을 받은 세무서장(이하 '관할 세무서장'이라 한다)이 확정일자 번호, 확정일자 부여일 및 관할 세무서장을 상가건물임대차 계약증서 원본에 표시하고 관인을 찍는 방법으로 부여한다.

③ 관할 세무서장은 임대차계약이 변경되거나 갱신된 경우 임차인의 신청에 따라 새로운 확정일자를 부여한다.

④ 관할 세무서장이 법 제4조 제2항에 따라 작성하는 확정일자부에 기재하여야 할 사항은 다음 각 호와 같다.

1. 확정일자 번호
2. 확정일자 부여일
3. 임대인·임차인의 인적사항
   가. 자연인인 경우: 성명, 주민등록번호(외국인은 외국인등록번호)
   나. 법인인 경우: 법인명, 대표자 성명, 법인등록번호
   다. 법인 아닌 단체인 경우: 단체명, 대표자 성명, 사업자등록번호·고유번호
4. 임차인의 상호 및 법 제3조 제1항에 따른 사업자등록 번호
5. 상가건물의 소재지, 임대차 목적물 및 면적
6. 임대차기간
7. 보증금·차임

⑤ 제1항부터 제4항까지에서 규정한 사항 외에 확정일자 부여 사무에 관하여 필요한 사항은 법무부령으로 정한다.
[전문개정 2015. 11. 13.]

제3조의 2(이해관계인의 범위) 법 제4조 제3항에 따라 정보의 제공을 요청할 수 있는 상가건물의 임대차에 이해관계가 있는 자(이하 '이해관계인'이라 한다)는 다음 각 호의 어느 하나에 해당하는 자로 한다.

1. 해당 상가건물임대차계약의 임대인·임차인
2. 해당 상가건물의 소유자

3. 해당 상가건물 또는 그 대지의 등기부에 기록된 권리자 중 법무부령으로 정하는 자

4. 법 제5조 제7항에 따라 우선변제권을 승계한 금융기관 등

5. 제1호부터 제4호까지에서 규정한 자에 준하는 지위 또는 권리를 가지는 자로서 임대차 정보의 제공에 관하여 법원의 판결을 받은 자

[본조신설 2015. 11. 13.]

제3조의 3(이해관계인 등이 요청할 수 있는 정보의 범위)

① 제3조의 2 제1호에 따른 임대차계약의 당사자는 관할 세무서장에게 다음 각 호의 사항이 기재된 서면의 열람 또는 교부를 요청할 수 있다.

1. 임대인·임차인의 인적사항(제3조 제4항 제3호에 따른 정보를 말한다. 다만, 주민등록번호 및 외국인등록번호의 경우에는 앞 6자리에 한정한다)

2. 상가건물의 소재지, 임대차 목적물 및 면적

3. 사업자등록신청일

4. 보증금·차임 및 임대차기간

5. 확정일자 부여일

6. 임대차계약이 변경되거나 갱신된 경우에는 변경·갱신된 날짜, 새로운 확정일자 부여일, 변경된 보증금·차임 및 임대차기간

7. 그 밖에 법무부령으로 정하는 사항

② 임대차계약의 당사자가 아닌 이해관계인 또는 임대차계약을 체결하려는 자는 관할 세무서장에게 다음 각 호의 사항이 기재된 서면의 열람 또는 교부를 요청할 수 있다.

1. 상가건물의 소재지, 임대차 목적물 및 면적

2. 사업자등록신청일

3. 보증금 및 차임, 임대차기간

4. 확정일자 부여일

5. 임대차계약이 변경되거나 갱신된 경우에는 변경·갱신된 날짜, 새로운 확정일자 부여일, 변경된 보증금·차임 및 임대차기간

6. 그 밖에 법무부령으로 정하는 사항

③ 제1항 및 제2항에서 규정한 사항 외에 임대차 정보의 제공 등에 필요한 사항은 법무부령으로 정한다.

[본조신설 2015. 11. 13.]

제4조(차임 등 증액청구의 기준) 법 제11조 제1항의 규정에 의한 차임 또는 보증금의 증액청구는 청구당시의 차임 또는 보증금의 100분의 5의 금액을 초과하지 못한다. <개정 2008. 8. 21., 2018. 1. 26.>

제5조(월차임 전환 시 산정률)

① 법 제12조 제1호에서 '대통령령으로 정하는 비율'이란 연 1할2푼을 말한다.

② 법 제12조 제2호에서 '대통령령으로 정하는 배수'란 4. 5배를 말한다.

[전문개정 2013. 12. 30.]

제6조(우선변제를 받을 임차인의 범위) 법 제14조의 규정에 의하여 우선변제를 받을 임차인은 보증금과 차임이 있는 경우 법 제2조 제2항의 규정에 의하여 환산한 금액의 합계가 다음 각 호의 구분에 의한 금액 이하인 임차인으로 한다. <개정 2008. 8. 21., 2010. 7. 21., 2013. 12. 30.>

1. 서울특별시: 6천5백만 원
2. 「수도권정비계획법」에 따른 과밀억제권역(서울특별시는 제외한다): 5천5백만 원
3. 광역시(「수도권정비계획법」에 따른 과밀억제권역에 포함된 지역과 군 지역은 제외한다), 안산시, 용인시, 김포시 및 광주시: 3천8백만 원
4. 그 밖의 지역: 3천만 원

제7조(우선변제를 받을 보증금의 범위 등)

① 법 제14조의 규정에 의하여 우선변제를 받을 보증금 중 일정액의 범위는 다음 각 호의 구분에 의한 금액 이하로 한다. <개정 2008. 8. 21., 2010. 7. 21., 2013.

12. 30.>

1. 서울특별시: 2천2백만 원
2. 「수도권정비계획법」에 따른 과밀억제권역(서울특별시는 제외한다): 1천9백만 원
3. 광역시(「수도권정비계획법」에 따른 과밀억제권역에 포함된 지역과 군 지역은 제외한다), 안산시, 용인시, 김포시 및 광주시: 1천3백만 원
4. 그 밖의 지역: 1천만 원

② 임차인의 보증금중 일정액이 상가건물의 가액의 2분의 1을 초과하는 경우에는 상가건물의 가액의 2분의 1에 해당하는 금액에 한하여 우선변제권이 있다. <개정 2013. 12. 30.>

③ 하나의 상가건물에 임차인이 2인 이상이고, 그 각 보증금중 일정액의 합산액이 상가건물의 가액의 2분의 1을 초과하는 경우에는 그 각 보증금중 일정액의 합산액에 대한 각 임차인의 보증금중 일정액의 비율로 그 상가건물의 가액의 2분의 1에 해당하는 금액을 분할한 금액을 각 임차인의 보증금중 일정액으로 본다. <개정 2013. 12. 30.>

제8조(고유 식별정보의 처리) 관할 세무서장은 법 제4조에 따른 확정일자 부여에 관한 사무를 수행하기 위하여 불가피한 경우 「개인정보 보호법 시행령」 제19조 제1호 및 제4호에 따른 주민등록번호 및 외국인등록번호가 포함된 자료를 처리할 수 있다. <개정 2013. 12. 30., 2015. 11. 13.>
[본조신설 2012. 1. 6.]

부 칙 <대통령령 제17757호, 2002. 10. 14.>

① (시행일) 이 영은 2002년 11월 1일부터 시행한다.

② (기존 임차인의 확정일자 신청에 대한 경과조치) 이 영 공포 후 법 부칙 제3항의 규정에 의하여 임대차계약서상의 확정일자를 신청하고자 하는 자는 임대차

계약서와 함께 사업자등록증을 제시하여야 한다.

부　　칙 <대통령령 제19507호, 2006. 6. 12.> (행정정보의 공동이용 및 문서감축을 위한 국가채권관리법 시행령 등 일부 개정령)

이 영은 공포한 날부터 시행한다.

부　　칙 <대통령령 제20970호, 2008. 8. 21.>

제1조(시행일) 이 영은 공포한 날부터 시행한다.

제2조(경과조치) 이 영 시행 당시 존속 중인 상가건물임대차계약에 대하여는 종전의 규정에 따른다. 다만, 제4조의 개정규정은 그러하지 아니하다.

부　　칙 <대통령령 제21988호, 2010. 1. 11.>

이 영은 공포한 날부터 시행한다.

부　　칙 <대통령령 제22151호, 2010. 5. 4.> (전자정부법 시행령)

제1조(시행일) 이 영은 2010년 5월 5일부터 시행한다.

제2조 및 제3조 생략

제4조(다른 법령의 개정)

①부터 <98>까지 생략

<99> 상가건물임대차보호법 시행령 일부를 다음과 같이 개정한다.

별지 제1호 서식 중 '「전자정부법」 제21조 제1항'을 '「전자정부법」 제36조 제1항'으로 한다.

<100>부터 <192>까지 생략

부   칙 <대통령령 제22283호, 2010. 7. 21.>

제1조(시행일) 이 영은 2010년 7월 26일부터 시행한다. 다만, 별지 제2호 서식의 개정규정은 2010년 9월 26일부터 시행한다.

제2조(경과조치)
① 이 영 시행 당시 존속 중인 상가건물임대차계약에 대해서는 종전의 규정에 따른다.

② 이 영 시행 전에 임차건물에 대하여 담보 물권을 취득한 자에 대해서는 종전의 규정에 따른다.

부   칙 <대통령령 제23488호, 2012. 1. 6.> (민감 정보 및 고유 식별정보 처리 근거 마련을 위한 과세자료의 제출 및 관리에 관한 법률 시행령 등 일부 개정령)

제1조(시행일) 이 영은 공포한 날부터 시행한다. <단서 생략>

제2조 생략

부   칙 <대통령령 제23807호, 2012. 5. 23.> (개인정보 보호를 위한 상가건물임대차보호법 시행령 등 일부 개정령)

제1조(시행일) 이 영은 공포한 날부터 시행한다.

제2조(서식 개정에 관한 경과조치) 이 영 시행 당시 종전의 규정에 따른 서식은 2012년 8월 31일까지 이 영에 따른 서식과 함께 사용할 수 있다.

부   칙 <대통령령 제25036호, 2013. 12. 30.>

제1조(시행일) 이 영은 2014년 1월 1일부터 시행한다.

제2조(적용범위에 관한 적용례) 제2조의 개정규정은 이 영 시행 후 체결되거나 갱신되는 상가건물임대차계약부터 적용한다.

제3조(월차임 전환 시 산정률의 제한에 관한 적용례) 제5조의 개정규정은 이 영 시행 당시 존속 중인 상가건물임대차계약에 대해서도 적용하되, 이 영 시행 후 보증금의 전부 또는 일부를 월 단위 차임으로 전환하는 경우부터 적용한다.

제4조(소액보증금 보호에 관한 적용례) 제6조 및 제7조의 개정규정은 이 영 시행 당시 존속 중인 상가건물임대차계약에 대해서도 적용하되, 이 영 시행 전에 담보 물권을 취득한 자에 대해서는 종전의 규정에 따른다.

부   칙 <대통령령 제26637호, 2015. 11. 13.>

이 영은 2015년 11월 14일부터 시행한다.

부   칙 <대통령령 제28611호, 2018. 1. 26.>

제1조(시행일) 이 영은 공포한 날부터 시행한다.

제2조(적용범위에 대한 적용례) 제2조의 개정규정은 이 영 시행 이후 체결되거나 갱신되는 상가건물임대차계약부터 적용한다.

제3조(차임 등 증액청구 기준에 대한 적용례) 제4조의 개정규정은 이 영 시행 당시 존속 중인 상가건물임대차계약에 대해서도 적용한다.

[별지 제1호 서식] 삭제 <2015. 11. 13.>
[별지 제2호 서식] 삭제 <2015. 11. 13.>

5. 공인중개사법

[시행 2018. 4. 17.] [법률 제15597호, 2018. 4. 17., 일부 개정]

제1장 총칙

제1조(목적) 이 법은 공인중개사의 업무 등에 관한 사항을 정하여 그 전문성을 제고하고 부동산 중개업을 건전하게 육성하여 국민경제에 이바지함을 목적으로 한다.
[전문개정 2014. 1. 28.]

제2조(정의) 이 법에서 사용하는 용어의 정의는 다음과 같다. <개정 2014. 1. 28.>

1. '중개'라 함은 제3조의 규정에 의한 중개대상물에 대하여 거래 당사자 간의 매매·교환·임대차 그 밖의 권리의 득실변경에 관한 행위를 알선하는 것을 말한다.

2. '공인중개사'라 함은 이 법에 의한 공인중개사자격을 취득한 자를 말한다.

3. '중개업'이라 함은 다른 사람의 의뢰에 의하여 일정한 보수를 받고 중개를 업으로 행하는 것을 말한다.

4. '개업공인중개사'라 함은 이 법에 의하여 중개사무소의 개설·등록을 한 자를 말한다.

5. '소속공인중개사'라 함은 개업공인중개사에 소속된 공인중개사(개업공인중개사인 법인의 사원 또는 임원으로서 공인중개사인 자를 포함한다)로서 중개업무를 수행하거나 개업공인중개사의 중개업무를 보조하는 자를 말한다.

6. '중개보조원'이라 함은 공인중개사가 아닌 자로서 개업공인중개사에 소속되어 중개대상물에 대한 현장안내 및 일반서무 등 개업공인중개사의 중개업무와 관련된 단순한 업무를 보조하는 자를 말한다.

제2조의 2(공인중개사 정책심의위원회)

① 공인중개사의 업무에 관한 다음 각 호의 사항을 심의하기 위하여 국토교통부에 공인중개사 정책심의위원회를 둘 수 있다.

1. 공인중개사의 시험 등 공인중개사의 자격취득에 관한 사항
2. 부동산 중개업의 육성에 관한 사항
3. 중개보수 변경에 관한 사항
4. 손해배상 책임의 보장 등에 관한 사항

② 공인중개사 정책심의위원회의 구성 및 운영 등에 관하여 필요한 사항은 대통령령으로 정한다.

③ 제1항에 따라 공인중개사 정책심의위원회에서 심의한 사항 중 제1호의 경우에는 특별시장·광역시장·도지사·특별자치도지사(이하 '시·도지사'라 한다)는 이에 따라야 한다.

[본조신설 2014. 1. 28.]

제3조(중개대상물의 범위) 이 법에 의한 중개대상물은 다음 각 호와 같다.

1. 토지
2. 건축물 그 밖의 토지의 정착물
3. 그 밖에 대통령령이 정하는 재산권 및 물건

제2장 공인중개사

제4조(자격시험)

① 공인중개사가 되려는 자는 시·도지사가 시행하는 공인중개사자격시험에 합격하여야 한다. <개정 2008. 6. 13., 2014. 1. 28.>

② 국토교통부장관은 공인중개사자격시험 수준의 균형유지 등을 위하여 필요하다고 인정하는 때에는 대통령령이 정하는 바에 따라 직접 시험문제를 출제하거나 시험을 시행할 수 있다. <개정 2008. 2. 29., 2013. 3. 23.>

③ 공인중개사자격시험의 시험과목·시험방법 및 시험의 일부면제 그 밖에 시험에 관하여 필요한 사항은 대통령령으로 정한다.

제4조의 2 삭제 <2014. 1. 28.>

제4조의 3(부정행위자에 대한 제재) 제4조 제1항 및 제2항에 따라 시험을 시행하는 시·도지사 또는 국토교통부장관(이하 '시험시행기관장'이라 한다)은 시험에서 부정한 행위를 한 응시자에 대하여는 그 시험을 무효로 하고, 그 처분이 있은 날부터 5년간 시험응시자격을 정지한다. 이 경우 시험시행기관장은 지체 없이 이를 다른 시험시행기관장에게 통보하여야 한다. <개정 2013. 3. 23.>

[본조신설 2011. 5. 19.]

제5조(자격증의 교부 등)

① 제4조 제1항 및 제2항의 규정에 의하여 공인중개사자격시험을 시행하는 시험시행기관의 장은 공인중개사자격시험의 합격자가 결정된 때에는 이를 공고하여야

한다.

② 시·도지사는 제1항의 규정에 의한 합격자에게 국토교통부령이 정하는 바에 따라 공인중개사 자격증을 교부하여야 한다. <개정 2008. 2. 29., 2013. 3. 23.>

③ 제2항의 규정에 의하여 공인중개사 자격증을 교부받은 자는 공인중개사 자격증을 잃어버리거나 못쓰게 된 경우에는 국토교통부령이 정하는 바에 따라 시·도지사에게 재교부를 신청할 수 있다. <개정 2008. 2. 29., 2013. 3. 23.>

제6조(결격사유) 제35조 제1항의 규정에 의하여 공인중개사의 자격이 취소된 후 3년이 경과되지 아니한 자는 공인중개사가 될 수 없다.

제7조(자격증 대여 등의 금지)

① 공인중개사는 다른 사람에게 자기의 성명을 사용하여 중개업무를 하게 하거나 자기의 공인중개사 자격증을 양도 또는 대여하여서는 아니 된다.

② 누구든지 다른 사람의 공인중개사 자격증을 양수하거나 대여 받아 이를 사용하여서는 아니 된다.

제8조(유사명칭의 사용금지) 공인중개사가 아닌 자는 공인중개사 또는 이와 유사한 명칭을 사용하지 못한다.

제3장 중개업 등

제9조(중개사무소의 개설·등록)

① 중개업을 영위하려는 자는 국토교통부령이 정하는 바에 따라 중개사무소(법인의 경우에는 주된 중개사무소를 말한다)를 두려는 지역을 관할하는 시장(구가 설치되지 아니한 시의 시장과 특별자치도 행정시의 시장을 말한다. 이하 같다)·군수 또는 구청장(이하 '등록관청'이라 한다)에게 중개사무소의 개설·등록을 하여야 한다. <개정 2008. 2. 29., 2008. 6. 13., 2013. 3. 23.>

② 공인중개사(소속공인중개사를 제외한다) 또는 법인이 아닌 자는 제1항의 규정에 의한 중개사무소의 개설·등록을 신청할 수 없다.

③ 제1항의 규정에 의한 중개사무소 개설·등록의 기준은 대통령령으로 정한다.

제10조(등록의 결격사유 등)

① 다음 각 호의 어느 하나에 해당하는 자는 중개사무소의 개설·등록을 할 수 없다. <개정 2013. 6. 4., 2014. 1. 28., 2014. 5. 21., 2018. 4. 17.>

1. 미성년자
2. 피성년후견인 또는 피한정 후견인
3. 파산선고를 받고 복권되지 아니한 자
4. 금고 이상의 실형의 선고를 받고 그 집행이 종료(집행이 종료된 것으로 보는 경우를 포함한다)되거나 집행이 면제된 날부터 3년이 경과되지 아니한 자
5. 금고 이상의 형의 집행유예를 받고 그 유예기간 중에 있는 자
6. 제35조 제1항의 규정에 의하여 공인중개사의 자격이 취소된 후 3년이 경과되지 아니한 자
7. 제36조 제1항의 규정에 의하여 공인중개사의 자격이 정지된 자로서 자격정지 기간 중에 있는 자
8. 제38조 제1항 제2호·제4호부터 제8호까지, 같은 조 제2항 제2호부터 제11호까지에 해당하는 사유로 중개사무소의 개설·등록이 취소된 후 3년(제40조 제3항의 규정에 의하여 등록이 취소된 경우에는 3년에서 동항 제1호의 규정에 의한 폐업기간을 공제한 기간을 말한다)이 경과되지 아니한 자
9. 제39조의 규정에 의하여 업무정지처분을 받고 제21조의 규정에 의한 폐업신고를 한 자로서 업무정지 기간(폐업에 불구하고 진행되는 것으로 본다)이 경과되지 아니한 자
10. 제39조의 규정에 의하여 업무정지처분을 받은 개업공인중개사인 법인의 업무정지의 사유가 발생한 당시의 사원 또는 임원이었던 자로서 당해 개업공인중개사에 대한 업무정지 기간이 경과되지 아니한 자
11. 이 법을 위반하여 300만 원 이상의 벌금형의 선고를 받고 3년이 경과되지 아니한 자

12. 사원 또는 임원 중 제1호 내지 제11호의 어느 하나에 해당하는 자가 있는 법인

② 제1항 제1호 내지 제11호의 어느 하나에 해당하는 자는 소속공인중개사 또는 중개보조원이 될 수 없다.

③ 등록관청은 개업공인중개사·소속공인중개사·중개보조원 및 개업공인중개사인 법인의 사원·임원(이하 '개업공인중개사 등'이라 한다)이 제1항 제1호부터 제11호까지의 어느 하나에 해당하는지 여부를 확인하기 위하여 관계 기관에 조회할 수 있다. <신설 2013. 6. 4., 2014. 1. 28.>

제10조의 2(벌금형의 분리 선고) 「형법」 제38조에도 불구하고 제48조 및 제49조에 규정된 죄와 다른 죄의 경합범(競合犯)에 대하여 벌금형을 선고하는 경우에는 이를 분리 선고하여야 한다.
[본조신설 2014. 1. 28.]

제11조(등록증의 교부 등)
① 등록관청은 제9조의 규정에 의한 중개사무소의 개설·등록을 한 자에 대하여 국토교통부령이 정하는 바에 따라 중개사무소 등록증을 교부하여야 한다. <개정 2008. 2. 29., 2013. 3. 23.>

② 제5조 제3항의 규정은 중개사무소 등록증의 재교부에 관하여 이를 준용한다.

제12조(이중등록의 금지 등)
① 개업공인중개사는 이중으로 중개사무소의 개설·등록을 하여 중개업을 할 수 없다. <개정 2014. 1. 28.>

② 개업공인중개사 등은 다른 개업공인중개사의 소속공인중개사·중개보조원 또는 개업공인중개사인 법인의 사원·임원이 될 수 없다. <개정 2013. 6. 4., 2014. 1. 28.>

제13조(중개사무소의 설치기준)
① 개업공인중개사는 그 등록관청의 관할 구역 안에 중개사무소를 두되, 1개의 중

개사무소만을 둘 수 있다. <개정 2014. 1. 28.>

② 개업공인중개사는 천막 그 밖에 이동이 용이한 임시 중개시설물을 설치하여서
   는 아니 된다. <개정 2014. 1. 28.>

③ 제1항의 규정에 불구하고 법인인 개업공인중개사는 대통령령이 정하는 기준과
   절차에 따라 등록관청에 신고하고 그 관할 구역 외의 지역에 분사무소를 둘 수
   있다. <개정 2014. 1. 28.>

④ 제3항의 규정에 의하여 분사무소 설치신고를 받은 등록관청은 그 신고내용이
   적합한 경우에는 국토교통부령이 정하는 신고필증을 교부하고 지체 없이 그 분
   사무소설치예정지역을 관할하는 시장·군수 또는 구청장에게 이를 통보하여야
   한다. <개정 2008. 2. 29., 2013. 3. 23.>

⑤ 제5조 제3항의 규정은 제4항의 규정에 의한 신고필증의 재교부에 관하여 이를
   준용한다.

⑥ 개업공인중개사는 그 업무의 효율적인 수행을 위하여 다른 개업공인중개사와
   중개사무소를 공동으로 사용할 수 있다. 다만, 개업공인중개사가 제39조 제1항
   에 따른 업무의 정지 기간 중에 있는 경우로서 대통령령으로 정하는 때에는 그
   러하지 아니하다. <개정 2013. 6. 4., 2014. 1. 28.>

⑦ 중개사무소의 설치기준 및 운영 등에 관하여 필요한 사항은 대통령령으로 정
   한다.

제14조(개업공인중개사의 겸업제한 등)
① 법인인 개업공인중개사는 다른 법률에 규정된 경우를 제외하고는 중개업 및 다
   음 각 호에 규정된 업무와 제2항에 규정된 업무 외에 다른 업무를 함께 할 수
   없다. <개정 2009. 4. 1., 2014. 1. 28.>

 1. 상업용 건축물 및 주택의 임대관리 등 부동산의 관리대행
 2. 부동산의 이용·개발 및 거래에 관한 상담
 3. 개업공인중개사를 대상으로 한 중개업의 경영기법 및 경영정보의 제공

4. 상업용 건축물 및 주택의 분양대행

5. 그 밖에 중개업에 부수되는 업무로서 대통령령이 정하는 업무

② 개업공인중개사는 「민사집행법」에 의한 경매 및 「국세징수법」 그 밖의 법령에 의한 공매대상 부동산에 대한 권리분석 및 취득의 알선과 매수신청 또는 입찰신청의 대리를 할 수 있다. <개정 2014. 1. 28.>

③ 개업공인중개사가 제2항의 규정에 따라 「민사집행법」에 의한 경매대상 부동산의 매수신청 또는 입찰신청의 대리를 하고자 하는 때에는 대법원규칙이 정하는 요건을 갖추어 법원에 등록을 하고 그 감독을 받아야 한다. <개정 2014. 1. 28.>

[제목개정 2014. 1. 28.]

제15조(개업공인중개사의 고용인의 신고 등)

① 개업공인중개사는 소속공인중개사 또는 중개보조원을 고용하거나 고용관계가 종료된 때에는 국토교통부령으로 정하는 바에 따라 등록관청에 신고하여야 한다. <개정 2008. 2. 29., 2013. 3. 23., 2013. 6. 4., 2014. 1. 28.>

② 소속공인중개사 또는 중개보조원의 업무상 행위는 그를 고용한 개업공인중개사의 행위로 본다. <개정 2014. 1. 28.>

[제목개정 2013. 6. 4., 2014. 1. 28.]

제16조(인장의 등록)

① 개업공인중개사 및 소속공인중개사는 국토교통부령이 정하는 바에 따라 중개행위에 사용할 인장을 등록관청에 등록하여야 한다. 등록한 인장을 변경한 경우에도 또한 같다. <개정 2008. 2. 29., 2013. 3. 23., 2014. 1. 28.>

② 개업공인중개사 및 소속공인중개사는 중개행위를 함에 있어서는 제1항의 규정에 의하여 등록한 인장을 사용하여야 한다. <개정 2014. 1. 28.>

제17조(중개사무소 등록증 등의 게시) 개업공인중개사는 중개사무소 등록증·중개보수표 그 밖에 국토교통부령이 정하는 사항을 당해 중개사무소 안의 보기 쉬운 곳

에 게시하여야 한다. <개정 2008. 2. 29., 2013. 3. 23., 2014. 1. 28.>

제18조(명칭)

① 개업공인중개사는 그 사무소의 명칭에 '공인중개사 사무소' 또는 '부동산 중개'라는 문자를 사용하여야 한다. <개정 2014. 1. 28.>

② 개업공인중개사가 아닌 자는 '공인중개사 사무소', '부동산 중개' 또는 이와 유사한 명칭을 사용하여서는 아니 된다. <개정 2014. 1. 28.>

③ 개업공인중개사가 「옥외광고물 등의 관리와 옥외광고산업 진흥에 관한 법률」 제2조 제1호에 따른 옥외광고물을 설치하는 경우 중개사무소 등록증에 표기된 개업공인중개사(법인의 경우에는 대표자, 법인 분사무소의 경우에는 제13조 제4항의 규정에 따른 신고필증에 기재된 책임자를 말한다)의 성명을 표기하여야 한다. <신설 2006. 12. 28., 2014. 1. 28., 2016. 1. 6.>

④ 제3항의 규정에 따른 개업공인중개사 성명의 표기방법 등에 관하여 필요한 사항은 국토교통부령으로 정한다. <신설 2006. 12. 28., 2008. 2. 29., 2013. 3. 23., 2014. 1. 28.>

⑤ 등록관청은 제1항 내지 제3항의 규정을 위반한 사무소의 간판 등에 대하여 철거를 명할 수 있다. 이 경우 그 명령을 받은 자가 철거를 이행하지 아니하는 경우에는 「행정대집행법」에 의하여 대집행을 할 수 있다. <개정 2006. 12. 28.>

제18조의 2(중개대상물의 표시·광고)

① 개업공인중개사가 의뢰받은 중개대상물에 대하여 표시·광고(「표시·광고의 공정화에 관한 법률」 제2조에 따른 표시·광고를 말한다. 이하 같다)를 하려면 중개사무소, 개업공인중개사에 관한 사항으로서 대통령령으로 정하는 사항을 명시하여야 한다. <개정 2014. 1. 28.>

② 개업공인중개사가 아닌 자는 중개대상물에 대한 표시·광고를 하여서는 아니 된다. <개정 2014. 1. 28.>
[본조신설 2013. 6. 4.]

제19조(중개사무소 등록증 대여 등의 금지)

① 개업공인중개사는 다른 사람에게 자기의 성명 또는 상호를 사용하여 중개업무를 하게 하거나 자기의 중개사무소 등록증을 양도 또는 대여하는 행위를 하여서는 아니 된다. <개정 2014. 1. 28.>

② 누구든지 다른 사람의 성명 또는 상호를 사용하여 중개업무를 하거나 다른 사람의 중개사무소 등록증을 양수 또는 대여 받아 이를 사용하는 행위를 하여서는 아니 된다.

제20조(중개사무소의 이전신고)

① 개업공인중개사는 중개사무소를 이전한 때에는 이전한 날부터 10일 이내에 국토교통부령이 정하는 바에 따라 등록관청에 이전사실을 신고하여야 한다. 다만, 중개사무소를 등록관청의 관할 지역 외의 지역으로 이전한 경우에는 이전 후의 중개사무소를 관할하는 시장·군수 또는 구청장(이하 이 조에서 '이전 후 등록관청'이라 한다)에게 신고하여야 한다. <개정 2008. 2. 29., 2013. 3. 23., 2014. 1. 28.>

② 제1항 단서의 규정에 의하여 신고를 받은 이전 후 등록관청은 종전의 등록관청에 관련 서류를 송부하여 줄 것을 요청하여야 한다. 이 경우 종전의 등록관청은 지체 없이 관련 서류를 이전 후 등록관청에 송부하여야 한다.

③ 제1항 단서의 규정에 의한 신고 전에 발생한 사유로 인한 개업공인중개사에 대한 행정처분은 이전 후 등록관청이 이를 행한다. <개정 2014. 1. 28.>

제21조(휴업 또는 폐업의 신고)

① 개업공인중개사는 3월을 초과하는 휴업(중개사무소의 개설·등록 후 업무를 개시하지 아니하는 경우를 포함한다. 이하 같다), 폐업 또는 휴업한 중개업을 재개하고자 하는 때에는 등록관청에 그 사실을 신고하여야 한다. 휴업기간을 변경하고자 하는 때에도 또한 같다. <개정 2008. 2. 29., 2008. 6. 13., 2014. 1. 28.>

② 제1항의 규정에 의한 휴업은 6월을 초과할 수 없다. 다만, 질병으로 인한 요양 등 대통령령이 정하는 부득이한 사유가 있는 경우에는 그러하지 아니하다.

③ 제1항의 규정에 의한 신고의 절차 등에 관하여 필요한 사항은 대통령령으로 정한다. <개정 2008. 6. 13.>

제21조의 2(간판의 철거)

① 개업공인중개사는 다음 각 호의 어느 하나에 해당하는 경우에는 지체 없이 사무소의 간판을 철거하여야 한다. <개정 2014. 1. 28.>

1. 제20조 제1항에 따라 등록관청에 중개사무소의 이전사실을 신고한 경우
2. 제21조 제1항에 따라 등록관청에 폐업사실을 신고한 경우
3. 제38조 제1항 또는 제2항에 따라 중개사무소의 개설·등록 취소처분을 받은 경우

② 등록관청은 제1항에 따른 간판의 철거를 개업공인중개사가 이행하지 아니하는 경우에는 「행정대집행법」에 따라 대집행을 할 수 있다. <개정 2014. 1. 28.>
[본조신설 2013. 6. 4.]

제22조(일반중개계약) 중개의뢰인은 중개의뢰내용을 명확하게 하기 위하여 필요한 경우에는 개업공인중개사에게 다음 각 호의 사항을 기재한 일반중개계약서의 작성을 요청할 수 있다. <개정 2014. 1. 28.>

1. 중개대상물의 위치 및 규모
2. 거래예정가격
3. 거래예정가격에 대하여 제32조의 규정에 의하여 정한 중개보수
4. 그 밖에 개업공인중개사와 중개의뢰인이 준수하여야 할 사항

제23조(전속중개계약)

① 중개의뢰인은 중개대상물의 중개를 의뢰함에 있어서 특정한 개업공인중개사를 정하여 그 개업공인중개사에 한하여 당해 중개대상물을 중개하도록 하는 계약(이하 '전속중개계약'이라 한다)을 체결할 수 있다. <개정 2014. 1. 28.>

② 제1항의 규정에 의한 전속중개계약은 국토교통부령이 정하는 계약서에 의하여

야 하며, 개업공인중개사는 전속중개계약을 체결한 때에는 당해 계약서를 국토
교통부령이 정하는 기간 동안 보존하여야 한다. <개정 2008. 2. 29., 2013. 3.
23., 2014. 1. 28.>

③ 개업공인중개사는 전속중개계약을 체결한 때에는 제24조의 규정에 의한 부동
산거래정보망 또는 일간신문에 당해 중개대상물에 관한 정보를 공개하여야 한
다. 다만, 중개의뢰인이 비공개를 요청한 경우에는 이를 공개하여서는 아니 된
다. <개정 2014. 1. 28.>

④ 전속중개계약의 유효기간, 공개하여야 할 정보의 내용 그 밖에 필요한 사항은
대통령령으로 정한다.

제24조(부동산거래정보망의 지정 및 이용)

① 국토교통부장관은 개업공인중개사 상호 간에 부동산매매 등에 관한 정보의 공
개와 유통을 촉진하고 공정한 부동산거래질서를 확립하기 위하여 부동산거래정
보망을 설치·운영할 자를 지정할 수 있다. <개정 2008. 2. 29., 2013. 3. 23.,
2014. 1. 28.>

② 제1항의 규정에 의하여 지정을 받을 수 있는 자는 「전기통신사업법」의 규정에
의한 부가통신사업자로서 국토교통부령이 정하는 요건을 갖춘 자로 한다. <개
정 2008. 2. 29., 2013. 3. 23.>

③ 제1항의 규정에 의하여 지정을 받은 자(이하 '거래정보사업자'라 한다)는 지정
받은 날부터 3월 이내에 부동산거래정보망의 이용 및 정보제공방법 등에 관한
운영규정(이하 '운영규정'이라 한다)을 정하여 국토교통부장관의 승인을 얻어야
한다. 이를 변경하고자 하는 때에도 또한 같다. <개정 2008. 2. 29., 2013. 3.
23.>

④ 거래정보사업자는 개업공인중개사로부터 공개를 의뢰받은 중개대상물의 정보
에 한하여 이를 부동산거래정보망에 공개하여야 하며, 의뢰받은 내용과 다르게
정보를 공개하거나 어떠한 방법으로든지 개업공인중개사에 따라 정보가 차별
적으로 공개되도록 하여서는 아니 된다. <개정 2014. 1. 28.>

⑤ 국토교통부장관은 거래정보사업자가 다음 각 호의 어느 하나에 해당하는 경우에는 그 지정을 취소할 수 있다. <개정 2008. 2. 29., 2013. 3. 23.>

1. 거짓 그 밖의 부정한 방법으로 지정을 받은 경우
2. 제3항의 규정을 위반하여 운영규정의 승인 또는 변경승인을 받지 아니하거나 운영규정을 위반하여 부동산거래정보망을 운영한 경우
3. 제4항의 규정을 위반하여 정보를 공개한 경우
4. 정당한 사유 없이 지정받은 날부터 1년 이내에 부동산거래정보망을 설치·운영하지 아니한 경우
5. 개인인 거래정보사업자의 사망 또는 법인인 거래정보사업자의 해산 그 밖의 사유로 부동산거래정보망의 계속적인 운영이 불가능한 경우

⑥ 국토교통부장관은 제5항 제1호 내지 제4호의 규정에 의하여 거래정보사업자 지정을 취소하고자 하는 경우에는 청문을 실시하여야 한다. <개정 2008. 2. 29., 2013. 3. 23.>

⑦ 개업공인중개사는 부동산거래정보망에 중개대상물에 관한 정보를 거짓으로 공개하여서는 아니 되며, 당해 중개대상물의 거래가 완성된 때에는 지체 없이 이를 당해 거래정보사업자에게 통보하여야 한다. <개정 2014. 1. 28.>

⑧ 거래정보사업자의 지정절차, 운영규정에 정할 내용 그 밖에 필요한 사항은 국토교통부령으로 정한다. <개정 2008. 2. 29., 2013. 3. 23.>

제25조(중개대상물의 확인·설명) ①개업공인중개사는 중개를 의뢰받은 경우에는 중개가 완성되기 전에 다음 각 호의 사항을 확인하여 이를 당해 중개대상물에 관한 권리를 취득하고자 하는 중개의뢰인에게 성실·정확하게 설명하고, 토지대장 등본 또는 부동산종합증명서, 등기사항증명서 등 설명의 근거자료를 제시하여야 한다. <개정 2011. 4. 12., 2013. 7. 17., 2014. 1. 28.>

1. 당해 중개대상물의 상태·입지 및 권리관계
2. 법령의 규정에 의한 거래 또는 이용제한사항
3. 그 밖에 대통령령이 정하는 사항

② 개업공인중개사는 제1항의 규정에 의한 확인·설명을 위하여 필요한 경우에는 중개대상물의 매도의뢰인·임대의뢰인 등에게 당해 중개대상물의 상태에 관한 자료를 요구할 수 있다. <개정 2014. 1. 28.>

③ 개업공인중개사는 중개가 완성되어 거래계약서를 작성하는 때에는 제1항의 규정에 의한 확인·설명사항을 대통령령이 정하는 바에 따라 서면으로 작성하여 거래 당사자에게 교부하고 대통령령이 정하는 기간 동안 그 사본을 보존하여야 한다. <개정 2014. 1. 28.>

④ 제3항의 규정에 의한 확인·설명서에는 개업공인중개사(법인인 경우에는 대표자를 말하며, 법인에 분사무소가 설치되어 있는 경우에는 분사무소의 책임자를 말한다)가 서명 및 날인하되, 당해 중개행위를 한 소속공인중개사가 있는 경우에는 소속공인중개사가 함께 서명 및 날인하여야 한다. <개정 2009. 4. 1., 2014. 1. 28.>

제25조의 2(소유자 등의 확인) 개업공인중개사는 중개업무의 수행을 위하여 필요한 경우에는 중개의뢰인에게 주민등록증 등 신분을 확인할 수 있는 증표를 제시할 것을 요구할 수 있다. <개정 2014. 1. 28.>
[본조신설 2013. 6. 4.]

제26조(거래계약서의 작성 등)

① 개업공인중개사는 중개대상물에 관하여 중개가 완성된 때에는 대통령령이 정하는 바에 따라 거래계약서를 작성하여 거래 당사자에게 교부하고 대통령령이 정하는 기간 동안 그 사본을 보존하여야 한다. <개정 2014. 1. 28.>

② 제25조 제4항의 규정은 제1항의 규정에 의한 거래계약서의 작성에 관하여 이를 준용한다.

③ 개업공인중개사는 제1항의 규정에 의하여 거래계약서를 작성하는 때에는 거래금액 등 거래내용을 거짓으로 기재하거나 서로 다른 2 이상의 거래계약서를 작성하여서는 아니 된다. <개정 2014. 1. 28.>

제27조 삭제 <2014. 1. 28.>

제27조의 2 삭제 <2014. 1. 28.>

제28조 삭제 <2014. 1. 28.>

제29조(개업공인중개사 등의 기본윤리)

① 개업공인중개사 및 소속공인중개사는 전문직업인으로서의 품위를 유지하고 신의와 성실로써 공정하게 중개 관련 업무를 수행하여야 한다. <개정 2014. 1. 28.>

② 개업공인중개사 등은 이 법 및 다른 법률에 특별한 규정이 있는 경우를 제외하고는 그 업무상 알게 된 비밀을 누설하여서는 아니 된다. 개업공인중개사 등이 그 업무를 떠난 후에도 또한 같다. <개정 2014. 1. 28.>

[제목개정 2014. 1. 28.]

제30조(손해배상 책임의 보장)

① 개업공인중개사는 중개행위를 함에 있어서 고의 또는 과실로 인하여 거래 당사자에게 재산상의 손해를 발생하게 한 때에는 그 손해를 배상할 책임이 있다. <개정 2014. 1. 28.>

② 개업공인중개사는 자기의 중개사무소를 다른 사람의 중개행위의 장소로 제공함으로써 거래 당사자에게 재산상의 손해를 발생하게 한 때에는 그 손해를 배상할 책임이 있다. <개정 2014. 1. 28.>

③ 개업공인중개사는 업무를 개시하기 전에 제1항 및 제2항의 규정에 의한 손해배상 책임을 보장하기 위하여 대통령령이 정하는 바에 따라 보증보험 또는 제42조의 규정에 의한 공제에 가입하거나 공탁을 하여야 한다. <개정 2014. 1. 28.>

④ 제3항의 규정에 의하여 공탁한 공탁금은 개업공인중개사가 폐업 또는 사망한 날부터 3년 이내에는 이를 회수할 수 없다. <개정 2014. 1. 28.>

⑤ 개업공인중개사는 중개가 완성된 때에는 거래 당사자에게 손해배상 책임의 보장에 관한 다음 각 호의 사항을 설명하고 관계 증서의 사본을 교부하거나 관계

증서에 관한 전자문서를 제공하여야 한다. <개정 2014. 1. 28.>

1. 보장금액
2. 보증보험회사, 공제사업을 행하는 자, 공탁기관 및 그 소재지
3. 보장기간

제31조(계약금 등의 반환채무이행의 보장)

① 개업공인중개사는 거래의 안전을 보장하기 위하여 필요하다고 인정하는 경우에는 거래계약의 이행이 완료될 때까지 계약금·중도금 또는 잔금(이하 이 조에서 '계약금 등'이라 한다)을 개업공인중개사 또는 대통령령이 정하는 자의 명의로 금융기관, 제42조의 규정에 의하여 공제사업을 하는 자 또는 「자본시장과 금융투자업에 관한 법률」에 따른 신탁업자 등에 예치하도록 거래 당사자에게 권고할 수 있다. <개정 2007. 8. 3., 2014. 1. 28.>

② 제1항의 규정에 의하여 계약금 등을 예치한 경우 매도인·임대인 등 계약금 등을 수령할 수 있는 권리가 있는 자는 당해 계약을 해제한 때에 계약금 등의 반환을 보장하는 내용의 금융기관 또는 보증보험회사가 발행하는 보증서를 계약금 등의 예치명의자에게 교부하고 계약금 등을 미리 수령할 수 있다.

③ 제1항의 규정에 의하여 예치한 계약금 등의 관리·인출 및 반환절차 등에 관하여 필요한 사항은 대통령령으로 정한다.

제32조(중개보수 등)

① 개업공인중개사는 중개업무에 관하여 중개의뢰인으로부터 소정의 보수를 받는다. 다만, 개업공인중개사의 고의 또는 과실로 인하여 중개의뢰인간의 거래행위가 무효·취소 또는 해제된 경우에는 그러하지 아니하다. <개정 2014. 1. 28.>

② 개업공인중개사는 중개의뢰인으로부터 제25조 제1항의 규정에 의한 중개대상물의 권리관계 등의 확인 또는 제31조의 규정에 의한 계약금 등의 반환채무이행 보장에 소요되는 실비를 받을 수 있다. <개정 2014. 1. 28.>

③ 제1항에 따른 보수의 지급 시기는 대통령령으로 정한다. <신설 2014. 1. 28.>

④ 주택(부속 토지를 포함한다. 이하 이 항에서 같다)의 중개에 대한 보수와 제2항에 따른 실비의 한도 등에 관하여 필요한 사항은 국토교통부령이 정하는 범위 안에서 특별시·광역시·도 또는 특별자치도(이하 '시·도'라 한다)의 조례로 정하고, 주택 외의 중개대상물의 중개에 대한 보수는 국토교통부령으로 정한다. <개정 2008. 2. 29., 2008. 6. 13., 2013. 3. 23., 2014. 1. 28.>
[제목개정 2014. 1. 28.]

제33조(금지행위) 개업공인중개사 등은 다음 각 호의 행위를 하여서는 아니 된다. <개정 2014. 1. 28.>

1. 제3조의 규정에 의한 중개대상물의 매매를 업으로 하는 행위
2. 제9조의 규정에 의한 중개사무소의 개설·등록을 하지 아니하고 중개업을 영위하는 자인 사실을 알면서 그를 통하여 중개를 의뢰받거나 그에게 자기의 명의를 이용하게 하는 행위
3. 사례·증여 그 밖의 어떠한 명목으로도 제32조에 따른 보수 또는 실비를 초과하여 금품을 받는 행위
4. 당해 중개대상물의 거래상의 중요사항에 관하여 거짓된 언행 그 밖의 방법으로 중개의뢰인의 판단을 그르치게 하는 행위
5. 관계 법령에서 양도·알선 등이 금지된 부동산의 분양·임대 등과 관련 있는 증서 등의 매매·교환 등을 중개하거나 그 매매를 업으로 하는 행위
6. 중개의뢰인과 직접 거래를 하거나 거래 당사자 쌍방을 대리하는 행위
7. 탈세 등 관계 법령을 위반할 목적으로 소유권보존등기 또는 이전등기를 하지 아니한 부동산이나 관계 법령의 규정에 의하여 전매 등 권리의 변동이 제한된 부동산의 매매를 중개하는 등 부동산투기를 조장하는 행위

제34조(개업공인중개사 등의 교육)
① 제9조의 규정에 의하여 중개사무소의 개설·등록을 신청하려는 자(법인의 경우에는 사원·임원을 말하며, 제13조 제3항에 따라 분사무소의 설치신고를 하려는 경우에는 분사무소의 책임자를 말한다)는 등록신청일(분사무소 설치신고의

경우에는 신고일을 말한다)전 1년 이내에 시·도지사가 실시하는 실무교육(실무수습을 포함한다)을 받아야 한다. 다만, 다음 각 호의 어느 하나에 해당하는 자는 그러하지 아니하다. <개정 2008. 2. 29., 2008. 6. 13., 2013. 6. 4., 2014. 1. 28.>

1. 폐업신고 후 1년 이내에 중개사무소의 개설·등록을 다시 신청 하려는 자
2. 소속공인중개사로서 고용관계 종료 신고 후 1년 이내에 중개사무소의 개설·등록을 신청하려는 자

② 소속공인중개사는 제15조 제1항에 따른 고용 신고일 전 1년 이내에 시·도지사가 실시하는 실무교육을 받아야 한다. 다만, 다음 각 호의 어느 하나에 해당하는 자는 그러하지 아니하다. <신설 2013. 6. 4., 2014. 5. 21.>

1. 고용관계 종료 신고 후 1년 이내에 고용 신고를 다시 하려는 자
2. 개업공인중개사로서 폐업신고를 한 후 1년 이내에 소속공인중개사로 고용 신고를 하려는 자

③ 중개보조원은 제15조 제1항에 따른 고용 신고일 전 1년 이내에 시·도지사 또는 등록관청이 실시하는 직무교육을 받아야 한다. 다만, 고용관계 종료 신고 후 1년 이내에 고용 신고를 다시 하려는 자는 그러하지 아니하다. <신설 2013. 6. 4., 2014. 5. 21.>

④ 제1항 및 제2항에 따른 실무교육을 받은 개업공인중개사 및 소속공인중개사는 실무교육을 받은 후 2년마다 시·도지사가 실시하는 연수교육을 받아야 한다. <개정 2013. 6. 4., 2014. 1. 28.>

⑤ 국토교통부장관은 제1항부터 제4항까지의 규정에 따라 시·도지사가 실시하는 실무교육, 직무교육 및 연수교육의 전국적인 균형유지를 위하여 필요하다고 인정하면 해당 교육의 지침을 마련하여 시행할 수 있다. <개정 2013. 6. 4.>

⑥ 제1항부터 제5항까지의 규정에 따른 교육 및 교육지침에 관하여 필요한 사항은 대통령령으로 정한다. <개정 2013. 6. 4.>
[제목개정 2014. 1. 28.]

제34조의 2(개업공인중개사 등에 대한 교육비 지원 등)

① 국토교통부장관, 시·도지사 및 등록관청은 개업공인중개사 등이 부동산거래사고 예방 등을 위하여 교육을 받는 경우에는 대통령령으로 정하는 바에 따라 필요한 비용을 지원할 수 있다.

② 국토교통부장관, 시·도지사 및 등록관청은 필요하다고 인정하면 대통령령으로 정하는 바에 따라 개업공인중개사 등의 부동산거래사고 예방을 위한 교육을 실시할 수 있다. <개정 2014. 5. 21.>

[본조신설 2014. 1. 28.]

제4장 지도·감독

제35조(자격의 취소)

① 시·도지사는 공인중개사가 다음 각 호의 어느 하나에 해당하는 경우에는 그 자격을 취소하여야 한다. <개정 2014. 1. 28.>

1. 부정한 방법으로 공인중개사의 자격을 취득한 경우
2. 제7조 제1항의 규정을 위반하여 다른 사람에게 자기의 성명을 사용하여 중개업무를 하게 하거나 공인중개사 자격증을 양도 또는 대여한 경우
3. 제36조의 규정에 의한 자격정지처분을 받고 그 자격정지 기간 중에 중개업무를 행한 경우(다른 개업공인중개사의 소속공인중개사·중개보조원 또는 법인인 개업공인중개사의 사원·임원이 되는 경우를 포함한다)
4. 이 법을 위반하여 징역형의 선고를 받은 경우

② 시·도지사는 제1항의 규정에 의하여 공인중개사의 자격을 취소하고자 하는 경우에는 청문을 실시하여야 한다.

③ 제1항의 규정에 의하여 공인중개사의 자격이 취소된 자는 국토교통부령이 정하는 바에 따라 공인중개사 자격증을 시·도지사에게 반납하여야 한다. <개정 2008. 2. 29., 2013. 3. 23.>

④ 분실 등의 사유로 인하여 제3항의 규정에 따라 공인중개사 자격증을 반납할 수 없는 자는 제3항의 규정에 불구하고 자격증 반납을 대신하여 그 이유를 기재한 사유서를 시·도지사에게 제출하여야 한다. <신설 2005. 12. 7.>

제36조(자격의 정지)

① 시·도지사는 공인중개사가 소속공인중개사로서 업무를 수행하는 기간 중에 다음 각 호의 어느 하나에 해당하는 경우에는 6월의 범위 안에서 기간을 정하여 그 자격을 정지할 수 있다. <개정 2009. 4. 1.>

 1. 제12조 제2항의 규정을 위반하여 2 이상의 중개사무소에 소속된 경우
 2. 제16조의 규정을 위반하여 인장등록을 하지 아니하거나 등록하지 아니한 인장을 사용한 경우
 3. 제25조 제1항의 규정을 위반하여 성실·정확하게 중개대상물의 확인·설명을 하지 아니하거나 설명의 근거자료를 제시하지 아니한 경우
 4. 제25조 제4항의 규정을 위반하여 중개대상물 확인·설명서에 서명 및 날인을 하지 아니한 경우
 5. 제26조 제2항의 규정을 위반하여 거래계약서에 서명 및 날인을 하지 아니한 경우
 6. 제26조 제3항의 규정을 위반하여 거래계약서에 거래금액 등 거래내용을 거짓으로 기재하거나 서로 다른 2 이상의 거래계약서를 작성한 경우
 7. 제33조 각 호에 규정된 금지행위를 한 경우

② 등록관청은 공인중개사가 제1항 각 호의 어느 하나에 해당하는 사실을 알게 된 때에는 지체 없이 그 사실을 시·도지사에게 통보하여야 한다.

③ 제1항의 규정에 의한 자격정지의 기준은 국토교통부령으로 정한다. <개정 2008. 2. 29., 2013. 3. 23.>

제37조(감독상의 명령 등)

① 국토교통부장관, 시·도지사 및 등록관청(법인인 개업공인중개사의 분사무소 소재지의 시장·군수 또는 구청장을 포함한다. 이하 이 조에서 같다)은 다음 각

호의 어느 하나의 경우에는 개업공인중개사 또는 거래정보사업자에 대하여 그 업무에 관한 사항을 보고하게 하거나 자료의 제출 그 밖에 필요한 명령을 할 수 있으며, 소속 공무원으로 하여금 중개사무소(제9조의 규정에 의한 중개사무소의 개설·등록을 하지 아니하고 중개업을 하는 자의 사무소를 포함한다)에 출입하여 장부·서류 등을 조사 또는 검사하게 할 수 있다. <개정 2008. 2. 29., 2013. 3. 23., 2013. 6. 4., 2014. 1. 28.>

1. 삭제 <2009. 4. 1.>
2. 삭제 <2009. 4. 1.>
3. 부동산투기 등 거래동향의 파악을 위하여 필요한 경우
4. 이 법 위반행위의 확인, 공인중개사의 자격취소·정지 및 개업공인중개사에 대한 등록취소·업무정지 등 행정처분을 위하여 필요한 경우

② 제1항에 따라 출입·검사 등을 하는 공무원은 국토교통부령으로 정하는 증표를 지니고 상대방에게 이를 내보여야 한다. <개정 2008. 2. 29., 2009. 4. 1., 2013. 3. 23.>

③ 국토교통부장관, 시·도지사 및 등록관청은 불법 중개행위 등에 대한 단속을 함에 있어서 필요한 때에는 제41조에 따른 공인중개사협회 및 관계 기관에 협조를 요청할 수 있다. 이 경우 공인중개사협회는 특별한 사정이 없는 한 이에 따라야 한다. <신설 2013. 6. 4.>

제38조(등록의 취소)
① 등록관청은 개업공인중개사가 다음 각 호의 어느 하나에 해당하는 경우에는 중개사무소의 개설·등록을 취소하여야 한다. <개정 2014. 1. 28.>

1. 개인인 개업공인중개사가 사망하거나 개업공인중개사인 법인이 해산한 경우
2. 거짓 그 밖의 부정한 방법으로 중개사무소의 개설·등록을 한 경우
3. 제10조 제1항 제2호 내지 제6호·제11호·제12호의 규정에 의한 결격사유에 해당하게 된 경우. 다만, 동항 제12호의 규정에 의한 결격사유에 해당하는 경우로서 그 사유가 발생한 날부터 2월 이내에 그 사유를 해소한 경우에는 그러하지 아니하다.

4. 제12조 제1항의 규정을 위반하여 이중으로 중개사무소의 개설·등록을 한 경우

5. 제12조 제2항의 규정을 위반하여 다른 개업공인중개사의 소속공인중개사·중개보조원 또는 개업공인중개사인 법인의 사원·임원이 된 경우

6. 제19조 제1항의 규정을 위반하여 다른 사람에게 자기의 성명 또는 상호를 사용하여 중개업무를 하게 하거나 중개사무소 등록증을 양도 또는 대여한 경우

7. 업무정지 기간 중에 중개업무를 하거나 자격정지처분을 받은 소속공인중개사로 하여금 자격정지 기간 중에 중개업무를 하게 한 경우

8. 최근 1년 이내에 이 법에 의하여 2회 이상 업무정지처분을 받고 다시 업무정지처분에 해당하는 행위를 한 경우

② 등록관청은 개업공인중개사가 다음 각 호의 어느 하나에 해당하는 경우에는 중개사무소의 개설·등록을 취소할 수 있다. <개정 2011. 5. 19., 2014. 1. 28.>

1. 제9조 제3항의 규정에 의한 등록기준에 미달하게 된 경우

2. 제13조 제1항의 규정을 위반하여 2 이상의 중개사무소를 둔 경우

3. 제13조 제2항의 규정을 위반하여 임시 중개시설물을 설치한 경우

4. 제14조 제1항의 규정을 위반하여 겸업을 한 경우

5. 제21조 제2항의 규정을 위반하여 계속하여 6월을 초과하여 휴업한 경우

6. 제23조 제3항의 규정을 위반하여 중개대상물에 관한 정보를 공개하지 아니하거나 중개의뢰인의 비공개요청에도 불구하고 정보를 공개한 경우

7. 제26조 제3항의 규정을 위반하여 거래계약서에 거래금액 등 거래내용을 거짓으로 기재하거나 서로 다른 2 이상의 거래계약서를 작성한 경우

8. 제30조 제3항의 규정에 의한 손해배상 책임을 보장하기 위한 조치를 이행하지 아니하고 업무를 개시한 경우

9. 제33조 각 호에 규정된 금지행위를 한 경우

10. 최근 1년 이내에 이 법에 의하여 3회 이상 업무정지 또는 과태료의 처분을 받고 다시 업무정지 또는 과태료의 처분에 해당하는 행위를 한 경우(제1항 제8호에 해당하는 경우를 제외한다)

11. 개업공인중개사가 조직한 사업자단체(「독점규제 및 공정거래에 관한 법률」 제2조 제4호의 사업자단체를 말한다. 이하 같다) 또는 그 구성원인 개업공인중개사가 「독점규제 및 공정거래에 관한 법률」 제26조를 위반하여 같은 법

제27조 또는 제28조에 따른 처분을 최근 2년 이내에 2회 이상 받은 경우

③ 등록관청은 제1항 제2호 내지 제8호 및 제2항 각 호의 사유로 중개사무소의 개설·등록을 취소하고자 하는 경우에는 청문을 실시하여야 한다.

④ 제1항 또는 제2항의 규정에 의하여 중개사무소의 개설·등록이 취소된 자는 국토교통부령이 정하는 바에 따라 중개사무소 등록증을 등록관청에 반납하여야 한다. <개정 2008. 2. 29., 2013. 3. 23.>

제39조(업무의 정지)

① 등록관청은 개업공인중개사가 다음 각 호의 어느 하나에 해당하는 경우에는 6월의 범위 안에서 기간을 정하여 업무의 정지를 명할 수 있다. 이 경우 법인인 개업공인중개사에 대하여는 법인 또는 분사무소별로 업무의 정지를 명할 수 있다. <개정 2008. 2. 29., 2009. 4. 1., 2011. 5. 19., 2013. 3. 23., 2014. 1. 28.>

1. 제10조 제2항의 규정을 위반하여 동조 제1항 제1호 내지 제11호의 어느 하나에 해당하는 자를 소속공인중개사 또는 중개보조원으로 둔 경우. 다만, 그 사유가 발생한 날부터 2월 이내에 그 사유를 해소한 경우에는 그러하지 아니하다.

2. 제16조의 규정을 위반하여 인장등록을 하지 아니하거나 등록하지 아니한 인장을 사용한 경우

3. 제23조 제2항의 규정을 위반하여 국토교통부령이 정하는 전속중개계약서에 의하지 아니하고 전속중개계약을 체결하거나 계약서를 보존하지 아니한 경우

4. 제24조 제7항의 규정을 위반하여 중개대상물에 관한 정보를 거짓으로 공개하거나 거래정보사업자에게 공개를 의뢰한 중개대상물의 거래가 완성된 사실을 당해 거래정보사업자에게 통보하지 아니한 경우

5. 삭제 <2014. 1. 28.>

6. 제25조 제3항의 규정을 위반하여 중개대상물 확인·설명서를 교부하지 아니하거나 보존하지 아니한 경우

7. 제25조 제4항의 규정을 위반하여 중개대상물 확인·설명서에 서명 및 날인을 하지 아니한 경우

8. 제26조 제1항의 규정을 위반하여 적정하게 거래계약서를 작성·교부하지 아니

하거나 보존하지 아니한 경우

9. 제26조 제2항의 규정을 위반하여 거래계약서에 서명 및 날인을 하지 아니한 경우

10. 제37조 제1항의 규정에 의한 보고, 자료의 제출, 조사 또는 검사를 거부·방해 또는 기피하거나 그 밖의 명령을 이행하지 아니하거나 거짓으로 보고 또는 자료제출을 한 경우

11. 제38조 제2항 각 호의 어느 하나에 해당하는 경우

12. 최근 1년 이내에 이 법에 의하여 2회 이상 업무정지 또는 과태료의 처분을 받고 다시 과태료의 처분에 해당하는 행위를 한 경우

13. 개업공인중개사가 조직한 사업자단체 또는 그 구성원인 개업공인중개사가 「독점규제 및 공정거래에 관한 법률」 제26조를 위반하여 같은 법 제27조 또는 제28조에 따른 처분을 받은 경우

14. 그 밖에 이 법 또는 이 법에 의한 명령이나 처분을 위반한 경우

② 제1항의 규정에 의한 업무의 정지에 관한 기준은 국토교통부령으로 정한다. <개정 2008. 2. 29., 2013. 3. 23.>

③ 제1항의 규정에 따른 업무정지처분은 동항 각 호의 어느 하나에 해당하는 사유가 발생한 날부터 3년이 경과한 때에는 이를 할 수 없다. <신설 2005. 12. 7.>

제39조의 2(자료제공의 요청) 국토교통부장관, 시·도지사 및 등록관청은 제38조 제2항 제11호 또는 제39조 제1항 제13호에 따라 처분하고자 하는 경우에는 미리 공정거래위원회에 처분과 관련된 자료의 제공을 요청할 수 있으며 공정거래위원회는 특별한 사유가 없으면 이에 따라야 한다. <개정 2013. 3. 23.>

[본조신설 2011. 5. 19.]

제40조(행정제재처분효과의 승계 등)

① 개업공인중개사가 제21조의 규정에 의한 폐업신고 후 제9조의 규정에 의하여 다시 중개사무소의 개설·등록을 한 때에는 폐업신고 전의 개업공인중개사의 지위를 승계한다. <개정 2014. 1. 28.>

② 제1항의 경우 폐업신고 전의 개업공인중개사에 대하여 제39조 제1항 각 호, 제51조 제1항 각 호, 동조 제2항 각 호 및 동조 제3항 각 호의 위반행위를 사유로 행한 행정처분의 효과는 그 처분일부터 1년간 다시 중개사무소의 개설·등록을 한 자(이하 이 조에서 '재등록 개업공인중개사'라 한다)에게 승계된다. <개정 2014. 1. 28.>

③ 제1항의 경우 재등록 개업공인중개사에 대하여 폐업신고 전의 제38조 제1항 각 호, 동조 제2항 각 호 및 제39조 제1항 각 호의 위반행위에 대한 행정처분을 할 수 있다. 다만, 다음 각 호의 어느 하나에 해당하는 경우를 제외한다. <개정 2014. 1. 28.>

1. 폐업신고를 한 날부터 다시 중개사무소의 개설·등록을 한 날까지의 기간(이하 제2호에서 '폐업기간'이라 한다)이 3년을 초과한 경우
2. 폐업신고 전의 위반행위에 대한 행정처분이 업무정지에 해당하는 경우로서 폐업기간이 1년을 초과한 경우

④ 제3항의 규정에 의하여 행정처분을 함에 있어서는 폐업기간과 폐업의 사유 등을 고려하여야 한다.

⑤ 개업공인중개사인 법인의 대표자에 관하여는 제1항부터 제4항까지를 준용한다. 이 경우 '개업공인중개사'는 '법인의 대표자'로 본다. <신설 2014. 5. 21.>

제5장 공인중개사협회

제41조(협회의 설립)

① 개업공인중개사인 공인중개사(부칙 제6조 제2항의 규정에 의하여 이 법에 의한 중개사무소의 개설·등록을 한 것으로 보는 자를 포함한다)는 그 자질향상 및 품위유지와 중개업에 관한 제도의 개선 및 운용에 관한 업무를 효율적으로 수행하기 위하여 공인중개사협회(이하 '협회'라 한다)를 설립할 수 있다. <개정 2014. 1. 28.>

② 협회는 법인으로 한다.

③ 협회는 회원 300인 이상이 발기인이 되어 정관을 작성하여 창립총회의 의결을 거친 후 국토교통부장관의 인가를 받아 그 주된 사무소의 소재지에서 설립등기를 함으로써 성립한다. <개정 2008. 2. 29., 2013. 3. 23.>

④ 협회는 정관으로 정하는 바에 따라 시·도에 지부를, 시(구가 설치되지 아니한 시와 특별자치도의 행정시를 말한다)·군·구에 지회를 둘 수 있다. <개정 2008. 6. 13., 2013. 6. 4.>

⑤ 협회의 설립 및 설립인가의 신청 등에 관하여 필요한 사항은 대통령령으로 정한다.

제42조(공제사업)

① 협회는 제30조의 규정에 의한 개업공인중개사의 손해배상 책임을 보장하기 위하여 공제사업을 할 수 있다. <개정 2014. 1. 28.>

② 협회는 제1항의 규정에 의한 공제사업을 하고자 하는 때에는 공제규정을 제정하여 국토교통부장관의 승인을 얻어야 한다. 공제규정을 변경하고자 하는 때에도 또한 같다. <개정 2008. 2. 29., 2013. 3. 23.>

③ 제2항의 공제규정에는 대통령령이 정하는 바에 따라 공제사업의 범위, 공제계약의 내용, 공제금, 공제료, 회계기준 및 책임준비금의 적립비율 등 공제사업의 운용에 관하여 필요한 사항을 정하여야 한다.

④ 협회는 공제사업을 다른 회계와 구분하여 별도의 회계로 관리하여야 하며, 책임준비금을 다른 용도로 사용하고자 하는 경우에는 국토교통부장관의 승인을 얻어야 한다. <개정 2008. 2. 29., 2013. 3. 23.>

⑤ 협회는 대통령령이 정하는 바에 따라 매년도의 공제사업 운용실적을 일간신문·협회보 등을 통하여 공제계약자에게 공시하여야 한다.

⑥ 삭제 <2013. 6. 4.>
⑦ 삭제 <2013. 6. 4.>

제42조의 2(운영위원회)

① 제42조 제1항에 따른 공제사업에 관한 사항을 심의하고 그 업무집행을 감독하기 위하여 협회에 운영위원회를 둔다.

② 운영위원회의 위원은 협회의 임원, 중개업·법률·회계·금융·보험·부동산 분야 전문가, 관계 공무원 및 그 밖에 중개업 관련 이해관계자로 구성하되, 그 수는 19명 이내로 한다.

③ 운영위원회의 구성과 운영에 필요한 세부 사항은 대통령령으로 정한다.

[본조신설 2013. 6. 4.]

제42조의 3(조사 또는 검사) 「금융위원회의 설치 등에 관한 법률」에 따른 금융감독원의 원장은 국토교통부장관의 요청이 있는 경우에는 공제사업에 관하여 조사 또는 검사를 할 수 있다.

[본조신설 2013. 6. 4.]

제42조의 4(공제사업 운영의 개선명령) 국토교통부장관은 협회의 공제사업 운영이 적정하지 아니하거나 자산상황이 불량하여 중개사고 피해자 및 공제 가입자 등의 권익을 해칠 우려가 있다고 인정하면 다음 각 호의 조치를 명할 수 있다.

1. 업무집행방법의 변경
2. 자산예탁기관의 변경
3. 자산의 장부가격의 변경
4. 불건전한 자산에 대한 적립금의 보유
5. 가치가 없다고 인정되는 자산의 손실 처리
6. 그 밖에 이 법 및 공제규정을 준수하지 아니하여 공제사업의 건전성을 해할 우려가 있는 경우 이에 대한 개선명령

[본조신설 2013. 6. 4.]

제42조의 5(임원에 대한 제재 등) 국토교통부장관은 협회의 임원이 다음 각 호의 어느 하나에 해당하여 공제사업을 건전하게 운영하지 못할 우려가 있는 경우 그 임

원에 대한 징계·해임을 요구하거나 해당 위반행위를 시정하도록 명할 수 있다.

1. 제42조 제2항에 따른 공제규정을 위반하여 업무를 처리한 경우
2. 제42조의 4에 따른 개선명령을 이행하지 아니한 경우
3. 제42조의 6에 따른 재무건전성 기준을 지키지 아니한 경우
   [본조신설 2013. 6. 4.]

제42조의 6(재무건전성의 유지) 협회는 공제금 지급능력과 경영의 건전성을 확보하기 위하여 다음 각 호의 사항에 관하여 대통령령으로 정하는 재무건전성 기준을 지켜야 한다.

1. 자본의 적정성에 관한 사항
2. 자산의 건전성에 관한 사항
3. 유동성의 확보에 관한 사항
   [본조신설 2013. 6. 4.]

제43조(민법의 준용) 협회에 관하여 이 법에 규정된 것 외에는 「민법」 중 사단법인에 관한 규정을 적용한다.

제44조(지도·감독 등)

① 국토교통부장관은 협회와 그 지부 및 지회에 대하여 감독상 필요한 때에는 그 업무에 관한 사항을 보고하게 하거나 자료의 제출 그 밖에 필요한 명령을 할 수 있으며, 소속 공무원으로 하여금 그 사무소에 출입하여 장부·서류 등을 조사 또는 검사하게 할 수 있다. <개정 2008. 2. 29., 2013. 3. 23.>

② 제1항의 규정에 의하여 출입·검사 등을 하는 공무원은 국토교통부령이 정하는 증표를 지니고 상대방에게 이를 내보여야 한다. <개정 2008. 2. 29., 2013. 3. 23.>

제6장 보칙

제45조(업무위탁) 국토교통부장관, 시·도지사 또는 등록관청은 대통령령이 정하는 바에 따라 그 업무의 일부를 협회 또는 대통령령이 정하는 기관에 위탁할 수 있다. <개정 2008. 2. 29., 2013. 3. 23.>

제46조(포상금)

① 등록관청은 다음 각 호의 어느 하나에 해당하는 자를 등록관청이나 수사기관에 신고 또는 고발한 자에 대하여 대통령령이 정하는 바에 따라 포상금을 지급할 수 있다.

1. 제9조의 규정에 의한 중개사무소의 개설·등록을 하지 아니하고 중개업을 한 자
2. 거짓 그 밖의 부정한 방법으로 중개사무소의 개설·등록을 한 자
3. 중개사무소 등록증 또는 공인중개사 자격증을 다른 사람에게 양도·대여하거나 다른 사람으로부터 양수·대여 받은 자

② 제1항의 규정에 의한 포상금의 지급에 소요되는 비용은 대통령령이 정하는 바에 따라 그 일부를 국고에서 보조할 수 있다.

제47조(수수료)

① 다음 각 호의 어느 하나에 해당하는 자는 당해 지방자치단체의 조례가 정하는 바에 따라 수수료를 납부하여야 한다. 다만, 공인중개사자격시험을 제4조 제2항의 규정에 따라 국토교통부장관이 시행하는 경우 제1호에 해당하는 자는 국토교통부장관이 결정·공고하는 수수료를 납부하여야 한다. <개정 2008. 2. 29., 2013. 3. 23.>

1. 제4조의 규정에 의한 공인중개사자격시험에 응시하는 자
2. 제5조 제3항의 규정에 의하여 공인중개사 자격증의 재교부를 신청하는 자
3. 제9조 제1항의 규정에 의하여 중개사무소의 개설·등록을 신청하는 자
4. 제11조 제2항의 규정에 의하여 중개사무소 등록증의 재교부를 신청하는 자

5. 제13조 제3항의 규정에 의하여 분사무소설치의 신고를 하는 자
6. 제13조 제5항의 규정에 의하여 분사무소설치신고필증의 재교부를 신청하는 자

② 제4조의 규정에 의한 공인중개사자격시험 또는 제5조 제3항의 규정에 의한 공인중개사 자격증 재교부업무를 제45조의 규정에 따라 위탁한 경우에는 당해 업무를 위탁받은 자가 위탁한 자의 승인을 얻어 결정·공고하는 수수료를 각각 납부하여야 한다.

제7장 벌칙

제48조(벌칙) 다음 각 호의 어느 하나에 해당하는 자는 3년 이하의 징역 또는 3천만 원 이하의 벌금에 처한다. <개정 2016. 12. 2.>

1. 제9조의 규정에 의한 중개사무소의 개설·등록을 하지 아니하고 중개업을 한 자
2. 거짓 그 밖의 부정한 방법으로 중개사무소의 개설·등록을 한 자
3. 제33조 제5호 내지 제7호의 규정을 위반한 자

제49조(벌칙)
① 다음 각 호의 어느 하나에 해당하는 자는 1년 이하의 징역 또는 1천만 원 이하의 벌금에 처한다. <개정 2013. 6. 4., 2014. 1. 28.>

1. 제7조의 규정을 위반하여 다른 사람에게 자기의 성명을 사용하여 중개업무를 하게 하거나 공인중개사 자격증을 양도·대여한 자 또는 다른 사람의 공인중개사 자격증을 양수·대여 받은 자
2. 제8조의 규정을 위반하여 공인중개사가 아닌 자로서 공인중개사 또는 이와 유사한 명칭을 사용한 자
3. 제12조의 규정을 위반하여 이중으로 중개사무소의 개설·등록을 하거나 2 이상의 중개사무소에 소속된 자
4. 제13조 제1항의 규정을 위반하여 2 이상의 중개사무소를 둔 자

5. 제13조 제2항의 규정을 위반하여 임시 중개시설물을 설치한 자

6. 제18조 제2항의 규정을 위반하여 개업공인중개사가 아닌 자로서 '공인중개사사무소', '부동산 중개' 또는 이와 유사한 명칭을 사용한 자

6의 2. 제18조의 2 제2항을 위반하여 개업공인중개사가 아닌 자로서 중개업을 하기 위하여 중개대상물에 대한 표시·광고를 한 자

7. 제19조의 규정을 위반하여 다른 사람에게 자기의 성명 또는 상호를 사용하여 중개업무를 하게 하거나 중개사무소 등록증을 다른 사람에게 양도·대여한 자 또는 다른 사람의 성명·상호를 사용하여 중개업무를 하거나 중개사무소 등록증을 양수·대여 받은 자

8. 제24조 제4항의 규정을 위반하여 정보를 공개한 자

9. 제29조 제2항의 규정을 위반하여 업무상 비밀을 누설한 자

10. 제33조 제1호 내지 제4호의 규정을 위반한 자

② 제29조 제2항의 규정에 위반한 자는 피해자의 명시한 의사에 반하여 벌하지 아니한다.

제50조(양벌규정) 소속공인중개사·중개보조원 또는 개업공인중개사인 법인의 사원·임원이 중개업무에 관하여 제48조 또는 제49조의 규정에 해당하는 위반행위를 한 때에는 그 행위자를 벌하는 외에 그 개업공인중개사에 대하여도 해당 조에 규정된 벌금형을 과한다. 다만, 그 개업공인중개사가 그 위반행위를 방지하기 위하여 해당 업무에 관하여 상당한 주의와 감독을 게을리하지 아니한 경우에는 그러하지 아니하다. <개정 2009. 4. 1., 2014. 1. 28.>

제51조(과태료)

① 삭제 <2014. 1. 28.>

② 다음 각 호의 어느 하나에 해당하는 자에게는 500만 원 이하의 과태료를 부과한다. <개정 2013. 6. 4., 2014. 5. 21.>

1. 제24조 제3항을 위반하여 운영규정의 승인 또는 변경승인을 얻지 아니하거나 운영규정의 내용을 위반하여 부동산거래정보망을 운영한 자

1의 2. 제25조 제1항을 위반하여 성실·정확하게 중개대상물의 확인·설명을 하지 아니하거나 설명의 근거자료를 제시하지 아니한 자

2. 삭제 <2014. 1. 28.>

3. 삭제 <2014. 1. 28.>

4. 삭제 <2014. 1. 28.>

5. 삭제 <2014. 1. 28.>

5의 2. 제34조 제4항에 따른 연수교육을 정당한 사유 없이 받지 아니한 자

6. 제37조 제1항에 따른 보고, 자료의 제출, 조사 또는 검사를 거부·방해 또는 기피하거나 그 밖의 명령을 이행하지 아니하거나 거짓으로 보고 또는 자료제출을 한 거래정보사업자

7. 제42조 제5항을 위반하여 공제사업 운용실적을 공시하지 아니한 자

8. 제42조의 4에 따른 공제업무의 개선명령을 이행하지 아니한 자

8의 2. 제42조의 5에 따른 임원에 대한 징계·해임의 요구를 이행하지 아니하거나 시정명령을 이행하지 아니한 자

9. 제42조의 3 또는 제44조 제1항에 따른 보고, 자료의 제출, 조사 또는 검사를 거부·방해 또는 기피하거나 그 밖의 명령을 이행하지 아니하거나 거짓으로 보고 또는 자료제출을 한 자

10. 삭제 <2014. 1. 28.>

③ 다음 각 호의 어느 하나에 해당하는 자에게는 100만 원 이하의 과태료를 부과한다. <개정 2013. 6. 4.>

1. 제17조를 위반하여 중개사무소 등록증 등을 게시하지 아니한 자

2. 제18조 제1항 또는 제3항을 위반하여 사무소의 명칭에 '공인중개사 사무소', '부동산 중개'라는 문자를 사용하지 아니한 자 또는 옥외 광고물에 성명을 표기하지 아니하거나 거짓으로 표기한 자

2의 2. 제18조의 2 제1항을 위반하여 중개대상물의 중개에 관한 표시·광고를 한 자

3. 제20조 제1항을 위반하여 중개사무소의 이전신고를 하지 아니한 자

4. 제21조 제1항을 위반하여 휴업, 폐업, 휴업한 중개업의 재개 또는 휴업기간의

변경 신고를 하지 아니한 자

5. 제30조 제5항을 위반하여 손해배상 책임에 관한 사항을 설명하지 아니하거나 관계 증서의 사본 또는 관계 증서에 관한 전자문서를 교부하지 아니한 자

6. 제35조 제3항 또는 제4항을 위반하여 공인중개사 자격증을 반납하지 아니하거나 공인중개사 자격증을 반납할 수 없는 사유서를 제출하지 아니한 자 또는 거짓으로 공인중개사 자격증을 반납할 수 없는 사유서를 제출한 자

7. 제38조 제4항을 위반하여 중개사무소 등록증을 반납하지 아니한 자

④ 삭제 <2014. 1. 28.>

⑤ 제2항 및 제3항에 따른 과태료는 대통령령으로 정하는 바에 따라 다음 각 호의 자가 각각 부과·징수한다. <개정 2013. 6. 4., 2014. 1. 28., 2016. 12. 2.>

1. 제2항 제1호, 제6호부터 제8호까지, 제8호의 2 및 제9호의 경우: 국토교통부 장관

2. 제2항 제5호의 2 및 제3항 제6호의 경우: 시·도지사

3. 삭제 <2014. 1. 28.>

4. 제2항 제1호의 2, 제3항 제1호·제2호·제2호의 2, 제3호부터 제5호까지 및 제7호의 경우: 등록관청

⑥ 삭제 <2009. 4. 1.>
⑦ 삭제 <2009. 4. 1.>
⑧ 삭제 <2009. 4. 1.>
⑨ 삭제 <2009. 4. 1.>
⑩ 삭제 <2014. 1. 28.>
[전문개정 2008. 6. 13.]

부   칙 <법률 제7638호, 2005. 7. 29.>

제1조 (시행일) 이 법은 공포 후 6월이 경과한 날부터 시행한다. 다만, 제27조·제28조·제51조 제1항 제2호 및 동조 제3항의 규정은 2006년 1월 1일부터 시행한다.

제2조 (중개사무소의 이전신고에 관한 적용례) 중개사무소의 이전신고에 관한 제20조의 규정은 이 법 시행 후 최초로 중개사무소를 이전하는 분부터 적용한다.

제3조 (부동산거래의 신고에 관한 적용례) 제27조의 규정에 의한 부동산거래의 신고는 이 법 시행 후 최초로 거래계약서를 작성하는 분부터 적용한다.

제4조 (행정제재처분의 속행에 관한 적용례) 제40조의 규정은 이 법 시행 후 최초로 제38조 또는 제39조의 규정에 의한 행정처분의 대상이 되는 위반행위를 하는 자부터 적용한다.

제5조 (일반적 경과조치) 이 법 시행 당시 종전의 「부동산 중개업법」에 의한 처분·절차 그 밖의 행위는 이 법의 규정에 의하여 행하여진 것으로 본다.

제6조 (중개사무소의 개설·등록 등에 관한 경과조치)

① 이 법 시행 당시 종전의 「부동산 중개업법」 제4조의 규정에 의하여 중개사무소의 개설·등록을 한 자(법률 제5957호 부동산 중개업법 중 개정법률 부칙 제2조의 규정에 의하여 중개사무소의 개설·등록을 한 것으로 보는 자를 포함한다)는 제9조의 규정에 의하여 중개사무소의 개설·등록을 한 것으로 본다.

② 법률 제5957호 부동산 중개업법 중 개정법률 부칙 제2조의 규정에 의하여 중개사무소의 개설·등록을 한 것으로 보는 자(공인중개사와 법인을 제외한다)로서 제1항의 규정에 의하여 이 법에 의한 중개사무소의 개설·등록을 한 것으로 보는 자는 제14조 제2항의 규정에 불구하고 동항의 업무를 할 수 없다.

③ 제2항에 규정된 중개업자는 그 사무소의 명칭에 '공인중개사 사무소'라는 문자를 사용하여서는 아니 된다.

④ 제18조 제3항의 규정은 제3항의 규정을 위반한 사무소의 간판에 대한 철거 및 대집행에 관하여 이를 준용한다.

⑤ 제3항의 규정을 위반하여 사무소의 명칭에 '공인중개사 사무소'의 문자를 사용한 자에 대하여는 100만 원 이하의 과태료에 처하되, 등록관청이 대통령령이

정하는 바에 따라 부과·징수한다. 이 경우 제51조 제5항 내지 제7항의 규정은 그 부과 및 불복절차에 관하여 이를 준용한다.

⑥ 제2항에 규정된 중개업자의 업무지역은 당해 중개사무소가 소재하는 특별시·광역시·도의 관할 구역으로 하며, 그 관할 구역 안에 있는 중개대상물에 한하여 중개행위를 할 수 있다. 다만, 제24조의 규정에 의한 부동산거래정보망에 가입하고 이를 이용하여 중개하는 경우에는 당해 정보망에 공개된 관할 구역 외의 중개대상물에 대하여도 이를 중개할 수 있다.

⑦ 제2항에 규정된 중개업자의 중개사무소 소재지를 관할하는 등록관청은 제2항에 규정된 중개업자가 제6항에 규정된 업무지역의 범위를 위반하여 중개행위를 한 경우에는 6월의 범위 안에서 기간을 정하여 업무의 정지를 명할 수 있다.

제7조 (중개사무소 개설·등록의 결격사유에 관한 경과조치) 이 법 시행 당시 제10조 제1항의 규정에 의하여 새로이 결격사유에 해당하게 된 중개업자는 이 법 시행 후 3월 이내에 그 결격사유를 해소하여야 한다.

제8조 (중개업사등의 이중 소속 금지에 관한 성과소치) 이 법 시행 당시 중개업자 등이 제12조 제2항의 규정에 저촉되는 경우에는 이 법 시행 후 3월 이내에 동항의 규정에 적합하게 하여야 한다.

제9조 (중개업자의 사용인의 고용신고에 관한 경과조치) 중개업자는 이 법 시행 당시 소속공인중개사 또는 중개보조원을 고용한 때에는 이 법 시행 후 3월 이내에 그 사실을 등록관청에 신고하여야 한다.

제10조 (인장등록에 관한 경과조치) 소속공인중개사는 이 법 시행 후 1월 이내에 자신의 인장을 등록관청에 등록하여야 한다.

제11조 (중개사무소의 명칭 등에 관한 경과조치)
① 중개업자는 이 법 시행 당시 제18조 제1항의 규정에 저촉되는 사무소의 간판 등에 대하여 이 법 시행 후 3월 이내에 동항의 규정에 적합하게 하여야 한다.

② 중개업자가 아닌 자로서 이 법 시행 당시 제18조 제2항의 규정에 저촉되는 간판 등을 설치한 자는 이 법 시행 후 3월 이내에 동항의 규정에 적합하게 하여야 한다.

제12조 (행정처분기준에 관한 경과조치) 이 법 시행 전의 위반행위에 대한 행정처분에 관하여는 그 기준이 종전보다 강화된 경우에는 종전의 부동산 중개업법의 규정에 의하고, 종전보다 완화된 경우에는 이 법의 규정에 의한다.

제13조 (공인중개사협회에 대한 경과조치) 이 법 시행 당시 종전의 「부동산 중개업법」 제30조의 규정에 의하여 설립된 부동산 중개업협회는 이 법 제41조의 규정에 의한 공인중개사협회로 본다.

제14조 (공제규정의 승인에 관한 경과조치) 협회는 이 법 시행 후 1년 이내에 제42조의 규정에 따라 공제규정을 개정하여 건설교통부장관의 승인을 얻어야 한다.

제15조 (벌칙에 관한 경과조치) 이 법 시행 전의 행위에 대한 벌칙과 과태료의 적용에 있어서는 종전의 규정에 의한다.

제16조 (다른 법률의 개정)
① 농업협동조합법 일부를 다음과 같이 개정한다.

제12조 제1항 중 '부동산 중개업법 제4조'를 '「공인중개사의 업무 및 부동산거래신고에 관한 법률」 제9조'로 한다.

② 법무사법 일부를 다음과 같이 개정한다.

제23조 제2항 제7호 중 '부동산 중개업법 제4조'를 '「공인중개사의 업무 및 부동산거래신고에 관한 법률」 제9조'로 한다.

③ 산림조합법 일부를 다음과 같이 개정한다.

제11조 제1항 중 '부동산 중개업법 제4조'를 '「공인중개사의 업무 및 부동산거래신고에 관한 법률」 제9조'로 한다.

④ 산업집적활성화 및 공장설립에 관한 법률 일부를 다음과 같이 개정한다.

제30조 제5항 중 '부동산 중개업법 제4조'를 '「공인중개사의 업무 및 부동산거래신고에 관한 법률」 제9조'로 한다.

제17조 (다른 법률과의 관계) 이 법 시행 당시 다른 법률에서 종전의 「부동산 중개업법」의 규정을 인용하고 있는 경우 이 법 중 그에 해당하는 규정이 있는 경우에는 종전의 규정에 갈음하여 이 법의 해당 규정을 인용한 것으로 본다.

부   칙 <법률 제7710호, 2005. 12. 7.>

① (시행일) 이 법은 2006년 1월 30일부터 시행한다.

② (업무정지처분의 시효에 관한 적용례) 제39조 제3항의 개정규정은 이 법 시행 후 제39조 제1항 각 호의 어느 하나에 해당하는 사유가 발생한 경우부터 적용한다.

③ (업무정지처분 시효의 적용에 관한 경과조치) 이 법 시행 전에 발생한 사유로 인하여 종전의 「부동산 중개업법」 제23조 제1항의 규정에 해당하게 된 경우의 업무정지처분은 이 법 시행일부터 3년이 경과한 후에는 이를 할 수 없다.

부   칙 <법률 제8120호, 2006. 12. 28.>
① (시행일) 이 법은 공포 후 6개월이 경과한 날부터 시행한다.

② (적용례) 제18조 제3항 및 제4항의 개정규정은 이 법 시행 후 중개사무소를 개설·등록·이전하는 중개업자부터 적용하며, 제27조 제1항 및 제51조 제1항 제2호·제3항의 개정규정은 이 법 시행 후 최초로 계약서를 작성하는 분부터 적

용한다.

부   칙 <법률 제8635호, 2007. 8. 3.> (자본시장과 금융투자업에 관한 법률)

제1조 (시행일) 이 법은 공포 후 1년 6개월이 경과한 날부터 시행한다. <단서 생략>

제2조부터 제41조까지 생략

제42조 (다른 법률의 개정)
①부터 ㉗까지 생략

㉘ 공인중개사의 업무 및 부동산거래신고에 관한 법률 일부를 다음과 같이 개정한다.

제31조 제1항 중 '「신탁업법」에 의한 신탁회사'를 '「자본시장과 금융투자업에 관한 법률」에 따른 신탁업자'로 한다.

㉙부터 <67>까지 생략

제43조 및 제44조 생략

부   칙 <법률 제8852호, 2008. 2. 29.> (정부조직법)
제1조(시행일) 이 법은 공포한 날부터 시행한다. 다만, … <생략> …, 부칙 제6조에 따라 개정되는 법률 중 이 법의 시행 전에 공포되었으나 시행일이 도래하지 아니한 법률을 개정한 부분은 각각 해당 법률의 시행일부터 시행한다.

제2조부터 제5조까지 생략

제6조(다른 법률의 개정)
①부터 <560>까지 생략

<561> 공인중개사의 업무 및 부동산거래신고에 관한 법률 일부를 다음과 같이 개정한다.

제4조 제2항, 제24조 제1항·제3항 전단·제5항 각 호 외의 부분·제6항, 제28조 제1항, 제34조 제1항 본문·제2항, 제37조 제1항 각 호 외의 부분, 제41조 제3항, 제42조 제2항 전단·제4항·제6항·제7항, 제44조 제1항, 제45조, 제47조 제1항 각 호 외의 부분 단서 및 제51조 제4항부터 제6항까지 중 '건설교통부장관'을 각각 '국토해양부장관'으로 한다.

제5조 제2항·제3항, 제9조 제1항, 제11조 제1항, 제13조 제4항, 제15조 제1항, 제16조 제1항 전단, 제17조, 제18조 제4항, 제20조 제1항 본문, 제21조 제1항 전단, 제23조 제2항, 제24조 제2항·제8항, 제27조 제7항, 제32조 제3항, 제35조 제3항, 제36조 제3항, 제37조 제2항, 제38조 제4항, 제39조 제1항 제3호·제2항 및 제44조 제2항 중 '건설교통부령'을 각각 '국토해양부령'으로 한다.

<562>부터 <760>까지 생략

제7조 생략

부   칙 <법률 제8863호, 2008. 2. 29.> (금융위원회의 설치 등에 관한 법률)

제1조(시행일) 이 법은 공포한 날부터 시행한다.

제2조부터 제4조까지 생략

제5조(다른 법률의 개정) ①부터 <82>까지 생략

<83> 공인중개사의 업무 및 부동산거래신고에 관한 법률 일부를 다음과 같이 개정한다.

제42조 제7항 중 '「금융 감독기구의 설치 등에 관한 법률」'을 '「금융위원회의 설치 등에 관한 법률」'로 한다.

<84>부터 <85>까지 생략

부   칙 <법률 제9127호, 2008. 6. 13.>

제1조(시행일) 이 법은 공포 후 3개월이 경과한 날부터 시행한다. 다만, 제51조 제5항의 개정규정은 공포한 날부터 시행한다.

제2조(주택거래신고지역의 주택에 대한 중개업자의 부동산거래의 신고에 관한 적용례) 제27조 제6항의 개정규정은 이 법 시행 후 중개업자가 최초로 주택거래계약서를 작성하여 교부하는 분부터 적용한다.

제3조(과태료 부과에 따른 경과조치)
① 부칙 제1조 본문에 따른 시행일 당시 종전의 제27조의 2에 따라 자료제출을 요구 중인 신고사항에 대하여 제51조 제1항 또는 같은 조 제2항 제5호의 개정규정을 위반한 자에 대한 과태료 처분은 개정규정에도 불구하고 종전의 규정에 따른다.

② 부칙 제1조 단서에 따른 시행일 당시 종전의 제51조 제1항 및 제3항에 따른 부동산거래 신고의무를 위반하여 등록관청 등에서 과태료 부과가 예고 중인 자의 과태료는 등록관청 등에서 부과·징수한다.

부   칙 <법률 제9596호, 2009. 4. 1.>

이 법은 공포 후 3개월이 경과한 날부터 시행한다.

부   칙 <법률 제10580호, 2011. 4. 12.> (부동산등기법)

제1조(시행일) 이 법은 공포 후 6개월이 경과한 날부터 시행한다. <단서 생략>

제2조 및 제3조 생략

제4조(다른 법률의 개정)
①부터 ③까지 생략

④ 공인중개사의 업무 및 부동산거래신고에 관한 법률 일부를 다음과 같이 개정한다.

제25조 제1항 각 호 외의 부분 중 '토지대장·등기부등본 등'을 '토지대장등본·등기사항증명서 등'으로 한다.

⑤부터 ㊷까지 생략

제5조 생략

부   칙 <법률 제10663호, 2011. 5. 19.>

제1조(시행일) 이 법은 공포 후 3개월이 경과한 날부터 시행한다.

제2조(적용례) 제38조 제2항 제11호 및 제39조 제1항 제13호의 개정규정은 이 법 시행 후 「독점규제 및 공정거래에 관한 법률」 제27조 또는 제28조에 따른 처분이 있

는 경우부터 적용한다.

부   칙 <법률 제11690호, 2013. 3. 23.> (정부조직법)

제1조(시행일)
① 이 법은 공포한 날부터 시행한다.

② 생략

제2조부터 제5조까지 생략

제6조(다른 법률의 개정)
①부터 <555>까지 생략

<556> 공인중개사의 업무 및 부동산거래신고에 관한 법률 일부를 다음과 같이 개정한다.

제4조 제2항, 제4조의 3 전단, 제24조 제1항, 같은 조 제3항 전단, 같은 조 제5항 각 호 외의 부분, 같은 조 제6항, 제28조 제1항, 제34조 제2항·제3항, 제37조 제1항 각 호 외의 부분, 제39조의 2, 제41조 제3항, 제42조 제2항 전단, 같은 조 제4항·제6항·제7항, 제44조 제1항, 제45조, 제47조 제1항 각 호 외의 부분 단서 및 제51조 제5항 중 '국토해양부장관'을 각각 '국토교통부장관'으로 한다.

제4조의 2 제1항 각 호 외의 부분 중 '국토해양부'를 '국토교통부'로 한다.

제5조 제2항·제3항, 제9조 제1항, 제11조 제1항, 제13조 제4항, 제15조 제1항, 제16조 제1항 전단, 제17조, 제18조 제4항, 제20조 제1항 본문, 제23조 제2항, 제24조 제2항·제8항, 제27조 제1항 각 호 외의 부분 단서, 같은 조 제9항, 제32조 제3항, 제35조 제3항, 제36조 제3항, 제37조 제2항, 제38조 제4항, 제39조 제1항 제3호, 같

은 조 제2항 및 제44조 제2항 중 '국토해양부령'을 각각 '국토교통부령'으로 한다.

　<557>부터 <710>까지 생략

　제7조 생략

　부　　칙 <법률 제11866호, 2013. 6. 4.>

　제1조(시행일) 이 법은 공포한 날부터 시행한다. 다만, 제13조 제6항 단서, 제18조
의 2, 제21조의 2, 제25조의 2, 제27조 제5항, 제42조, 제42조의 2부터 제42조의 6까
지, 제49조 제1항 제6호의 2, 제51조 제1항, 같은 조 제2항 제3호·제2항 제10호·
제3항 제2호의 2 및 같은 조 제4항·제5항의 개정규정은 공포 후 6개월이 경과한 날
부터 시행하고, 제34조 제2항부터 제6항까지, 제51조 제2항 제5호의 2의 개정규정은
공포 후 1년이 경과한 날부터 시행한다.

　제2조(소속공인중개사 및 중개보조원의 교육에 관한 경과조치) 종전의 제15조 제1
항에 따라 신고된 소속공인중개사 및 중개보조원은 제34조 제2항 및 제3항의 개정규
정 시행 후 1년 이내에 같은 개정규정에 따라 교육을 이수하여야 하며, 교육을 이수
하지 아니할 경우 신고의 효력이 상실된 것으로 본다.

　제3조(과태료에 관한 경과조치) 이 법 시행 전의 행위에 대하여 과태료를 부과할
때에는 종전의 규정에 따른다.

　부　　칙 <법률 제11943호, 2013. 7. 17.> (측량·수로조사 및 지적에 관한 법률)

　제1조(시행일) 이 법은 공포 후 6개월이 경과한 날부터 시행한다. <단서 생략>

제2조부터 제4조까지 생략

제5조(다른 법률의 개정)

① 공인중개사의 업무 및 부동산거래신고에 관한 법률 일부를 다음과 같이 개정한다.

제25조 제1항 각 호 외의 부분 중 '토지대장등본·등기사항증명서'를 '토지대장 등본 또는 부동산종합증명서, 등기사항증명서'로 한다.

② 생략

부   칙 <법률 제12374호, 2014. 1. 28.>

제1조(시행일) 이 법은 공포 후 6개월이 경과한 날부터 시행한다. 다만, 제34조 제1항의 개정규정은 공포 후 2년이 경과한 날부터 시행한다.

제2조(벌금형의 분리 선고에 관한 적용례) 제10조의 2의 개정규정은 이 법 시행 후 발생한 범죄행위로 형벌을 받는 사람부터 적용한다.

제3조(개업공인중개사에 관한 규정의 준용) 법률 제7638호 부동산 중개업법 전부개정법률 부칙 제6조 제1항에 따라 중개사무소의 개설·등록을 한 것으로 보는 자가 중개업을 하는 경우 그 성질에 어긋나지 아니하면 개업공인중개사에 관한 규정을 준용하되, 같은 조 제2항부터 제7항까지의 규정을 적용한다.

부   칙 <법률 제12635호, 2014. 5. 21.>

제1조(시행일) 이 법은 2014년 7월 29일부터 시행한다.

제2조(행정제재처분의 속행에 관한 적용례) 제40조의 개정규정은 이 법 시행 후 행정처분의 대상이 되는 위반행위를 하는 자부터 적용한다.

제3조(과태료에 관한 경과조치) 이 법 시행 당시 개업공인중개사가 이 법 시행 전에 발생한 사유로 인하여 제51조 제2항 제1호의 2의 개정규정에 해당되는 경우에는 종전의 규정에 따른다.

부   칙 <법률 제13726호, 2016. 1. 6.> (옥외광고물 등의 관리와 옥외광고산업 진흥에 관한 법률)

제1조(시행일) 이 법은 공포 후 6개월이 경과한 날부터 시행한다. <단서 생략>

제2조부터 제5조까지 생략

제6조(다른 법률의 개정)
①부터 ⑤까지 생략

⑥ 공인중개사법 일부를 다음과 같이 개정한다.

제18조 제3항 중 '「옥외광고물 등 관리법」 제2조 제1호의 규정에 따른 옥외광고물'을 '「옥외광고물 등의 관리와 옥외광고산업 진흥에 관한 법률」 제2조 제1호에 따른 옥외광고물'로 한다.

⑦부터 ⑲까지 생략

제7조 생략

부   칙 <법률 제14334호, 2016. 12. 2.>

제1조(시행일) 이 법은 공포한 날부터 시행한다. 다만, 제48조의 개정규정은 공포 후 6개월이 경과한 날부터 시행한다.

제2조(벌칙에 관한 경과조치) 제48조의 개정규정 시행 전의 행위에 대하여 벌칙을 적용할 때에는 종전의 규정에 따른다.

부   칙 <법률 제15597호, 2018. 4. 17.>

제1조(시행일) 이 법은 공포한 날부터 시행한다.

제2조(금치산자 등의 결격사유에 관한 경과조치) 제10조 제1항 제2호의 개정규정에 따른 피성년후견인 또는 피한정후견인에는 법률 제10429호 민법 일부 개정법률 부칙 제2조에 따라 금치산 또는 한정치산 선고의 효력이 유지되는 사람을 포함하는 것으로 본다.

6. 공인중개사법 시행령

[시행 2017. 1. 20.] [대통령령 제27793호, 2017. 1. 17., 타법개정]

제1장 총칙

제1조(목적) 이 영은 「공인중개사법」에서 위임된 사항과 그 시행에 필요한 사항을 규정함을 목적으로 한다. <개정 2014. 7. 28.>

제1조의 2(공인중개사 정책심의위원회의 구성)

① 「공인중개사법」(이하 '법'이라 한다) 제2조의 2 제1항에 따른 공인중개사 정책심의위원회(이하 '심의위원회'라 한다)는 위원장 1명을 포함하여 7명 이상 11명 이내의 위원으로 구성한다.

② 심의위원회 위원장은 국토교통부 제1차관이 되고, 위원은 다음 각 호의 어느 하나에 해당하는 사람 중에서 국토교통부장관이 임명하거나 위촉한다.

1. 국토교통부의 4급 이상 또는 이에 상당하는 공무원이나 고위공무원단에 속하는 일반직공무원

2. 「고등교육법」 제2조에 따른 학교에서 부교수 이상의 직(職)에 재직하고 있는 사람

3. 변호사 또는 공인회계사의 자격이 있는 사람

4. 법 제41조에 따른 공인중개사협회에서 추천하는 사람

5. 법 제45조에 따라 법 제4조에 따른 공인중개사 자격시험(이하 '시험'이라 한다)의 시행에 관한 업무를 위탁받은 기관의 장이 추천하는 사람

6. 「비영리민간단체 지원법」 제4조에 따라 등록한 비영리민간단체에서 추천한 사람

7. 「소비자 기본법」 제29조에 따라 등록한 소비자단체 또는 같은 법 제33조에 따른 한국소비자원의 임직원으로 재직하고 있는 사람

8. 그 밖에 부동산·금융 관련 분야에 학식과 경험이 풍부한 사람

③ 제2항 제2호부터 제8호까지의 규정에 따른 위원의 임기는 2년으로 하되, 위원의 사임 등으로 새로 위촉된 위원의 임기는 전임위원 임기의 남은 기간으로 한다. [본조신설 2014. 7. 28.]

제1조의 3(위원의 제척·기피·회피 등)

① 심의위원회의 위원이 다음 각 호의 어느 하나에 해당하는 경우에는 심의위원회의 심의·의결에서 제척(除斥)된다.

1. 위원 또는 그 배우자나 배우자이었던 사람이 해당 안건의 당사자(당사자가 법인·단체 등인 경우에는 그 임원을 포함한다. 이하 이 호 및 제2호에서 같다)

가 되거나 그 안건의 당사자와 공동권리자 또는 공동의무자인 경우

2. 위원이 해당 안건의 당사자와 친족이거나 친족이었던 경우

3. 위원이 해당 안건에 대하여 증언, 진술, 자문, 조사, 연구, 용역 또는 감정을 한 경우

4. 위원이나 위원이 속한 법인·단체 등이 해당 안건의 당사자의 대리인이거나 대리인이었던 경우

② 해당 안건의 당사자는 위원에게 공정한 심의·의결을 기대하기 어려운 사정이 있는 경우에는 심의위원회에 기피 신청을 할 수 있고, 심의위원회는 의결로 이를 결정한다. 이 경우 기피 신청의 대상인 위원은 그 의결에 참여하지 못한다.

③ 위원 본인이 제1항 각 호에 따른 제척 사유에 해당하는 경우에는 스스로 해당 안건의 심의·의결에서 회피(回避)하여야 한다.

④ 국토교통부장관은 위원이 제1항 각 호의 어느 하나에 해당하는 데에도 불구하고 회피하지 아니한 경우에는 해당 위원을 해촉(解囑)할 수 있다.

[본조신설 2014. 7. 28.]

제1조의 4(위원장의 직무)

① 위원장은 심의위원회를 대표하고, 심의위원회의 업무를 총괄한다.

② 위원장이 부득이한 사유로 직무를 수행할 수 없을 때에는 위원장이 미리 지명한 위원이 그 직무를 대행한다.

[본조신설 2014. 7. 28.]

제1조의 5(심의위원회의 운영)

① 위원장은 심의위원회의 회의를 소집하고, 그 의장이 된다.

② 심의위원회의 회의는 재적위원 과반수의 출석으로 개의(開議)하고, 출석위원 과반수의 찬성으로 의결한다.

③ 위원장은 심의위원회의 회의를 소집하려면 회의 개최 7일 전까지 회의의 일시, 장소 및 안건을 각 위원에게 통보하여야 한다. 다만, 긴급하게 개최하여야 하거

나 부득이한 사유가 있는 경우에는 회의 개최 전날까지 통보할 수 있다.

④ 위원장은 심의에 필요하다고 인정하는 경우 관계 전문가를 출석하게 하여 의견을 듣거나 의견 제출을 요청할 수 있다.

[본조신설 2014. 7. 28.]

제1조의 6(간사)

① 심의위원회에 심의위원회의 사무를 처리할 간사 1명을 둔다.

② 간사는 심의위원회의 위원장이 국토교통부 소속 공무원 중에서 지명한다.

[본조신설 2014. 7. 28.]

제1조의 7(수당 등) 심의위원회에 출석한 위원 및 관계 전문가에게는 예산의 범위에서 수당과 여비를 지급할 수 있다. 다만, 공무원인 위원이 그 소관 업무와 직접적으로 관련되어 심의위원회에 출석하는 경우에는 그러하지 아니하다.

[본조신설 2014. 7. 28.]

제1조의 8(운영세칙) 이 영에서 규정한 사항 외에 심의위원회의 운영 등에 필요한 사항은 심의위원회 의결을 거쳐 위원장이 정한다.

[본조신설 2014. 7. 28.]

제2조(중개대상물의 범위) 법 제3조 제3호에 따른 중개대상물은 다음 각 호와 같다. <개정 2011. 3. 15., 2014. 7. 28.>

1. 「입목에 관한 법률」에 따른 입목
2. 「공장 및 광업재단 저당법」에 따른 공장재단 및 광업재단
3. 삭제 <2011. 3. 15.>

제2장 공인중개사

제3조(국토교통부장관이 시행하는 자격시험) 국토교통부장관이 법 제4조 제2항에 따라 직접 시험문제를 출제하거나 시험을 시행하려는 경우에는 심의위원회의 의결을 미리 거쳐야 한다. <개정 2008. 2. 29., 2013. 3. 23., 2014. 7. 28.>
[제목개정 2008. 2. 29., 2013. 3. 23.]

제4조 삭제 <2014. 7. 28.>

제5조(시험방법 및 시험의 일부면제)
① 시험은 제1차 시험 및 제2차 시험으로 구분하여 시행한다. 이 경우 제2차 시험은 제1차 시험에 합격한 자를 대상으로 시행한다.

② 제1항에도 불구하고 법 제4조 제1항 또는 같은 조 제2항에 따라 시험을 시행하는 특별시장·광역시장·도지사·특별자치도지사(이하 '시·도지사'라 한다) 또는 국토교통부장관(이하 '시험시행기관장'이라 한다)이 필요하다고 인정하는 경우에는 제1차 시험과 제2차 시험을 구분하되 동시에 시행할 수 있으며, 이 경우 제2차 시험의 시험방법은 제4항에 따른다. <개정 2008. 2. 29., 2008. 9. 10., 2013. 3. 23.>

③ 제2항의 규정에 따라 제1차 시험과 제2차 시험을 동시에 시행하는 경우에는 제1차 시험에 불합격한 자의 제2차 시험은 무효로 한다.

④ 제1차 시험은 선택형으로 출제하는 것을 원칙으로 하되, 주관식 단답형 또는 기입형을 가미할 수 있다.

⑤ 제2차 시험은 논문형으로 출제하는 것을 원칙으로 하되, 주관식 단답형 또는 기입형을 가미할 수 있다.

⑥ 제1차 시험에 합격한 자에 대하여는 다음 회의 시험에 한하여 제1차 시험을 면제한다.

제6조(시험과목) 제1차 시험 및 제2차 시험의 시험과목은 별표 1과 같다.

제7조(시험의 시행·공고)

① 시험은 매년 1회 이상 시행한다. 다만, 시험시행기관장은 시험을 시행하기 어려운 부득이한 사정이 있는 경우에는 심의위원회의 의결을 거쳐 당해 연도의 시험을 시행하지 아니할 수 있다. <개정 2014. 7. 28.>

② 시험시행기관장은 법 제4조의 규정에 따라 시험을 시행하고자 하는 때에는 예정 시험일시·시험방법 등 시험시행에 관한 개략적인 사항을 매년 2월 28일까지 관보 및 「신문 등의 진흥에 관한 법률」 제2조 제1호 가목에 따른 일반일간신문(이하 '일간신문'이라 한다)에 공고하여야 한다. <개정 2008. 12. 3., 2010. 1. 27.>

③ 시험시행기관장은 제2항의 규정에 따른 공고 후 시험을 시행하고자 하는 때에는 시험일시, 시험장소, 시험방법, 합격자 결정방법 및 응시수수료의 반환에 관한 사항 등 시험의 시행에 관하여 필요한 사항을 시험시행일 90일 전까지 관보 및 일간신문에 공고하여야 한다. <개정 2012. 5. 1.>

제8조(응시원서 등)

① 시험에 응시하고자 하는 자는 국토교통부령이 정하는 바에 따라 응시원서를 제출하여야 한다. <개정 2008. 2. 29., 2013. 3. 23.>

② 시험시행기관장은 응시수수료를 납부한 자가 다음 각 호의 어느 하나에 해당하는 경우에는 국토교통부령으로 정하는 바에 따라 응시수수료의 전부 또는 일부를 반환하여야 한다. <개정 2008. 2. 29., 2013. 3. 23., 2013. 12. 4.>

 1. 수수료를 과오납(過誤納)한 경우
 2. 시험시행기관의 귀책사유로 시험에 응하지 못한 경우
 3. 시험시행일 10일 전까지 응시원서 접수를 취소하는 경우

제9조(시험의 출제 및 채점)

① 시험시행기관장은 부동산 중개업무 및 관련 분야에 관한 학식과 경험이 풍부한

자 중에서 시험문제의 출제·선정·검토 및 채점을 담당할 자(이하 이 조 및 제11조에서 '출제위원'이라 한다)를 임명 또는 위촉한다.

② 제1항의 규정에 따라 출제위원으로 임명 또는 위촉된 자는 시험시행기관장이 요구하는 시험문제의 출제·선정·검토 또는 채점상의 유의사항 및 준수사항을 성실히 이행하여야 한다.

③ 시험시행기관장은 제2항의 규정을 위반함으로써 시험의 신뢰도를 크게 떨어뜨리는 행위를 한 출제위원이 있는 때에는 그 명단을 다른 시험시행기관장 및 그 출제위원이 소속하고 있는 기관의 장에게 통보하여야 한다.

④ 국토교통부장관 또는 시·도지사는 제3항의 규정에 따라 시험시행기관장이 명단을 통보한 출제위원에 대하여는 그 명단을 통보한 날부터 5년간 시험의 출제위원으로 위촉하여서는 아니 된다. <개정 2008. 2. 29., 2013. 3. 23.>

제10조(시험의 합격자 결정)
① 제1차 시험에 있어서는 매 과목 100점을 만점으로 하여 매 과목 40점 이상, 전 과목 평균 60점 이상 득점한 자를 합격자로 한다.

② 제2차 시험에 있어서는 매 과목 100점을 만점으로 하여 매 과목 40점 이상, 전 과목 평균 60점 이상 득점한 자를 합격자로 한다. 다만, 시험시행기관장이 공인중개사의 수급상 필요하다고 인정하여 심의위원회의 의결을 거쳐 선발예정인원을 미리 공고한 경우에는 매 과목 40점 이상인 자 중에서 선발예정인원의 범위 안에서 전 과목 총득점의 고득점자순으로 합격자를 결정한다. <개정 2014. 7. 28.>

③ 제2항 단서 및 제5항의 규정에 따라 합격자를 결정함에 있어서 동점자로 인하여 선발예정인원을 초과하는 경우에는 그 동점자 모두를 합격자로 한다.

④ 시험시행기관장은 응시생의 형평성 확보 등을 위하여 필요하다고 인정하는 경우에는 심의위원회의 의결을 거쳐 최소선발인원 또는 응시자 대비 최소선발비율을 미리 공고할 수 있다. <개정 2014. 7. 28.>

⑤ 제4항의 규정에 따라 최소선발인원 또는 최소선발비율을 공고한 경우 제2차 시험에서 매 과목 40점 이상, 전 과목 평균 60점 이상 득점한 자가 최소선발인원 또는 최소선발비율에 미달되는 경우에는 매 과목 40점 이상인 자 중에서 최소선발인원 또는 최소선발비율의 범위 안에서 전 과목 총득점의 고득점자순으로 합격자를 결정한다.

제11조(시험수당 등의 지급) 출제위원 및 시험시행업무 등에 종사하는 자에 대하여는 예산의 범위 안에서 수당 및 여비를 지급할 수 있다.

제12조 삭제 <2011. 8. 19.>

제3장 중개업 등

제13조(중개사무소 개설·등록의 기준 등)
① 법 제9조 제3항에 따른 중개사무소 개설·등록의 기준은 다음 각 호와 같다. 다만, 다른 법률의 규정에 따라 부동산 중개업을 할 수 있는 경우에는 다음 각 호의 기준을 적용하지 아니한다. <개정 2008. 9. 10., 2009. 7. 1., 2011. 3. 15., 2011. 8. 19., 2014. 10. 14., 2016. 1. 12.>

1. 공인중개사가 중개사무소를 개설하고자 하는 경우
   가. 법 제34조 제1항의 규정에 따른 실무교육을 받았을 것
   나. 건축물 대장(「건축법」 제20조 제5항에 따른 가설건축물 대장은 제외한다. 이하 같다)에 기재된 건물(준공검사, 준공인가, 사용승인, 사용검사 등을 받은 건물로서 건축물 대장에 기재되기 전의 건물을 포함한다. 이하 같다)에 중개사무소를 확보(소유·전세·임대차 또는 사용대차 등의 방법에 의하여 사용권을 확보하여야 한다)할 것

2. 법인이 중개사무소를 개설하려는 경우
   가. 「상법」상 회사 또는 「협동조합 기본법」 제2조 제1호에 따른 협동조합(같은

조 제3호에 따른 사회적 협동조합은 제외한다)으로서 자본금이 5천만
원 이상일 것

나. 법 제14조에 규정된 업무만을 영위할 목적으로 설립된 법인일 것

다. 대표자는 공인중개사이어야 하며, 대표자를 제외한 임원 또는 사원(합명회
사 또는 합자회사의 무한책임사원을 말한다. 이하 이 조에서 같다)의 3분의
1 이상은 공인중개사일 것

라. 대표자, 임원 또는 사원 전원 및 분사무소의 책임자(법 제13조 제3항에 따
라 분사무소를 설치하려는 경우에만 해당한다)가 법 제34조 제1항에 따른
실무교육을 받았을 것

마. 건축물 대장에 기재된 건물에 중개사무소를 확보(소유·전세·임대차 또는
사용대차 등의 방법에 의하여 사용권을 확보하여야 한다)할 것

② 시장(구가 설치되지 아니한 시의 시장과 특별자치도의 행정시장을 말한다. 이하
같다)·군수 또는 구청장(이하 '등록관청'이라 한다)은 법 제9조에 따른 개
설·등록신청이 다음 각 호의 어느 하나에 해당하는 경우를 제외하고는 개
설·등록을 해 주어야 한다. <신설 2011. 8. 19.>

1. 공인중개사 또는 법인이 아닌 자가 중개사무소의 개설·등록을 신청한 경우
2. 중개사무소의 개설·등록을 신청한 자가 법 제10조 제1항 각 호의 어느 하나
에 해당하는 경우
3. 제1항의 개설·등록 기준에 적합하지 아니한 경우
4. 그 밖에 이 법 또는 다른 법령에 따른 제한에 위반되는 경우

제14조(등록사항 등의 통보) 등록관청은 다음 각 호의 어느 하나에 해당하는 때에
는 그 사실을 국토교통부령이 정하는 바에 따라 법 제41조에 따른 공인중개사협회에
통보하여야 한다. <개정 2008. 2. 29., 2008. 9. 10., 2011. 8. 19., 2013. 3. 23., 2014.
7. 28.>

1. 법 제11조 제1항의 규정에 따라 중개사무소 등록증을 교부한 때
2. 법 제13조 제3항·법 제20조 제1항 또는 법 제21조 제1항의 규정에 따른 신고
를 받은 때

3. 법 제15조 제1항에 따라 소속공인중개사 또는 중개보조원의 고용이나 고용관계 종료의 신고를 받은 때

4. 법 제38조 또는 법 제39조에 따른 행정처분을 한 때

제15조(분사무소의 설치)

① 법 제13조 제3항에 따른 분사무소는 주된 사무소의 소재지가 속한 시(구가 설치되지 아니한 시와 특별자치도의 행정시를 말한다. 이하 이 조에서 같다)·군·구를 제외한 시·군·구별로 설치하되, 시·군·구별로 1개소를 초과할 수 없다. <개정 2008. 9. 10.>

② 제1항의 규정에 따른 분사무소에는 공인중개사를 책임자로 두어야 한다. 다만, 다른 법률의 규정에 따라 중개업을 할 수 있는 법인의 분사무소인 경우에는 그러하지 아니하다.

③ 법 제13조 제3항에 따라 분사무소의 설치신고를 하려는 자는 국토교통부령으로 정하는 분사무소설치신고서에 다음 각 호의 서류를 첨부하여 주된 사무소의 소재지를 관할하는 등록관청에 제출하여야 한다. 이 경우 등록관청은 법 제5조 제2항에 따라 공인중개사 자격증을 발급한 시·도지사에게 분사무소 책임자의 공인중개사 자격 확인을 요청하여야 하고, 「전자정부법」 제36조 제1항에 따른 행정정보의 공동이용을 통하여 법인 등기사항증명서를 확인하여야 한다. <개정 2006. 6. 12., 2008. 2. 29., 2008. 9. 10., 2010. 5. 4., 2010. 11. 2., 2011. 3. 15., 2012. 6. 29., 2013. 3. 23.>

1. 삭제 <2012. 6. 29.>

2. 삭제 <2006. 6. 12.>

3. 분사무소 책임자의 법 제34조 제1항의 규정에 따른 실무교육의 수료확인증 사본

4. 제25조의 규정에 따른 보증의 설정을 증명할 수 있는 서류

5. 건축물 대장에 기재된 건물에 분사무소를 확보(소유·전세·임대차 또는 사용대차 등의 방법에 의하여 사용권을 확보하여야 한다)하였음을 증명하는 서류. 다만, 건축물 대장에 기재되지 아니한 건물에 분사무소를 확보하였을 경우에

는 건축물 대장 기재가 지연되는 사유를 적은 서류도 함께 내야 한다.

제16조(중개사무소의 공동사용)

① 법 제13조 제6항 본문에 따라 중개사무소를 공동으로 사용하려는 개업공인중개사는 법 제9조에 따른 중개사무소의 개설·등록 또는 법 제20조에 따른 중개사무소의 이전신고를 하는 때에 그 중개사무소를 사용할 권리가 있는 다른 개업공인중개사의 승낙서를 첨부하여야 한다. <개정 2013. 12. 4., 2014. 7. 28.>

② 법 제39조에 따른 업무의 정지 기간 중에 있는 개업공인중개사는 법 제13조 제6항 단서에 따라 다음 각 호의 어느 하나에 해당하는 방법으로 다른 개업공인중개사와 중개사무소를 공동으로 사용할 수 없다. <신설 2013. 12. 4., 2014. 7. 28.>

1. 법 제39조에 따른 업무의 정지 기간 중에 있는 개업공인중개사가 다른 개업공인중개사에게 중개사무소의 공동사용을 위하여 제1항에 따른 승낙서를 주는 방법. 다만, 법 제39조에 따른 업무의 정지 기간 중에 있는 개업공인중개사가 영업정지 처분을 받기 전부터 중개사무소를 공동사용 중인 다른 개업공인중개사는 제외한다.
2. 법 제39조에 따른 업무의 정지 기간 중에 있는 개업공인중개사가 다른 개업공인중개사의 중개사무소를 공동으로 사용하기 위하여 중개사무소의 이전신고를 하는 방법

제17조(법인인 개업공인중개사의 업무)

① 삭제 <2009. 7. 1.>
② 법 제14조 제1항 제5호에서 '대통령령이 정하는 업무'라 함은 중개의뢰인의 의뢰에 따른 도배·이사 업체의 소개 등 주거이전에 부수되는 용역의 알선을 말한다.
[제목개정 2014. 7. 28.]

제17조의 2(중개대상물의 표시·광고) 법 제18조의 2 제1항에서 '대통령령으로 정하는 사항'이란 다음 각 호의 사항을 말한다. <개정 2014. 7. 28.>

1. 중개사무소의 명칭, 소재지 및 연락처
2. 개업공인중개사의 성명(법인인 경우에는 대표자의 성명)
   [본조신설 2013. 12. 4.]

제18조(휴업 또는 폐업의 신고 등)

① 개업공인중개사는 법 제21조 제1항의 규정에 따라 3월을 초과하는 휴업(중개사무소의 개설·등록 후 업무를 개시하지 아니하는 경우를 포함한다. 이하 같다), 폐업, 휴업한 중개업의 재개 또는 휴업기간의 변경을 하고자 하는 때에는 국토교통부령이 정하는 신고서에 중개사무소 등록증을 첨부(휴업 또는 폐업의 경우에 한한다)하여 등록관청에 미리 신고(부동산 중개업재개·휴업기간 변경신고의 경우에는 전자문서에 의한 신고를 포함한다)하여야 한다. 법인인 개업공인중개사의 분사무소의 경우에도 또한 같다. <개정 2008. 2. 29., 2013. 3. 23., 2014. 7. 28.>

② 제1항의 규정에 따른 중개사무소재개신고를 받은 등록관청은 반납을 받은 중개사무소 등록증을 즉시 반환하여야 한다.

③ 법 제21조 제2항에서 '대통령령이 정하는 부득이한 사유'라 함은 다음 각 호의 어느 하나에 해당하는 사유를 말한다.

1. 질병으로 인한 요양
2. 징집으로 인한 입영
3. 취학
4. 그 밖에 제1호 내지 제3호에 준하는 부득이한 사유

제19조(일반중개계약) 국토교통부장관은 법 제22조의 규정에 따른 일반중개계약의 표준이 되는 서식을 정하여 그 사용을 권장할 수 있다. <개정 2008. 2. 29., 2013. 3. 23.>

제20조(전속중개계약)

① 법 제23조 제1항의 규정에 따른 전속중개계약의 유효기간은 3월로 한다. 다만,

당사자 간에 다른 약정이 있는 경우에는 그 약정에 따른다.

② 전속중개계약을 체결한 개업공인중개사가 법 제23조 제3항의 규정에 따라 공개하여야 할 중개대상물에 관한 정보의 내용은 다음 각 호와 같다. <개정 2014. 7. 28.>

1. 중개대상물의 종류, 소재지, 지목 및 면적, 건축물의 용도·구조 및 건축연도 등 중개대상물을 특정하기 위하여 필요한 사항
2. 벽면 및 도배의 상태
3. 수도·전기·가스·소방·열 공급·승강기 설비, 오수·폐수·쓰레기 처리시설 등의 상태
4. 도로 및 대중교통수단과의 연계성, 시장·학교 등과의 근접성, 지형 등 입지조건, 일조(日照)·소음·진동 등 환경조건
5. 소유권·전세권·저당권·지상권 및 임차권 등 중개대상물의 권리관계에 관한 사항. 다만, 각 권리자의 주소·성명 등 인적 사항에 관한 정보는 공개하여서는 아니 된다.
6. 공법상의 이용제한 및 거래규제에 관한 사항
7. 중개대상물의 거래예정금액 및 공시지가. 다만, 임대차의 경우에는 공시지가를 공개하지 아니할 수 있다.

제21조(중개대상물의 확인·설명)
① 법 제25조 제1항의 규정에 따라 개업공인중개사가 확인·설명하여야 하는 사항은 다음 각 호와 같다. <개정 2014. 7. 28.>

1. 중개대상물의 종류·소재지·지번·지목·면적·용도·구조 및 건축연도 등 중개대상물에 관한 기본적인 사항
2. 소유권·전세권·저당권·지상권 및 임차권 등 중개대상물의 권리관계에 관한 사항
3. 거래예정금액·중개보수 및 실비의 금액과 그 산출내역
4. 토지이용계획, 공법상의 거래규제 및 이용제한에 관한 사항
5. 수도·전기·가스·소방·열 공급·승강기 및 배수 등 시설물의 상태

6. 벽면 및 도배의 상태

7. 일조·소음·진동 등 환경조건

8. 도로 및 대중교통수단과의 연계성, 시장·학교와의 근접성 등 입지조건

9. 중개대상물에 대한 권리를 취득함에 따라 부담하여야 할 조세의 종류 및 세율

② 개업공인중개사는 매도의뢰인·임대의뢰인 등이 법 제25조 제2항의 규정에 따른 중개대상물의 상태에 관한 자료요구에 불응한 경우에는 그 사실을 매수의뢰인·임차의뢰인 등에게 설명하고, 제3항의 규정에 따른 중개대상물 확인·설명서에 기재하여야 한다. <개정 2014. 7. 28.>

③ 개업공인중개사는 국토교통부령이 정하는 중개대상물 확인·설명서에 제1항 각 호의 사항을 기재하여 거래 당사자에게 교부하고 그 사본을 3년간 보존하여야 한다. <개정 2008. 2. 29., 2013. 3. 23., 2014. 7. 28.>

제22조(거래계약서 등)

① 법 제26조 제1항의 규정에 따른 거래계약서에는 다음 각 호의 사항을 기재하여야 한다.

1. 거래 당사자의 인적 사항

2. 물건의 표시

3. 계약일

4. 거래금액·계약금액 및 그 지급일자 등 지급에 관한 사항

5. 물건의 인도일시

6. 권리이전의 내용

7. 계약의 조건이나 기한이 있는 경우에는 그 조건 또는 기한

8. 중개대상물 확인·설명서 교부일자

9. 그 밖의 약정내용

② 법 제26조 제1항에서 '대통령령이 정하는 기간'이라 함은 5년을 말한다.

③ 국토교통부장관은 개업공인중개사가 작성하는 거래계약서의 표준이 되는 서식을 정하여 그 사용을 권장할 수 있다. <개정 2008. 2. 29., 2013. 3. 23., 2014.

7. 28.>

제23조 삭제 <2014. 7. 28.>

제23조의 2 삭제 <2014. 7. 28.>

제23조의 3 삭제 <2014. 7. 28.>
임의 보장)

① 개업공인중개사는 법 제30조 제3항에 따라 다음 각 호에 해당하는 금액을 보장
   하는 보증보험 또는 공제에 가입하거나 공탁을 하여야 한다. <개정 2008. 9.
   10., 2014. 7. 28.>

 1. 법인인 개업공인중개사: 2억 원 이상. 다만, 분사무소를 두는 경우에는 분사무
    소마다 1억 원 이상을 추가로 설정하여야 한다.
 2. 법인이 아닌 개업공인중개사: 1억 원 이상

② 개업공인중개사는 중개사무소 개설·등록을 한 때에는 업무를 시작하기 전에
   제1항의 규정에 따른 손해배상 책임을 보장하기 위한 조치(이하 이 조 및 제25
   조에서 '보증'이라 한다)를 한 후 그 증명서류를 갖추어 등록관청에 신고하여야
   한다. 다만, 보증보험회사·공제사업자 또는 공탁기관(이하 '보증기관'이라 한
   다)이 보증사실을 등록관청에 직접 통보한 경우에는 신고를 생략할 수 있다.
   <개정 2014. 7. 28.>

③ 「농업협동조합법」 제12조 제1항 및 동법 제57조 제1항 제2호 바목의 규정에
   따라 지역농업협동조합이 부동산 중개업을 하는 때에는 중개업무를 개시하기
   전에 보장금액 1천만 원 이상의 보증을 보증기관에 설정하고 그 증명서류를 갖
   추어 등록관청에 신고하여야 한다.

제25조(보증의 변경)

① 제24조의 규정에 따라 보증을 설정한 개업공인중개사는 그 보증을 다른 보증으
   로 변경하고자 하는 경우에는 이미 설정한 보증의 효력이 있는 기간 중에 다른

보증을 설정하고 그 증명서류를 갖추어 등록관청에 신고하여야 한다. <개정 2014. 7. 28.>

② 보증보험 또는 공제에 가입한 개업공인중개사로서 보증기간이 만료되어 다시 보증을 설정하고자 하는 자는 그 보증기간 만료일까지 다시 보증을 설정하고 그 증명서류를 갖추어 등록관청에 신고하여야 한다. <개정 2014. 7. 28.>

③ 제24조 제2항 단서의 규정은 제1항 또는 제2항의 규정에 따른 신고에 관하여 이를 준용한다.

제26조(보증보험금의 지급 등)

① 중개의뢰인이 손해배상금으로 보증보험금·공제금 또는 공탁금을 지급받고자 하는 경우에는 그 중개의뢰인과 개업공인중개사간의 손해배상합의서·화해조서 또는 확정된 법원의 판결문 사본 그 밖에 이에 준하는 효력이 있는 서류를 첨부 하여 보증기관에 손해배상금의 지급을 청구하여야 한다. <개정 2014. 7. 28.>

② 개업공인중개사는 보증보험금·공제금 또는 공탁금으로 손해배상을 한 때에는 15일 이내에 보증보험 또는 공제에 다시 가입하거나 공탁금 중 부족하게 된 금 액을 보전하여야 한다. <개정 2014. 7. 28.>

제27조(계약금 등의 예치·관리 등)

① 법 제31조 제1항에서 '대통령령이 정하는 자'라 함은 다음 각 호의 자를 말한다. <개정 2008. 7. 29., 2010. 11. 15.>

1. 「은행법」에 따른 은행
2. 「보험업법」에 따른 보험회사
3. 「자본시장과 금융투자업에 관한 법률」에 따른 신탁업자
4. 「우체국예금·보험에 관한 법률」에 따른 체신관서
5. 법 제42조의 규정에 따라 공제사업을 하는 자
6. 부동산거래계약의 이행을 보장하기 위하여 계약금·중도금 또는 잔금(이하 이 조에서 '계약금 등'이라 한다) 및 계약 관련서류를 관리하는 업무를 수행하는 전문회사

② 개업공인중개사는 거래 당사자가 법 제31조 제1항의 규정에 따라 계약금 등을 개업공인중개사의 명의로 금융기관 등에 예치할 것을 의뢰하는 경우에는 계약 이행의 완료 또는 계약해제 등의 사유로 인한 계약금 등의 인출에 대한 거래 당사자의 동의 방법, 법 제32조 제3항의 규정에 따른 반환채무이행 보장에 소요되는 실비 그 밖에 거래안전을 위하여 필요한 사항을 약정하여야 한다. <개정 2014. 7. 28.>

③ 개업공인중개사는 제2항의 규정에 따라 거래계약과 관련된 계약금 등을 자기 명의로 금융기관 등에 예치하는 경우에는 자기 소유의 예치금과 분리하여 관리될 수 있도록 하여야 하며, 예치된 계약금 등은 거래 당사자의 동의 없이 인출하여서는 아니 된다. <개정 2014. 7. 28.>

④ 개업공인중개사는 제2항의 규정에 따라 계약금 등을 자기 명의로 금융기관 등에 예치하는 경우에는 그 계약금 등을 거래 당사자에게 지급할 것을 보장하기 위하여 예치대상이 되는 계약금 등에 해당하는 금액을 보장하는 보증보험 또는 법 제42조의 규정에 따른 공제에 가입하거나 공탁을 하여야 하며, 거래 당사자에게 관계증서의 사본을 교부하거나 관계증서에 관한 전자문서를 제공하여야 한다. <개정 2014. 7. 28.>

제27조의 2(중개보수의 지급 시기) 법 제32조 제3항에 따른 중개보수의 지급 시기는 개업공인중개사와 중개의뢰인간의 약정에 따르되, 약정이 없을 때에는 중개대상물의 거래대금 지급이 완료된 날로 한다.

[본조신설 2014. 7. 28.]

제28조(개업공인중개사 등의 교육 등)
① 법 제34조 제1항 및 제2항에 따른 실무교육의 내용 및 시간은 다음 각 호와 같다. <개정 2014. 7. 28.>

 1. 교육내용: 개업공인중개사 및 소속공인중개사의 직무수행에 필요한 법률지식, 부동산 중개 및 경영 실무, 직업윤리 등
 2. 교육시간: 28시간 이상 32시간 이하

② 법 제34조 제3항에 따른 직무교육의 내용 및 시간은 다음 각 호와 같다.

1. 교육내용: 중개보조원의 직무수행에 필요한 직업윤리 등
2. 교육시간: 3시간 이상 4시간 이하

③ 법 제34조 제4항에 따른 연수교육의 내용 및 시간은 다음 각 호와 같다.

1. 교육내용: 부동산 중개 관련 법·제도의 변경사항, 부동산 중개 및 경영 실무, 직업윤리 등
2. 교육시간: 12시간 이상 16시간 이하

④ 시·도지사는 법 제34조 제4항에 따른 연수교육을 실시하려는 경우 실무교육 또는 연수교육을 받은 후 2년이 되기 2개월 전까지 연수교육의 일시·장소·내용 등을 대상자에게 통지하여야 한다. <개정 2014. 7. 28.>

⑤ 법 제34조 제5항에 따른 교육지침에는 다음 각 호의 사항이 포함되어야 한다.

1. 교육의 목적
2. 교육대상
3. 교육과목 및 교육시간
4. 강사의 자격
5. 수강료
6. 수강신청, 출결(出缺) 확인, 교육평가, 교육수료증 발급 등 학사 운영 및 관리
7. 그 밖에 균형 있는 교육의 실시에 필요한 기준과 절차

[전문개정 2014. 6. 3.]

제28조의 2(개업공인중개사 등 교육비 지원 등)

① 법 제34조의 2 제1항에 따라 개업공인중개사 등에 대한 부동산거래사고 예방 등의 교육을 위하여 지원할 수 있는 비용은 다음 각 호와 같다.

1. 교육시설 및 장비의 설치에 필요한 비용
2. 교육자료의 개발 및 보급에 필요한 비용
3. 교육 관련 조사 및 연구에 필요한 비용
4. 교육 실시에 따른 강사비

② 국토교통부장관, 시·도지사 및 등록관청은 부동산거래질서를 확립하고, 부동산거래사고로 인한 피해를 방지하기 위하여 법 제34조의 2 제2항에 따른 부동산거래사고 예방을 위한 교육을 실시하려는 경우에는 교육일 10일 전까지 교육일시·교육장소 및 교육내용, 그 밖에 교육에 필요한 사항을 공고하거나 교육대상자에게 통지하여야 한다.
[본조신설 2014. 7. 28.]

제4장 지도·감독

제29조(공인중개사의 자격취소 또는 자격정지)
① 법 제35조의 규정에 따른 공인중개사의 자격취소처분 및 법 제36조의 규정에 따른 자격정지처분은 그 공인중개사 자격증(이하 '자격증'이라 한다)을 교부한 시·도지사가 행한다.

② 자격증을 교부한 시·도지사와 공인중개사 사무소의 소재지를 관할하는 시·도지사가 서로 다른 경우에는 공인중개사 사무소의 소재지를 관할하는 시·도지사가 자격취소처분 또는 자격정지처분에 필요한 절차를 모두 이행한 후 자격증을 교부한 시·도지사에게 통보하여야 한다.

③ 시·도지사는 공인중개사의 자격취소처분을 한 때에는 5일 이내에 이를 국토교통부장관에게 보고하고 다른 시·도지사에게 통지하여야 한다. <개정 2008. 2. 29., 2013. 3. 23.>

제5장 공인중개사협회

제30조(협회의 설립)
① 법 제41조 제1항의 규정에 따른 공인중개사협회(이하 '협회'라 한다)를 설립하고자 하는 때에는 발기인이 작성하여 서명·날인한 정관에 대하여 회원 600인

이상이 출석한 창립총회에서 출석한 회원 과반수의 동의를 얻어 국토교통부장관의 설립인가를 받아야 한다. <개정 2008. 2. 29., 2013. 3. 23.>

② 제1항에 따른 창립총회에는 서울특별시에서는 100인 이상, 광역시·도 및 특별자치도에서는 각각 20인 이상의 회원이 참여하여야 한다. <개정 2008. 9. 10.>

③ 협회의 설립인가신청에 필요한 서류는 국토교통부령으로 정한다. <개정 2008. 2. 29., 2013. 3. 23.>

제31조(협회의 업무) 협회는 법 제41조 제1항의 규정에 따른 목적을 달성하기 위하여 다음 각 호의 업무를 수행할 수 있다.

1. 회원의 품위유지를 위한 업무
2. 부동산 중개제도의 연구·개선에 관한 업무
3. 회원의 자질향상을 위한 지도 및 교육·연수에 관한 업무
4. 회원의 윤리헌장 제정 및 그 실천에 관한 업무
5. 부동산정보제공에 관한 업무
6. 법 제42조의 규정에 따른 공제사업. 이 경우 공제사업은 비영리사업으로서 회원 간의 상호부조를 목적으로 한다.
7. 그 밖에 협회의 설립목적 달성을 위하여 필요한 업무

제32조(협회의 보고의무)
① 협회는 총회의 의결내용을 지체 없이 국토교통부장관에게 보고하여야 한다. <개정 2008. 2. 29., 2013. 3. 23.>

② 협회가 그 지부 또는 지회를 설치한 때에는 그 지부는 시·도지사에게, 지회는 등록관청에 신고하여야 한다.

제33조(공제사업의 범위) 법 제42조 제1항의 규정에 따라 협회가 할 수 있는 공제사업의 범위는 다음 각 호와 같다.

1. 법 제30조의 규정에 따른 손해배상 책임을 보장하기 위한 공제기금의 조성 및

공제금의 지급에 관한 사업

2. 공제사업의 부대업무로서 공제규정으로 정하는 사업

제34조(공제규정) 법 제42조 제3항의 규정에 따라 공제규정에는 다음 각 호의 사항을 정하여야 한다.

1. 공제계약의 내용: 협회의 공제책임, 공제금, 공제료, 공제기간, 공제금의 청구와 지급절차, 구상 및 대위권, 공제계약의 실효 그 밖에 공제계약에 필요한 사항을 정한다. 이 경우 공제료는 공제사고 발생률, 보증보험료 등을 종합적으로 고려하여 결정한 금액으로 한다.
2. 회계기준: 공제사업을 손해배상기금과 복지기금으로 구분하여 각 기금별 목적 및 회계원칙에 부합되는 세부기준을 정한다.
3. 책임준비금의 적립비율: 공제사고 발생률 및 공제금 지급액 등을 종합적으로 고려하여 정하되, 공제료 수입액의 100분의 10이상으로 정한다.

제35조(공제사업 운용실적의 공시) 협회는 법 제42조 제5항에 따라 다음 각 호의 사항을 매 회계연도 종료 후 3개월 이내에 일간신문 또는 협회보에 공시하고 협회의 인터넷 홈페이지에 게시하여야 한다. <개정 2008. 9. 10.>

1. 결산서인 요약 대차대조표, 손익계산서 및 감사보고서
2. 공제료 수입액, 공제금 지급액, 책임준비금 적립액
3. 그 밖에 공제사업의 운용과 관련된 참고사항

제35조의 2(운영위원회)

① 법 제42조의 2에 따른 운영위원회(이하 '운영위원회'라 한다)는 공제사업에 관하여 다음 각 호의 사항을 심의하며 그 업무집행을 감독한다.

1. 사업계획·운영 및 관리에 관한 기본 방침
2. 예산 및 결산에 관한 사항
3. 차입금에 관한 사항
4. 주요 예산집행에 관한 사항
5. 공제약관·공제규정의 변경과 공제와 관련된 내부규정의 제정·개정 및 폐지

에 관한 사항

6. 공제금, 공제가입금, 공제료 및 그 요율에 관한 사항

7. 정관으로 정하는 사항

8. 그 밖에 위원장이 필요하다고 인정하여 회의에 부치는 사항

② 운영위원회는 성별을 고려하여 다음 각 호의 사람으로 구성한다. 이 경우 제2호 및 제3호에 해당하는 위원의 수는 전체 위원 수의 3분의 1 미만으로 한다.

1. 국토교통부장관이 소속 공무원 중에서 지명하는 사람 1명

2. 협회의 회장

3. 협회 이사회가 협회의 임원 중에서 선임하는 사람

4. 다음 각 목의 어느 하나에 해당하는 사람으로서 협회의 회장이 추천하여 국토교통부장관의 승인을 받아 위촉하는 사람

   가. 대학 또는 정부출연 연구기관에서 부교수 또는 책임연구원 이상으로 재직하고 있거나 재직하였던 사람으로서 부동산 분야 또는 법률·회계·금융·보험 분야를 전공한 사람

   나. 변호사·공인회계사 또는 공인중개사의 자격이 있는 사람

   다. 금융감독원 또는 금융기관에서 임원 이상의 직에 있거나 있었던 사람

   라. 공제조합 관련 업무에 관한 학식과 경험이 풍부한 사람으로서 해당 업무에 5년 이상 종사한 사람

   마. 「소비자기본법」 제29조에 따라 등록한 소비자단체 및 같은 법 제33조에 따른 한국소비자원의 임원으로 재직 중인 사람

③ 제2항 제3호 및 제4호에 따른 위원의 임기는 2년으로 하되 1회에 한하여 연임할 수 있으며, 보궐위원의 임기는 전임자 임기의 남은 기간으로 한다.

④ 운영위원회에는 위원장과 부위원장 각각 1명을 두되, 위원장 및 부위원장은 위원 중에서 각각 호선(互選)한다.

⑤ 운영위원회의 위원장은 운영위원회의 회의를 소집하며 그 의장이 된다.

⑥ 운영위원회의 부위원장은 위원장을 보좌하며, 위원장이 부득이한 사유로 그 직무를 수행할 수 없을 때에는 그 직무를 대행한다.

⑦ 운영위원회의 회의는 재적위원 과반수의 출석으로 개의(開議)하고, 출석위원 과반수의 찬성으로 심의사항을 의결한다.

⑧ 운영위원회의 사무를 처리하기 위하여 간사 및 서기를 두되, 간사 및 서기는 공제업무를 담당하는 협회의 직원 중에서 위원장이 임명한다.

⑨ 간사는 회의 때마다 회의록을 작성하여 다음 회의에 보고하고 이를 보관하여야 한다.

⑩ 제1항부터 제9항까지에 규정된 사항 외에 운영위원회의 운영에 필요한 사항은 운영위원회의 심의를 거쳐 위원장이 정한다.

[본조신설 2013. 12. 4.]

제35조의 3(재무건전성 기준)
① 법 제42조의 6에 따라 협회는 다음 각 호의 재무건전성기준을 모두 준수하여야 한다.

1. 지급여력비율은 100분의 100이상을 유지할 것
2. 구상채권 등 보유자산의 건전성을 정기적으로 분류하고 대손충당금을 적립할 것

② 제1항 제1호에 따른 지급여력비율은 제1호에 따른 지급여력금액을 제2호에 따른 지급여력기준금액으로 나눈 비율로 하며, 지급여력금액과 지급여력기준금액은 다음 각 호와 같다.

1. 지급여력금액: 자본금, 대손충당금, 이익잉여금, 그 밖에 이에 준하는 것으로서 국토교통부장관이 정하는 금액을 합산한 금액에서 영업권, 선급비용 등 국토교통부장관이 정하는 금액을 뺀 금액
2. 지급여력기준금액: 공제사업을 운영함에 따라 발생하게 되는 위험을 국토교통부장관이 정하는 방법에 따라 금액으로 환산한 것

③ 국토교통부장관은 제1항 및 제2항에 따른 재무건전성 기준에 관하여 필요한 세부기준을 정할 수 있다.

[본조신설 2013. 12. 4.]

제6장 보칙

제36조(업무의 위탁)

① 시·도지사는 법 제45조에 따라 법 제34조 제1항부터 제4항까지의 규정에 따른 실무교육, 직무교육 및 연수교육에 관한 업무를 위탁하는 때에는 다음 각 호의 기관 또는 단체 중 국토교통부령으로 정하는 인력 및 시설을 갖춘 기관 또는 단체를 지정하여 위탁하여야 한다. <개정 2007. 6. 26., 2008. 2. 29., 2008. 9. 10., 2013. 3. 23., 2014. 6. 3., 2014. 7. 28.>

1. 부동산 관련 학과가 개설된 「고등교육법」 제2조에 따른 학교
2. 협회
3. 「공공기관의 운영에 관한 법률」 제5조 제3항에 따른 공기업 또는 준정부기관

② 시험시행기관장은 법 제45조에 따라 법 제4조에 따른 시험의 시행에 관한 업무를 「공공기관의 운영에 관한 법률」 제5조 제3항에 따른 공기업, 준정부기관 또는 협회에 위탁할 수 있다. <개정 2007. 6. 26.>

③ 시·도지사 또는 시험시행기관장은 제1항 및 제2항에 따라 업무를 위탁한 때에는 위탁받은 기관의 명칭·대표자 및 소재지와 위탁업무의 내용 등을 관보에 고시하여야 한다. <개정 2008. 2. 29., 2008. 9. 10.>

제37조(포상금)

① 법 제46조 제1항의 규정에 따른 포상금은 1건당 50만 원으로 한다.

② 제1항의 규정에 따른 포상금은 법 제46조 제1항 각 호의 어느 하나에 해당하는 자가 행정기관에 의하여 발각되기 전에 등록관청이나 수사기관에 신고 또는 고발한 자에게 그 신고 또는 고발사건에 대하여 검사가 공소제기 또는 기소유예의 결정을 한 경우에 한하여 지급한다.

③ 법 제46조 제2항의 규정에 따라 포상금의 지급에 소요되는 비용 중 국고에서 보조할 수 있는 비율은 100분의 50이내로 한다.

④ 그 밖에 포상금의 지급방법 및 절차 등에 관하여 필요한 사항은 국토교통부령
으로 정한다. <개정 2008. 2. 29., 2013. 3. 23.>

제37조의 2(고유 식별정보의 처리) 국토교통부장관, 시・도지사 또는 등록관청(법
제45조에 따라 국토교통부장관, 시・도지사 또는 등록관청의 업무를 위탁받은 자를
포함한다)은 다음 각 호의 사무를 수행하기 위하여 불가피한 경우「개인정보 보호법
시행령」제19조 제1호 또는 제4호에 따른 주민등록번호 또는 외국인등록번호가 포
함된 자료를 처리할 수 있다. <개정 2014. 7. 28.>

1. 법 제4조 및 이 영 제8조에 따른 공인중개사 응시원서 접수에 관한 사무
2. 법 제5조에 따른 자격증의 교부에 관한 사무
3. 법 제9조에 따른 중개사무소의 개설・등록에 관한 사무
4. 법 제10조에 따른 등록의 결격사유에 관한 사무
5. 법 제11조에 따른 등록증의 교부에 관한 사무
6. 법 제13조에 따른 분사무소의 설치신고에 관한 사무
7. 법 제15조에 따른 개업공인중개사의 고용인의 신고에 관한 사무
8. 법 제16조에 따른 인장의 등록에 관한 사무
9. 법 제24조에 따른 부동산거래정보망의 설치・운영자 지정 및 부동산거래정보망
의 이용 등에 관한 운영규정의 승인에 관한 사무
10. 삭제 <2014. 7. 28.>
11. 다음 각 호의 사항과 관련된 법 제37조에 따른 감독상의 명령 등에 관한 사무
가. 법 제22조에 따른 일반중개계약
나. 법 제23조에 따른 전속중개계약
다. 법 제25조에 따른 중개대상물 확인・설명
라. 법 제26조에 따른 거래계약서의 작성
마. 법 제30조에 따른 손해배상 책임의 보장
12. 법 제46조에 따른 포상금에 관한 사무
[본조신설 2013. 12. 4.]

제37조의 3(규제의 재검토) 국토교통부장관은 다음 각 호의 사항에 대하여 다음

각 호의 기준일을 기준으로 3년마다(매 3년이 되는 해의 기준일과 같은 날 전까지를 말한다) 그 타당성을 검토하여 개선 등의 조치를 하여야 한다. <개정 2014. 6. 3., 2014. 7. 28.>

1. 삭제 <2016. 12. 30.>
2. 제17조에 따른 중개업에 부수되는 업무: 2014년 1월 1일
3. 제28조에 따른 개업공인중개사 등의 교육 등: 2014년 1월 1일
4. 제32조에 따른 협회의 보고의무: 2014년 1월 1일
5. 제38조에 따른 과태료의 부과·징수: 2014년 1월 1일
   [본조신설 2013. 12. 30.]

제7장 벌칙

제38조(과태료의 부과·징수)

① 법 제51조 제2항·제3항 및 법 제7638호 부칙 제6조 제5항에 따른 과태료의 부과기준은 별표 2와 같다. <개정 2014. 7. 28.>

② 삭제 <2014. 7. 28.>
   [전문개정 2008. 9. 10.]

부   칙 <대통령령 제19248호, 2005. 12. 30.>

① (시행일) 이 영은 2006년 1월 30일부터 시행한다. 다만, 제23조·별표 2 제1호 나목 및 동표 제3호의 개정규정은 2006년 1월 1일부터 시행한다.

② (일반적 경과조치) 이 영 시행당시 종전의 「부동산 중개업법 시행령」에 따른 처분·절차 그 밖의 행위는 이 영의 규정에 따라 행하여진 것으로 본다.

③ (다른 법령과의 관계) 이 영 시행당시 다른 법령에서 종전의 「부동산 중개업법

시행령」의 규정을 인용하고 있는 경우 이 영 중 그에 해당하는 규정이 있는 경우에는 종전의 규정에 갈음하여 이 영 또는 이 영의 해당규정을 인용한 것으로 본다.

부   칙 <대통령령 제19507호, 2006. 6. 12.> (행정정보의 공동이용 및 문서감축을 위한 국가채권관리법 시행령 등 일부 개정령)

이 영은 공포한 날부터 시행한다.

부   칙 <대통령령 제20109호, 2007. 6. 26.>

이 영은 2007년 6월 29일부터 시행한다.

부   칙 <대통령령 제20722호, 2008. 2. 29.> (국토해양부와 그 소속기관 직제)

제1조(시행일) 이 영은 공포한 날부터 시행한다. 다만, 부칙 제6조에 따라 개정되는 대통령령 중 이 영의 시행 전에 공포되었으나 시행일이 도래하지 아니한 대통령령을 개정한 부분은 각각 해당 대통령령의 시행일부터 시행한다.

제2조부터 제5조까지 생략

제6조(다른 법령의 개정)

①부터 ⑰까지 생략

⑱ 공인중개사의 업무 및 부동산거래신고에 관한 법률 시행령 중 다음과 같이 개정한다.

제3조 제목 및 제목 외의 부분, 제4조 제3항, 제5조 제2항 전단, 제9조 제4항, 제19조, 제22조 제3항, 제28조 제2항, 제29조 제3항, 제30조 제1항, 제32조 제1항, 제36조 제1항 각 호 외의 부분·제3항 및 제38조 제1항·제2항 전단·제4항 전단 중 '건설교통부장관'을 각각 '국토해양부장관'으로 한다.

제8조 제1항·제2항, 제14조 각 호 외의 부분, 제15조 제3항 각 호 외의 부분 전단, 제18조 제1항, 제21조 제3항, 제30조 제3항, 제37조 제4항 및 제38조 제5항 중 '건설교통부령'을 각각 '국토해양부령'으로 한다.

제4조 제1항 각 호 외의 부분 및 제3항 중 '건설교통부'를 각각 '국토해양부'로 한다.

⑲부터 <138>까지 생략

부   칙 <대통령령 제20947호, 2008. 7. 29.> (자본시장과 금융투자업에 관한 법률 시행령)

제1조(시행일) 이 영은 2009년 2월 4일부터 시행한다. <단서 생략>

제2조부터 제25조까지 생략

제26조(다른 법령의 개정)
①부터 ⑪까지 생략

⑫ 공인중개사의 업무 및 부동산거래신고에 관한 법률 시행령 일부를 다음과 같이 개정한다.

제27조 제1항 제3호를 다음과 같이 한다.

3. 「자본시장과 금융투자업에 관한 법률」에 따른 신탁업자

⑬부터 <113>까지 생략

제27조 및 제28조 생략

부   칙 <대통령령 제21001호, 2008. 9. 10.>

이 영은 2008년 9월 14일부터 시행한다. 다만, 제24조 제1항의 개정규정은 2009년 1월 1일부터 시행한다.

부   칙 <대통령령 제21148호, 2008. 12. 3.> (잡지 등 정기간행물의 진흥에 관한 법률 시행령)

제1조(시행일) 이 영은 2008년 12월 6일부터 시행한다.

제2조(다른 법령의 개정)
① 생략

② 공인중개사의 업무 및 부동산거래신고에 관한 법률 시행령 일부를 다음과 같이 개정한다.

제7조 제2항 중 '「신문 등의 자유와 기능보장에 관한 법률」 제2조 제2호 가목'을 '「신문 등의 자유와 기능보장에 관한 법률」 제2조 제1호 가목'으로 한다.

③부터 ⑭까지 생략

제3조 생략

부   칙 <대통령령 제21159호, 2008. 12. 9.> (주택법 시행령)

제1조(시행일) 이 영은 공포한 날부터 시행한다.

제2조 및 제3조 생략

제4조(다른 법령의 개정) 공인중개사의 업무 및 부동산거래신고에 관한 법률 시행령 일부를 다음과 같이 개정한다.

제23조 제2항 제8호 및 제9호 중 '6억 원 이상인'을 각각 '6억 원을 초과하는'으로 한다.

부   칙 <대통령령 제21609호, 2009. 7. 1.>

이 영은 2009년 7월 2일부터 시행한다.

부   칙 <대통령령 제21881호, 2009. 12. 14.> (측량·수로조사 및 지적에 관한 법률 시행령)

제1조(시행일) 이 영은 공포한 날부터 시행한다. <단서 생략>

제2조부터 제5조까지 생략

제6조(다른 법령의 개정)
①부터 ⑥까지 생략

⑦ 공인중개사의 업무 및 부동산거래신고에 관한 법률 시행령 일부를 다음과 같이 개정한다.

별표 1의 제2차 시험의 시험과목란 중 '「부동산등기법」·「지적법」'을 '「부동산등기법」, 「측량·수로조사 및 지적에 관한 법률」 제2장 제4절 및 제3장'으로 한다.

⑧부터 ㊱까지 생략

제7조 생략

부   칙 <대통령령 제22003호, 2010. 1. 27.> (신문 등의 진흥에 관한 법률 시행령)

제1조(시행일) 이 영은 2010년 2월 1일부터 시행한다.

제2조 및 제3조 생략

제4조(다른 법령의 개정)
①부터 ③까지 생략

④ 공인중개사의 업무 및 부동산거래신고에 관한 법률 시행령 일부를 다음과 같이 개정한다.

제7조 제2항 중 '「신문 등의 자유와 기능보장에 관한 법률」 제2조 제1호 가목의 규정'을 '「신문 등의 진흥에 관한 법률」 제2조 제1호 가목'으로 한다.

⑤부터 ㊺까지 생략

제5조 생략

부   칙 <대통령령 제22151호, 2010. 5. 4.> (전자정부법 시행령)

제1조(시행일) 이 영은 2010년 5월 5일부터 시행한다.

제2조 및 제3조 생략

제4조(다른 법령의 개정)
①부터 ㉒까지 생략

㉓ 공인중개사의 업무 및 부동산거래신고에 관한 법률 시행령 일부를 다음과 같이
　개정한다.

제15조 제3항 각 호 외의 부분 후단 중 '「전자정부법」 제21조 제1항'을 '「전자정부
법」 제36조 제1항'으로 한다.

㉔부터 <192>까지 생략

부　　칙 <대통령령 제22467호, 2010. 11. 2.> (행정정보의 공동이용 및 문서감축
을 위한 경제교육지원법 시행령 등 일부 개정령)

이 영은 공포한 날부터 시행한다.

부　　칙 <대통령령 제22493호, 2010. 11. 15.> (은행법 시행령)

제1조(시행일) 이 영은 2010년 11월 18일부터 시행한다.

제2조 및 제3조 생략

제4조(다른 법령의 개정)

①부터 ⑫까지 생략

⑬ 공인중개사의 업무 및 부동산거래신고에 관한 법률 시행령 일부를 다음과 같이 개정한다.

제27조 제1항 제1호 중 '금융기관'을 '은행'으로 한다.

⑭부터 <115>까지 생략

제5조 생략

부   칙 <대통령령 제22539호, 2010. 12. 20.>

제1조(시행일) 이 영은 2011년 1월 1일부터 시행한다.

제2조(과태료 부과기준에 관한 적용례) 제38조 제2항 후단 및 별표 2 제4호의 개정규정은 이 영 시행 후 최초로 취득세 납세의무가 성립하는 부동산거래의 신고에 관한 과태료 산정부터 적용한다.

부   칙 <대통령령 제22711호, 2011. 3. 15.>

이 영은 공포한 날부터 시행한다.

부   칙 <대통령령 제23086호, 2011. 8. 19.>

이 영은 2011년 8월 20일부터 시행한다.

부   칙 <대통령령 제23759호, 2012. 5. 1.> (수험생 편의제공 및 충분한 수험준비기간 부여 등을 위한 경비업법 시행령 등 일부 개정령)

제1조(시행일) 이 영은 공포한 날부터 시행한다. <단서 생략>

제2조(시험의 공고에 관한 적용례) 이 영 가운데 시험 등의 공고 기한을 개정하는 사항은 2013년 1월 1일 이후에 시행하는 시험부터 적용한다.

부   칙 <대통령령 제23918호, 2012. 6. 29.>
이 영은 공포한 날부터 시행한다.

부   칙 <대통령령 제24443호, 2013. 3. 23.> (국토교통부와 그 소속기관 직제)

제1조(시행일) 이 영은 공포한 날부터 시행한다. <단서 생략>

제2조부터 제5조까지 생략

제6조(다른 법령의 개정)
①부터 ⑯까지 생략

⑰ 공인중개사의 업무 및 부동산거래신고에 관한 법률 시행령 일부를 다음과 같이 개정한다.

제3조의 제목, 같은 조 제목 외의 부분, 제4조 제2항, 제5조 제2항, 제9조 제4항, 제19조, 제22조 제3항, 제23조의 3, 제28조 제2항·제3항, 제29조 제3항, 제30조

제1항, 제32조 제1항 및 제38조 제2항 전단 중 '국토해양부장관'을 각각 '국토교통부장관'으로 한다.

제4조 제2항 중 '국토해양부'를 '국토교통부'로 한다.

제8조 제1항·제2항, 제14조 각 호 외의 부분, 제15조 제3항 각 호 외의 부분 전단, 제18조 제1항 전단, 제21조 제3항, 제30조 제3항, 제36조 제1항 각 호 외의 부분 및 제37조 제4항 중 '국토해양부령'을 각각 '국토교통부령'으로 한다.

⑱부터 <146>까지 생략

부   칙 <대통령령 제24912호, 2013. 12. 4.>

제1조(시행일) 이 영은 2013년 12월 5일부터 시행한다.

제2조(중개사무소의 공동사용 제한에 관한 적용례) 제16조 제2항의 개정규정은 이 영 시행 후 법 제39조 제1항에 따른 업무의 정지를 받은 중개업자부터 적용한다.

제3조(중개대상물의 표시·광고에 관한 적용례) 제17조의 2의 개정규정은 이 영 시행 후 중개대상물에 대하여 표시·광고를 하는 경우부터 적용한다.

부   칙 <대통령령 제25050호, 2013. 12. 30.> (행정규제기본법 개정에 따른 규제 재검토기한 설정을 위한 주택법 시행령 등 일부 개정령)

이 영은 2014년 1월 1일부터 시행한다. <단서 생략>

부   칙 <대통령령 제25372호, 2014. 6. 3.>

제1조(시행일) 이 영은 2014년 6월 5일부터 시행한다.

제2조(연수교육에 관한 경과조치) 이 영 시행 전에 법 제34조 제1항에 따라 실무교육을 받은 중개업자(법인인 경우에는 사원·임원을 말하며, 법 제13조 제3항에 따라 분사무소의 설치신고를 하려는 경우에는 분사무소의 책임자를 말한다)는 이 영 시행 후 2년 이내에 법 제34조 제4항에 따른 연수교육을 이수하여야 한다.

부   칙 <대통령령 제25522호, 2014. 7. 28.>

제1조(시행일) 이 영은 2014년 7월 29일부터 시행한다.

제2조(다른 법령의 개정)
① 공공주택건설 등에 관한 특별법 시행령 일부를 다음과 같이 개정한다.

제35조의 2 제2항 제7호 각 목 외의 부분 중 '「공인중개사의 업무 및 부동산거래신고에 관한 법률」 제9조'를 '「공인중개사법」 제9조'로 한다.

② 공익신고자 보호법 시행령 일부를 다음과 같이 개정한다.

별표 1 제20호를 다음과 같이 한다.

20. 「공인중개사법」

③ 공유재산 및 물품 관리법 시행령 일부를 다음과 같이 개정한다.

제43조 중 '「공인중개사의 업무 및 부동산거래신고에 관한 법률」 제2조 제4호에 따른 중개업자'를 '「공인중개사법」 제2조 제4호에 따른 개업공인중개사'로, '해당 중개업자에게 「공인중개사의 업무 및 부동산거래신고에 관한 법률」 제32조에 따른 중개수수료를'을 '해당 개업공인중개사에게 「공인중개사법」 제32조에 따른 중개보수를'로 한다.

④ 소득세법 시행령 일부를 다음과 같이 개정한다.

제162조의 2 제2항 제2호 중 '「공인중개사의 업무 및 부동산거래 신고에 관한 법률」에 의한 중개업자'를 '「공인중개사법」에 따른 개업공인중개사'로 한다.

⑤ 지방세기본법 시행령 일부를 다음과 같이 개정한다.

별표 2 제167호의 과세자료명란 중 '「공인중개사의 업무 및 부동산거래 신고에 관한 법률」'을 '「공인중개사법」'으로 한다.

⑥ 지방세법 시행령 일부를 다음과 같이 개정한다.

별표 <제3종>의 제161호 중 '「공인중개사의 업무 및 부동산거래신고에 관한 법률」'을 '「공인중개사법」'으로 하고, 같은 표 <제4종>의 제121호 중 '「공인중개사의 업무 및 부동산거래신고에 관한 법률」'을 '「공인중개사법」'으로 하며, 같은 표 <제5종>의 제9호 중 '「공인중개사의 업무 및 부동산거래신고에 관한 법률」'을 '「공인중개사법」'으로 한다.

⑦ 지방자치법 제139조 제1항 단서에 따른 전국적 통일이 필요한 수수료의 징수기준에 관한 규정 일부를 다음과 같이 개정한다.

별표 제13호부터 제18호까지의 종류란 중 '「공인중개사의 업무 및 부동산거래신고에 관한 법률」'을 각각 '「공인중개사법」'으로 하고, 같은 표 제19호의 종류란 중 '「공인중개사의 업무 및 부동산거래신고에 관한 법률」'을 '「공인중개사법」'으로, '중개업자'를 '개업공인중개사'로 하며, 같은 표 제20호의 종류란 중 '「공인중개사의 업무 및 부동산거래신고에 관한 법률」'을 '「공인중개사법」'으로 한다.

제3조(다른 법령과의 관계) 이 영 시행 당시 다른 법령에서 종전의 「공인중개사의 업무 및 부동산거래신고에 관한 법률 시행령」 또는 그 규정을 인용하고 있는 경우(종전의 「공인중개사의 업무 및 부동산거래신고에 관한 법률 시행령」 제23조, 제23조의 2 또는 제23조의 3을 인용하고 있는 경우는 제외한다)에는 종전의 규정을 갈음하여 이 영 또는 이 영의 해당 규정을 인용한 것으로 본다.

부   칙 <대통령령 제25652호, 2014. 10. 14.> (건축법 시행령)

제1조(시행일) 이 영은 공포한 날부터 시행한다. <단서 생략>

제2조 및 제3조 생략

제4조(다른 법령의 개정)
① 공인중개사법 시행령 일부를 다음과 같이 개정한다.

제13조 제1항 제1호 나목 중 '「건축법」 제20조 제4항'을 '「건축법」 제20조 제5항'으로 한다.

② 및 ③ 생략

부   칙 <대통령령 제26302호, 2015. 6. 1.> (공간정보의 구축 및 관리 등에 관한 법률 시행령)

제1조(시행일) 이 영은 2015년 6월 4일부터 시행한다.

제2조(다른 법령의 개정)
①부터 ⑧까지 생략

⑨ 공인중개사법 시행령 일부를 다음과 같이 개정한다.

1 제2차 시험의 시험과목란 중 '「측량·수로조사 및 지적에 관한 법률」'을 '「공간정보의 구축 및 관리 등에 관한 법률」'로 한다.

⑩부터 <54>까지 생략

제3조 생략

부　　칙 <대통령령 제26892호, 2016. 1. 12.>

이 영은 공포한 날부터 시행한다.

부　　칙 <대통령령 제27751호, 2016. 12. 30.> (규제 재검토기한 설정 등을 위한 가맹사업거래의 공정화에 관한 법률 시행령 등 일부 개정령)

제1조(시행일) 이 영은 2017년 1월 1일부터 시행한다. <단서 생략>

제2조부터 제12조까지 생략

부　　칙 <대통령령 제27793호, 2017. 1. 17.> (부동산거래신고 등에 관한 법률 시행령)

제1조(시행일) 이 영은 2017년 1월 20일부터 시행한다.

제2조 및 제3조 생략

제4조(다른 법령의 개정)
① 생략

② 공인중개사법 시행령 일부를 다음과 같이 개정한다.

별표 1의 제2차 시험란 중 '「부동산거래신고에 관한 법률」'을 '「부동산거래신고 등에 관한 법률」'로 한다.
③부터 ⑫까지 생략

제5조 생략

[별표 1] 공인중개사자격시험의 시험과목(제6조 관련)
[별표 2] 과태료의 부과기준(제38조 제1항 관련)

7. 공인중개사의 매수신청대리인 등록 등에 관한 규칙

[시행 2017. 5. 25.] [대법원규칙 제2740호, 2017. 5. 25., 일부 개정]

제1장 총칙

제1조(목적) 이 규칙은 「공인중개사법」(이하 '법'이라 한다)이 대법원규칙에 위임한 개업공인중개사의 매수신청대리인 등록 및 감독에 관한 사항과 그 시행에 관하여 필요한 사항을 규정함을 목적으로 한다. <개정 2017. 5. 25.>

제2조(매수신청대리권의 범위) 법원에 매수신청대리인으로 등록된 개업공인중개사가 매수신청대리의 위임을 받은 경우 다음 각 호의 행위를 할 수 있다. <개정 2017. 5. 25.>

1. 「민사집행법」 제113조의 규정에 따른 매수신청 보증의 제공
2. 입찰표의 작성 및 제출
3. 「민사집행법」 제114조의 규정에 따른 차순위 매수신고
4. 「민사집행법」 제115조 제3항, 제142조 제6항의 규정에 따라 매수신청의 보증을 돌려 줄 것을 신청하는 행위
5. 「민사집행법」 제140조의 규정에 따른 공유자의 우선매수신고
6. 구 「임대주택법」(법률 제13499호로 전면 개정되기 전의 것) 제22조의 규정에 따른 임차인의 임대주택 우선매수신고

7. 공유자 또는 임대주택 임차인의 우선매수신고에 따라 차순위 매수신고인으로 보게 되는 경우 그 차순위 매수신고인의 지위를 포기하는 행위

제3조(매수신청대리의 대상물) 이 규칙에 의한 매수신청대리의 대상물은 다음 각 호와 같다. <개정 2017. 5. 25.>

1. 토지
2. 건물 그 밖의 토지의 정착물
3. 「입목에 관한 법률」에 따른 입목
4. 「공장 및 광업재단 저당법」에 따른 공장재단, 광업재단
5. 삭제 <2017. 5. 25.>

제2장 매수신청대리인 등록

제4조(매수신청대리인 등록) 매수신청대리인이 되고자 하는 개업공인중개사는 중개사무소(법인인 개업공인중개사의 경우에는 주된 중개사무소를 말한다)가 있는 곳을 관할하는 지방법원의 장(이하 '지방법원장'이라 한다)에게 매수신청대리인 등록을 하여야 한다. <개정 2017. 5. 25.>

제5조(등록요건) 공인중개사가 매수신청대리인으로 등록하기 위한 요건은 다음 각 호와 같다. <개정 2017. 5. 25.>

1. 개업공인중개사이거나 법인인 개업공인중개사일 것
2. 제10조의 규정에 따라 부동산경매에 관한 실무교육을 이수하였을 것
3. 제11조 제2항의 규정에 따라 보증보험 또는 공제에 가입하였거나 공탁을 하였을 것

제6조(등록의 결격사유) 다음 각 호의 어느 하나에 해당하는 자는 매수신청대리인 등록을 할 수 없다. <개정 2007. 10. 29., 2017. 5. 25.>

1. 매수신청대리인 등록이 취소된 후 3년이 지나지 아니한 자. 단, 제21조 제1항 제2호에 의한 등록 취소는 제외한다.

2. 「민사집행법」 제108조 제4호에 해당하는 자

3. 제22조의 규정에 의하여 매수신청대리업무정지처분을 받고 법 제21조의 규정에 의한 폐업신고를 한 자로서 업무정지 기간(폐업에 불구하고 진행되는 것으로 본다)이 경과되지 아니한 자

4. 제22조의 규정에 의하여 매수신청대리업무정지처분을 받은 개업공인중개사인 법인의 업무정지의 사유가 발생한 당시의 사원 또는 임원이었던 자로서 당해 개업공인중개사에 대한 업무정지 기간이 경과되지 아니한 자

5. 제1호부터 제4호까지 중 어느 하나에 해당하는 자가 사원 또는 임원으로 있는 법인인 개업공인중개사

제7조(행정정보의 제공요청)

① 법원행정처장은 국토교통부장관, 시장·군수·구청장 또는 공인중개사협회(이하 '협회'라 한다)가 보유·관리하고 있는 개업공인중개사에 관한 행정정보가 필요한 경우에는 국토교통부장관, 시장·군수·구청장 또는 협회에게 이용목적을 밝혀 당해 행정정보의 제공, 정보통신망의 연계, 행정정보의 공동이용 등의 협조를 요청할 수 있다. <개정 2017. 5. 25.>

② 제1항의 규정에 따른 협조요청을 받은 국토교통부장관, 시장·군수·구청장 또는 협회는 정당한 사유가 없는 한 이에 응하여야 한다. <개정 2017. 5. 25.>

제8조(등록증의 교부 등)

① 지방법원장은 제4조의 규정에 따른 매수신청대리인 등록을 한 자에 대해서는 매수신청대리인 등록증(이하 '등록증'이라 한다)을 교부하여야 한다.

② 제1항의 규정에 따라 등록증을 교부받은 자가 등록증을 잃어버리거나 못쓰게 된 경우와 등록증의 기재사항의 변경으로 인하여 다시 등록증을 교부받고자 하는 경우에는 재교부를 신청할 수 있다.

제9조(등록증 등의 게시) 개업공인중개사는 등록증·매수신청대리 등 보수표 그

밖에 예규가 정하는 사항을 당해 중개사무소 안의 보기 쉬운 곳에 게시하여야 한다.
<개정 2017. 5. 25.>

제10조(실무교육)

① 매수신청대리인 등록을 하고자 하는 개업공인중개사(다만, 법인인 개업공인중개사의 경우에는 공인중개사인 대표자를 말한다)는 등록신청일 전 1년 이내에 법원행정처장이 지정하는 교육기관에서 부동산 경매에 관한 실무교육을 이수하여야 한다. 다만, 제13조의 2 제1항 및 제18조 제4항 제2호의 규정에 따른 폐업신고 후 1년 이내에 다시 등록신청을 하고자 하는 자는 그러하지 아니하다. <개정 2017. 5. 25.>

② 제1항의 규정에 따른 실무교육에는 평가가 포함되어야 하며, 교육시간, 교육과목 및 교육기관 지정에 관한 사항은 예규로 정한다.

제11조(손해배상 책임의 보장)

① 매수신청대리인이 된 개업공인중개사는 매수신청대리를 함에 있어서 고의 또는 과실로 인하여 위임인에게 재산상 손해를 발생하게 한 때에는 그 손해를 배상할 책임이 있다. <개정 2017. 5. 25.>

② 매수신청대리인이 되고자 하는 개업공인중개사는 제1항의 규정에 따른 손해배상 책임을 보장하기 위하여 보증보험 또는 협회의 공제에 가입하거나 공탁(이하 '보증'이라 한다)을 하여야 한다. <개정 2017. 5. 25.>

③ 제2항의 규정에 따라 공탁한 공탁금은 매수신청대리인이 된 개업공인중개사가 폐업, 사망 또는 해산한 날부터 3년 이내에는 이를 회수할 수 없다. <개정 2017. 5. 25.>

④ 매수신청의 위임을 받은 개업공인중개사는 매수신청인에게 손해배상 책임의 보장에 관한 다음 각 호의 사항을 설명하고 관계증서의 사본을 교부하거나 관계증서에 관한 전자문서를 제공하여야 한다. <개정 2017. 5. 25.>

 1. 보장금액

2. 보증보험회사, 공제사업을 행하는 자, 공탁기관 및 그 소재지

3. 보장기간

제12조(공제사업)

① 법 제41조의 규정에 따라 설립된 협회는 제11조의 규정에 따른 개업공인중개사의 손해배상 책임을 보장하기 위하여 공제사업을 할 수 있다. <개정 2017. 5. 25.>

② 협회는 제1항의 규정에 따른 공제사업을 하고자 하는 때에는 공제규정을 제정하여 법원행정처장의 승인을 얻어야 한다. 공제규정을 변경하고자 하는 때에도 또한 같다.

③ 제2항의 공제규정에는 예규에 정하는 바에 따라 공제사업의 범위, 공제계약의 내용, 공제금, 공제료, 회계기준 및 책임준비금의 적립비율 등 공제사업의 운용에 관하여 필요한 사항을 정하여야 한다.

④ 협회는 공제사업을 다른 회계와 구분하여 별도의 회계로 관리하여야 하며, 책임준비금을 다른 용도로 사용하고자 하는 경우에는 법원행정처장의 승인을 얻어야 한다.

⑤ 협회는 예규에 정하는 바에 따라 매년도의 공제사업 운용실적을 일간신문 또는 협회보 등을 통하여 공제계약자에게 공시하여야 한다.

⑥ 법원행정처장은 협회가 이 규칙 및 공제규정을 준수하지 아니하여 공제사업의 건전성을 해할 우려가 있다고 인정되는 경우에는 이에 대한 시정을 명할 수 있다.

⑦ 「금융위원회의 설치 등에 관한 법률」에 따른 금융감독원의 원장은 법원행정처장으로부터 요청이 있는 경우에는 협회의 공제사업에 관하여 검사를 할 수 있다. <개정 2017. 5. 25.>

제13조(보증금액)

① 개업공인중개사가 제11조 제2항의 규정에 따른 손해배상 책임을 보장하기 위한

보증을 설정하여야 하는 금액은 다음 각 호와 같다. <개정 2017. 5. 25.>

1. 법인인 개업공인중개사: 2억 원 이상. 다만, 분사무소를 두는 경우에는 분사무소마다 1억 원 이상을 추가로 설정하여야 한다.

2. 개업공인중개사: 1억 원 이상

② 보증기간의 만료로 인한 새로운 보증의 설정 및 다른 보증으로 변경하고자 하는 경우의 보증설정방법 등 보증의 변경에 관한 사항은 예규로 정한다.

③ 제1항의 보증금액을 지급받는 방법은 예규로 정한다.

제13조의 2(휴업 또는 폐업의 신고)

① 매수신청대리인은 매수신청대리업을 휴업(3월을 초과하는 경우), 폐업 또는 휴업한 매수신청대리업을 재개하고자 하는 때에는 감독법원에 그 사실을 미리 신고하여야 한다. 휴업기간을 변경하고자 하는 때에도 같다.

② 제1항의 규정에 의한 휴업은 6월을 초과할 수 없다.
[본조신설 2017. 5. 25.]

제3장 매수신청대리행위

제14조(대리행위의 방식)

① 개업공인중개사는 제2조 각 호에 규정된 대리행위를 하는 경우 각 대리행위마다 대리권을 증명하는 문서(본인의 인감증명서가 첨부된 위임장과 대리인등록증 사본 등)를 제출하여야 한다. 다만, 같은 날 같은 장소에서 제2조 각 호에 규정된 대리행위를 동시에 하는 경우에는 하나의 서면으로 갈음할 수 있다. <개정 2017. 5. 25.>

② 법인인 개업공인중개사의 경우에는 제1항에 규정된 문서 이외에 대표자의 자격을 증명하는 문서를 제출하여야 한다. <개정 2017. 5. 25.>

③ 개업공인중개사는 제2조의 규정에 따른 대리행위를 함에 있어서 매각장소 또는

집행법원에 직접 출석하여야 한다. <개정 2017. 5. 25.>

제15조(사건카드의 작성·보존)

① 개업공인중개사는 매수신청대리 사건카드를 비치하고, 사건을 위임받은 때에는 사건카드에 위임받은 순서에 따라 일련번호, 경매사건번호, 위임받은 연월일, 보수액과 위임인의 주소·성명 기타 필요한 사항을 기재하고, 서명날인 한 후 5년간 이를 보존하여야 한다. <개정 2017. 5. 25.>

② 제1항의 서명날인에는 법 제16조의 규정에 따라 등록한 인장을 사용하여야 한다.

제16조(매수신청대리 대상물의 확인·설명)

① 개업공인중개사가 매수신청대리를 위임받은 경우 매수신청대리 대상물의 권리관계, 경제적 가치, 매수인이 부담하여야 할 사항 등에 대하여 위임인에게 성실·정확하게 설명하고 등기사항증명서 등 설명의 근거자료를 제시하여야 한다. <개정 2017. 5. 25.>

② 개업공인중개사는 위임계약을 체결한 경우 제1항의 확인·설명 사항을 서면으로 작성하여 서명날인한 후 위임인에게 교부하고, 그 사본을 사건카드에 철하여 5년간 보존하여야 한다. <개정 2017. 5. 25.>

③ 제2항의 서명날인에는 제15조 제2항의 규정을 준용한다.

제17조(보수, 영수증)

① 개업공인중개사는 매수신청대리에 관하여 위임인으로부터 예규에서 정한 보수표의 범위 안에서 소정의 보수를 받는다. 이때 보수 이외의 명목으로 돈 또는 물건을 받거나 예규에서 정한 보수 이상을 받아서는 아니 된다. <개정 2017. 5. 25.>

② 개업공인중개사는 제1항의 보수표와 보수에 대하여 이를 위임인에게 위임계약 전에 설명하여야 한다. <개정 2017. 5. 25.>

③ 개업공인중개사는 제1항의 규정에 따라 보수를 받은 경우 예규에서 정한 양식에 의한 영수증을 작성하여 서명날인한 후 위임인에게 교부하여야 한다. <개정

2017. 5. 25.>

④ 제3항의 서명날인에는 제15조 제2항의 규정을 준용한다.

⑤ 보수의 지급 시기는 매수신청인과 매수신청대리인의 약정에 따르며, 약정이 없을 때에는 매각대금의 지급기한일로 한다. <신설 2017. 5. 25.>
[제목개정 2017. 5. 25.]

제18조(의무, 금지행위)

① 개업공인중개사는 신의와 성실로써 공정하게 매수신청대리업무를 수행하여야 한다. <개정 2017. 5. 25.>

② 개업공인중개사는 다른 법률에서 특별한 규정이 있는 경우를 제외하고는 그 업무상 알게 된 비밀을 누설하여서는 아니 된다. 개업공인중개사가 그 업무를 떠난 경우에도 같다. <개정 2017. 5. 25.>

③ 개업공인중개사는 매각절차의 적정과 매각장소의 질서유지를 위하여 「민사집행법」의 규정 및 집행관의 조치에 따라야 한다. <개정 2017. 5. 25.>

④ 개업공인중개사는 다음 각 호의 어느 하나에 해당하는 경우에는 그 사유가 발생한 날로부터 10일 이내에 지방법원장에게 그 사실을 신고하여야 한다. <개정 2017. 5. 25.>

1. 중개사무소를 이전한 경우
2. 중개업을 휴업 또는 폐업한 경우
3. 법 제35조의 규정에 따라 공인중개사 자격이 취소된 경우
4. 법 제36조의 규정에 따라 공인중개사 자격이 정지된 경우
5. 법 제38조의 규정에 따라 중개사무소 개설·등록이 취소된 경우
6. 법 제39조의 규정에 따라 중개업무가 정지된 경우
7. 법 제13조의 규정에 따라 분사무소를 설치한 경우

⑤ 개업공인중개사는 다음 각 호의 행위를 하여서는 아니 된다. <개정 2017. 5. 25.>

1. 이중으로 매수신청대리인 등록신청을 하는 행위

2. 매수신청대리인이 된 사건에 있어서 매수신청인으로서 매수신청을 하는 행위

3. 동일 부동산에 대하여 이해관계가 다른 2인 이상의 대리인이 되는 행위

4. 명의대여를 하거나 등록증을 대여 또는 양도하는 행위

5. 다른 개업공인중개사의 명의를 사용하는 행위

6. 「형법」 제315조에 규정된 경매·입찰방해죄에 해당하는 행위

7. 사건카드 또는 확인·설명서에 허위기재하거나 필수적 기재사항을 누락하는 행위

8. 그 밖에 다른 법령에 따라 금지되는 행위

제4장 지도 및 감독

제19조(협회·개업공인중개사 등의 감독)

① 법원행정처장은 매수신청대리업무에 관하여 협회를 감독한다.

② 지방법원장은 매수신청대리업무에 관하여 관할 안에 있는 협회의 시·도지부와 매수신청대리인 등록을 한 개업공인중개사를 감독한다. <개정 2017. 5. 25.>

③ 지방법원장은 매수신청대리업무에 대한 감독의 사무를 지원장과 협회의 시·도지부에 위탁할 수 있고, 이를 위탁받은 지원장과 협회의 시·도지부는 그 실시결과를 지체 없이 지방법원장에게 보고하여야 한다.

④ 지방법원장은 법규를 위반하였다고 인정되는 개업공인중개사에 대하여 해당법규에 따른 상당한 처분을 하여야 한다. <개정 2017. 5. 25.>

⑤ 협회는 등록관청으로부터 중개사무소의 개설·등록, 휴업·폐업의 신고, 자격의 취소, 자격의 정지, 등록의 취소, 업무의 정지 등에 관한 사항을 통보받은 후 10일 이내에 법원행정처장에게 통지하여야 한다.

[제목개정 2017. 5. 25.]

제20조(감독상의 명령)

① 지방법원장 또는 제19조 제3항의 규정에 따라 감독의 사무를 행하는 지원장은

매수신청대리인 등록을 한 개업공인중개사에게 매수신청대리업무에 관한 사항에 대하여 보고하게 하거나 자료의 제출 그 밖에 필요한 명령을 할 수 있고, 소속공무원으로 하여금 중개사무소에 출입하여 장부·서류 등을 조사 또는 검사하게 할 수 있다. <개정 2017. 5. 25.>

② 제19조 제3항의 규정에 따라 감독의 사무를 행하는 협회의 시·도지부는 제1항의 규정에 따른 중개사무소 출입·조사 또는 검사를 할 수 있다.

제21조(등록취소 사유 등)

① 지방법원장은 다음 각 호의 어느 하나에 해당하는 경우에는 매수신청대리인 등록을 취소하여야 한다. <개정 2017. 5. 25.>

1. 법 제10조 제1항 각 호의 어느 하나에 해당하는 경우
2. 법 제21조 또는 이 규칙 제13조의 2 제1항의 규정에 따라 폐업신고를 한 경우
3. 법 제35조의 규정에 따라 공인중개사 자격이 취소된 경우
4. 법 제38조의 규정에 따라 중개사무소 개설·등록이 취소된 경우
5. 등록당시 제5조에 규정된 등록요건을 갖추지 않았던 경우
6. 등록당시 제6조에 규정된 결격사유가 있었던 경우

② 지방법원장은 다음 각 호의 어느 하나에 해당하는 경우에는 매수신청대리인 등록을 취소할 수 있다. <개정 2017. 5. 25.>

1. 등록 후 제5조에 규정된 등록요건을 갖추지 못하게 된 경우
2. 등록 후 제6조에 규정된 결격사유가 있게 된 경우
3. 제15조 제1항의 규정을 위반하여 사건카드를 작성하지 아니하거나 보존하지 아니한 경우
4. 제16조 제2항의 규정을 위반하여 확인·설명서를 교부하지 아니하거나 보존하지 아니한 경우
5. 제17조 제1항·제3항의 규정을 위반하여 보수 이외의 명목으로 돈 또는 물건을 받은 경우, 예규에서 정한 보수를 초과하여 받은 경우, 보수의 영수증을 교부하지 아니한 경우
6. 제18조 제2항·제3항·제5항의 규정을 위반한 경우

7. 제20조 제1항의 규정에 따른 감독상의 명령이나 중개사무소의 출입, 조사 또는 검사에 대하여 기피, 거부 또는 방해하거나 거짓으로 보고 또는 제출한 경우

8. 최근 1년 이내에 이 규칙에 따라 2회 이상 업무정지처분을 받고 다시 업무정지처분에 해당하는 행위를 한 경우

③ 매수신청대리인 등록이 취소된 자는 등록증을 관할 지방법원장에게 반납하여야 한다.

제22조(업무정지 사유 등)

① 지방법원장은 개업공인중개사(이 경우 분사무소를 포함한다)가 다음 각 호의 어느 하나에 해당하는 경우에는 기간을 정하여 매수신청대리업무를 정지하는 처분을 하여야 한다. <개정 2007. 10. 29., 2017. 5. 25.>

1. 법 제21조 또는 이 규칙 제13조의 2 제1항의 규정에 따라 휴업하였을 경우
2. 법 제36조의 규정에 위반하여 공인중개사 자격을 정지당한 경우
3. 법 제39조의 규정에 위반하여 업무의 정지를 당한 경우
4. 제21조 제2항 제1호 내지 제6호 또는 제8호 중 어느 하나에 해당하는 경우

② 지방법원장은 매수신청대리인 등록을 한 개업공인중개사(이 경우 분사무소를 포함한다)가 다음 각 호의 어느 하나에 해당하는 경우에는 기간을 정하여 매수신청대리업무의 정지를 명할 수 있다. <개정 2017. 5. 25.>

1. 「민사집행법」 제108조 제1호 내지 제3호 중 어느 하나에 해당하는 경우
2. 제9조의 규정을 위반하여 등록증 등을 게시하지 아니한 경우
3. 제15조 제2항, 제16조 제3항 또는 제17조 제4항의 규정을 위반한 경우
4. 제18조 제4항의 규정을 위반하여 사무소 이전 등의 신고를 하지 아니한 경우
5. 제21조 제2항 제7호의 규정에 해당하는 경우
6. 제23조 제1항의 규정을 위반하여 '법원'의 명칭이나 휘장 등을 표시하였을 경우
7. 그 밖에 이 규칙에 따른 명령이나 처분에 위반한 경우

③ 제1항 또는 제2항의 업무정지 기간은 1월 이상 2년 이하로 한다.

제23조(명칭의 표시 등)

① 매수신청대리인 등록을 한 개업공인중개사는 그 사무소의 명칭이나 간판에 고유한 지명 등 법원행정처장이 인정하는 특별한 경우를 제외하고는 '법원'의 명칭이나 휘장 등을 표시하여서는 아니 된다. <개정 2017. 5. 25.>

② 개업공인중개사는 매수신청대리인 등록이 취소된 때에는 사무실 내·외부에 매수신청대리업무에 관한 표시 등을 제거하여야 하며, 업무정지처분을 받은 때에는 업무정지사실을 당해 중개사 사무소의 출입문에 표시하여야 한다. <개정 2017. 5. 25.>

제24조(민감 정보 등의 처리) 지방법원장 및 제19조 제3항에 의하여 감독업무를 위탁받은 지원장과 협회(중앙회 및 시·도지부)는 매수신청대리인 등록 및 감독업무 수행을 위하여 「개인정보보호법」 제23조의 민감 정보, 제24조의 고유 식별정보, 제24조의 2의 주민등록번호 및 그 밖의 개인정보를 처리할 수 있다.

[본조신설 2017. 5. 25.]

부   칙 <대법원규칙 제1980호, 2005. 12. 29.>

이 규칙은 2006. 1. 30. 부터 시행한다.

부   칙 <대법원규칙 제2104호, 2007. 10. 29.>

이 규칙은 공포한 날부터 시행한다.

부   칙 <대법원규칙 제2740호, 2017. 5. 25.>

이 규칙은 공포한 날부터 시행한다.

▍참고문헌

정규범, 실전에 바로 써먹는 현장경매, 한국학술정보(주), 2010

정규범 외1, 김&정의 정석 부동산 경매, 한국학술정보(주), 2015

한국공인중개사협회, 부동산 중개 경영이론과 실무, 공인중개사협회, 2017

김철호 외2, 부동산 중개실무, 도서출판 범론사, 2016

서진형 외2, 최신 부동산 중개론, 도서출판 부연사, 2016

정규범

고려대학교 법대 졸업(법학 석사)
도시 및 지역 개발학 박사
투자상담사(한국증권업협회)
공인중개사
㈜굿모닝 리츠 대표이사
㈜F&E 도시개발 대표이사
문학광장 신춘 신인문학상(시 부문)

현) 코리아부동산중개㈜ 대표이사
　　고려사이버대학교 부동산학과 초빙교수

저서

『김&정의 정석 부동산 경매』(공저)
『(개정판)실전에 바로 써먹는 현장경매』

정석
부동산 중개
이론과 실무

초판인쇄　2018년 9월 28일
초판발행　2018년 9월 28일

지은이　정규범
펴낸이　채종준
펴낸곳　한국학술정보㈜
주소　경기도 파주시 회동길 230(문발동)
전화　031) 908-3181(대표)
팩스　031) 908-3189
홈페이지　http://ebook.kstudy.com
전자우편　출판사업부　publish@kstudy.com
등록　제일산-115호(2000. 6. 19)

ISBN　978-89-268-8543-7　93320